U0128043

神羿大傳

李亞東　著

昌明文化

目　錄

自　序

　　我們中國是世界四大文明古國之一，我們偉大的中華民族是世界上最古老的民族之一。因而像古印度、古巴比倫、古埃及另外三個文明古國一樣，我國古代也有著豐富的神話。

　　神話是什麼？馬克思說它是「在人民幻想中經過不自覺的藝術方式所加工過的自然和社會形態」。拉法格說它「既不是騙子的謊言，也不是無謂的想像的產物，而是人類思想的樸素的和自發的形式之一。只有當我們猜中了這些神話對於原始人和它們在許多世紀以來，喪失掉了的那種意義的時候，我們才能理解人類的童年」。這就是說，神話是基於社會生活的藝術誇張與渲染，並夾雜著空想與幻想，但也或多或少地反映著歷史的影像，然而它不太可能轉化為歷史。

　　但令人遺憾的是，我國古代豐富的神話到了後來大部分散失了，只保留下來一些零星的片斷，東一處西一處地分散在古人的著作裡。不僅毫無系統條理，而且充滿矛盾之處，因而不能與相當完整地保存下來的古希臘和印度神話相比美。對此，我國近代大學者沈雁冰早在其〈中國神話研究〉一文中，就深有感觸地說過：「中國神話不但一向沒有集成專書，並且散於古書的，亦復非常零碎，所以我們若想整理出一部中國神話來，是極難的。」正是由於這難作梗，直到今日我

1

國古代神話仍然沒有一部系統的史詩性的作品問世。

對於我國古代神話沒有系統的史詩性作品問世，我認為主要是由兩個原因造成的。一是由於歷史學家從古代神話中探求史前傳說時代的歷史，從其矛盾不一中推出結論說，傳說時代我們中華民族存在著數個部族集團，我國古代本來就零碎不一的神話個個歸屬於不同的部族集團。從而使得我國古代本來就零碎不一的神話更加零碎不一，形成不了系統。二是或許因為我國古代神話大部分散失造成了斷代，加之流傳中在不同的地域之上和不同時代的人群中造成了錯舛；也或許是我國傳說時代的歷史恰被歷史學家們的結論言中，在那時的華夏大地上確實存在著數個部族集團，各個部族集團傳說著不同的自己的神話，造成了我國古代神話的無法系統，無以條理，合則矛盾百出，分則肢離破碎。因此，造詣精深的學者深諳此點，不去系統；學力不足的凡夫雖苦破碎，卻不敢系統。由此，使得我國古代神話一直沒有系統的史詩性作品問世。

作者不量學識淺薄，斗膽試圖將中國古代神話進行系統，寫出一部試探性的系統的史詩性中國古代神話系列小說的預謀，最初萌生於在北京大學做學生之時。那時，作者在學習中對中國古代神話產生了濃厚的興趣，便想搜求一些系統的神話作品閱讀。但正如沈雁冰先生所說，無奈遍求無有系統之書，有的僅是隻言片語的傳說記載，而且個個不一，懸殊甚巨；自相矛盾，支離破碎；互不聯貫，不成體系。於是，作者便斗膽不量學力，「初生牛犢不怕虎」地萌生了寫作一部系統的古代神話作品，以補我國缺乏史前這一史詩性作品的天真稚幼的奇想。但由於寫作此書工程浩大，學識不足，力不勝任，末了只有望而卻步。

一晃擱置數載，1984年至1985年作者在寫作《少林寺演義》一

書時，寫作系統神話作品的奇想又像心藏玉兔，在懷中不時咚咚撞動起來。與此同時，進一步萌生了這樣的想法：把《少》稿寫成現實主義的，把《神》稿寫成浪漫主義的；雙雙結構相因，篇幅相似，手法迥異，並蒂出書。後來仔細閱讀上海文化出版社 1955 年版《中國上古史演義》，與浙江文藝出版社 1985 年版《上古神話演義》，看到前書注重用辯證唯物主義講神話，後書篇幅浩大內容豐富；但覺得前書沒有了神話色彩，後書不適合今人閱讀口味。為此，決計取前人之長，開闢新的路徑，寫出一部系統的適合今人閱讀口味的浪漫主義的古代神話作品來。但具體行動起來，究竟如何系統神話，怎樣落筆，寫成什麼樣子等一系列難題，便一齊擋在了作者面前。加之日常工作繁忙，出版界不景氣和黃潮的氾濫衝擊，給作者在對上述難題躊躇不決之外又加上了信心動搖，因而再次把寫作此書擱置下來。

克服寫作困難需要來自作者內心或者外部的巨大壓力，今天正是這樣的巨大壓力使作者重新構劃出了書的整體構架：變原來設想的一體結構為系列結構，但分為系列合則仍為一體。即系列中的每一部都可單獨成為有機的整體，又可合起來成為一個有機統一的大整體。並通過長期地認真探索和艱苦地寫作努力，終於先後陸續寫出了這個系列的八卷書稿。今天這個系列的八卷中的首卷《盤古開天地》，已經呈現在了讀者面前；隨後，這個系列的後七卷書稿也將陸續與讀者見面。《盤》書的問世，可以說是初步實現了作者藏之於心十餘載的殷殷夙願；但至於它的成敗得失，作者卻自已不敢妄議，只有請最具權威的作者的「上帝」廣大的讀者，去評說裁決了。

一個人有高興的時候，也有愁苦的時候。當其高興之時對於一件困難的事情可以奮起去做好；當其愁苦之時，對於一件困難的事情不僅會同樣而且可能會更加奮起去做好。這「高興」就是「起昇」，這

「愁苦」就是「跌落」；其起昇與跌落的差距即落差越大，就越有可能建樹起大功大德。即所謂只有身經波濤跌宕、大起大落、大難不死之人，方可建樹起卓著千古的大功大德。如果一個人一生中沒有大高興或大愁苦，一直處於風平浪靜不起不落的中間狀態，那麼他就必然只能成為平平庸庸的俗流之輩，絕對建樹不起大功大德。

正因為這樣，我們可以概括地說，一部人類社會發展的歷史，便是歷朝歷代身經大起大落之人的歷史。功是他們的功，德是他們的德。對此，我國漢代大學者司馬遷，早就在其著名的〈報任安書〉中做出了深刻精闢的論述。他寫道：「古者富貴而名磨滅，不可勝記，唯倜儻非常之人稱焉。蓋文王拘，而演《周易》；仲尼厄，而作《春秋》；屈原放逐，乃賦《離騷》；左丘失明，厥有《國語》；孫子臏腳，兵法修列；不韋遷蜀，世傳《呂覽》；韓非囚秦，《說難》《孤憤》；《詩》三百篇，大底賢聖發憤之所為作也」。至於司馬遷自己，則在他四十七歲之年因替名將李陵戰敗被俘投降匈奴辯解，獲罪下獄受到宮刑的嚴處。司馬遷受此酷刑後心情敗落，心中充滿了無盡的悲苦和怨恨，一日日在世忍辱苟活，「是以腸一日而九回，居則忽忽若有所亡，出則不知其所往。每念斯恥，汗未嘗不發背沾衣也」。為此他發憤著述，終經十餘載辛苦耕耘，寫成了被魯迅先生譽之為「史家之絕唱，無韻之《離騷》」的千古名著《史記》。作者的這部中國古代神話系列小說，對於全社會來說當然不是什麼「大功大德」，亦無所謂功、德可言；更不敢與古代先賢並列，以掠其美；也決無與先賢並列之意，只僅僅是為了說明問題。但它對於作者自己來說，卻無疑是樹在自己人生之途上的一通「功德之碑」。至於是「起」是「落」給作者樹立自己的這通小小「功德之碑」帶來的動力，只有作者自己知曉。

做文人不易，出作品更難。記得我對人說過：「出一本書比生養

一個孩子還難。若與生養孩子同時起步開始醞釀寫作一本書，往往孩子養到可讀小學的年齡了，你寫的那本書還沒有問世。」那作品的醞釀構思階段，恰如生養孩子的「十月懷胎」期；那作者書寫作品階段，恰如母親生產時的劇疼和失血；那出版成書期，則恰如數載哺養幼兒期。但是末了，「孩子則是自己的好」，只要自己認可就行；作家的作品則要公之於世，得到全社會公眾的認可方成。因此，寫作品出作品都是殊為不易、艱辛難為的事情。

然而面對此難，作者又大都往往偏偏為殊為不易、艱辛難為而為之！這當然不可排除少數作者「十年不鳴，一鳴驚人；十年不飛，一飛沖天」的名利之舉，但大多數作者則仍如司馬遷在＜報任安書＞中所說：「此人皆意有所鬱結，不得通其道，故述往事，思來者。乃如左丘無目，孫子斷足，終不可用，退而論書策以舒其憤，思垂空文以自見。」他們皆都深知「失去的珍貴」：一時失之交臂，終生必難再求！故而感懷著文，迎難書之。譬如，我國清代大作家曹雪芹就正是為此迎難而寫的。

眾所周知，曹公出生於貴族世家，他的前半生曾在南京和北京歡度過一段「錦衣紈絝」、「飲甘饜肥」的宮庭貴族生活，但到晚年則一下子跌落到了「蓬牖茅椽，繩床瓦灶」、「舉家食粥」的困苦境地。正是在晚年這段跌至社會底層的艱難困苦歲月中，曹公滿懷對自己一生遭際的悲憤，不顧創作過程中的千般艱辛萬盅勞苦，有感而發，隱「味」書中，「滴淚為墨、研血成字」，於「悼紅軒中，披閱十載，增刪五次」，終於寫成了「字字看來都是血，十年辛苦不尋常」的不朽巨著《紅樓夢》。

曹公寫作《紅樓夢》「滴淚為墨，研血成字」，「字字看來都是血」，作者雖不敢把自己的這部拙作與《紅樓夢》相比，同時也絕無相比之

意，而且也根本就無可比性，但作者寫作此書的苦處和艱辛卻都不亞
於曹公。這除了有某些因素與曹公之苦相似之外，還因為作者水準低
下，因此寫作中比曹公更苦更難。苦也罷，難也罷，作者都要把這部
作品寫下去，以讓眾人品評，以給祖國文壇添磚，以拋磚引玉，以望
傑構於來朝，以慰作者胸中那顆「滴血成字」的殷殷苦心。

1990 年 5 月 1 日下午於周口

人物簡介

東王　公神羿之師，神界第一射手。

神羿　天界翼天官之子，神界除其師東王公外第二神箭射手，被玉皇大帝封為巡天天官。

甜妹　神羿師妹，曾為神羿情侶。

嫦娥　神羿之妻。天生麗質，華美無比。生性聰慧，聲音甜蜜。神見神愛。

玉兔　天界石生神兔，通神性，嫦娥依命伴侶，身懷岐黃之術。

務成子　堯帝之師。

大風怪　原為天神，下凡後仍懷佈風變身之術。堯時行惡凡界。

九嬰　頭生九首，懷有施火噴水之功。堯時行惡凡界。

逢蒙　神羿之徒。

吳剛　原是凡界的凡人，後因學仙有過，被玉皇大帝貶謫在清冷月宮長年伐樹。

河伯　名馮夷，又叫冰夷。原是普通凡人，後來人們傳說他或因渡河溺死，或因服八石之藥，或因服食水仙而成為水神。他是一位風流瀟灑的漂亮男子，面孔白皙，身軀頎長。

一、西天尋師

顓頊與共工大戰之後歷經數代，我國古代神話傳說便進入了輝煌的堯舜時期。在這一時期裡，除了堯舜的故事值得如前重筆濃抹，還有神羿與嫦娥的動人故事值得工筆細描。

對於羿，有兩種說法。一說羿又叫后羿、夷羿，是傳說中夏代東夷族首領。原為有窮氏部落首領，名羿，善於射箭，推翻夏代統治，奪得太康的王位。不久因喜狩獵，不理民事，被家眾殺害。

另一說則為神話傳說中的羿，人們也稱他為后羿。但他生活在堯時，那時十日並出，禾稼枯死，猛獸長蛇為害。羿射去九日，射殺猛獸長蛇，為民除害。我們說的后羿則是這後面的一位，為了將其與夏代的后羿區別，我們故以神羿名之。

我們所以稱這位后羿為神羿，是因為他是天界二十八宿之一翼星官的兒子。二十八宿，就是司掌天上星界的二十八位星官。如果把偌大的天界區分為東、西、南、北四個方位，那麼它們就恰好每七位星官司掌一方。

由於司掌每個方位的七位星官的排列形象不同，有的排列如蒼龍，有的排列似白虎，又有的排列若朱雀，還有的排列像玄武，神界便用蒼龍、白虎、朱雀和玄武四象，對應於東、西、南、北四方，每

1

個方位用一象喻之。

於是，二十八宿以北斗斗柄所指的角宿為起點，由東向西便排列成了這個樣子。東方蒼龍：角、亢、氐、房、心、尾、箕。北方玄武：斗、牛、女、虛、危、室、壁。西方白虎：奎、婁、胃、昴、畢、觜、參。南方朱雀：井、鬼、柳、星、張、翼、軫。翼星官，便是司掌南方朱雀星區的七宿星官之一。

神羿出生之後便非常神之像，他生得長臉如削，英俊勇武。鳳目劍眉，閃爍慧氣。身材壯碩，聚有撼山填海之力。渾身上下，透溢著凜然正氣。他不僅生相如此，其性格也與相貌一樣，從小便專愛做扶弱懲強、主持正義之事，並決計為此苦習一身硬功，以期長大之後懲除惡者，伸張正義，匡扶社稷。

加之其父翼星官早就看出，神羿是塊習武的好料，因而在其出生不久，便開始對其進行苦心雕琢。小神羿那時雖然口不能言，但卻心地靈慧，一學就會。轉眼時過數載，已把翼星官身懷神功學習殆盡，翼星官對之既喜又奇。

喜的是神羿年紀如此幼小，領悟接受能力卻是如此之快。這樣學習下去，將來定可習練得神功被蓋神界。心奇的是，神羿為何懷有這樣高過常神的領悟接受能力，對之深為奇異！

奇異之餘，翼星官看到神羿正氣滿胸，如果再能練得一身被蓋神界的武功，定為神界一大棟樑。於是他便去說動其他二十七宿兄弟，擇其獨有的神功絕技教授神羿。翼星官的其他二十七宿兄弟，也都看到神羿聰慧過人，正氣滿腔，便全都把其獨具神功絕技悉心教授給了他。

神羿又得到二十七宿叔叔伯伯悉心教授，其後習練倍加用心刻苦，長進更是日漸精進。因而轉眼時過數載，到其八歲剛過之日，已

是練得般般神功齊備，樣樣武技嫻熟。並且猶對射技獨有造詣，達到了蓋過包括其父在內的二十八宿星官的境地。其父見之更喜，其二十七宿叔叔伯伯也對之讚不絕口。小神羿則更對其將可練得被蓋神界之功，充滿了雄心壯志。

「父親，」為此這日，神羿見到翼星官有暇，便上前詢問道，「孩兒的射技是否被蓋神界了？」

「黃毛小兒，乳臭未乾，」翼星官突聞神羿口出此言，頓然大為氣惱訓斥道，「不知神界廣大，就敢口出如此狂言！」

翼星官以為神羿此言是其傲了狂了，故而心生氣惱對其訓斥起來。其實神羿並非驕傲生狂，而是心懷大志卻因年紀幼小不知神界廣大，以向其父詢問射技的絕高境界。目的是如果自己已經達到了這一境界就再精練之，未達到就再設法求教之。

「父親此言正是。孩兒正是因為年幼不知神界廣大，」為此神羿受到父親訓斥並不氣惱，當即道，「詢問射技的絕高境界以期達到之，並非孩兒驕傲生狂。」

「不，孩兒射技距離被蓋神界差得遠著哩！」翼星官聞聽神羿言之有理，不是為其學得之技驕傲生狂，而是追求更高目標的有心詢問，便不再氣惱，道，「俗言天外有天，神外有神。孩兒尚且年幼，所見僅如井底之蛙，還須努力啊！」

「那麼請問父親，」翼星官此言正合神羿之問，神羿便隨之又問道，「那天外之天究竟有多高，神外之神又有多強呢？」

「孩兒，這就讓為父不好回答了。」翼星官聞聽神羿此問，「哈哈」一笑道，「好吧，就拿射技來說吧，你射出的箭能夠穿石洞金嗎？」

「孩兒之箭當然不能穿石洞金，距之遠著哩。」神羿聰明伶俐至極，聞聽父親此言立刻知道神界射技的絕高境界，為射出之箭具有穿

石洞金之力，便立即回答道，「但父親此言是否講說，神界射技此為絕高，有神射技這般是吧？」

「是的，神界射技絕高若此，有神身懷如此射技。」翼星官不知神羿深問之意，肯定道，「孩兒距之遙遠，今後切不可口出妄言令別個恥笑，仍需依舊矢志苦練不息！」

「那麼父親，身懷如此絕技之神是誰？」不料翼星官剛剛言說完了，八歲的神羿卻頓然激動萬分繼續深問道，「他現在居住何處？」

「怎麼，詢問這些做什麼？」翼星官仍是不解神羿追問之意，只是對其激動之態奇之道，「難道孩兒是想前去求之嗎？」

「正是。」翼星官此言恰正說到神羿心裡，神羿隨之道，「孩兒為了練得被蓋神界絕技，決計前去求之。」

「如此切切不可！孩兒年紀幼小，」翼星官聞聽方知神羿此番話語之意，即言道，「在家隨父與你其他二十七宿叔叔伯伯練習，已經可以了。」

「不，父親。孩兒習練六年武技，如今最愛射技。」神羿聞聽道，「而且孩兒今日射技已經蓋過父輩二十八宿，再在家中習練豈能會有長進？」

「孩兒雖然言之有理，但孩兒尚且年幼，遠行不得。」翼星官聞聽，知道自己再說也是無法說動神羿，便接著道，「因而孩兒只要練好基本功，日後再求絕技亦不為遲。」

「不，父親。您不是常常教導孩兒，功是童子功，要孩兒趁著年幼抓緊苦練嘛，」神羿毫不退讓道，「可如今父親怎麼又說，孩兒日後再求絕技也不為遲呢？那麼孩兒今日之功不練，日後再求神功不也成嗎？」

「孩兒，為父不是不讓你前去。」翼星官實在想不到八歲的神羿

思想竟然這樣成熟，一席話說得自己張口結舌無言以對起來。但他為了勸阻神羿，即又開口道：「而是那身懷射技之神東王公，居住在距此遙遠的西荒大山之中。」

「遠隔萬里又怎麼樣，」神羿聞聽父親終於對他講了身懷絕技之神及其住處，便不待其父說完立刻打斷道，「不過行走時日長些罷了！」

「不，路遠些是可以多行幾日。但只是東王公雖然身懷絕技，」翼星官立刻否定道，「卻在神界無不知曉他從來秘不示於別個之規。因而孩兒即便前去見到了他，又豈能學得其技？」

「那樣孩兒求學不得，」神羿聽到這裏，也不禁心中一時犯起難來，道，「不就射技永遠不能被蓋神界了嗎？」

「不僅這樣，東王公又為神界有名的大隱者，誰也都不知道他住在西荒大山哪座峰上哪道谷中。」翼星官繼續講說道，「其所住西荒大山廣闊三萬里，峰簮谷裂，千山萬壑。孩兒即使到了山上，又到哪裏去尋找得見啊！」

「這有什麼難的！只要東王公大師隱在山中，」神羿這時已從剛才驟聞父言，東王公技不示給別個的犯難情緒中解脫出來，因而聞聽父親說到這裏，即不示弱道，「孩兒就是磨破腳板也定要找到！」

「再說，孩兒也難以去到西荒大山之上。西荒大山周圍，有廣闊萬里的溟海包圍，」翼星官則依舊向下講說道，「海中居住著成群結隊的妖魔鬼怪，十渡九死啊！你小小年紀，豈能渡得此海去到山中？」

「父親，這樣孩兒則就非要前去不可了。常言道，不吃苦中苦，難得甜上甜嘛。」神羿聽了，則決心彌堅起來道，「孩兒為了求師學藝，不歷萬般險，豈能求得高師賜教。求得高師賜教如果那般輕易，孩兒怎麼還能技高被蓋神界？」

「孩兒不必再與為父言說此事，」翼星官本是要勸止神羿之想，

卻想不到他越勸神羿決心越堅，聽到這裏無奈，只有堅決阻止道，「為父是不讓孩兒前去的！」

「父親，你怎能做出這種決斷呢？你不是經常教導孩兒，練武練武，不僅要苦練技藝，而且要磨礪心志嗎！」神羿則堅心不泯道，「為此，孩兒前去西荒大山尋拜高師東王公，求取射功絕技，要經萬難歷萬險，不正是磨礪孩兒之期嗎！父親這樣阻攔孩兒，叫孩兒何去何從呢？孩兒實在弄不明白了。」

翼星官聽到神羿講說至此，也實在是無可奈何了。是呀，神羿之言全是自己昔日所教之語，可這時他卻違反此語之意執意阻其西去，則就正如神羿所說，是完全背棄了自己先前之教呀。

這樣，此後又實在使年少的神羿不知何去何從，對神羿有百害而無一利了。為此無可奈何之餘，翼星官末了還是只有痛下決心，不去違背自己平時之教，同意神羿西去求師，道：「那麼，孩兒真的不怕千難萬險嗎？」

「父親，」陷入絕望的神羿突聞父親此言，聽出內有鬆動之意，心中頓然轉喜，急不可待道，「孩兒從來不打誑語。」

翼星君這時所以同意神羿西去，是他無奈之餘心中想到，生來奇異的神羿或許生來有緣，能夠拜得東王公為師，真的能夠成為被蓋神界的第一射手。但他仍是擔心神羿年幼，途中多險，聞聽神羿不怕歷險之言即又詢問道：「那麼，如果溟海之中妖魔鬼怪出而攔之，孩兒怎麼對付？」

「孩兒身懷二十八宿父輩教授武技，並有蓋過二十八宿父輩的射技，遇到那幫妖魔鬼怪攔阻，」神羿毫無懼色道，「孩兒便輕則武功對之，惡則神箭射之。孩兒堅信，定可制勝那幫妖魔鬼怪！」

「如果孩兒最終雖然尋到了東王公大師，」翼星官聽到神羿言之

有理，便又詢問道，「但東王公技不相示拒而不授，孩兒豈不空走此遭徒歷萬險？」

「常言只要心誠，石頭也能開花。孩兒前去苦苦求之，就不信孩兒之情打不動東王公大師之心。」神羿聞聽鏗鏘道，「再說，如果東王公大師實在不授，則是孩兒沒有射技蓋世之緣。那樣孩兒雖然空奔此遭歷經萬險，但也心滿意足了！」

「孩兒去吧，但願孩兒能夠馬到成功，拜得東王公高師，求得其神技。」翼星官聽到神羿說得頭頭是道，這時終於同意下來道，「但只是途程遙遠沿途多險，父親聖命在身不能陪送孩兒前去，沿途只有孩兒自己留心了。」

「父親答應了孩兒？」神羿聞聽父親此言心中大喜，急忙「撲通」跪地拜著，就要起身西去道，「孩兒謝過父親了！」

「慢，孩兒尚且年幼，」翼星官見之放心不下，即又開口攔阻道，「不曾遠遊，沿途之上父親實在放心不下……」

「父親不必再行叮嚀，孩兒沿途之上定會相機行事的。」神羿這時既已求得父親應允其西去，便為求取東王公絕技對父親再拜而去道，「請父親放下心來靜候佳音，孩兒定不會讓父親失望的！」

翼星官見之，一直遙送神羿去到蹤影消失，方纔又在後悔不該讓其西去和為之擔憂的心境中，無奈返身回府而去。神羿離開其南方居地一路向西天奔來，雖然他是騰雲駕霧向前行進，但那萬里路程也實在遙遙無際。

因而但見他奔啊奔呀，越過一重重山，跨過一道道水，萬般異景眼底收，千種奇象拋身後。轉眼已是向西行進十數日過去，本想快要到達西天邊沿了，開口一問卻是剛剛走出千餘里路程。

這是因為，天上的路程像地上的路程一樣，地上的路程依人的腳

步而算，天上的路程則是依神的騰雲駕霧之能而定。因而天界萬里遠非地上萬里，而完全是另一種神界的概念。為此神羿雖然騰雲駕霧西行十數日過去，卻仍距西天十分遙遠。

「怪道父親勸阻於我，竟然這般遙遠難行。」神羿年幼沒有行過遠路，聞聽此情不禁一愣心中暗叫道：但他並不氣餒，心中依舊充滿著快快奔到西天，尋到高師求得絕技的急切之情。只是心驚自己行進太慢，這樣還須數十日方可奔到西天。

焦急之中，神羿只有奮力加快騰雲駕霧的速度，以期早日奔到西天。但見他奔啊奔呀，又是跨過千山萬水，奔走了近兩個月時光，這日終於來到了茫茫西天神界。

西天神界是如來佛的居地，這裏神界廣闊，眾神熙攘。神羿不知西荒大山坐落在西天神界何處，詢問之後方知此山坐落在西天神界的最西部邊沿。他求見東王公心切，便又一路穿過西天神界徑向西荒大山奔來。

神羿在途又是奔走月餘時光，這日終於來到了其父所言包圍西荒大山的萬里溟海岸邊。遙望茫茫溟海，神羿更知其父勸阻之言不虛。但他前去求師心切，便不怕溟海之險，決計渡海前去。

「小神不可前去。此海廣闊萬里，騰雲行程月餘，小神身力豈濟？」於是他求問於海濱之神，此海怎渡，被問之神見他小小年紀要渡溟海，連連搖頭道，「乘筏渡此溟海，十渡九亡。大神尚且那樣，小神豈可妄為！」

神羿聞聽此答皆如其父先前所言，但是求藝心切的他，便不顧被問之神的好心勸阻，立刻尋到一隻渡筏，自己划著徑向蒼茫溟海深處渡去。岸邊眾神見之，齊聲高喊要其返回，他卻如同未聞，頭也不回，徑向海中渡去。

神羿獨自划動木筏向溟海深處渡來，早驚動了居住在溟海之中的眾妖諸怪。他們全都知道這年少神羿是他們未來的死敵，射技被蓋神界的第一射手到了！為此便不放神羿前去西荒大山，全都要把他殺死在此溟海之上，使他學技不成，除掉他們未來的剋星。

為此他們紛紛聚攏到神羿渡筏之下海水之中，一陣計議起了殺死神羿之法。

計議之中，眾妖諸怪首領鯊魚精率先道：「我們一定要除掉他，不然他學成之後，就沒有我等妖魔鬼怪的自由之日了。」

「這神羿既然是未來神界的第一射手，」海馬怪接言道，「我們焉有除掉他之能？眾神定會祐護於他。」

「我們管不了那些，只有除掉他才能保住我們日後有好日子過。」鱷魚怪聞聽大怒道，「有神前來祐助於他，我們眾妖諸怪就一起上，與之大戰一場也要除掉這個小子！」

「好，大戰一場，除掉宿敵，」眾妖諸怪聞聽鱷魚怪此言，齊聲喊叫起來道，「以保我們未來的好日子。」

「好，我們就按鱷魚怪兄弟說的去辦，一起上，殺滅神羿！」鯊魚精這時即言道。說著，便領眾妖諸怪一起露出水面，向筏上神羿殺來。

「神羿小兒，你前去不成西荒大山了！」鯊魚精引領眾妖諸怪，眨眼便把神羿所乘渡筏，團團包圍在了正中。一邊揮動手中惡鐵杵向神羿打來，一邊口中大叫道，「你的死期已到，我們眾妖諸怪怕你死得寂寞，一起為你送死來了！」

「小神與諸位妖怪素昧平生，」神羿眼見此景，耳聽鯊魚精之言，頓知自己身陷在了厄境。但他驚怕之中也不怠慢，先是開口大聲對之道，「無怨無仇，諸怪為何害我？」

「那我就叫小兒死個明白。今日我們不殺死你，」殺到近處的鱷魚怪聞聽，對神羿「嘿嘿」一笑道，「日後你就會殺死我等，因而我等豈能容你。」

神羿聽到這裏已知言說無用，無奈只有與之誓拼一死。於是他即不怠慢，拈弓搭箭「嗖」地一箭，便射向了殺來的鱷魚怪心窩。神羿射技蓋過二十八宿，對付這般妖魔鬼怪當然綽綽有餘。因而只見鱷魚怪隨著神羿之箭「颯」地射到，已是「啊呀」一聲大叫，箭透胸膛死於非命。

鯊魚精眾惡見之大怒，急齊聲吼叫著兇狠十分地向神羿殺來。神羿這時則更不怠慢，只見他「嗖嗖嗖」一陣箭雨射出，已是把鯊魚精、海馬怪諸妖射殺一片。剩餘妖魔雖眾但看到神羿如此厲害，也頓然全都不敢上前送死，隨之一陣逃散而去。

神羿見之，遂繼續向前渡海而去。此後，由於溟海眾妖諸魔皆已領教了神羿的厲害，所以雖在背後使壞，卻也不敢再行邪惡殺上前來。加之神羿本該成為神界第一射手，故而他向前渡海漫長數月時日過去，終於歷盡艱險靠上了海岸，來到了西荒大山腳下。

神羿見之高興萬分，但隨著他也犯起難來。他舉目看到面前的西荒大山，果如其父所言廣闊三萬里，東王公大師身在何山之上，該向何處才能尋到高師呢？因而高興之餘，他當然犯難。

突然，神羿看到一位小童向他面前走來。正愁的神羿想到俗言：鼻子底下是大路，自己正好上前去向小童詢問。於是他立刻迎到小童面前，深施一禮道：「請問神兄，可知東王公大師住在此山何處？為神弟指引前行路徑。」

「你問東王公大師啊，他住在天柱峰上，」出乎神羿預料的是其問剛了，那小童便開口回答道，「距離這裏僅有三日路程。往那裏走。」

　　小童的回答頓把神羿說得驚愕在了那裏，因為他剛才以為這小童小小年紀，不一定會知道東王公大師，也更不一定會知道東王公大師的居處，自己只是抱著試試看的態度詢問於他。他想不到這小童竟然回答得如此清晰，為此他還以為是這小童對自己妄言呢！

　　於是驚愕之餘，他又甚為不解若依小童此說，自己此來為何恰好到達距離東王公居地近處，又一問便得到小童明示呢？不解至此他又想到，這也可能正是自己的緣分，而且從小童的神態看也對自己不欺。為此他便忙欲施禮感謝小童，卻見小童不知何時已經去得沒有了蹤影。神羿心覺一陣遺憾，遺憾之餘便即依小童所指，一路向天柱峰行去。

　　神羿巧遇小童指引確實是緣分，因為作為未來的神界第一射手，他正該有這樣一段經歷。即涉萬里路到西天神界，渡溟海到西荒大山，得到小童指引拜得東王公為師，求得絕高射技。

　　而且東王公也並非如同神羿之父翼星君所言，是神界皆知的射技秘不相示者。相反東王公卻是冥思苦想收得高徒，將其絕技盡數授受。但只是經過曠古年月，收授徒兒雖然眾多，卻沒有一個能夠學得其神技真諦堪稱其徒者。

　　東王公為此甚為這些教不成才的徒兒為恥，便把他們全部羈留在山中誰也不准離去，便使得神界傳出了東王公射技秘不示人的訛言。如此東王公不得高徒心中正在焦急，這日突聞心腹小童來報說：「師父，師父夢中所盼高徒神羿，真的到了。」

　　「真有此兒？」東王公聞聽心中一喜道，「他到了哪裏？」

　　原來，東王公前夜剛剛做了一夢，夢見八歲的神羿小兒浮海求技而來。自己教之有成，不久其射技便達到了青出於藍而勝於藍的爐火純青境地，成了功蓋神界的第一射手。

　　東王公做罷此夢心中奇異，便對身邊心腹小童講說之後，日日焦待或許此夢果會成真。不想時間剛過一日，便聽到心腹小童此報，他當然心中大喜，急忙開口詢問起來。

　　「真有此兒。他已乘筏渡到了東海岸邊，就要上山來了。」小童聞問即答道，「小童剛才親眼所見，不知師父見不見他。」

　　「見。小童快去指引於他，讓他到峰下面見為師。」東王公聞聽小童此答，高興得立刻霍地站起身來肯定道，「為師要親去迎見於他，對他進行驗試。」

　　小童聞聽不敢怠慢，遂即去海邊對神羿進行指引。因此方纔有了神羿剛才一上海岸，便遇小童指引的巧合好事。神羿按照小童指引向天柱峰行來，三天過去果然來到了天柱峰下。

　　他站在峰下舉目看視，只見天柱峰如柱挺立，昂首天界。周圍陡峭如削，聳起萬丈。只有面前一條羊腸小徑蜿蜒而上，直掛雲天，實在險惡萬端。神羿既已知道東王公大師住在此峰，雖見此峰險惡如此，便也不氣餒後退，立刻沿著羊腸小徑向峰上攀來。

　　他向峰上攀啊攀呀，轉眼又是攀登一日過去，眼見已是到了天色將暮時分，向峰上卻是攀登不遠。攀登不遠又不見東王公居住何處，也不見有神在此小道上行進無以詢問，求師心切的他便不顧天色將暮需要休歇，而繼續向峰上攀去。

　　神羿又是向上攀啊攀呀，攀過一陣舉目向峰上看去，驀地卻見一位白首皓髮的老神攔在了面前。這老神生得人形鳥面，後生虎尾。不僅狀貌奇異，而且又見其背上載有一頭黑熊。

　　神羿見此既奇且喜，奇的是此神何來，喜的是自己恰好向其詢問東王公大師居地。然而這老神不等他開口，已是詢問起了他來，道：「小子可是南天奔來的神羿嗎？」

「小神正是。」神羿突聞此問心中更加奇異，他不知在此西荒大山之中，這位自己素不相識的老神為何知道自己的名字。為此他也即不怠慢回答道，「但不知老神為何知道小神名字？老神是誰？」

「老神非為別個，正是小神前來尋找的東王公。」老神這時則「哈哈」一笑道。老神此言不虛，他正是居住在此西荒大山之中的東王公大神。只因前日他聽聞心腹小神稟報說自己夢中小徒來到，今日特來迎試神羿到了這裏。

「高師在上，請受小神一拜！」神羿聞聽東王公之言大喜過望，他歷經艱險終於尋到了欲尋的高師啊！為此他納頭便拜道，「小神乞師父收留為徒。」

「小子要做我的徒兒，純粹是癡心妄想！」但不料神羿言說完了尚未站起，卻聞東王公又是「哈哈」一笑說著，即命背上的黑熊道，「去，給我把這小子打下峰去。」

東王公背上黑熊聞令即不怠慢，跳下東王公脊背便向神羿打來。神羿正在跪拜豈敢還手，他萬里迢迢來到這裏豈能得罪高師，為此開始他只躲不還。但末了無奈黑熊得寸進尺，打得他不還手實在無可奈何。無奈之中他只有出手防衛，但無奈他神功雖高，卻也實在制勝黑熊不得，一陣便被黑熊打下了峰去。

「黑熊住手。」東王公這時也隨後緊跟著來到了峰下，見之喝止道。隨著，他又故作氣惱地「咚咚咚」抬腳向地上連跺三腳，轉身向峰上行去，道，「小子，還想拜我為師嗎？告訴你，拜我為師沒有那麼容易。哼！」

神羿經過這番惡鬥，開始不敢還手，末了鬥那黑熊不過，已是被黑熊打得遍體鱗傷，挨得不輕，不由得心中生起了動搖。心想，難道這真的是東王公不收留自己嗎？但隨著機靈的他又心機一轉明白過

來，不，這或許是東王公大師對自己進行的驗試，借此驗看自己投師是否誠心，為此末了他狠狠地跺地三腳。

他為什麼狠狠地跺地三腳呢？很快他明白了過來，即地為陰，陰為夜，三為數。東王公大師這實則是告訴自己，夜晚三更時分前去見他。不然，他為何跺地三腳？想到這裏，神羿立即忘掉了渾身的傷疼，求師心切的他即不怠慢又向峰上攀去。這時天色已黑，他怕耽誤了三更時分，見不到東王公大師。

他向峰上攀啊攀呀，這時他向上攀援實在是更加艱難起來。因為除了一天來的攀登使他身體疲勞之外，又加上他剛才遭到黑熊擊打造成的渾身傷疼。但為了實現其歷經千辛萬苦求得高師的夙願，學得神界第一射手絕技的崇高理想，少小的他還是咬緊牙關忍受著這一切，如同忘記了這一切一般，更加疾急地向峰上攀去。

神羿向峰上攀啊攀呀，轉眼又是兩個多時辰過去，恰到深夜三更時分，終於攀到了，傍黑時分見到東王公之處。黑暗中神羿舉目看視，果見東王公正待在那裏。神羿於是立刻開口道：「大師，徒兒遵從大師之命，準時前來拜見大師。乞求大師收留徒兒。」

東王公剛才眼見少小的神羿，疾急地趕在三更時分準時攀到了自己面前，已是心中大喜，此子心地堅韌不怕吃苦，是一塊可以雕鑿的好料。並且甚喜其頭腦聰慧，領悟自己跺地三腳是要其三更來見自己。這時又聞其言，心中更喜萬分。

然而他見到神羿雖然心喜，但他這兩試只是一次驗試了其耐受吃苦之志，一次驗試了其聰慧伶俐之心，對其神品如何卻還沒有驗試。雖然他知道其父翼星官為神界知名的扶正祛邪之神，卻仍擔心其子不如其父，學求神技不為扶正祛邪而為實現邪心惡念。

「誰做你師父！前番剛剛把你打下山去，想不到你又連夜返來，」

為此東王公即抑心喜，再作驗試，怒言道，「實在是纏磨太甚了！黑熊，這次給我狠狠地把這小子打下山去。」

黑熊聞命便又立即動手，一陣更狠地把神羿打下了峰去。神羿再次被打心中雖然氣惱至極，恨不得三番五次想使用其極高射技，放箭射殺黑熊。但他擔心自己若是射殺了東王公心愛的黑熊，不僅會斷去自己再求東王公之路，而且說不定還會身罹難測之災。為此他仍是無奈，更被黑熊打得體無完膚。

神羿被黑熊再次打到峰下，渾身傷疼之中對東王公此舉又作思想，聰明的他當然看到這仍是東王公在驗試於他。如果不是，東王公先前絕對不會恰在三更時分待在那裏。東王公待在那裏，見到他所以又命黑熊把他打下峰來，則是要對他再作驗試。

為此想到這裏他便心勁陡騰，即不怠慢重又向峰上攀去。他要讓東王公通過這次驗試，贏得東王公的收留。神羿心懷此想，不知疲勞傷疼地向峰上爬啊攀呀，轉眼攀到了次日將近正午時分。

神羿攀到這時已過昨日攀到之處，正為不見東王公待在那裏心生不解，卻聞前方樹林中驀地傳來了女子的驚喊奔跑之聲：「救命啊！快救命啊！山魔施惡了！」

「何來惡魔，光天化日之下竟敢行此邪惡！」神羿聞聽一詫，已見一位少女身後跟隨一位邪惡的山魔惡怪，一逃一追徑向山道上奔來。神羿本為嫉惡如仇之輩，眼見此景勃然大怒，厲喝道：「再不改邪歸正，小神就不客氣了！」

「乳臭小兒，躲遠點。」那正行邪惡山魔陡聞神羿厲喝先是一愣，但隨著眼見神羿不過是一小兒，便不把其放在眼中，「嘿嘿」一笑輕蔑道，「耽誤了老魔的好事，老魔要你的小命！」

神羿這時眼見自己言辭攔阻不住惡魔行惡心中更惱，便也不再搭

言，立刻搭箭開弓，「嗖」地一箭向惡魔射了過去。隨著弓落箭到，山魔便被射中後心，疼得「啊呀」一聲絕叫，已是化成了一塊頑石。把神羿射出之箭，恰好撞折成了兩段。

「小子，剛才是為師驅使山石作怪三試與你，從而一試你吃苦之志，」被救小女眼見險惡已去，立刻跪下答謝神羿相救之恩。神羿見之，上前正欲詢問小女居處以送其回家，卻驟見東王公「哈哈」笑著現身道，「二試你心靈之巧，三試你品質劣良，小子全都交出了滿意的答卷。為師收你為徒了！」

「小兒謝過大師收留之恩！」神羿突置此境真個是喜出望外，丟下被救小女不再詢問，而倒頭對東王公便拜道。

「甜妹，」東王公這時則又「哈哈」一笑，轉對跪在一旁的小女道，「還不快快扶起你神羿師兄？」

「神羿師兄，師父有言，我們跟隨師父回去吧。」甜妹聞聽師父之言，即忙站起上前扶叫神羿道。神羿聞聽站起，已見師父東王公向峰上行去。於是他與甜妹相視一笑，跟隨師父之後也向峰上走去。

二、恩師面命

神羿與甜妹這時雖然腳下跟隨東王公向峰上行來，雙方心中卻都在倒海翻江般地翻騰不息。神羿心中這時翻騰的，當然首先是自己歷經艱險，終於拜得高師的無盡喜悅。其次翻騰更多的，則是與甜妹心中一樣的，雙方心中傾慕至極的兄妹之情。

神羿與甜妹這時雖然都很年幼，但是身為上神，他們心中卻已是朦朦朧朧地初萌起了淡淡的春情。當然他們都不知道那春情究竟為何物，而只是剛才他二神一見，心中覺得雙方好像先前相識的嫡親兄妹似的。為此感到面熟心近，情投意合。互相傾慕不已，翻騰起了一種從未體驗過的異樣的衝動。

他二神見面之時雖然心中翻騰若此，但在東王公面前卻誰也不敢流露，加之東王公已令他們隨他上路而來，沒有流露的機會。同時他二神也還沒有長到懂得此情，敢於流露的年齡。因而聞聽東王公之令，便雙雙即抑此情，緊隨東王公之後上路行來。

這時走在路上，他二神見到東王公在前行走拉開了距離，便又雙雙壓抑不住心中翻湧的互相傾慕之情，邊向前走邊開口互相詢問起來。甜妹率先開口道：「師兄，你叫神羿嗎？你真勇敢，小小年紀竟敢從南天跑到遙遠的西天，又渡過溟海尋到了師父！」

「對甜妹說心裡話，師兄此來心裡怎能不怕！但師兄是一心匡扶正義之神，」神羿聞聽甜妹此問高興道，「為此決計求得絕技爭做神界第一射手，那樣就可以為神界剪除邪惡，不遇敵手了。」

「師兄心地真好，」甜妹隨著敬羨道，「師妹實在敬佩！」

「正是心懷這般狂想，師兄方纔不怕萬難，矢志不移，」神羿繼續講說道，「硬是隻身獨個歷經萬難，才來到這裏尋見了師父。」

「師兄太好了。這次師兄的目的達到了，既然拜得師父這位神界第一射手為師，」甜妹聞聽神羿此言，立刻交口稱讚道，「經過苦練，師兄的宏願定會如期實現的。」

「謝過甜妹鼓勵，師兄但願盡如甜妹所言。」神羿聞聽忙言道，隨著他話鋒一轉詢問道，「甜妹，你的名字就叫甜妹嗎？甜妹幾時到的師父這裏？」

「看你問的，我甜妹能叫什麼！」甜妹聞聽神羿此問，頓然高興得一陣「咯咯咯」歡笑起來道。隨著她也話鋒一轉回答道，「我僅比師兄早到兩月。但我可沒有師兄那般勇敢，不是隻身獨個前來，而是父親送我來的。」

「噢，是你父親送你來的！」神羿聞聽奇異道，「請問甜妹父親尊姓大名？為何把甜妹送到了這裏？」

「我父親在神界尚屬無名之輩，因而甚想名震神界。」甜妹聽了神羿此問，立刻如實回答道，「但他眼見自己努力半世揚名無望，便把希望轉寄到了我的身上。」

「噢，」神羿這時一愣道，「原來是這樣！」

「是的。可他又見我不是讀書的好料，天生的好動不好靜，成就文事無望，便決計送我學練一身武功，以期將來攀龍附鳳光耀門庭。」甜妹繼續實言道，「為此他心想一番，想到自己與東王公尚有一些舊

誼，東王公又為神界第一射手，便費盡周折把我送到了這裏。」

「老伯真是一片苦心了。」神羿聽到這裏，不禁頻頻點頭道。隨著，他又轉問甜妹道，「唉，請問甜妹，你今年幾歲了，幾月幾日出生？」

「師兄，別看師父讓我喊你師兄，」甜妹聞問，又是一笑逗樂道，「我看你個大才喊你師兄。如論生辰，你說不定還得喊我大姐哩。」

「那不一定，」神羿聞聽即言道，「快說你多大了。」

「八歲零十個月整，」甜妹這才認真道，「九月九日生。」

「這麼恰好，我倆竟是同年同月同日出生！」神羿聞聽頓然心中一喜道，「但不知甜妹生在哪個時辰？」

「真的嗎？神羿師兄！」甜妹聞聽神羿此言，也頓然心中大奇，歡喜起來道，「甜妹我生在午時，你呢？」

神羿聞聽心中更奇，因為他也是生在午時。為此他只顧心奇他二神生辰如此又恰好相合，因而便聞問不答甜妹之言，反問道：「午時幾刻？」

「怎麼，師兄也是生在午時？」甜妹也是聰慧的，她已從神羿的話語中，聽出了神羿與她又生在一個時辰，為此開口便問道，「但甜妹我是生在午時尾，你呢？」

「你甜妹就真的是我神羿的師妹了！」神羿這時高興得頓然大叫起來，道，「神羿我也是生在午時，但不是午時尾，而是午時頭！」

「好，好！我兄妹同年同月同日同時生，怎麼這麼巧合呀！」甜妹聞聽高興道，「你是哥，我是妹，真叫師父說對了。」

神羿與甜妹就這麼一敘，出乎雙方意料之外的，又敘了個恰好生辰年月契合，他倆的關係便又拉近一步，心中更加不由自主地貼近起來。隨後他們便更加親近，在不知不覺中已是半日時光過去，跟隨師

父來到了所居山峰半腰間的石室跟前。

「師兄，」甜妹這時眼見師父東王公在前入室而去，方纔想起神羿新來乍到，開口對之道，「我們來到居地了。」

「噢，到了？」神羿剛才也是只顧沉浸在與甜妹的歡笑談說之中，忘記了腳下行進的路程，也忘記了關注師父與甜妹把自己引到了哪裏，這時突聞甜妹之言不禁一愣道。隨著他舉目向前看視，果見到了一方石室門前。那石室之門高逾百丈，煞是雄偉。石室門口上方，站立一隻巨鳥。該鳥赤喙金目，翼展十丈，兇猛十分。

「那是巨鳥稀有，」神羿眼見巨鳥正在心奇，甜妹見之開口道，「師父的駐地護衛。」

「師父真乃奇異也，」神羿聞聽甜妹此言，不禁開口讚歎道，「竟然養此兇猛巨鳥，為之護衛。」

「師父實在奇異，不然豈堪稱『神界第一箭師』。師兄你瞧師父選這居地，」甜妹隨之道，「東可望溟海，南可觀群山。雖在峰之半腰，卻在群山之上哩！」

神羿聽了甜妹此言，立刻眼隨其言望去，果見處處皆如甜妹所言。東望溟海蒼蒼，南眺群山茫茫，全都一望無際。神羿眼見至此末了收回眼目，又見師父居地石室之旁恰有一方平地，長寬皆可練射有餘，而且四面皆為竹木茂林掩蔽，清幽至極。為此他又不禁慨歎道：「在此練技，盡可凝心聚志哩！」

「甜妹，」神羿話音剛落，卻聞石室門口一小童喊叫道，「師父傳你，快引新來神羿師兄進見。」

甜妹與神羿聞聽此喊，方纔想到他們在此石室門外看得太久，以至耽誤了去見師父的時間。於是他二神不敢怠慢，立刻入室進見東王公。神羿隨同甜妹來到石室之中，看到東王公正端坐在那裏等待著

他，他不敢怠慢納頭便拜道：「師父在上，小徒神羿只顧觀看室外景色，遲來一步乞師父見諒！」

東王公當然不會怪罪新來初到的神羿，他沒有立刻喊叫神羿，正是為了給他留出看視的時間。東王公聞聽神羿此言，立刻道：「徒兒快起，師父有話對你講說。」

「徒兒聽清，師父雖然已是有心收留徒兒，因為得英才而育之乃是為師的夙願。」神羿聞聽立即站起，東王公見之道，「但是為師有兩條戒律，卻為一般之徒難以容忍。徒兒聽罷如果不能容忍，則可立刻離去，為師不加阻攔。」

「徒兒敬請師父儘管講說，徒兒不管是什麼戒律，」神羿不知東王公有哪兩條戒律，心中想的是只要東王公能夠收留自己，教得自己成為神界第一射手，他就不管東王公提出什麼條件都成。為此他聽罷東王公此言，立刻鏗鏘道，「只要師父能夠收留徒兒就成。」

「不，話不能說得太絕，師父是不教違心之徒的。」東王公則極其寬容道，「對於違心之徒，師父是教不出成就的。因而徒兒要認真聽好，細作思量，做出定奪。」

「徒兒遵命。」神羿聞聽東王公話語沉重，方纔覺得那戒律定然分量非同一般，道，「請師父言講。」

「為師的戒律之一，是技藝學不成者不准下山，以防損害師父之名。」東王公這才說道，「為此，師父甘願承擔技不授受的毀譽，徒兒願意遵行嗎？」

神羿聞聽此言實在大喜過望，他正怕東王公如其父言，不將其絕技傳授哩！這時東王公之言恰與其父之言相反，而且是逼迫自己學得絕技。這正是神羿先前擔心之事，也是其求之不得之想。為此他禁不住心中之喜，即言道：「徒兒嚴遵師父此戒。」

「徒兒，你知道遵行師父此戒，」東王公則沉重慎問道，「意味著什麼嗎？」

神羿剛才只顧往自己能夠學成技藝方面去想，沒有去想別的，所以突被東王公此言問得無以回答起來。東王公見之道：「徒兒，凡事不能只往好處去想，不想壞的方面。相反則要先往壞處去想，往好處努力才成。因而若從壞處去想，則就意味著徒兒今生今世下不得此峰，直至壽命終了啊！」

「徒兒謹遵師命，為求絕技身雖至此，」神羿陡聞東王公此言，當然也是心中一驚，但他隨著還是堅定不移道，「也絕無怨言，決不後悔！」

「徒兒尚且年幼，又初來乍到這天柱峰上，所以不要以為此峰東可觀溟海，南可眺群山，上可觀峰景，景美境幽。」東王公這時則設身處地道，「終生廝守於此，則會心中生厭，由厭生煩，再由煩生出仇來啊！徒兒可要想好呀！」

「師父，徒兒想好了。」神羿仍是堅定不移道，「決心學成下山，不然甘隨師父廝守此峰。」

「徒兒年幼尚且不知，為師此生已經精擇徒子不下百數，」東王公重又勸言道，「至今仍無一人學得為師滿意，准許下山。為此，使得為師落得了技秘不授的惡名啊！」

「師父不必再言。與徒兒不畏萬難，堅心前來尋拜師父一樣，」神羿聽到這裏，則堅心仍不動搖道，「徒兒遵從師父戒律也是鐵了心的。師父，您就快說第二條戒律吧。」

「好吧。師父的第二條戒律，則是下山之前不得講說男女間事。如果違戒，為師即停授受技藝。」東王公這才繼續道，「如果學到師父滿意可以下山的境地，則即令下山，但不得聲言其為本師之徒。」

「這個更沒有事兒，」神羿這時年幼，對男女間事尚且不知，便答應更加朗利道，「徒兒謹遵師教。」

「師父定此戒律並非嚴酷，乃是男女間事一分心思，」東王公這時接言道，「二毀精力，有礙學習絕技，故而嚴戒之。」

「師父講得對，」神羿輕鬆答應道，「徒兒絕對遵行不違。」

「徒兒年幼說著輕易，」東王公這時卻不禁搖搖頭道，「將來隨著年紀增長，實難保證啊！」

「徒兒為求絕技上山而來，非為男女間事而來，就請師父放心好了。」神羿重又鏗鏘道，「若是生出那等事體，師父依戒懲戒徒兒，徒兒絕無怨言。」

「好吧，既然徒兒決意恪守為師之戒，」東王公聞聽至此，方纔最終莊重答應收下神羿，道，「為師就收下徒兒了。」

「謝師父收留盛恩！」神羿即忙叩頭道，「徒兒後日定不負師父之望！」

「為師枉為神界第一射手，也枉為玉皇大帝要為師為他培育高強射手之囑，有生以來尚且未能培育出一名成功射手。」東王公這時則「唉」地長歎一聲道，「前日為師夢中見到徒兒，為本師培育成功之射手。望徒兒不負為師厚望，日後刻苦習練，攀登高峰，青出於藍而勝於藍，成為超越為師的神界第一射手。」

「謝師父指點，」神羿這時忙言道，「徒兒定不負師父之望！」

「屆時，為師將把徒兒薦於玉皇大帝，」東王公這時心中充滿希望道，「以為大帝重用！」

神羿聽到這裏，又是連連叩首謝過師父栽培大恩。東王公這時講說完了，便隨之舉行正式收徒儀式，隨後便開始教授神羿武功。東王公雖為神界第一射手，其功夫絕非獨有射技，而是十八般武藝般般超

絕，故而方有超絕神界之射技。

　　為此他教授起神羿也絕非獨授射技，而是首先從十八般武藝教起，以教其掌握基本武功，然後再授射技。東王公為了有的放矢地教授神羿十八般武藝，便先對神羿身懷之技進行細細驗試。神羿年齡雖然只有八歲，但由於跟隨二十八宿學藝已過六載，因而般般武藝全在常神之上。

　　東王公一番驗試，心中不禁大奇神羿年紀幼小若此，武技卻高強脫俗。大喜其果為難得的可雕英才，精心育之定可青出於藍而勝於藍，完成玉皇大帝要其培育悍將的重任。心喜至此，東王公隨後便針對神羿的情狀，認真施起教來。

　　他教授神羿頭、腿、腰、身、手等諸般功法，教授刀、槍、劍、戟、錘等諸般器械，教授點、拿、卸、變諸種法術。東王公教授認真，神羿頭腦聰慧習練刻苦。轉眼四載過去，神羿已把東王公所教，練到了爐火純青的地步。

　　神羿學習領悟能力之高，習練勤苦掌握之快，不僅使得其師兄弟姐妹，就連其師東王公也詫異萬分，暗贊神界少見這般聰慧奇子。轉眼到了第五個年頭，東王公眼見神羿十八般武藝已經練就，有了學射的基本功力，便在要求神羿繼續苦練提高十八般武藝的同時，開始教授其射技。

　　他所授射技包括身、弓、氣、力、眼五法，在逐一教授完了身、弓、氣、力四法之後，末了便重點教授起了神羿眼法絕技。東王公身為神界第一射手，認為眼法是諸射法中最為重要者，因為看視不見必然射擊不准。為此他教授神羿使用兩法練習眼力，即一要在動物面前練得眼睛不眨，這樣才能不致看視不見。

　　二要練得能將小物看成大物，這樣才能看視清楚，百射百中。按

照東王公所授練眼方法，神羿率先找來一塊水晶安裝牢穩，然後把眼睛靠在水晶後面，讓動物在水晶前面遊動，以練眼睛不眨。

其次他捉來一隻蚊子，用頭髮繫牢，掛在前方日日注目看視，以練眼睛放大之功。神羿設定如此二法之後，便與甜妹一起進行苦練。甜妹比神羿早到不久，來前也有一身功夫，東王公便對他倆一起施教。

先前練功之中，由於他二神初見時便產生了一種兄妹般的好感，所以互教互學互幫互扶。真個是神羿對甜妹幫扶不倦，甜妹對神羿關照無微不至。又一起練起了眼功，或者神羿把眼睛放在水晶後面，甜妹在水晶前面遊動物什，或者相反。這樣練過一陣之後，他們便又一起前去練看蚊子。

轉眼練習兩載過去，神羿的眼睛真的練到了東王公要求的不眨程度。與此同時，也練得雙眼看視那小小蚊蟲，初始不大，一年後漸漸變大。到此兩年過去之時，已變得大如車輪一般。而且在這兩年之中，神羿的其他四項射技，也都練到了師父要求的程度。

於是，東王公在要求神羿繼續苦練基本功法的同時，對其開始進行綜合射擊教練。綜合教練要求五法配合，以射得遠、准、狠。神羿練啊練呀，他日日射，時時射；射靜物，射動物；近射，遠射。

轉眼又是兩年過去，通過驗試，東王公見其已經達到了基本射技，可與自己比肩的境地。為此東王公心中大喜，他知道自己如果再把幾手絕技授受完了，神羿就真的可以青出藍而勝於藍，登上神界第一射手的高位了。

「老神的夙願終於實現，」心中歡喜至此，東王公這日晚間抑制不住，對其妻興奮萬般道，「玉皇大帝之託就要完成了！」

「夫君是說，」東王公之妻當然了知夫君之心，聞聽其言即問道，「神羿學射有成了吧？」

「是的，此子太聰慧，習練也太專心不辭辛苦了。」東王公回答道，「短短八年，年剛十六，則將堪稱神界第一射手哩！」

「那麼夫君就快快薦於玉皇大帝，」其妻也是高興難抑道，「讓玉皇大帝也早些高興高興吧！」

「不，老神還要對此子再行一載雕琢，使他技藝更精。」東王公則即言否定道，「以便入朝之後，不辱老臣英名。」

「也是。」其妻理解道，「此子飛黃騰達，也是夫君臉上的榮光呀！」

東王公夫妻的這番對話，恰好被前來奉獻殷勤，侍候師父的甜妹聽了個清楚，並隨之在其心中激起了巨瀾狂濤。甜妹這時也已經進入二八妙齡之期，長期的練武生涯，不僅把她出落得外貌如花似玉，而且別有一身俊武灑脫之氣。

同時二八妙齡之期的到來，也當然使得她真正懂得了神界之事，並且也深深地懂得了兒女情長。大概是因為家父的遺傳或者情緒影響，隨著她對世事的洞明，卻也學得心地懷有三分狡譎，即慣於眼睛向上，以實用為處世的第一標準。

為此，她聽到東王公夫婦之言，特別是東王公講說要將神羿薦於玉皇大帝之後，便心中頓然捲起了巨瀾狂濤。她率先想到，這實在是一個實現其父要自己將來光耀門庭心願的絕佳良機。

她早已知道，從她與神羿初次見面的那一刻起，她實際上便已愛上了神羿，神羿也愛上了她。後來經過八年的同場練藝，他們師兄妹之間更是兩小無猜，心兒越貼越近。只是因為師父之戒，他二神方纔愛情藏心未敢言及，不然早就壓抑不住迸發出來了。

這時，師父要把神羿薦給玉皇大帝，神羿飛黃騰達的時機就要到。她如果這時對神羿道出情愛結為戀侶，日後自己就可以跟隨神羿

一起飛黃騰達，實現其父要其光耀門庭的夙願了。

　　她當然也想到，這恰好又是自己能夠離開天柱峰的一次難得時機。她上山學藝雖然已過八載，但其功夫卻遠遠達不到師父承認的程度，並且日後也難見有成功的希望。如果不抓住這次難得的時機，自己就將要永居此地，陪伴天柱峰了！

　　她心中當然不甘於此，而且那也是違背其父心願的。同時她又想到，自己心中先前雖然一直在偷偷地摯愛著神羿，但卻一直壓抑著沒有對神羿講說的原因，除了師父定有戒律之外，還有一條深藏在其心底的隱秘戒條。

　　這戒條就是，其愛並非要獻給她愛或愛她之神，而是要獻給哪怕既使對她心中不愛之神，但只要此神能夠使她飛黃騰達，實現其父要她光耀門庭的心願。相反，即便是像對她摯愛的神羿，如果對方不能使其飛黃騰達，她的愛情對他也是吝嗇至極的。

　　而現在，她心底摯愛著的神羿，又可以使她飛黃騰達，使她能夠實現其父要其光耀門庭的心願，這是怎樣一個難得的機會，怎樣一件天賜的好事啊！為此她要抓住這個機會不放，既要美滿的愛情，又要自己離開此處的自由，並要自己飛黃騰達光耀門庭之果。

　　為此，心潮奔湧翻騰不息的甜妹，隨著下了最後的決心，即不顧師父的戒律，對神羿偷訴自己心中之愛，緊緊抓住神羿絕不放過。決計至此，甜妹便立刻來到神羿居處，實施起了她向神羿傾訴愛情的計畫。

　　這時，雖然夜已漸深，神羿卻仍在居室中苦練臂力，以使其射技更臻佳境。然而甜妹來到他的身邊，真要對他言說情愛了，作為女兒家的她不禁又害羞驚怕起來。只見她既心中沒有了平日說話時的平靜，口中也沒有了平日說話時的朗利。為此她使勁壓了壓不平靜的心

境，口張了幾張卻說出了言不及義的話語道：「師兄，你還在練功呀？」

「是的，師兄還要苦練下去，」神羿心無它想正在凝心苦練，聞聽甜妹此言道，「以更臻佳境。」

「師兄，你今晚不練了好嗎？」甜妹既然張開口來，這時勇氣方纔比剛才大了不少道，「甜妹對師兄有話講說。」

神羿這時仍不理解甜妹的心境，雖然在他心中，先前初見甜妹時的兄妹契合之情，這時隨著年齡的增長，也早已演化成了男女情愛。並且他也深深體察到了，甜妹平時事事處處關心照料自己之時所流溢出來的情愛之心。但由於師父定有戒律，加之其練功聚心凝志，為此心中愛情的春潮，雖然不時地會有衝動，他也從來不敢去想。當然，也就更不敢向甜妹講說自己心中之愛。

「噢，甜妹有話就說唄，」神羿要謹遵師父的戒律，凝志苦練神功，實現自己成為被蓋神界第一射手的壯志。這時他聽了甜妹之言，想像不到甜妹之心道，「非要師兄停下練功做什麼？」

神羿做夢也想像不到，甜妹這時是對他傾訴愛情而來。因為他以自己之心早已心思過了，甜妹一定會像自己一樣去遵守師父的戒律，凝志練功。他倆這愛，待到雙雙練得功成，師父准許下山之後是會結出甜蜜之果的。為此他心中在期待著，便心想甜妹也一定會像自己一樣，在心中期待著。

「師兄，甜妹叫你不要練了，你就不要練了唄！」但他以自己之心去度甜妹之腹，這次卻揣度錯了。他剛剛言說完了，甜妹便像平日一樣撒起了嬌來道：「甜妹有話對你講說，你就停下來聽嘛！」

「好吧，師兄聽甜妹的。」不解的神羿這才停下練功道，「有啥話，你就對師兄說吧。」

甜妹看到神羿答應了自己，真的停下了練功站在那裏，靜待自己

講說了，她卻頓又心中風激浪湧起來。是呀，她作為女兒家怎好開口呀！為此她又無奈了，轉起彎來道：「師兄你坐下，聽甜妹對你講說。」

「好，師兄坐下聽甜妹說。」神羿見之笑了，他看出了甜妹這時的異常，隨之真的坐了下來對之道，「說吧，是什麼機密話？」

「我……我……」甜妹看見，又一時沒有勇氣把心中所想說出口來了。但這情勢又使她不立即開口講說不成，隨著便囁嚅起來道：「你……」

「甜妹這是怎麼了？」神羿這時仍是沒有想到甜妹是說愛他，見此情狀重又笑了起來道，「平時不是這個樣子的，你什麼呀，快說呀！」

甜妹的臉這時已經紅到了脖頸根，神羿說完此言，方纔在燈光下看到了甜妹神情與臉色的異常，並進而立刻聯想到其話語的異常，不禁心中頓然警覺起來。他擔心甜妹如同自己所想講說起了愛情，那樣他與甜妹就違犯了師父的戒律呀！

「羿哥，甜妹愛你。」甜妹這時則經過一陣囁嚅之後鼓起了勇氣，開口直言起來道，「你知道嗎？」

「甜妹，不要胡說！」正在驚怕的神羿聞聽甜妹果如自己所料，真的說出了自己害怕聞聽之言，便驚得霍地站起身來道，「師父戒律，違拗不得呀！」

「羿哥，甜妹這並非違背師父戒律，而是與師兄悄悄言說，別個是不會知道的。」甜妹這時既已打開了心潮的閘門，便再也抑制不住道，「羿哥，甜妹對師兄愛都心愛不及，怎能去毀壞師兄的前程啊！」

「不，甜妹。常言要想神不知，除非己莫為。甜妹此言若被師父知道，不僅會斷送師兄的前程，還會斷送甜妹的前程，進一步還會斷送甜妹家父大人的心願實現之途啊！」神羿的性格是堅毅的，他驚定之餘抑了抑心中的衝動道，「甜妹，對於這些師兄怎能擔當得起呀！

甜妹，師兄求你了。不要再說了，好吧！」

甜妹的行動這時則更是大出神羿的預料，只見她先是甜蜜地「咯咯」一笑，隨著卻猛地撲向了神羿，倏地摟住了無防的神羿的脖頸，把無防的神羿頓然嚇得愣怔在了那裏。甜妹則趁機把嘴湊到神羿耳邊道：「好，好哥哥，甜妹全聽你的。既然甜妹之心今晚已對羿哥全都講說完了，以後就不再說於口上了。因為羿哥已經知道並答應了甜妹之心，甜妹心中就踏實了！」

「快起來，快起來，若讓別個看見，就要壞去大事了！」愣怔的神羿聞聽甜妹此言，方纔驚醒過來，隨著連忙推開甜妹道，「好了，甜妹的心哥哥知道了，羿哥的心甜妹也是知道的啊！」

「知道，知道。我兄妹從今往後，就是棒打不開石砸不散的鴛鴦，海枯石爛不變心的了。」甜妹就著神羿的推力，這時已經站開身子道，「誰要變心，天上的雷就轟他！」

「好甜妹，快不要說了。你我各自心知，」神羿聞聽即又阻止道，「藏在心裡也就是了。從此往後，可是誰也不得再行流露了。」

「好，不管誰有什麼變化，」甜妹這時則繼續道，「誰也不能忘了誰呀！」

「不忘。」神羿道，「只要甜妹不忘羿哥就行了。」

「甜妹絕對不會忘了羿哥，只是羿哥如果明日被師父薦於玉皇大帝，」甜妹這時才講說自己心中根本之想，道，「飛黃騰達了，可別忘了甜妹呀！」

「這話怎講？」神羿聞聽認真道，「甜妹怎麼口出此言？」

「羿哥這就不知了！甜妹剛才在師父處聞聽，」甜妹於是神秘道，「師父不久就要把羿哥薦於玉皇大帝了。」

「噢，原來甜妹竟是為了這個，」神羿突聞甜妹此言頓然心中

一詫，意識到甜妹竟是為此方纔對他講說情愛，於是他不由得心中生異，開口直言道，「才愛師兄的喲！」

「是的。甜妹害怕羿哥突然去了，拋下甜妹啊！若是那樣，甜妹我武功不行，就只有永居此峰，永無出頭之日了。」甜妹則也不作隱諱，講說自己心中之想，道，「因而甜妹害怕，方纔不怕違拗師父戒律，向師兄奉獻愛心而來。」

「好吧，師兄知道了，記下了甜妹之心。」神羿聞聽思慮一番道，「但為了今後不被師父察知趕下山去，你我要定下一些戒規，嚴格遵行。」

甜妹聞聽即表贊同，他二神便隨著議定起來。神羿與甜妹議啊議呀，最終議出了三條戒規。即其一，從今往後雙方不得再言情愛之事。其二，雙方裝作若無其事，與平時一樣。其三，師父如果察知追問起來，講說沒有。隨後他二神倒也真的遵行不悖，一時間他二神談情說愛之事便也沒有被別個發現。

但是愛情的閘門一旦打開，便是誰也阻擋不住的。神羿與甜妹所定上述戒規雖好，他二神也雙雙努力遵行，然而其言語行動，都畢竟與先前有異起來。因而神羿與甜妹儘管自作聰明，卻也終究蒙蔽不住老神東王公的眼睛，他們的愛情不久便被其覺察了出來。

東王公覺察此情，心中著實既惱神羿又為其惋惜萬分。他惱神羿辜負了自己的一片苦心，竟敢違拗自己之規；惋惜自己就要將其趕下山去，使得自己將其真正培養成為神界第一射手的殷殷夙願，頃刻化成了泡影，也斷送了神羿的前程。

然而事情已經發生他也無奈，他是執戒森嚴之師，即使對神羿這樣的心愛高徒，也寬容不得！因為如果他寬容一個，就會出現一群！無奈之中，東王公只有決計立刻把神羿趕下山去，與其斷去師徒名分。

　　但是，對於神羿這樣一個他一生從未遇見過的高徒，東王公又當然心疼十分！為此，他把神羿叫到面前對之道：「神羿，師父就要趕你下山了，你可怪罪師父不得啊！」

　　「師父，」神羿剛剛來到東王公面前即聞此言，便心中大驚明白自己與甜妹之情已泄，急忙跪下道，「徒兒還沒有學成啊！」

　　「是你自己斷了你我師徒緣分，」東王公這時已是心痛難忍，道，「難道你還怪罪於師父嗎？」

　　「師父，徒兒……」神羿這時當然仍是不願承認自己與甜妹之情道。可他不願承認卻也不敢辯說，因為辯說對不住師父。為此他剛剛講說一語，便無法言說下去了。

　　「師父本想再教你一年，然後薦於玉皇大帝以了為師心願。如今卻是不能了，師父實在是惋惜！」東王公這時繼續心痛萬分道，「好在為師雖然還有幾手絕活不能再授受於你，使你成為超越為師的神界第一射手，但如今，你也是神界名副其實的第二射手了。」

　　「徒兒謝過師父苦心栽培大恩！」神羿則繼續跪地不起道，「徒兒定當沒齒不忘！」

　　「因此徒兒下山之後，雖與為師斷了師徒之緣，」東王公這時已是最後安排道，「但為師心想，只要徒兒不忘師教，定然還是會有飛黃騰達之日的。」

　　「師父，師父……」神羿聽到這裏，知道師言已了，無奈只有連連叩頭哭喊道。他能說什麼呢？他什麼都無法講說了！

　　「既然甜妹也違戒規，師父便把她也與你一起趕下山去。對甜妹本不應該這樣去做，而應把她幽囚在山中懲罰於她。」東王公這時雖然不想把甜妹趕下山去，因為那樣他知道會對神羿帶來危害，但他又知道那是神羿的劫數，為此便繼續講說道，「但是為師心想她的武功

雖然遠遜於你，可她既然愛你，日後或許會去助你一臂之力。因而，師父寬容於她，讓她隨你一同下山。」

「徒兒定當不忘師父之教，」神羿聞聽又忙叩頭泣謝道，「不忘師父盛恩！」

「你們下山之後好自為之。臨別，為師提醒徒兒一語。」東王公則像仍是放心不下，這時對神羿又言道，「即據為師觀察，甜妹她眼皮薄呀！或許她不僅不會幫你，反會再害徒兒的。」

神羿聞聽即又叩首謝恩，東王公則不等神羿言了，立刻大吼一聲道：「犯戒孽子，還不快給我滾下山去！」隨著，已出手打了過來。

三、甜妹添凶

　　跪地的神羿眼見東王公出手打來不敢抵擋，只有隨著急忙向外躲避。神羿與東主公一躲一打，轉眼躲打出了石室之外，東王公其他徒子眼見此景便一起圍打了上來。東王公看見甜妹這時也在圍來眾徒之中，便即令圍來眾徒與他一起動手，打向了神羿與甜妹兩個。

　　「你們今後好自為之吧！」東王公就這樣引領眾徒，把神羿與甜妹一陣打到了天柱峰下，方纔從口中迸出一句話來道。言畢，即領眾徒返回峰腰而去。

　　「師父！師兄師弟師姐師妹！」種羿與甜妹見之，急忙雙雙叩拜於地喊叫道。然而儘管他們喊叫連聲，末了都哭出了聲來，東王公還是引領眾徒越去越遠，誰也沒有對之回應一聲。直至在他們的哭叫聲中，消失了蹤影。

　　眼見師父引領眾徒蹤影消失，神羿與甜妹知道他們再哭也是無用。他們違拗了師父的戒律，師父把他們打下山來，他們雖然八載情深卻再也返回峰上不得了。為此他二神心痛之餘只有止住哭叫，雙雙深情地舉首對天柱峰凝視再三，然後對著天柱峰跪倒在地，連連叩過三叩，方纔起身戀戀不捨地轉身向東行來。

　　神羿與甜妹此後越山川，渡溟海，再向東行。數月過去，這日終

於奔出了西天神界，就要到了玉皇大帝腳下地方。甜妹見之，對神羿講說這裏距離其家已經不遠。神羿聞聽心中高興，便要甜妹領他去看其家。

甜妹引領神羿向其家的方向剛剛行出不遠，便來到了一座風光旖旎的小山近處。神羿正被小山的俊美風光吸引，卻聽從小山腳下隱隱傳來一陣女子急叫之聲，道：「大叔大嬸哥哥弟弟，你們快救救我秋葉吧。我是無辜被這群惡徒搶走的呀！」

「哎呀，前面似有歹神在行邪惡，」神羿突聞此聲心中一詫，即對甜妹道，「我們快去看看！」

「羿哥，遇事不要那麼慌張，」甜妹這時則矜持道，「聽清楚了再去不遲。」

神羿聞聽甜妹說得也有道理，便壓下心中陡騰的急火，與甜妹一起繼續向前走去。神羿倆向前走出不遠，突又聞聽小山腳下傳來兩個男神的聲音，惡狠狠道：「看他們誰敢前來救你。你父親偷走了我家的寶瓶，如今他不還寶瓶命又斃了，我們只有拿你去頂那只寶瓶。這是神界不易之理，走，快隨我們走！」

「甜妹，我們不能再等了。」嫉惡如仇的神羿聽到這裏，已對事情真相心明三分，壓在心中的怒火便又陡地騰起，對身邊甜妹道，「惡神欺負良善，我們快去看看，救助一臂之力。」

「羿哥，常言出門在外，多一事不如少一事。」甜妹聽了神羿此言，則立刻暴露其真實之想道，「我們剛剛被師父趕下山來，初來乍到這裏，還是不要前去了吧！」

神羿胸中怒火正騰，甜妹竟然口出此言，實在使他意想不到。他想像不到甜妹會是這樣只顧自己躲避邪惡，也想像不到甜妹心中會生此想。為此他頓然覺得不認識了面前的甜妹，面前的甜妹與他朝夕相

處八年的甜妹，仿佛突然間換了個神一般。因而他聽了甜妹此言頓然愣在了那裏，口中僅說出了一個「你」字。

「羿哥，我們待在西荒大山之上已經八載，天知道這八載神界生出了什麼變化。」甜妹眼見神羿發愣不言，不解神羿這時心中所想，按照自己之想拉起神羿就要離去道：「甜妹只知道甜妹臨行之前，神界世風日下。邪神惡魔橫逞兇邪，好神害怕惡神。一神遇難眾神見而不救，任憑惡神逞惡。」

「噢，那麼若依小妹此說，」神羿這時驚醒道，「我們也要不管此事？」

「是的。我們不知深淺，」甜妹立即答允道，「還是繞了過去，別找事上身吧。」

「甜妹，你怎麼突然變得不是我的甜妹了！我神羿所以歷盡艱險，前去西天苦求射技，為的是什麼？」神羿這時則勃然大怒起來道，「你知道我就是為了扶正袪邪，匡扶社稷。可如今惡神就在你我面前逞惡，即使我們身死又怎能避而不助弱者？」

「羿哥，妹妹不是這個意思。」甜妹這時不解神羿為何生怒，急作解釋道，「妹妹是說，我們不是管事的時候。」

「助弱還講什麼時候？甜妹這是什麼道理！弱者不助，豈不違背了我們學技的本意。」神羿這時繼續其剛才之言道，「你我不助自保，神界豈不就又多了兩個任憑惡神逞惡之神嗎！你這是怎麼想的？你怎麼能這樣去想去說！」

「羿哥，你怎麼就不理解甜妹愛你之心！」甜妹聽到這裏更見神羿怒火不息，方纔不敢大意道，「甜妹這是好意，甜妹不攔羿哥誰個來攔呢？」

「你攔得不對！你怎能這樣來攔師兄，」神羿聽到這裏，仍是怒

氣不息道，「你怎麼能心生這般好意，這般好意不好啊！」

「羿哥，神界多了你我兩個正義之神，風氣也不會變好。少了你我兩個正義之神，風氣也不會就為之驟壞呀！」甜妹則仍不退讓，繼續勸阻道，「你我學藝八載剛剛下山，功名未就，神地生疏。何必要率先陷入如此多事之境，自找麻煩呢？」

「好吧，你不去我去。你走你的避世之途，我走我的多事之路。」神羿這時終於不能再聽下去了，一是因為他又聽到了前方少女撕心裂肺的喊叫之聲，二是他也實在不能容忍甜妹的如此避世之言了。為此他火氣更盛，便不再顧及甜妹，毅然向前疾步趕了過去，道：「不論碰到何種厄難，只要是為了匡扶正義祛除邪惡，我神羿都認了！」

甜妹眼見勸阻不了神羿，心中也實在失望到了極點。她遺憾神羿生性太過剛直嫉惡如仇了，也遺憾神羿只顧任性連自己也不辨好歹了。她本想把神羿拉上與自己之想完全相同的道路，以便將來為自己所用，飛黃騰達帶著自己光耀門庭。但由此，她看到了神羿難以被其馴服，終難為其所用。想到這裏她雖覺心涼，但見到神羿去了，她也不能立刻拋下不顧，便只有機械地跟隨神羿之後，向小山行去。只是神羿向前奔走疾急，甜妹心覺違願行動緩慢，與神羿拉開了長長的距離。

神羿奔走疾急，一陣便飛奔到了小山腳下事發現場。他看到，山中眾神雖然站立一片，其中也不乏青壯年男神，但卻目睹面前的場境，全部麻木不言，無動於衷。一名惡神引領十數名打手，正在強拉如花少女秋葉離去。

「諸位伯伯叔叔，你們救救我吧。」秋葉拼命掙扎，惡打手們拼命拉拽。秋葉掙扎不脫，便邊掙扎邊撕心裂肺地哀叫道，「我被他們拉去就沒命了，你們怎都站著見死不救啊！」

「把嘴給她捂上，叫她喊不出聲來。」秋葉越喊越烈，眾惡神便越拉越急。惡首則惡狠狠地向前走去道，「不交寶物，不拿她頂找誰？快走！」

「且慢。秋葉有何罪過，」早已氣炸心肺的神羿恰在這時與其走了個迎面，為了弄清事情真相強抑怒火攔阻道，「你們這樣硬拉？」

「何來蟊神，竟敢過問大爺之事。」惡首突見神羿攔道，心中大惱怒喝道，「閃開！」

「小神來自南天，此事過問定了。」惡首如此蠻橫，更使神羿心中惱火陡騰道，「不問個水落石出青紅皂白，你們休想走脫！」

「大哥，他們硬說我爹偷了他家的寶瓶，可我爹怎能進得了他家那深宮大院。」秋葉急難之中突見神羿來救，立刻驚喜萬分哀求道，「他們明明是前日見到了我，欲要把我搶去，便栽贓於我爹。」

「姑娘莫怕，」神羿這時安慰道，「慢慢講說。」

「可憐我爹未偷他家寶瓶無以歸還，活活被他們打死，這又硬拉小女前去抵償他家的寶瓶。」秋葉接著訴說道，「小女冤枉，大哥快救小女一命吧。小女給大哥叩頭了！」

秋葉口中如此說著，便不顧惡神的拉拽，就要給神羿下跪。但她雙臂被惡神拉著，不能跪下身來。神羿這時聽完此言已對真相明白九分，遂開口質問首惡道：「惡徒，小女所言是真的嗎？」

「真她娘的個屁！要說真，就是她爹偷了我張家的寶瓶為真。蟊神要救這姑娘也很容易，你替她還來寶瓶，我這就放開她。」首惡「嘎嘎」蔑笑著說到這裏，竟然上前一步威逼神羿道，「蟊神，你有寶瓶嗎？」

「你們是這姑娘的鄉鄰，知道其中根底。」神羿這時雖然更加氣惱，但他為了徹底弄清真相，則進一步強抑怒火，轉而詢問站在一旁

的山中眾神道，「你們說說，姑娘所言是否為真？」

　　然而神羿言說完了，站在一旁的眾山神卻全都依舊麻木地呆站著，對神羿之問如同未聞一般，久久沒有一神回答一語。他們依舊不敢實言，他們眼見僅有神羿一個十六歲的陌生小神乍然來到，心中不知神羿根底，怎敢寄望於他，制勝惡神不給他們帶來災難呢！

　　「怎麼，你們是沒有聽到我的問話，還是聾了啞了，膽被這幫惡神嚇破了？」神羿等待許久不見眾山神口出一言，頓然大急起來道，「你們都不用怕，我神羿告訴你們，天塌下來我一神頂，動不了你們的一根毫毛。你們快對我說，秋葉姑娘說的全是真的嗎？」

　　山中眾神當然依舊不敢言說，他們除了上述對神羿的擔心之外，還有著對面前惡神的巨大驚怕。他們知道，這面前的首惡非為別個，正是天界的主宰玉皇大帝寵妃的二舅子惡半天。不僅這樣，寵妃之父又是司掌這塊千里天界的大神，手中握有生殺予奪的大權呀！

　　為此他們雖知少女的冤枉、惡半天的邪惡，但卻誰也不敢開口如實講說。因為開口講說真情得罪了惡半天，被他們活活打死也是無處申冤的。所以他們只有看著少女秋葉被惡半天無端搶走，也硬是呆站在那裏誰也不敢口出一言。

　　「好吧，鄉鄰們，你們不救我秋葉也罷，」秋葉這時眼見神羿問了兩遍，眾鄉鄰仍是不為自己伸張一言，實在是心中又急又氣，更加失望到了極點。為此開口痛叫道，「可你們也不該驚怕到此神前來救我，你們竟然連一言也不敢為我伸張的地步啊！」

　　但是，秋葉講說完了，眾鄉鄰卻都像啞巴一樣，仍是沒有一個開口講說一語。這時不僅秋葉見之徹底失望了，神羿也是大為失望。他不解眾山神如此不言究竟為何，因而一時竟然不由得愣在了那裏。

　　「我知道，你們害怕這個玉皇大帝寵妃的二舅子惡半天，害怕寵

妃之父主宰我們這塊天界之神冤屈了你們，但你們對我秋葉怎麼就沒有一點親鄰之情，」就在這時，秋葉無望言說道，「連一位陌生的過路小神都不如呢！天啊，這神界還有真情篤義在嗎？神間的情義為什麼這樣薄啊！」

神羿聽聞秋葉此言，方纔知道了其中的真情，知道了怪罪眾山神不得，為此他正欲上前與惡半天理論短長，卻恰好被趕來的甜妹攔住道：「羿哥，我們快走，這事我們管不得。如果得罪了惡半天，就是得罪了玉皇大帝，以後哪有我們過的日子呀！」

惡半天一直傲然地站在那裏，乜斜著一雙斜眼蔑視著神羿不發一語，他看神羿能奈他何。剛才正見神羿欲上前來論說短長，卻不料又被突來的甜妹這樣勸言，便不禁心中歡喜「嘎嘎」一笑道：「小子，還是這姑娘說得好，你我還是各走各的道，井水不犯河水的好。要不，淨是白白搭上你的一條小命。常言，造化不易呀！」

「惡半天，別個怕你邪惡，我神羿卻不怕你邪惡！」神羿剛才已被甜妹說得怒火中燒，接著又聞惡半天此言，頓時勃然大怒，上前與惡半天理論道，「今個，這個事我神羿管定了！」

「羿哥，你這是怎麼了？這裏眾多山神都不敢管，」甜妹這時見之，又一步上前攔住道，「你我兩個區區小神能夠管得了嗎？若是惹出是非，可是說理的地方都找不到呀！」

正惱的神羿一把撥開攔阻的甜妹，怒言道：「讓開，你不管你也站開，我管！我不相信聖明的玉皇大帝，會容許惡半天這樣逞惡神界。不行，我就與他前去面見玉皇大帝，論說高低。」

甜妹聞聽神羿鐵心至此心中大急，她想到神羿這樣惹事斷送前程，也就是斷送自己的前程，為此開口急叫道：「羿哥，你……」

「小子，你既然管定了此事，就說清楚你怎麼個管法吧。」然而，

惡半天這時既不容甜妹向下講說，也不容神羿再開口說話，而開口打斷甜妹之言蔑視道，「你是文管，還是武鬥？」

「我要你立即放開秋葉，全部束手就擒前往官府，」神羿有理不讓道，「去為秋葉之父抵命！」

惡半天聞聽神羿此言，立即蠻橫地「嘿嘿」蔑笑道：「如果老子不呢？」

「你惡孽休想脫身！」神羿正氣凜然道。

「好小子，你說老子休想脫身？」惡半天這時仍是蔑視地「嘿嘿」譏訕道，「好，老子今個倒要看看，是你小子脫身不得，還是老子脫身不得！」

神羿聞聽也「嘿嘿」蔑笑道：「那你很快就清楚了。」

「不過老子告訴你，今日今時你死在這座山下，」惡半天這時仍不把神羿放在眼裡道，「可沒有他神敢給你小子收屍。」

「惡孽，」神羿則怒不可遏道，「老子今日非要好好教訓你不可！」

惡半天這時則不再怠，即對其惡打手把嘴一努發令道：「上。」惡半天隨來眾打手聞令即不怠慢，即齊出手向神羿擒來。神羿神功超絕當然不怕，只見他出手不過三下五下，已把打來的惡打手全都打倒在地，疼得齊聲「哎呀呀」哭爹喊娘，動彈不得。

惡半天只是仗勢逞惡，自身只顧驕奢淫逸並無真功。剛才他見神羿出手幾下便打倒了其眾打手，神功非凡，已是嚇得渾身上下篩糠般抖索起來。抖索之中他怕自己也被神羿拿住斷去性命，便不敢怠慢拔腿就跑。

神羿當然不會放過，一個箭步衝上前去，「嗖」一腳便把他踢翻在了地上。神羿之腳沉重萬鈞，惡半天隨聲倒地，口中已是「哇」地噴出一股黑血，嚇得「啊啊」驚叫不止。

　　神羿這才心中怒氣釋去三分，欲上前去盡把他們擒拿起來。甜妹見之，急又過來勸說道：「羿哥，秋葉已經被救，惡半天一夥也被羿哥教訓完了，我們還是快快走吧。」

　　「走，」神羿聞聽甜妹此言，心中一詫不解道，「為什麼？」

　　「羿哥，你平日比甜妹聰明，」甜妹聞聽神羿此言眼見神羿情狀，心中頓生急火道，「今天你這是怎麼了？」

　　「我沒有怎麼，」神羿不解甜妹此言道，「我這是匡扶正義幫扶弱小，哥哥做得對呀。」

　　「羿哥，惡半天我們惹不起。」甜妹聞聽神羿仍是不解其意，便更急火道，「既然好事已經做了，就適可而止。快快離去避過這場是非吧。」

　　「不，我們不能走。我們一走，惡半天仍會搶走秋葉。」神羿聞聽甜妹此言雖覺有理，但仍不贊同道，「這事既然管了，我就必須管到底，管它個一清二楚。」

　　「羿哥，你要怎麼個管到底法？」甜妹聞聽神羿此言，不由得對其不解其意氣惱起來道，「怎麼管個一清二楚？」

　　「我要把他們全部送往官府，斷清是非。」神羿道，「讓他們為秋葉之父抵命，為秋葉報雪冤仇。」

　　「羿哥，」甜妹聞聽頓然火急萬丈道，「這怎麼行啊！」

　　「甜妹，」神羿不以為然，反問道，「這怎麼不行？」

　　「羿哥，論神功，我們當然可以把惡半天惡類殺死一百次，不用害怕他們。」甜妹道，「但是你知道權勢比神功厲害，是可以殺死我們的嗎？」

　　「我不相信聖明的玉皇大帝會偏袒他們，」神羿仍不相信道，「殺害你我的！」

「羿哥，聖明的玉皇大帝雖然會如你所言，不殺你我。」甜妹道，「但你我到不了玉皇大帝那裏，就會被惡半天之父殺死的。」

「甜妹是說惡半天之父，是這塊神界的主宰。我帶他們前往官府，」神羿聞聽甜妹說到這裏，心中驟然明白道，「就恰好是送到惡半天父親那裏。惡半天之父會使用權勢，殺死你我嗎？」

「羿哥，我們快快少管這事，」甜妹立刻肯定道，「一走了事。」

「不，甜妹。以師兄之見，神界世風雖然邪惡，但還是好神多壞神少。惡半天之父身為玉皇大帝姻親，」然而神羿聽到這裏，則又扶弱之心更堅道，「是不會不伸張正義，像惡半天一樣邪惡的。再說，我們還有秋葉及其眾山神為證，豈怕正義不得伸張！」

「甜妹不要把世風看得一團漆黑，失去信心不去匡扶正義。」神羿此言頓把甜妹說得不好再說，隨著他見甜妹不言，繼續道，「那樣，豈不又少了一位除惡之神，使得世風更下一分。甜妹快來，與我一起擒拿他們！」

「我帶秋葉前去官府伸張事理，你們儘管放心地靜候佳音。」神羿身隨其言立刻出手，甜妹無奈也只有出手幫助神羿，一陣便把惡半天及其惡徒全都綁了個結實。神羿隨之對秋葉眾山神道。說著，即與甜妹押著眾惡徒帶著秋葉，上路向官府行來。

神羿眾神行走一日一夜，終在次日上午來到惡半天家門，這片神界轄府跟前。惡半天來到自家門前心中大喜，一路上他一直擔心神羿突施絕技，氣惱中會殺死他。這時到了自家門前，他便擔心盡釋，立刻高興地對守門小神屬喝道：「快，快進府去稟報父王，要他立即升堂審理此案，明斷曲直！」

惡半天做下惡事，這時不僅不怕其父，相反卻心喜地迫不及待見到其父，是他深知其父的邪惡。其父流星王也實在生性邪惡無比，

早年他為了將來更加充分地實現其邪惡的叵測野心，強抑邪惡韜光養
晦，努力表現出和善之像。

由於其偽裝手段高明，後來終於得到玉皇大帝的信賴。隨後他便
不失時機，把與他同樣心懷邪惡善於偽裝的女兒圓圓，施用手段送進
了玉皇大帝的後宮。圓圓入宮後即施渾身解數爭寵奪愛，不久便真的
仗著其三分姿色，迷惑上了玉皇大帝，登上了寵妃的寶座。

於是流星王在此之後，便仗著其女的地位，在其轄界之上肆意行
起了邪惡。他掠寶霸女，草菅神命，罪惡累累。有其父必有其子，不
僅其二子惡半天肆意施惡神界，其長子則更是有過之而無不及。惡半
天知道其父之惡，加上其姐圓圓也正省親在家，所以他料定他二神定
會生出惡計，為其解脫罪責使其化險為夷的。

惡半天所料果然不差，流星王這時正在與圓圓談說天朝之事，再
議惡謀。突聞守門小神稟報惡半天情狀，流星王頓然一臉橫肉抽動，
勃然大怒道：「何來孽神這般大膽，竟敢欺負到少爺頭上，並押送上
了府門！」

「父親，絕不能饒了那敢在太歲頭上動土的小子，」圓圓這時也
心中生恨，杏眼圓瞪道，「壞了我家名聲。」

「對，快快升堂，待我斷問。」流星王即言道。隨著他立刻升堂，
傳呼神羿眾神到了堂前。

神羿來到堂前一看，只見流星王端坐在「明鏡高懸」的匾額之下，
雖呈一身兇暴之氣，卻也不失莊嚴之色。為此他也不怠慢，立即跪倒
堂前就要稟告。流星王則不待其開口，老謀深算地搶先道：「小子，
你擒拿吾子押上堂來，究為何故？」

惡半天聞聽父王竟要神羿率先言講，一時不解其父之意唯恐神羿
搶先占理，便不待流星王說完，即搶話頭道：「父王，不能讓他先講，

孩兒先說！」

「此乃公堂，不許罪囚咆哮。罪囚雖為吾子，但在公堂之上，」流皇王對於處理此案，這時已是胸有成竹。聞聽惡半天此言，勃然大怒喝斥道，「亦是講說父子情義不得。快閉上你的臭嘴，讓神羿小子言講。」

惡半天一時不知其父葫蘆裡賣的何藥，竟然不讓自己講說，頓然愣在了那裏。

神羿突置此境，覺得流星王尚且不失官府之理，便立即向流星王講說了事情的緣由。流星王不慍不怒，坐在那裏一直靜聽到神羿講說完了，方纔詢問道：「小子，還有要向本王講說的嗎？」

「沒有了。小神講說完了，」神羿道，「請大王定奪。」

「惡孽，你講。」流星王這才轉對惡半天道，「敢說一句謊言，小心老子擰下你的腦袋。」

「大王在上，小神絕對不敢一字言假。」惡半天也是狡惡之神，聞聽流星王此言，剛才不解的心中已是悟出了三分門道，遂即起誓道。接著，他便開口講說起來。但他講的沒有一字實情，全是編造的謊言，把罪過全部推到了神羿身上。

他說，是神羿搶掠秋葉家的寶瓶，並把秋葉之父打死。他與眾隨從出手相救，反被神羿二神擒住。末了神羿苦打秋葉反誣於他，故而把秋葉帶了過來以作偽證。

神羿聞聽惡半天誣陷之言，早氣炸了心肺。但他身在公堂之上，忍了又忍方纔沒有言說。

甜妹聞聽至此心知大事不好，不由得心中驚怕起來，後悔自己追隨神羿就要壞掉大事。就在這時，流星王聞聽惡半天言說完了又問道：「孽子，還有要說的嗎？」

惡半天聞聽思謀半天，以猜度其父之想與之配合道：「沒有了。」

「孽子，」流星王聞聽此答，立刻怒氣陡騰萬丈失去了先前的平靜，怒喝道，「所說有假嗎？」

「公堂之上，孩兒不敢一字言假。」惡半天急答道，「乞父王明察！」

「好，來人。」流星王聽罷此言，立刻怒喝一聲道。其侍從聞喝，「颯」地便來到了大堂之上。流星王見之道，「把神羿三神，給本王拿下。」

擁來眾侍從聞聽此令，立刻上前把聽了流星王之言，尚且沒有反應過來的神羿三神拿了起來。流星王此舉實在大出神羿意料，他心中尚未明白過來已被拿了個結實。流星王見之即轉嚴厲口吻道：「神羿小兒，你行惡完了反誣玉皇大帝姻親，是何用心？講！」

「大王，你身後掛著『明鏡高懸』的匾額，怎能僅憑惡半天隻言片語，就顛倒黑白，」神羿這時心中大急，開口質問起來道，「反誣好神呢？你這是做的什麼王，立的什麼公堂啊！」

「給我打。這小子不打看來不會認罪。你殺死了少女秋葉之父，」流星王勃然大怒道，「已犯下以命抵命死罪，還敢抵賴？叫他招供！」

流星王實在狡詐姦惡，他竟然翻手為雲覆手為雨，倏然間把罪惡全部誣陷在了神羿頭上，並且欲用苦打成招惡謀判定神羿死罪。無奈流星王喝令下去，其侍從已把重重的刑杖狠狠地打在了神羿身上。

「流星王，你如此顛倒黑白，決不會有好下場！」神羿這才知道甜妹言之有理，但他也不後悔而是開口大罵道。然而神羿叫罵越烈，流星王命令侍從打得越狠，轉眼間已把神羿打得昏死過去。

「秋葉小女，是神羿小子逼你作偽證的嗎？快說。如若實言，本王就放了你。」流星王眼見神羿至死不招，便心機一轉喝問秋葉道。

狡惡的流星王不僅想通過神羿自己反供，而且要通過秋葉反證。

「昏王，惡王，你反誣好神絕不會有好下場。」然而秋葉這時則毫不懼怕不為所動，對流星王更加氣惱，嫉惡如仇厲喝道，「是神羿救了我，是你的惡少兒子殺害了我的父親，施惡搶我！」

「給我打，叫她說出實言。」流星王本想威壓之下說動秋葉，不料秋葉沒有被他施惡說轉。因而他聞聽秋葉此言怒喝道。其侍從聞令，又是一陣刑杖打在了秋葉身上。

「惡王，壞蛋，你絕沒有好下場！」秋葉深仇在胸，大恨滿腔，當然至死不會反誣救她的神羿。為此她身受刑杖口中大罵不止道。然而她剛罵一陣，已是忍受不住刑杖的擊打，死在了大堂之上。

流星王雖然當堂打死了秋葉，但他欲要秋葉反證神羿，以期除掉神羿了結此事的目的還是沒有達到，便仍不罷手轉而怒問甜妹道：「甜妹小女，你說實話嗎？你說，本王可以饒你身不挨打。」

甜妹雖知處此境地胳膊拗不過大腿，對抗下去只有像秋葉一樣死路一條，甚為後悔自己沒有勸住神羿，使自己與其一起落入了這般境地。但她也知道如果承認了惡半天的反誣，她與神羿也只有一死，因為殺神是要抵命的。雖說自己沒有出手，但看流星王的勢頭，殺了神羿也絕不會留下自己不死，給他留下遺患。為此她聞聽流星王之言，頓然陷入無可奈何之境。

「快說實話，」流星王見之，即又威逼道，「不然我就下令了！」

甜妹被逼不過，仍是無可奈何。無奈之中她更為後悔自己當初不該追隨神羿，致使自己這時落入厄境。因為這時看來自己只有隨同神羿去死，這條道路現實地擺在她的眼前，其他是沒有別的道路可走的。

可是她又不願意去死，因為其父的願望還沒有實現，她死了其父的願望就要化為泡影了！再說，自己當初追隨神羿的動機除了愛情之

外，更重要的則是要借其使自己飛黃騰達，光耀門庭實現父親的心願啊！現在這一切都要完了，她該怎麼辦呢？

「打，不打我看她是不會招供的！」就在這時，流星王等待不及，耐不住了性子怒喝道。隨著，眾侍從手中的刑杖便狠狠地打在了甜妹的身上。

刑杖一挨甜妹之身，她便覺得頭腦突然清醒過來。她想到自己今天追隨神羿走到這般境地，完全是因為神羿自己。因為先前她對神羿曾經進行過百般勸阻講說，做到了仁至義盡。所以神羿今天走到這一步他該，自己再隨他繼續走下去直至去死，就太不應該了。

為此她為了保住自己不死，以圖日後再去設法實現父親的心願，便決計不再去為神羿吃此皮肉之苦。因為神羿反正要死了，就讓他替自己去擔更大的罪過，以保自己不死吧。為此她想做反證了，這是她唯一可以保住自己不死的希望了。

然而甜妹想到這裏正欲開口尚且未開，卻見玉皇大帝的寵妃圓圓突然出現在了堂前，對流星王道：「父王，你就暫且停打甜妹，女兒對她有話講說。」

原來心機狡詐的圓圓一直躲在一旁，觀看這場好戲。她早已看出了甜妹心思的動搖，她怕再打下去甜妹會像秋葉一樣被打死，那樣就斷了反證之神。為此她立即上前欲用利誘之法，讓甜妹做出反證。

「小妹妹，你這麼年輕美貌，豈有必要去為一個要死的神羿去吃皮肉之苦？」圓圓如此一語，止住了眾侍從施刑再打甜妹。她便對甜妹和言悅色道，「作證吧，你作了證我可以把你帶入玉皇大帝後宮，使你飛黃騰達永享富貴。」

甜妹聽了圓圓此言心不由得更動了，但她畢竟與神羿是八年朝夕相處的師兄妹，又有著兩小無猜的一番愛情！所以她心動之後嘴張了

幾張，還是合上了。

圓圓見之，繼續威逼利誘道：「小妹妹，你還年輕，要好好地想想。一邊是去送死，一邊是進入玉皇大帝後宮，孰重孰輕何去何從，就在你此刻一語了。」

甜妹聽了這番言語，眼前突然一邊出現了刑場一邊出現了帝宮，一邊是自己正待受死一邊是飛黃騰達之像。於是心底中崇尚尊榮的她最終做出了抉擇，開口道：「是神羿行此邪惡，我作此證。寵妃娘娘，你可要領我前去帝宮呀！」

「你──」神羿這時剛從昏死中清醒過來，突聞甜妹此言頓然驚呆了過去道。他做夢也想像不到先前愛他追他的甜妹，會在如此關鍵時刻落井下石添惡於他。東王公師父啊，你的臨別贈言為什麼這麼快就被驗證了呀！難道神間感情之薄，皆如甜妹這般嗎？若此，世風就哪裏都無藥可救了。

「既如此，」就在神羿呆愣之中，圓圓進一步脅迫甜妹道，「小妹就畫押吧。」

「娘娘只要答應帶小女前去帝宮，」甜妹這時則即乞求道，「娘娘叫小女怎麼畫，小女就怎麼畫。」

「好，我答應了。你畫吧。」圓圓為施邪惡，即言回答道。甜妹聞聽，便在侍從遞到面前的證詞上，迅速按上了自己的手印。

「小子，」流星王見之笑了，對呆愣中的神羿道，「你還有冤枉嗎？」

「惡王，你真高明，你勝了。」神羿什麼也不再言說了，他還能說什麼呢！他最親愛的甜妹反證了他的罪惡，他豈能逃脫得了呀！為此他只有無奈道，「我服氣了眾神之言，服氣了你。我只有任你隨意處置了。」

「好吧，小子既已認罪，本王判決：即將神羿首惡，」流星王笑得更歡道，「與協從甜妹打入天牢，等到秋後殺日刑場問斬。」

神羿聞聽流星王的宣判笑了，他不是笑流星王對自己的宣判，而是笑流星王對甜妹的宣判正確，這是她應得的下場。圓圓、流星王、惡半天也都笑了，他們演出了一場勝利的好戲呀！

「冤枉！」只有甜妹立即大聲哭叫起來道。她只想到自己反證神羿可以開脫自己，並且可以隨同圓圓前去帝宮飛黃騰達。可她沒有想到，自己反證神羿也就是反證了自己，圓圓又怎能讓她去飛黃騰達呢！

為此她不僅加害了神羿，也害苦了自己。她後悔了，她惱恨了，她大喊大叫起來。但就在她的喊叫和其他眾神的喝叫聲中，眾侍從還是把她與神羿一道帶進天牢，分別關押起來。

四、神羿赴征

　　神羿坐在天牢之中，心想自己所歷這場如夢惡變，實在使他更加氣惱萬分！他氣惱這神間世道為何這般不平，惡神肆意逞惡欺壓良善，不僅得不到處罰，反而使得弱者斃去了性命。

　　他本想流星王身為玉皇大帝的姻親，絕對不會慫恿邪惡不伸正義，實在料想不到他竟然更比惡半天邪惡十分。竟然在公堂之上，堂而皇之地施行邪惡，妄斷是非，草菅神命。

　　他氣惱玉皇大帝原來並不聖明，若是聖明為何不能察知如此邪惡姻親，革除其職，廢去寵妃，令其施惡不成，以正世風。氣惱至此，他原先希望的若是下層職官不明，他就告到玉皇大帝那裏，也要把是非斷清之想，這時完全破滅了。

　　他看到了那想法的幼稚，玉皇大帝的姻親逞惡玉皇大帝尚且不管，自己到了那裏又豈能把是非斷清。失望至此，他更加氣惱這般世道，氣惱自己醫世無力，一女尚且營救未成，已把自己置入了死地之中。

　　氣惱之中他也無奈，面前玉皇大帝的姻親一手遮天，玉皇大帝也不聖明，他也一時出不了天牢。如此講說無處，同時無神知其遭此劫難前來營救，自己斷無活命之理。為此身處死地無可奈何，神羿心中

當然不服。於是氣惱無奈之餘，他當然也想起了甜妹對他的勸說。

從私情不從公義去講，甜妹對他之勸無疑是正確的。若按其勸行事，自己或在聽到事生之初繞而避之，或在自己欲要前去擒拿惡半天之時聞勸退避，或在救過秋葉之後趕走惡半天便告完事。自己少一事避一時揚長而去，不來流星王公堂之上自投羅網，又豈有眼前的事情發生。自己與甜妹這時也不至於陷此身死之境了。

但是想到這裏，生性嫉惡如仇好扶正義的神羿，對此卻又容忍不得起來。他當然不能眼看著邪惡得逞，良善受欺，自己視而不見，去而不顧。他要去除邪惡，扶助良善，匡扶世風！他覺得這並不是什麼高調，而是作為神界一員，起碼應該遵循的底線。

他這樣做是對的，如果天界眾神都能自覺遵行這一底線，邪惡就會沒有容身之所，世風也就會不靖而寧了！可如今卻是遵行者少無視者多，方使得神界世風日下起來！不是嗎，如果當時在場的眾山神全都遵行這一底線，不顧自身而為公義，又豈有惡半天區區數惡立腳行惡之地。

為此這時，神羿便否定了先前甜妹對他之勸，認定那些勸言完全是一己的私心。如果眾神都出於那樣的私心前去行事，世風就絕對不會好轉。為此他認定自己認識甜妹已是個過錯，又真誠地愛她更是過錯。因為她是一個事事處處都以一己私利為處事準則的女神。

末了她更是為了自己的私利，竟連與自己的真情也不顧及，走上了反證自己，以期實現其一己私利的可惡地步。滿腹的私心，就這樣使得甜妹水性楊花，沒有了禮義廉恥的底線。想到這裏，神羿又進而想到了神的不可琢磨。

因為甜妹先前對自己是那麼真誠，愛得那麼深刻，可是轉念之間卻變成了可恨的反證自己的惡神。甜妹對自己尚且這樣，別個不就更

加不可琢磨了嗎？秋葉眾鄉鄰的麻木情態，流星王的翻雲覆雨，玉皇大帝的崇高聖明，與其慇懃流星王之惡的遙遠距離，這一切都怎麼能夠琢磨得通啊！

「放我出去，我要出去！」為此神羿便更加氣惱這個崩壞的世道，要匡扶如此世風。為此他在天牢中等死不得，他要奔出天牢，要改變這一切，焦急得「嗷嗷」喊叫道。他喊啊喊呀，日日如此，時時如此。

而甜妹坐在天牢之中，當然是日日悲哭不止，絕望到了極點。她向神羿獻上一片赤誠的愛心，是為了跟隨神羿飛黃騰達，實現其父的心願。但那神羿卻不聽其勸，把她引上了死地啊！

為了擺脫這死地，後來她不顧心愛的神羿將去受死，反作偽證以使自己能夠跟隨寵妃前去飛黃騰達。但是事情雖然被她做到了絕處，她卻還是被投進了天牢等待斬刑啊！她怎能不絕望至極，日日等死悲哭不止。

她知道，在此天牢之中，是不會有誰前來救她的。因為自己與神羿的親神都不知道此事，便誰也不會前來救她。並且他們是任憑誰個也營救不出的，因為這是寵妃娘娘欽定的案子。為此在絕望等死之中，她便更加後悔自己錯跟了神羿，不然豈有這般大災。

她當然不想就這樣死去，因為她還剛到神界不久，還沒有飛黃騰達光耀門庭。可是她卻就要死去了，為此她恨死了神羿。她怕死，日日悲哭不止，唯恐死期來臨。同時，她也後悔自己不該為了自己出賣神羿，因為神羿是愛她疼她的，她心中也真的深深地愛著神羿。

可是如今，她不僅把自己心愛的神羿出賣了，用企圖保護自己的偽證，反證結實了神羿的死罪，把神羿送上了斷頭臺。如此即使神羿日後能夠不死，又豈會再愛自己，他該恨死自己了！為此她又為自己把神羿送上了死路，自己斷去了與神羿的深摯愛情，日日而悲哭不止。

然而事生恰好，就在神羿與甜妹被打入天牢後的第十日，天界一場巨大的叛亂發生了。對於置身死地的神羿與甜妹來說，這場叛亂爆發得實在是好。它雖然給天界帶來了巨大的禍害，但末了卻給他們的命運帶來了巨大的轉折，使得他們沒有死在這年秋天的殺日裡，而幸運地活了下來。

　　這場暴亂是神界一怪黑虎精發起的。黑虎精的居地在神界北方黑虎山上。黑虎山是一座綿延數千里的大山，山中千溝萬壑，幽洞無數，地勢險惡萬端。若是細看，那山高者高聳入雲，峻崖嶙峋，令神心寒。那壑深者深難見底，雲蒸霧紗，令神膽戰。更有無底幽洞，飄紗騰煙，幽秘無限。

　　為此在這方大山之中，既居住著千種異獸萬種奇禽，而且在峰壑幽洞之中，也居住著千魔百怪。因而便使得這方本來就地勢險惡的大山，更加險惡萬端。黑虎精原本是這方大山中的一隻平常黑虎，只因後經千百年艱難修煉，這時剛剛成精不過十載。

　　小黑虎成精之後，回想自己千百年修煉之苦，特別是當牠想到其間自己抑惡斂性，實在達到了非為虎類的地步。回想至此，他心感委屈，決計自己這時既已修煉成精修煉過程完了，便可以不再去過那種非為虎類的抑惡斂性日子，而可以任性作為去過幸福生活了。

　　然而黑虎精決計至此剛要付諸實施，卻被玉皇大帝當頭打了一棒。原來，黑虎精雖然修煉成精，但牠畢竟身為獸類。牠要施行邪惡，便想開開「洋葷」，即嘗嘗異類異性的味道。否則，再去向同類發洩欲望便不夠滋味了。黑虎精心懷此想，這日便在山中遊蕩，以獵獲施惡目標，大開「洋葷」。

　　事有湊巧，就在他剛剛遊過兩座山頭之時，突見前面一道飛瀑之下正端站著一位亭亭神女，在凝眸靜觀面前飛珠濺玉的瀑布。那瀑布

從山頂傾瀉下來，垂掛萬丈，煞是美觀。更有早晌的太陽，把光焰照射在瀑布之上，在瀑布蒸騰的水汽中幻化成絢爛的彩虹。

那神女恰在彩虹之中，更顯得身材修長飄逸，姣顏俊俏無比。還有那如同飛瀑的長髮蓬鬆身後，更趁得神女嫵媚多姿。心懷邪想的黑虎精突睹如此俊俏神女，已是心飛意蕩，把千百年壓抑在心底的激情全部翻湧上來。而且又見神女恰好獨自一個站在深山之中，為自己大開「洋葷」提供了難得的時機。

於是牠便即不怠慢，欲火難耐地向神女奔了過去。黑虎精本欲奔到神女跟前便施邪惡，但當牠轉眼奔到神女面前之時，卻倏地被神女的俊俏莊重氣質銷去了魂魄，邪惡頓斂，一時不敢再施邪惡起來。

但是黑虎精雖然勇氣盡失，卻也不肯罷手，等了一陣便又恢復了平靜，還是決計抓住這難得時機大開「洋葷」，以發洩心中壓抑的委屈。於是牠即對神女甜言道：「美女，小怪喜歡你，小怪求你了！」

「你是誰個？竟敢在此妄逞邪惡！」正在凝神靜觀瀑布的神女突聞此言，頓然大驚道。這神女非為別個，正是玉皇大帝的御女。她聽別神講說黑虎山中的這掛瀑布漂亮，便偷出宮院獨自看視而來。不料剛剛看視一陣，便碰上了行惡而來的黑虎精。

「我乃居住此山的黑虎精，」黑虎精聽聞神女之言心中更喜，立刻笑言道，「我見美女漂亮，特來向美女求歡。」

「獸精，想吃天鵝肉，」神女這時好惱道，「你不是妄想嗎！滾開。」

「小女我對你說，今日你愛我也得愛，」黑虎精笑言反受此斥，生性邪惡的牠頓然容忍不得，怒叫著便向神女撲了過來道，「不愛也得愛，我要你算是要定了！」

神女意料不到遇此場境，心中大驚，口中罵著急忙飛步跑去躲避。但是神女前跑躲避，黑虎精豈肯相讓，便隨後緊追起來。神女眼

見黑虎精緊追心中大急，便在前面奔跑更疾，一陣便跑到了黑虎山外。

「啊呀！」神女這時扭頭看視，卻見到黑虎精追得已是距她更近起來。神女為此心中更驚，不禁口中發出一聲驚叫！

恰好就在神女叫聲剛落，回頭又要疾逃之時，卻見其父的御前天官李靖，突然出現在了她的面前。驚急的神女見之大喜過望，忙大叫一聲道：「伯伯救我！」

「惡孽，你如此逞惡，」李靖聞喊舉目一看心中頓明，他讓過神女，攔住追來的黑虎精厲聲喝道，「還想活命嗎！」

「她是我家的婢女，我奉母親之命追她回去，」黑虎精見是李靖已是心驚，但狡惡的牠也是不願善罷甘休，心機一轉即言道，「大神攔我作甚？」

「惡孽，朕之御女豈能成了你家婢女！」黑虎精也真是時運不濟，但聽其話聲剛落，卻見玉皇大帝引領眾天官恰好來到了其面前道，「給朕把這欲圖行惡的惡虎精拿下，重責一百刑杖！」

原來玉皇大帝引領眾天官巡視四方恰好路過這裏，碰上了逃避黑虎精的御女，救下御女嚴責了黑虎精一頓。黑虎精就這樣欲開「洋葷」不成，反挨玉皇大帝一百刑杖，直打得牠皮開肉綻傷痛難忍。

受罷刑杖，牠躺在地上一時動彈不得。傷痛之中，方纔知道自己雖已修煉成精，但卻天規森嚴，自己仍是本性發洩橫行邪惡不得。這次虧得施惡不成，僅被責打一百刑杖。如若施惡有成，毀了御女，豈有自己的小命！

心想至此，狡惡的黑虎精仍是惡性難耐，便隨著又思謀起了新的發洩心中委屈之法。但牠思來想去，卻無既可保得自己肆意行惡，又可保得自己不受懲罰的萬全之法，陷入了無可奈何之中。

「對了，若要那樣，只有如此。」無奈至極之時，末了黑虎精心

中突然一明道。原來牠邪惡的心中，生出了奪取玉皇大帝的天界主宰之位，以保自己既可肆意施惡，又可不受任何懲罰的萬全之策。

想到這裏，黑虎精頓然來了精神，身上的傷痛也仿佛立刻消失淨盡，霍地站起身來，便返回黑虎山而來。這時牠已思慮成熟，認定自己經過千百年的艱苦修煉，不僅已經煉得凡虎成精，而且還煉有一身技藝超絕的神功。那樣除了自身之力，如果再加上其眾虎、豹、獅、熊等諸師兄師弟之力，然後再糾集一支由數萬隻凶獸猛禽組成的軍伍，突襲他玉帝老兒，就定可奪得其主宰天界的寶座無疑。

為此牠即向黑虎山返來，以立刻實施其邪惡之想。回到黑虎山上，黑虎精隨著便開始了實施其邪惡之想的具體行動。牠率先把幾位與牠同樣邪惡的師兄弟聚集到一起，對牠們講說起了自己的親身經歷。

牠說，先前牠抑性隱惡苦苦修煉，為的便是待到有朝一日修煉成精，可以肆無忌憚地施惡為非。可是自己苦苦修煉了千百年，心中壓滿了抑性隱惡的無盡委屈，今日修煉成功了又怎麼樣？

想把壓抑的本性強隱的邪惡發洩發洩，想把心中的委屈吐露吐露，卻仍是發洩不成，吐露不得。這樣活著就照樣沒有什麼滋味，就如同死了一般無二。這樣千年萬年地死了般地活著，豈如肆意享樂活個十載八秋！

「師兄說得好，我們也都有同感啊！我們不能再這樣死了般地活下去了，」黑虎精如此講說完了，聚集在牠身旁的其獅、豹、熊、猴等師兄弟們，便一起大叫起來道，「大哥，你說咱們怎麼去辦，才能活個痛快吧！」

「好。但我們痛快地活著也要活個長久，為此若依師兄之見，咱們只有舉旗造反，」黑虎精聞聽自己剛才一番言辭，已激起了眾師兄弟的邪惡之心，遂心中大為歡喜道，「奪他玉帝老兒一統天界的寶座。

那樣一旦成功，咱們肆意享樂的自由之日，便就到來了。」

「黑虎兄言之有理。憑我們諸位兄弟的本事，」黑虎精眾師兄弟皆為邪惡之類，聞聽此言心皆大喜。猴子精率先道，「豈能長居在他玉帝老兒之下，使得我眾兄弟不得盡開心顏！」

獅子精隨之大吼道：「別個不說，就我獅子精一個，也可以殺死他玉帝老兒十次。何況還有我們黑虎師兄，功蓋獸界呢！黑虎兄，你說怎麼辦？就領著我們幹吧！我們只會前進，決不後退。」

「獅、猴兄弟說得對。黑虎師兄，你就領著我們幹吧。」獅子精話音剛落，豹、熊、狼、豬眾精便一起大叫道，「只要能夠使我們活得痛快，即使我們跟著你赴湯蹈火，也在所不辭。」

「好。眾位兄弟，」黑虎精聞聽大喜道，「請聽我講說謀略。」

「好。」猴、獅眾精聞聽大喜，齊叫道，「師兄快講。」

「師兄思謀，憑我眾兄弟的功力，殺死玉帝老兒當然輕易。但無奈玉帝老兒身邊，」黑虎精於是講說自己之想道，「聚有一幫神功高強的天將，並有一支訓練有素的天兵。只有先滅去其天兵天將侍衛，然後方可最終奪勝玉帝老兒。」

「師兄是說，我們也集起一支軍伍，」猴子精本就詭詐，聽到這裏急不可待道，「以滅玉帝老兒！」

「對。為兄思謀，天界我獸禽兄弟姐妹眾多，而且我等一呼百應。」黑虎精這時堅定道，「我們聚而建起一支禽獸之軍，豈有滅不掉他玉帝老兒的天兵天將之理？」

「對，黑虎兄。我們秘密集起一支禽獸之軍，對玉帝老兒突而襲之，必奪全勝。」猴子精即又詭詐道，「如果不勝，我們就把他玉帝老兒之軍引進黑虎山中，仗著此山我們地形熟悉，將其殲之。」

「好。猴師弟比我黑虎兄心思縝密。」黑虎精大喜道，「計已安出，

師兄思謀盡可依計而行，必奪全功。」

獅、豹等眾精怪聞聽方略已定心中大喜，齊叫一聲就要前去組建軍伍。黑虎精則放心不下，又要大家坐下密謀一晌，待到末了議定所有行動細節之後，方要眾惡各自依計行事而去。黑虎精此後則一邊密切注視各精怪的行動情況，一邊繼續縝思細謀起了下步具體行動方略。

眾精怪集建軍伍行動迅疾，剛剛十日過去，便已秘密組建起了一支由兩萬隻凶禽猛獸組成的隊伍。黑虎精大喜，隨著便在山中對軍伍秘密訓練起來。凶禽猛獸本性皆為邪惡好鬥之類，黑虎精對之訓練剛過十日，其軍便已令行禁止訓練有素起來。

黑虎精雖想再對軍伍訓練一個時期，但又怕時日拖延走漏風聲洩露機密，不能給玉帝老兒突襲性殲滅打擊，難以奪獲全勝。為此牠不敢再待，與眾精怪一陣計議，便在神羿與甜妹被流星王投入天牢十日之時，引領叛軍悄然離開黑虎山，徑向玉皇大帝居處天宮突襲而來。

玉皇大帝當然耳聰目明，黑虎精引領叛軍一出黑虎山，哨探已經報到了其耳中。他聞報不敢怠慢，立刻升朝對天官天將大叫道：「黑虎山上一隻黑虎成精，不思修煉之苦珍惜修煉有成，反而集聚禽獸欲奪朕之天朝。哼！朕欲親率天兵迎頭痛擊，將此孽碎屍萬段！」

「陛下息怒。臣下思謀，區區一隻黑虎孽獸，」李靖聞聽，立即出班上前道，「由臣下率兵前去除之也就是了，豈用陛下率兵親征。」

「愛卿所言也是。黑虎精雖惡，也不過是一隻成精之虎罷了。其兵雖眾，也不過是一幫飛禽走獸。」玉皇大帝聞聽李靖言之有理，便即傳令道，「好吧，黑虎精意為偷襲天宮而來，行動迅疾。因而時間急迫，愛卿就立刻出發吧。」

「遵命！」李靖聞令即答一聲，隨後便即出朝堂引領三萬天兵，一路向北迎擊黑虎精亂兵而來。李靖引領天兵浩浩蕩蕩行出不過半

日，便於後晌時分與黑虎精亂兵迎了個碰面。

「李靖老兒，想不到你替玉帝老兒率先送死而來，」黑虎精本欲奇兵突襲天宮以奪全勝，不料其兵剛至半途便被李靖天兵迎住，因而勃然大怒，立刻開口屬罵著，便令獅子精上前去殺李靖道，「今日殺你，就怪不得我黑虎精了。」

「膽大惡孽，你不思修煉之苦，珍惜修煉之功，」李靖迎見黑虎精亂兵心中氣惱，正欲開口斥罵反被黑虎精搶先屬罵一通，心中更惱萬分，隨著他一邊命令天兵列陣迎戰，一邊還罵黑虎精道，「反而犯上作亂而來，今日老夫叫你前功盡廢於此。」

「臊獅且慢，我叫你送死在我的刀下！」這時獅子精已經殺到，李靖正欲令將上前迎擊，已見身旁一名天將大叫道。隨著，已揮刀迎殺上去。

獅子精見之立即揮錘迎住，他一神一精，一個使刀一個揮錘，便惡鬥在了一起。這是一場惡殺，一時間只見一個天將刀劈萬鈞之力，一個獸精錘砸大山蓋頂，令兩方軍兵膽戰心驚。轉眼打鬥二十餘回合，獅子精兇惡狠猛越鬥越勇，天將身小力弱抵擋不住，突露一個破綻被獅子精所乘，「咚」地一錘砸中其心窩已是斃命。

「逞惡臊獅，過來受死！」李靖三太子哪吒見之大惱，不待父命大罵道，隨著驅動腳下風火輪，上前便迎鬥起了獅子精。

「獅兄不要盡占全功，你先休歇，讓小弟斬殺哪吒小兒。」豹子精這時惡性難抑，口中吼叫道。隨著已揮動雙斧，殺到哪吒面前與其惡鬥起來。

這又是一場惡殺，一時間只見哪吒揮動手中長槍如游龍戲水，豹子精使動雙斧左右開弓。哪吒腳下的風火輪東騰西躍，毫不停息。豹子精左剪右縱迅猛躍騰，以迎哪吒。

這一戰哪吒神功高強，豹子精功夫不弱。因而正可謂棋逢對手將遇良才，你來我往我去你來，轉眼打鬥二十餘回合，仍是不分上下，早驚呆了兩邊雙方凝神觀戰眾兵。

然而就在這時，黑虎精則在悄悄地實施牠偷襲李靖的惡計。牠在軍陣前看到李靖這時只顧凝神觀戰忘了一切，便即轉到軍旗後面密令其軍分作獸禽兩隊。獸軍一會兒聞令猛殺，禽軍待到天兵頑抗時突襲上前將其殺敗。

密令完了黑虎精仍不甘休，只見牠隨著看視李靖一眼見其毫無防備，便即取過弓箭，欲要施用其功蓋獸界的射技，一箭索要李靖性命。黑虎精隨後悄然行動，果然「嗖」的一箭射向了無備的李靖面門。

李靖正在凝神觀看哪吒與豹子精惡鬥，突聞箭響急忙循聲看視，已見飛箭將至面門，嚇得他口中「啊呀」一聲驚叫，隨著急忙低頭躲避。虧得李靖的頭低下得快，方纔躲過了黑虎精射來之箭。但那箭卻已恰好「嗖」的一聲，將其頭頂的兜鍪射飛。李靖突受此箭不敢怠慢，唯恐再有飛箭射來，轉身便向後退以避飛箭。

「上！」黑虎精自己得手看得清楚，即不怠慢大喝一聲道。正在待命的眾獸兵便齊喊殺聲，向李靖軍陣衝殺過去。李靖所率天兵天將剛才聞聽李靖驚叫之聲都看了過去，眼見是冷箭射飛了李靖頭戴兜鍪，驚得李靖轉身欲走。這時他們正不知何去何從，突見黑虎精麾動亂兵殺了過來，不禁全都一驚愣在了那裏。

李靖只顧心驚料想不到鬥場陡生此變，一時下令抗擊不及，黑虎精引領亂兵已經殺到，出手便把在前呆愣眾天兵殺死一片。眾天兵眼見此景心中更驚，但卻依舊不聞李靖之令，同時又見不敢戀戰的哪吒也已退了回來。便在黑虎精亂兵的衝殺下，一陣潰逃起來。

黑虎精眼見自己一招得手心中大喜，急令凶禽之兵從空中出擊，

飛上李靖天兵頭頂擊殺起來。李靖天兵驚怕之中潰逃之時，正怕身後猛獸亂兵殺來斷去性命，又見到頭頂凶禽亂兵殺來，便全都心中更加驚怕奔逃更疾。

李靖天兵只顧奔逃不作還擊，恰給黑虎精亂兵提供了奪勝之機。只見牠們或者從後面或者從空中狂殺猛砍，一陣便把李靖天兵殺死無數，驚得剩餘天兵奔逃更疾。

李靖天兵在前面驚怕地逃啊逃，黑虎精亂兵隨後追啊追。黑虎精當然窮追不捨，牠要在追擊中殺盡李靖天兵，然後徑赴天宮實施其突襲奪勝惡計，以主宰天界肆意行惡。為此牠令猛獸在地上窮追猛殺，令凶禽從空中惡殺猛擊。牠們追啊殺呀，轉眼已是半晌過去，距離玉皇大帝所居天宮只剩下了很近的路程。

眼見距離天宮已近，李靖心中害怕黑虎精亂兵殺進天宮，又見其天兵抵擋不住黑虎精亂兵，但他卻也不敢再隨同眾天兵向後奔逃了。因為再逃下去，就要把黑虎精亂兵引到天宮近處，玉皇大帝所居天宮就要陷入險境。為此他不敢再怠，奔逃之中急與哪吒眾天將一陣計議，決計止住奔逃天兵與黑虎精亂兵決以死戰，把黑虎精亂兵阻擋在此，以保天宮安全，不讓玉皇大帝受驚。

「站住，反殺黑虎精亂兵。」決計至此，李靖與眾天將一起大叫道，「保衛天宮保衛玉皇大帝，效忠天廷的時刻到來了！」

然而奔逃的眾天兵這時全都成了驚弓之鳥，一個逃十個隨，一個個奔逃不止，李靖眾天將雖然拼死喊叫攔阻也是無用。無奈之中，李靖眾天將只有忍疼揮械斬殺在前奔逃天兵，末了斬殺數名方纔止住潰逃的眾天兵。

李靖止住眾天兵立刻返到陣前，拼死擋住衝殺上來的黑虎精禽獸亂兵。於是李靖眾天將在前拼死擋殺亂兵的行動，為眾天兵壯起了膽

氣。他們隨著也一個個怒火陡騰，一齊返殺向了黑虎精禽獸亂兵。李靖眾天兵壯起了膽氣，當然個個銳不可當，一陣便把黑虎精眾亂兵殺得前進不得起來。

黑虎精眼見眾天兵死命拼殺，自己眾亂兵奪勝不得，心中大惱，即又厲喝眾亂兵拼死向前衝殺。但無奈李靖眾天兵為保天宮拼死抵擋，轉眼二軍拼殺多時雙方死傷無數，仍是誰也進前不得。

猴子精這時眼見再殺下去也是奪勝不得，而且拼起消耗亂兵沒有援兵，天兵援軍來了其軍必敗無疑。為此牠不敢怠慢，急向正惱的黑虎精說明緣由，勸其暫且退兵以謀奪勝之策。黑虎精聞聽有理，又見再戰也是一時取勝不得，只有強抑氣惱令兵向後撤退。

李靖眼見黑虎精亂兵退去沒有追趕，他不僅無力追趕，而且前去追趕也奪勝不得。為此只有寄望於攔住亂兵在此，以待援兵到來再破亂兵。於是李靖看到黑虎精亂兵退去，一邊急令天兵扎營，一邊即令哪吒駕起雲頭，速回天宮稟報玉皇大帝派兵來助。

哪吒駕雲即去，須臾便回到了天宮，見到玉皇大帝火急稟報了一切。玉皇大帝先前聞聽黑虎精作亂已惱萬分，這時聞稟更加氣惱，即令傳旨天官前去召來二十八宿，並同時命令哪吒前去西荒大山召來神界第一射手東王公，以對付射技被蓋獸界的黑虎精。只待眾將到來，他親率五萬天兵征剿黑虎精，蕩平叛亂。

哪吒得令即向西荒大山飛來，一陣尋到天柱峰腰東王公居處，喊喝東王公接旨。東王公不敢怠慢，急忙跪地接旨。但當他聞聽哪吒讀完聖旨，卻心機一轉道：「哪吒賢侄，不是老叔不遵聖旨不解侄父之危，而是老叔有一賢才，正需借此時機方能得救。同時也正是那小子露跡於朝廷的難得時機，不然他就要死於非命了。」

「老叔快說，」哪吒一驚道，「要小侄怎麼去辦？」

　　原來東王公雖把神羿趕下山去，但對於自己苦心培育八載的這位愛徒，他還是關愛有加的。為此對於神羿下山後的舉動，全都在其瞭知之中。這時他正為如何從流星王牢中救出神羿犯愁，胸有溝壑的他眼見時機來到，便急忙抓住了這一機會。

　　「此子名叫神羿，現年剛過十六。射功在神界僅在老叔之下，」東王公為此急對哪吒道，「對付黑虎精足矣。此子現在流星王天牢之中，賢侄快去傳他替代老叔赴征。」

　　哪吒聞聽不敢怠慢，立即告辭東王公飛奔流星王居地而來。哪吒來到流星王居處見過流星王，急把黑虎精作亂之情和玉皇大帝等待親征，東王公推薦神羿從征的情況向其講說了一遍。

　　「這個東王公太狡譎了！他自己不遵聖旨，怕死不願赴征，找神羿前去替他赴死，這是沒有的好事。」流星王聞聽不僅不應，而且勃然大怒道，「賢侄快返朝廷返報陛下，說清東王公心懷惡意，並說清神羿乃寵妃娘娘欽定死囚，豈有放其赴征之理。這個東王公，顯然藏有誹謗寵妃娘娘的惡意。要陛下再傳聖旨，命東王公赴征。」

　　哪吒無奈，只有即返天宮而來。哪吒返到天宮，二十八宿與玉皇大帝所點四萬天兵已經聚齊，只待東王公來到便即出征。但在玉皇大帝焦待之中，卻見只有哪吒一個返了回來，不見東王公蹤影，便急忙喝問道：「東王公為何不到？」

　　哪吒聞問，即把實情稟報一遍。玉皇大帝聞聽大惱道：「這個流星王，火急之時哪有道理講說。」隨著，他即又向哪吒賜下一旨道：「賢侄再去見那流星王傳朕聖旨，朕即領兵出發，賢侄可帶神羿徑赴鬥場見朕聽命。」

　　「遵命！」哪吒接過聖旨答應一聲，急又駕起雲頭重返流星王居處而去。

五、虎精設陷

　　哪吒返到流星王居地，即要流星王出接聖旨。流星王接過聖旨當然仍是不想放出神羿，他害怕放出神羿，自己之惡敗露出去壞了大事。但聖旨傳到他抗拒不得，無奈只有命令侍從打開天牢，將死囚神羿依旨交給了哪吒。

　　神羿正在天牢中「嗷嗷」喊叫，他不能死他要活，他要出去匡扶正義。正在他一連喊叫十天，依舊不見有神應他一聲之時，獄神突然把他帶出天牢，帶到了流星王與哪吒面前，隨著又被流星王交付給了哪吒。

　　「哪吒大神，小神冤枉，」突置此境神羿大為不解，開始以為是哪吒前來把他押往天宮，他便又大聲喊叫起來道，「小神這是為了匡扶正義啊！」

　　哪吒剛才看見神羿，已是打心底裡流溢出了由衷的喜愛之情。這不僅是大神東王公的舉薦之言，和邪惡的流星王不放之舉，給了他先入為主的喜愛之情。而且神羿那俊武的相貌，一身的浩然正氣，則證實了東王公的舉薦之言不虛，流星王不放之舉內藏邪惡。

　　由此，使得他從心底裡深深喜愛上了這位與自己年齡相當，英俊聰慧的正義小神。然而哪吒雖然心中喜愛上了神羿，但這時軍情火

急，他沒有時間在此耽擱，也就當然沒有時間去問神羿冤枉與否的事兒。因而聞聽神羿此叫，即刻攔阻道：「神羿，現在不是喊冤的時候。」

神羿這時心中不明就裡，當然也就不服道：「現在不喊，還有何時？」

「不。現在黑虎精亂兵正在作亂，戰事正急。玉皇大帝已經親征前去，他令小神召你直赴鬥場聽命，」哪吒隨之急言道，「掃除黑虎精亂兵要緊。事急燃眉，你我在此耽擱不得，快走要緊！」

隨著急駕雲頭，便與神羿一道徑赴鬥場而來。哪吒與神羿須臾來到了鬥場之上，他們來到的正是時候。只見玉皇大帝引領眾天兵天將，與黑虎精亂兵鬥得正酣。

原來，黑虎精亂兵退去之後並未駐紮下來。黑虎精狡惡異常，牠引領亂兵退去不遠，便對周圍的獅、豹、猴等精怪說道：「我亂兵硬戰不勝雖然暫撤，但也不可駐下等待戰機。」

「是的。因為敵之援兵定會迅速趕到，」猴子精聞聽此言恰如自己所想，便打斷黑虎精之言道，「而我亂兵孤軍奮戰沒有援軍。」

黑虎精接言肯定道：「為此，我等只有快速殲滅面前的李靖天兵，繼續前去突襲天宮，方有奪勝之機。不然，我亂兵就只有遭敗一途哩。」

「黑虎兄所言極是。但我亂兵使用何法，」獅子精這時急問道，「方能迅疾殲滅面前李靖天兵，可要即作定奪啊！」

「猴兄思慮深刻，有何妙著，」黑虎精這時也無妙招，聞聽此問立刻轉問猴子精道，「快快講說出來。」

「對此小弟尚無妙招，諸位兄弟共同計議計議，」猴子精這時尚且心無成熟之策，即言道，「來它個集思廣益，豈不是好。」

「好，眾位師兄弟快快開動腦筋，各獻妙招。」黑虎精這時聞聽

猴子精此言有理，立刻肯定道，「時不我待，事急燃眉了！」

眾精怪都知道它們面臨的處境險惡，聞聽黑虎精此言全都立即思慮起來。但牠們思慮中向後撤出已是數里，卻仍是皆無良謀。黑虎精這時不見眾精開口，知其盡無良策，便不禁心中焦急起來。

「啟稟大王，李靖天兵剛退二里，」恰在這時，突見哨探來報道，「便停止後退，紮營駐了下來。」

「若此，則真是天助我也！」心中正急的黑虎精聞聽此稟，頓然反常得高興起來道。隨著，牠即命哨探再去探看。並命眾亂兵停止後撤，就地休歇以待再戰。

「黑虎兄，」猴子精不知黑虎精這般高興心生何計，詢問道，「計已安出了嗎？」

「是的，不知可行否？」黑虎精正要把自己之想說與眾精怪以作計議，聞聽此問即言道，「請諸位兄弟計議，共作定奪。」

猴子精急言道：「兄長快講。」

「此刻正值長夜後半宵時分，」黑虎精隨之壓低聲音，像是害怕別個偷聽去了其言道，「李靖天兵駐紮下來，正為我亂兵提供了偷襲之機哩！」

「師兄是說，」猴子精聞聽耐不住心中的火急，這時立刻打斷黑虎精之言道，「我們前去偷營。」

「正是。但我擔心李靖老兒有詐，」黑虎精道，「誘我軍兵上當。」

「不會。我想李靖老兒紮營駐軍，只是為了阻斷我軍兵進攻之路。」獅子精這時則即言肯定道，「因為其戰勝不得，所以不敢再戰，只有固守。」

「獅弟說得好。因為退，這裏距離天宮已近，天宮有失他豈能擔當得起。」黑虎精隨之接言道，「為此他絕無它謀，除此之外還有等

待援兵之意而已。」

「二位師兄說得極是。黑虎兄，李靖老兒除此之外定無它謀。現在夜正漆黑，」猴子精隨之講說道，「黑虎兄就快抓住良機，趁李靖天兵剛剛紮營駐下沒有防備，領兵偷襲其營吧。」

「好，就這麼辦。」黑虎精這時疑慮盡消，即叫道。隨著牠即令凶禽之軍分為兩隊，從左右繞到李靖軍營之後。待到猛獸之軍從正面偷襲得手之時，趁機從背後突而襲之，將李靖天兵圍而盡剿，以奪全勝。

黑虎精的凶禽亂兵聞聽此令，稍作準備便出發而去。黑虎精則親領猛獸眾兵從正面偷襲李靖軍營，趁著漆黑夜色的掩護，一會兒便神不知鬼不覺地襲到了李靖軍營跟前。黑夜中，黑虎精眼見李靖軍營中安然靜謐，沒有絲毫異常。

黑虎精為此心中大喜，暗暗祈禱自己此舉有成，隨後便可徑搗天宮斬殺玉帝老兒，由自己一統神界肆意作威作福了。心裡歡喜之中黑虎精即不怠慢，牠把手中長劍「颯」地一揮，已麾動眾亂兵向李靖軍營中殺了過去。

李靖果如眾精怪所料，既奪勝黑虎精不得又不敢退兵，因為擔當不起黑虎精亂兵殺到天宮的巨大責任，只有紮營固守攔阻黑虎精亂兵等待援兵到來。李靖因為心中只有此想，同時覺得黑虎精亂兵奔殺一日剛又受挫，夜已三更其亂兵也不會再來，紮營之後便心無防備地命令眾天兵休歇下來。

李靖天兵心無它想夜無防備，恰為黑虎精亂兵奪營提供了可乘之機。黑虎精引領亂兵殺進李靖營中立刻得手，驟然間便把剛剛休歇下來心無防備的李靖天兵，殺得大亂起來。

李靖眾天兵突見黑虎精亂兵殺進營來，大驚之中不敢抵擋，東跑西突一陣混亂，恰好又正被黑虎精亂兵所乘，轉眼已被殺死無數。黑

虎精亂兵偷營得手殺勢狠猛,一陣便把驚怕也混亂至極的李靖天兵,殺得向南潰逃起來。

然而李靖天兵剛剛逃到營門,黑虎精所遣兩支凶禽亂兵又趁機倏然殺出,轉瞬又把李靖潰兵殺死無數。為此李靖這時方知軍營被黑虎精襲破,黑虎精亂兵已把其營團團圍住,把其天兵包圍在了營中。李靖頓知形勢險惡,如果天兵再這樣混亂下去,抵抗不住任由黑虎精亂兵斬殺,不用等到天亮就要全軍覆沒了。

於是李靖不敢怠慢,急令身旁眾天將火速組織軍兵形成拳頭,以向營南突圍。

眾天將聞令急忙各作努力,集結穩定混亂的天兵。他們費盡九牛二虎之力,方把萬餘未死天兵集結在一起。

李靖見之,隨著率領這支天兵隊伍,奮盡全力向南猛衝。由於夜色黑暗加之李靖天兵衝擊迅猛,正在營南圍殺的黑虎精凶禽亂兵防備不及,方被李靖天兵殺開一條血路,突出重圍向南奔逃而去。

李靖天兵突圍去後,黑虎精遺憾萬分之餘也不放過,牠即令眾亂兵殺盡逃跑不掉的李靖天兵,隨後麾動亂兵窮追李靖逃兵而來。牠想把李靖殘兵剿滅於半途,然後乘勝直搗天宮殺死玉帝老兒。

為此牠領兵追呀追呀,轉眼已是追到了天明。沿途其亂兵雖然殺死李靖天兵不少,卻仍是未能把李靖天兵剿滅於途中。李靖殘兵這時雖然未被黑虎精亂兵追上,但也已是精疲力竭,僅剩下了不足萬名,沒有了還擊之力。

李靖知道,如果黑虎精亂兵追趕上來圍住攻殺,自己殘兵就要被殲滅淨盡了。為此他引領殘兵奔逃不敢怠慢一步,唯恐被黑虎精亂兵追上將其殘軍剿滅。然而事實卻是不論李靖心中多麼驚怕,又逃奔多麼迅疾,那可怕的事情還是發生了。

　　黑虎精為了達到奇襲天宮的目的，眼見李靖殘兵越逃距離天宮越近，便心中大急起來。心急之中牠害怕壞了其奇襲天宮的惡計，又見李靖殘兵逃奔拼命，便嚴令其凶禽亂兵拼死飛向前方，再次攔截李靖殘兵予以殲滅。

　　黑虎精凶禽亂兵聞令拼出死力，一陣便飛到了李靖殘兵之前，擋住去路與之惡殺起來。黑虎精的凶禽亂兵在前，既然擋住了李靖殘兵的去路，其猛獸亂兵一會兒便也從後面追殺上來。李靖殘兵頓又陷入了前後受敵之境，情勢險惡萬分。

　　李靖這時當然知道，自己已成為驚弓之鳥的不足萬名殘兵，是無論如何也抵擋不住黑虎精將近三萬得勝亂兵。身置如此險境，李靖一方面焦待哪吒引領援軍到來，心中責怪哪吒此去不該這般遲緩，一邊不敢怠慢，組織殘兵再次拼力向前突圍，以期突圍出去不被黑虎精亂兵殲滅。

　　然而李靖雖然再次組織起了殘兵，而且眾殘兵也皆知處境險惡，若是不能沖出重圍便有盡被殲滅之險。但無奈黑虎精亂兵既眾又凶，李靖雖引眾兵衝殺再三，也仍是毫無寸功，並且又死傷天兵不少。

　　身置此境李靖也是無奈，怎麼辦呢？沖，沖不出黑虎精亂兵的包圍。不沖，就只有全軍覆沒。無奈之中，他更盼哪吒引領援軍立刻來到，但是哪吒援軍仍是毫無蹤影。無奈之中，李靖也只有眼見著自己殘兵被黑虎精亂兵殲滅殆盡。

　　然而，李靖更為驚怕的還不是自己殘兵盡被殲滅，而是黑虎精亂兵若是殲滅了自己殘兵，就會突襲天宮令玉皇大帝震驚了！那是作為臣下，對玉皇大帝忠心耿耿的他，絕對不能饒恕自己的重大罪過。但是這時他也無奈，他的殘兵眼見著轉眼就要盡被黑虎精亂兵殲滅了。

　　好在就在這時，絕望的李靖突然看到晴空萬里的南方空中，驀地

雲頭大起。隨著便見玉皇大帝親率二十八宿天將和數萬軍兵，浩浩蕩蕩殺赴而來。李靖見之絕望頓掃希望陡昇，高興得立刻開口大叫道：「軍兵們，殺呀！我們的援軍到了，玉皇大帝到了！」

「惡孽黑虎精，」李靖喊聲剛落，玉皇大帝眾天兵已經來到鬥場之上。玉皇大帝來到鬥場眼見黑虎精亂兵邪惡情狀，頓然氣惱萬分厲喝道，「還不速速束手就擒！」

黑虎精正想迅疾殲滅被圍李靖殘兵，即去襲奪天宮擒拿玉皇大帝，殺得正在興起之時，突見玉皇大帝領兵來到，開始不禁一驚。不知玉皇大帝為何領兵來得如此疾急，擔心自己軍兵難是對手。但隨著牠又頭腦發昏地想到，李靖天兵已是不堪一擊，玉帝老兒所率天兵也定然如其一樣不堪一擊。

「玉帝老兒，應該束手就擒的不是我黑虎精，這次可是你玉帝老兒了！」為此牠聞聽玉皇大帝之言，不禁「嘿嘿」一陣大笑起來道，「你瞧，眼前李靖殘兵之狀，不就是你的下場嗎？快快束手就擒吧！」

「惡孽住口，你的死期到啦！」玉皇大帝頓然惱得說不出話來，二十八宿見之不待玉皇大帝開口，便齊喝一聲道。隨著，已揮械麾兵殺上了陣來。黑虎精也不怠慢，急麾亂兵與之拼力惡殺在了一起。

這是一場混殺惡殺，一邊是眾天兵天將，除惡悍勇；一邊是精怪禽獸，施惡的孽類。雙方你死我活，誓不兩立，水火不容。因而雙方交起手來，個個狠猛。須臾已殺得天昏地暗，狂風大作起來。

二十八宿眾天兵天將神功高強，除惡務盡。黑虎精眾亂兵怪技不弱，誓除天兵。轉眼雙方混戰多時，竟然打得難分難解難見高下，一時間難分輸贏起來。玉皇大帝在旁看得心中氣惱，忍不住也揮動長劍殺進鬥場，專除黑虎精惡酋而來。

黑虎精剛才被數宿天將緊緊纏住，心中雖想去殺玉皇大帝而不

得。這時眼見玉皇大帝徑向自己殺了過來，實在喜上心頭。因為牠想，只要除掉玉帝老兒，這場惡戰就算贏了。為此牠不待玉皇大帝殺到，已是努力避開圍牠天將，接戰玉皇大帝而來。

黑虎精轉眼與玉皇大帝鬥在一處，但由於剛才圍鬥牠的眾天將見是玉皇大帝殺來，唯恐玉皇大帝有失，便也一起圍殺上來，從而使得黑虎精欲與玉皇大帝拼殺仍是不得起來。黑虎精為此心中大惱，急叫獅、豹諸怪過來，一起死命圍殺玉皇大帝。

於是倏然之間，一場最惡激戰便在以玉皇大帝為核心的範圍之內拼殺起來。一時間，玉皇大帝周圍真個是刀光颯颯，劍影閃寒。眾惡怪圍住玉皇大帝拼死搏殺，眾天將護住玉皇天帝奮力抵抗，打得難分難解，團團飛轉。

正在這時，哪吒引領神羿來到了鬥場之上。眼見玉皇大帝身處之境險惡心中大急，雙方便不怠慢，口中一聲大喊道：「黑虎精，你的死期到了！」隨著齊揮械殺進鬥場，擋住黑虎精眾惡拼殺起來。

哪吒與神羿神功高強，頓然間只見哪吒被棕熊精擋住廝殺，神羿被獅子精擋住打鬥，鬥得難分難解難見高下。棕熊精體格壯偉，兇悍無比。哪吒年小身弱，眼見著身量遠遜於對手。

然而棕熊精體大笨拙，雖然猛悍卻也極難得手。哪吒身小伶俐，驅動風火輪在棕熊精周圍東旋西轉，招招使絕鬥惡，式式出猛鬥狠。轉眼間已殺得笨拙的棕熊精頭腦發眩，渾身冒汗，對付不得起來。

獅子精兇惡狠猛，神功高強，根本不把年少的神羿放在眼中，恨不得一招即把神羿撲翻在地，撕個粉碎。因而只見牠招招使狠，式式使絕。神羿年紀雖小但卻神功高強，對付獅子精不僅遊刃有餘，而且勝其一籌。因而只見他對獅子精左來左擋右攻右對，轉眼間已把獅子精鬥得沒有了招數，抵擋不得起來。

　　「啊呀！」就在這時，哪吒突出殺手一槍刺穿了棕熊精的胸膛，棕熊精臨終前發出了一聲絕叫。其絕叫聲驚得正鬥的黑虎精眾惡一愣，神羿那邊又已突出殺手，「颯」一刀把獅子精的頭從脖頸上砍了下來。獅子精連叫一聲也沒有顧上，已經斷送了性命。

　　神羿殺罷獅子精也不怠慢，即又躍身出手殺向了發愣的黑虎精。神羿殺了過來黑虎精正愣尚且不知，猴子精在旁邊見之大驚，即忙使出惡鐵棍擋開神羿之刀，口中隨著大叫道：「黑虎兄快走，不然我們就走不脫了！」

　　「弟兄們，撤！」黑虎精聞聽猴子精此喊，方纔陡然清醒過來，明白了身邊的險惡，知道再鬥下去的處境可怕，便一聲大喝道。隨著，便即領亂兵向黑虎山敗逃而去。

　　「追，決不能讓叛軍逃脫一兵一卒！」玉皇大帝既為眾天兵天將，特別是哪吒與神羿兩員少年悍將奪得大勝而心喜，也為黑虎精引領亂兵敗逃而去氣惱萬分，遂即不怠慢道。其實在玉皇大帝發出此令之前，哪吒與神羿眾天將，已經引領眾天兵向前追殺過去。這時又聞玉皇大帝號令，便追殺更疾起來。

　　黑虎精引領亂兵奔逃之中，眼見玉皇大帝麾兵追來不敢怠慢，邊逃邊與猴子精眾惡計議道：「眼下已是鬥難取勝，所以師兄以為，我們只有把玉帝老兒天兵引入居地黑虎山，圍而殲之了。」

　　「黑虎兄所言極是。」猴子精這時立即接言道，「奇襲奪勝已是不能，如今也只有如此一途了。」

　　「那就快令眾兵逃得越疾越好，」黑虎精得到猴子精首肯信心大增，隨之道，「以逃回山中做好準備。」

　　「對。以借山中洞穴地勢，伺機奪勝玉帝老兒天兵天將，」猴子精這時又言道，「擒殺玉帝老兒，奪取主宰天界高位。」

「弟兄們快撤！早撤回山中一步，」黑虎精聞聽猴子精與自己之謀完全契合，心中大喜，即下命令道，「就少一分損失，多一分奪勝的把握。」

眾亂兵聞聽遂奔逃得更加疾急，一陣竟把玉皇大帝追兵拉在了後面。隨後黑虎精引領亂兵越逃越疾，更把玉皇大帝追兵越拉越遠。轉眼逃奔到了黑虎山上，已把玉皇大帝追兵拋在後面足有半個時辰的路程。黑虎精眼見自己亂兵贏得了部署時間，牠眾惡便一陣計議，令眾亂兵全部鑽進了山上虎穴狼洞之中。

原來，這黑虎山是一方隱惡之山，其上既多峰壑又多幽洞。幽洞為千百年來山上獸精惡怪經營而成，不僅洞多而且洞深，同時洞洞連通。由於洞中道路相通，因而進洞便如同進入了迷宮。黑虎精眾惡起兵之初，就曾議到借用幽洞制勝玉帝老兒。但後來牠們思來議去把其作為退路，留作了最後一招。

如今牠們鬥勝玉皇天兵不得，便只有使用這最後一招奪勝玉皇天兵，令眾亂兵隱入了洞中。等待玉皇天兵來到山中，其亂兵便伺機出洞擊之，神出鬼沒剿滅玉皇天兵。

黑虎精亂兵入洞剛剛做好準備，玉皇天兵便已追到了山中。但他們追到山中既不見亂兵殺來，又不見亂兵何在，全都心中大奇起來。心奇之中，玉皇大帝命令哨探快作察探，以在山中剿滅黑虎精亂兵。

然而就在哨探剛去，玉皇大帝命令疲累天兵暫作休歇之時，卻聽其天兵背後和兩翼一起響起了撼天的殺聲。黑虎精亂兵從三個洞口中殺出，一陣殺死無數天兵。玉皇大帝大惱，急令眾天兵集中全力前往擊之。

但是他雖令眾兵一陣擊殺，把剛才殺出三個洞口的亂兵殺回了洞中，卻又從其前方四個洞口中殺出了更多亂兵，一陣又殺死無數天

兵。玉皇大帝見之更惱，急又令兵擊殺。但無奈這邊還沒有把出洞亂
兵殺退，周圍數個洞中又殺出幾股亂兵，殺得天兵大亂起來。

　　此後，玉皇天兵就這樣如同陷入了迷陣一樣，一忽兒東邊殺聲驟
起，一忽兒西邊殺聲大震，一忽兒北邊陡起殺聲，一忽兒又南邊響起
殺聲。黑虎精亂兵殺得其天兵欲要平靜片刻而不得，軍心震動一片混
亂起來。

　　玉皇大帝這時更惱，他惱自己天兵硬是沒有打殺亂兵之機。而黑
虎精亂兵卻借著山洞之險，見機出而擊之奪勝，見弊即又退入洞中，
時時處於主動地位，其天兵卻處處陷在被動挨打之境。

　　處此境地，玉皇大帝心中雖惱，但由於黑虎精亂兵得地勢之利，
他也無奈。無奈中其天兵被殺得一片混亂，他也只有跟隨混亂的天兵
一起，哪有亂兵出現便往哪裏抵擋。主動出擊不得，便也奪勝不得。

　　哪吒與神羿知道玉皇大帝處境險惡，如果黑虎精眾惡從一方得勢
山洞瞅準時機，突出殺之，玉皇大帝就將有生命之險了。為此他二神
一左一右，在混亂中護定玉皇大帝，寸步也不敢離開。

　　突然，前方又有一方山洞中湧出了黑虎精亂兵，高喊著殺向了玉
皇天兵，頓然一場惡戰在前方酣烈起來。玉皇大帝早被這被動無奈之
戰打得惱火萬丈，聞聽前方惡戰酣烈便急忙麾兵上前助戰。

　　玉皇大帝如此麾兵正行，混亂中神羿突聞一聲箭響傳了過來。他
身為神界第二射手，混亂中聲音雖然嘈雜，但他仍對箭響聽得真切無
誤。聽聞此聲他唯恐傷著玉皇大帝，便急忙循聲看視那箭射向何方。

　　神羿舉目一看實在緊要，只見那帶響飛箭不偏不斜，恰恰正飛過
自己面前，向在其身旁的玉皇大帝耳門飛去。神羿這一驚非同小可，
因為再過眨眼時光，那飛箭就可以射進無防的玉皇大帝耳門，奪去其
性命！

神羿驚怕之中不敢怠慢，但卻已是刀撥手擋全都不能來及。好在神羿不愧為神界第二射手，這時只見他刀不揮手不舉，將頭一伸口一張，上前「唔」的一聲，便用雙齒準確地咬住了飛來的箭頭，把飛箭牢牢地咬在了口中。此法是東王公教授神羿數種絕技中的一種，名為「齧鏃法」。

「好險啊，太絕了！」神羿使用此法救了玉皇大帝一命，使得在旁的哪吒見之喜得立刻大叫起來道。哪吒的叫聲驚得玉皇大帝這才扭頭來看，卻見神羿正舉弓搭箭欲要返射回去，口中咬著飛箭狠狠道：「惡孽，我正瞅不見你呢！我叫你活不過今時！」

神羿口中如此說著，手中已是拉開硬弓，向正站在東方一塊巨石之上，手握雕弓的黑虎精射了過去。黑虎精身為獸界射箭高手，剛才眼見神羿口接其箭，已知其射技為神界高強之神。這時又見他開弓搭箭向自己返射過來，自己已經躲避不及。

為此黑虎精不敢怠慢，嚇得急忙翻身躲到了腳下巨石之後。黑虎精此躲失急慌忙，驚急中只顧躲身卻忘記了身後的尾巴。因而身子雖然躲在了巨石後面，卻把一條旗杆式的尾巴，直直地豎立得超過巨石老高，向神羿清楚地顯示著其身在的位置。

「惡精，我叫你躲身不得！」神羿見之，心中更惱萬分道。隨著，便「嗖」的一箭向黑虎精隱身的巨石射了過去。神羿射出之箭「嗖」地射上巨石，那石「叭」的一聲便濺起了四射的火花。

然而那箭卻沒有被反彈回來，而是穿石而過，並在其後照直洞穿躲在石後的黑虎精耳門。疼得黑虎精「啊呀」一聲大叫，倏地向上竄出數丈，然後重重地摔在石上斃去了性命。

「好，射得好！小子立了大功哩！」玉皇大帝從頭至尾看到了黑虎精受死的過程，高興得這時大叫起來道。隨著，便要上前去看黑虎

精的死地。哪吒這時趁機道：「帝伯，神羿不僅射殺黑虎精立了大功，方纔還救了帝伯一命哩！」

「帝伯，你看神羿口中之箭，正是剛才那黑虎精射你之箭，」玉皇大帝驚得「啊」了一聲，哪吒見之道，「若不是神羿用『齧鏃法』將箭接住，帝伯就沒命了。」

「神羿小子，真我神界英雄也！」玉皇大帝於是立即讚歎道。隨著他上前拉住神羿之手，一陣急向東面的巨石跟前，看視黑虎精的死地而來。來到石前他更是驚奇地看到，那厚厚的巨石竟被神羿剛才所射之箭，穿透一個箭孔。那箭硬是從孔中穿出，射在了黑虎精頭上，斷去了黑虎精的性命。便更對神羿的高強射技，讚歎不已道，「高，實在是射技被蓋神界也！」

「陛下，黑虎精惡酋一死，亂兵無主不敢再戰，」玉皇大帝話音剛落，二郎神楊戩前來稟報道，「全都躲進洞中不再出來了，這可如何是好？」

「只有讓眾惡走出洞來，才能殲滅。」玉皇大帝聞聽此報，立即向巨石後邊的幽深洞口看視一眼，思慮一番道，「但是，怎樣才能讓牠們走出洞來呢？」

「陛下，這個容易。看小神的。」神羿在旁聞聽道。說著立即奔向洞口，搭箭「嗖嗖」向洞中射去。隨著神羿射出之箭的「嗖嗖」聲響，幽洞中則連續傳出「啊呀」痛叫之聲。隨著躲在洞中的眾惡怪不敢再怠，急忙喊叫道：「大神莫射，我們全都投降。」

「投降就快出來！」神羿開口大叫道。

「我們這就出去，」洞中惡怪聞聽，忙又驚怕地急叫道，「大神別再射了！」

「快滾出來，本神方可饒得爾等一命不死。」神羿這時怒吼道，「如

若不然，定叫爾等盡數葬身洞中！」

眾惡怪怕死至極，便在神羿的吼叫聲中走出洞來數十個。玉皇大帝見之，即問眾惡道：「你等數萬惡徒，為何皆能躲進洞中？」

「大帝有所不知，我們這黑虎山之洞，乃由山中惡怪千百年苦心經營而成。不僅洞洞幽深，而且洞洞連通。」眾惡聞聽道，「由此進可以從彼出，從彼進可以由此出。乃為眾惡留待有朝一日即如今日之時，對抗大帝天兵所用。」

「此洞的出口，」玉皇大帝聞聽大惱，但氣惱中忽然心中一明道，「有數嗎？」

「有，共有九九八十一個洞口，」眾惡道，「遍佈九座峰頭。」

「有數就好，有數就可盡剿眾惡了。」玉皇大帝聞聽此答，立刻由怒轉喜道。這時，玉皇大帝已經想好了辦法，即分派眾兵將守住八十一個洞口。然後命令司水大神引水灌之，將躲在洞中的眾惡全部灌出洞來。待到眾惡出洞之時，則出一個殺一個，盡數殲之。

玉皇大帝想到這裏，便命二郎神前去傳令。分派天兵天將各去守住一個洞口，不得有一個洞口疏漏，也不得走漏一名惡怪。二郎神去後一陣，返回稟報一切準備停當。

玉皇大帝隨之即命司水大神施動法術，一陣引來天河之水灌進了幽洞之中。黑虎山幽洞雖深，但終究經不住水灌。須臾便被灌得洞洞水溢，眾惡在洞中待身不住，無奈只有向洞口逃出。

然而山洞出口狹小，眾惡從洞中只能一個個鑽出。這樣眾天兵天將扼守在洞口，便如攔在險關要隘之前一般，形成了一夫當關，萬夫莫開之勢。使得眾惡出洞一個，被殺一個，硬是一個也逃脫不得。

玉皇大帝引領眾天兵天將攔殺片刻，已把出洞眾惡殺死淨盡，並把未及出洞眾惡淹死在了幽洞之中。

六、神羿鬥惡

　　黑虎精眾惡如此盡數被殲，玉皇大帝見之大喜，於是他即命天兵歇息半宵，然後即回天宮慶功。眾天兵經此惡戰也都疲憊，聞令立即歇息下來。眾天兵歇息之時，玉皇大帝與眾天將卻沒有歇息。玉皇大帝這時實在欣喜難抑，他不僅心中歡喜盡剿黑虎精亂兵，更心中歡喜得到神羿少年英才。

　　為此他傳令眾天兵休歇之後，便即集起眾天將欲要賞封神羿之功。眾天將須臾到齊，玉皇大帝未及開口，翼星官突然驚喜地認出了神羿，不禁脫口道：「小子怎麼在此？也不告知為父一聲，叫為父好生思念呀！」

　　神羿剛才突來鬥場，而且一進鬥場即入鏖戰之中，因而沒有機會得見其父。這時眼見父親這般驚喜，他也大為心中歡喜，急忙撲身前去「撲通」跪倒在了父親面前道：「孩兒拜見父親。孩兒也十分思念父親，只是先前沒有機會拜見父親，乞父親饒恕孩兒不孝之罪！」

　　玉皇大帝正奇自己先前沒有聽說過神羿，不知神羿來自哪裏，這時突見翼星官與神羿父子相見，激動萬端，不禁大為驚異道：「怎麼？翼星官，神羿這小子竟是你的兒子！」

　　「啟稟陛下，」翼星官聞聽玉皇大帝此問，立即上前叩拜道，「小

子正乃臣下犬子。」

「若此，翼愛卿就隱瞞於朕了！愛卿此子神功高強，」玉皇大帝聞聽翼星官這般肯定回答，即不滿意道，「射技蓋世，愛卿為何留之不薦，讓此子早早為朕效力？」

「臣下啟稟陛下，」翼星官這時豈敢怠慢，立即接言解釋道，「臣下實無不薦此子之罪！」

玉皇大帝聞聽不解道：「星官何以此言？」

「臣下犬子八年前為學蓋世射技，聞聽臣下對其言說，神界第一射手為東王公大神，」翼星官詳稟道，「八歲的他便不顧臣下勸阻，硬是隻身獨個前赴西荒大山，尋師求技。」

「噢，」玉皇大帝聞聽驚異道，「竟是如此！」

「是的。犬子一去八載，臣下不得音訊。」翼星官這時繼續道，「臣下尚且不知犬子情狀，不期在此鬥場之上驀然相遇，也是驚奇！」

「這樣，就不僅怪不得愛卿，而賀喜愛卿為朕培育了蓋世英才哩！」玉皇大帝這才「哈哈」大笑道。隨著，他話鋒一轉關切道，「這裏當著眾天將之面，你父子雖已未曾謀面八載，卻也不是暢敘別情的時候。為此你父子暫且退下，聽朕言說。」

「謝陛下！」翼星官與神羿聞聽，齊答一聲遂退入了朝班之中。玉皇大帝接著道，「朕要講的不是別個，乃為東王公大神為朕薦來一位少年英才。這英才便為神羿，你看他少年英俊，一身正氣，神功不凡。」

「此子確是英才！」其他二十七宿從小看著神羿長大，皆知其從小英慧作為。因而這時不待玉皇大帝說完，已是齊聲開口讚譽道，「神界棟樑。」

「是的。他此來初涉鬥場，就先是使用射箭絕技、齧鏃法、口截

黑虎精射朕飛箭，救朕一命。」玉皇大帝繼續道，「接著又用蓋世射技一箭射穿巨石，要了躲在石後的黑虎精性命，為奪此勝立下赫赫戰功。為此朕忍抑不住心中歡喜，即對神羿論功行賞。決計敕封其為巡天天官要職，以為綏靖天界建功。」

「不。小兒啟稟陛下，」眾天將聞聽玉皇大帝講到這裏，齊聲稱賀。並且心想神羿受此重封，接著定當上前謝恩。但不料神羿的舉動完全出乎他們預料之外，只見他班倒是出了，但隨著他跪地叩拜，聰穎的他卻心機一轉說出了推辭之言道，「罪囚不敢身受陛下此封。」

「啊？」聞聽神羿口出此言，不僅其父翼星官驚得口中叫出聲來，就連玉皇大帝與其他眾天將，也都驚得叫出聲來愣在了那裏。後來還是玉皇大帝反應迅速，立即想起了先前哪吒說的流星王不放其來之言，即問道：「小子身犯何罪，遭至身投天牢？」

「啟稟陛下，小子實在無罪，」神羿聞聽此問，即答道，「乞陛下明察。」

「小子既已身陷囹圄，又豈能無罪？可是小子又說自己無罪，」翼星官與眾天將聞聽至此，也都奇異得瞪大了眼睛，以聽清事情根底。玉皇大帝也是心中一驚，隨著詢問道，「這是為何？小子快快向朕如實講來。」

「這個，這個嘛……」神羿這才心中轉喜，但他正要開口講說真情時，卻又倏地一個陰影罩上了心頭，把到了嘴邊的話語又咽了回去，一陣支吾道。

神羿是聰慧過神的，他高興中突然想到，自己先前帶著惡半天去找流星王，也是抱著高興的心境前去決斷是非的。當時他幼稚正義的心中想的是，流星王雖是惡半天之父，但其為玉皇大帝姻親，也定然不會去講親情而不扶正義的。然而結果卻完全出其預料，真情被顛

倒，受害人被打死，自己受誣反被投進了天牢。

坐在天牢之中，他在喊叫求活之餘當然不會不去思考，他反復思考了自己這次遭難究竟是為什麼。他想到流星王可能也為邪惡之輩，方纔使得黑白顛倒，自己受誣。但他隨著也想到，流星王身為玉皇大帝的姻戚，也可能不會是邪惡之輩，其顛倒黑白反誣自己可能全是因為親情所致。

想到這裏，他當時當然就破滅了最終的希望，即向玉皇大帝伸張真情，求取正義之想的不可能實現。因為流星王是玉皇大帝的姻親，流星王之女為玉皇大帝的寵妃。自己前去向玉皇大帝告說寵妃的父親，玉皇大帝雖然主持神界正義，又豈能保得他不會像流星王那樣，因親情而害公義，使得正義伸張不得呢！想到這裏，他心中因而當時就沉重到了極點，也絕望到了極點。

這時，正是這沉重和絕望的心情，又倏地湧上了他的心頭，使他支支吾吾言說不得起來。玉皇大帝見之奇異，忙又詢問道：「小子，這是怎麼了？你無罪有冤朕叫你實言，你怎麼又支吾不言了？」

神羿心中的陰影當然不會被玉皇大帝一語消去，仍是雖想講說又不想講說，一時無言以對起來。玉皇大帝早已看出了神羿頭腦的聰穎，因而這時他從其支吾不言中，不僅立即看出了神羿的擔心，並且也看到了案情的複雜。同時還使他立即聯想到了哪吒先前所說，流星王不放神羿前來，是因為其是寵妃娘娘欽定的死囚之語。

為此，玉皇大帝頓然心中對寵妃娘娘與流星王氣惱萬分，因為他早就聽說了流星王的邪惡，特別是自己敕封其女兒為寵妃之後，他更是仗著其女和自己之勢，有恃無恐行惡多端。然而先前他雖然知道這些，並在心中生出了對其進行懲處之意，但由於沒有抓住其具體惡行，加之自己又朝事繁忙無暇問及，所以一直未能具體實施。

今日神羿之案恰與自己所想連在一起，實在是正合自己懲處流星王之意，而且也是流星王行惡多端終有報，到了非報不可的時候。為此玉皇大帝氣惱之中想到這裏，便對話語支吾的神羿口出催促壯膽之言，以期弄清真情處置邪惡的流星王道：「小子莫怕，就是告到了我玉皇老伯的頭上，小子有冤老伯也要給你洗雪。即使小子有天大的冤情，老伯也要替你擔當！」

神羿這時雖見已是支吾不過，卻仍是不敢講說真情。他害怕玉皇大帝再像流星王一樣，話說得冠冕堂皇，末了全是圈套，那樣自己就再也沒有活路了。特別是先前他對流星王說的是其子，這次他要說的卻是玉皇大帝的寵妃娘娘，他怎能捨得對其進行處置呢！

「不，不。小子只要陛下廣施盛恩，」神羿這時支吾不下去了，只有改口講說道，「讓小子將功贖罪，饒小子一命不死，也就罷了。」

「不，老伯我從來都是功是功，過是過。」玉皇大帝見其仍是不願實言，便心中一急威逼道，「功要賞，過要罰，從不將功折過的。小子快說，你犯有何罪？」

「不，陛下，」神羿聞聽，又急叫道，「小子無罪！」

「無罪為何又說有罪？」玉皇大帝這時故作氣惱道，「快講！」

「小子啟稟陛下，小子本來無罪，」神羿這才被逼得無奈，講說起來道，「但卻被別個誣為有罪，小子實在不敢講說。」

「講，話朕已說過，」玉皇大帝追問道，「不怕你講到朕的頭上。」

「前時小子本想神界總有為小神申冤之處，在下層申不了冤到您玉皇老伯這裏，定可申冤有成。」神羿這時更是被逼得無奈，無奈中他心機一轉，繞彎試探拖延道，「但不料小子想得簡單了，小子哪能把冤申到老伯這裏呢！」

「小子，你是少年英雄。八歲斗膽獨去西荒大山，十六歲救朕除

惡。險惡中鐵骨錚錚，殺場上英勇無畏。」玉皇大帝聞聽神羿繞彎仍是不敢直言，便採用激將之法催促道，「可在朕面前，你的那些膽氣都到哪裏去了？講，你想得對，老伯這裏是定然可以申冤有成的。」

「小子快遵聖命，」翼星官在旁驚詫之餘，也甚想早點知道其子所犯何罪，以便自己為之開脫，因而這時也是忍耐不住，催促起來道，「如實講說。」

神羿無奈了，同時心中有話口中不說，也不是他的性格。說實在的，他也早已壓抑不住了對流星王的氣惱，求不得立刻向玉皇大帝如實講說清楚，使其身受嚴處為神界除去一害。但只是他擔心不能獲此結果，方纔扭曲了自己的性格，做出了前番違心之舉。

這時無奈他要如實講說了，方又恢復了真實的嫉惡如仇的他。他先是如實講說了自己與甜妹路途所見惡半天的惡舉，已是聽得翼星官在旁一驚。隨著他又講起了流星王之惡，嚇得翼星官在旁已是站不住了身子，厲聲喝斥起來道：「小子住口，豈敢亂講陛下姻親！」

「愛卿，有何不可？」玉皇大帝立即阻止道，「這裏你莫插言。神羿小子，講！」

翼星官此後雖然又急又怕，卻也不敢再言。神羿隨後便向玉皇大帝原原本本地講說了一切，講說到了寵妃娘娘頭上。講說時他雖然下定了拼上性命的決心，但講完後還是充滿了擔心，急待玉皇大帝做出怎樣的定奪。因為惡者得不到應有的懲處，自己又搭上了性命，那就太不值得了。

「惡孽，如此還有神界的王法嗎！」玉皇大帝聽完神羿講說，立刻火騰萬丈怒喝道。隨著，他即令二十八宿帶兵在此休歇，又令李靖回朝帶寵妃去其娘家。末了則帶著楊戩、哪吒一班臣將，由神羿領路徑向無名山下查看實情而來。

「萬歲！」神羿與眾天將聞聽玉皇大帝此舉，全都高興得齊聲呼叫起來道。這不僅是因為眾天將早已聞知寵妃與流星王之惡，而且也全都為神羿的遭遇氣惱萬分，玉皇大帝此舉贏得了眾天將之心。

玉皇大帝一行在神羿的引領下離開黑虎山，駕雲急行，不多時便來到了秋葉家住的無名小山之下。玉皇大帝是聖明的，他要先期掌握證據查清案情，然後再去處置此案。

秋葉眾鄉鄰眼見神羿引領玉皇大帝來到，心知神羿來勢不凡，為秋葉一家伸張正義的時刻到來了，為此紛紛壯起了膽子。因而玉皇大帝一問，他們便把秋葉一家的遭遇，原原本本地講說了出來。

玉皇大帝聞聽秋葉眾鄉鄰與神羿所言絲毫不差，並且皆讚神羿不畏強暴勇鬥邪惡實在可貴，心中便更加喜愛上了嫉惡扶正的神羿，對秋葉一家的遭遇同情不已，對流星王與寵妃眾惡氣惱萬分。

為此他立即告辭秋葉眾鄉鄰，前往流星王居處懲處邪惡而來。這時他已下定決心，不管她是寵妃還是誰個，行惡神界就一定要給予嚴懲。玉皇大帝一行須臾來到流星王居處，這時李靖已經引領寵妃先期來到，為此他們便急忙出迎玉皇大帝一行進了殿中。

迎接之中，寵妃與流星王看到不僅玉皇大帝面帶慍色，而且神羿跟在玉皇大帝身旁，已經察知事情有異，不禁全都心中驚怕起來。事情當然如同他們所料，玉皇大帝剛剛坐定，便向他們問起了冤女秋葉之事。

流星王聞問知道事情已經敗露，更是驚怕得一時無以回答，而把驚怕的目光看向了寵妃。寵妃這時聞聽玉皇大帝此問，也已是驚得花顏失色。她知道玉皇大帝嫉惡如仇的性格，秋葉之事若被查出，後果是不堪設想的。

但是事已至此，父親不說話而把驚怕的目光投向了她，她無奈中

也只有強抑驚怕，硬著頭皮推諉道：「啟稟陛下，秋葉之事皆為事實。賤妾當時恰好省親在家，知道一切。」

寵妃既不說秋葉之事冤屈，也不說其不冤屈，以期蒙混過去，使得玉皇大帝不問也就算了。但是玉皇大帝決不放過道：「你說的是什麼事實？是其冤屈是事實，還是其所犯罪過是事實？」

「啟稟陛下，」寵妃聞聽玉皇大帝此問，知其不說實情蒙混不過去，無奈只有肯定道，「其所犯罪過是事實。」

「有何證據？」玉皇大帝寸步不讓道。

「有犯神甜妹所寫證言。」寵妃道。她想讓甜妹再次出來為其作證。

「將證言呈上來。」玉皇大帝怒言道。

流星王聞之不敢怠慢，即將證言取出捧呈上去。玉皇大帝接過證言看視一遍，頓然更惱萬分。因為此前神羿已向他講說了甜妹的一切，這時他看到神羿所言皆為真實，便更惱寵妃父女的邪惡，即言道：「帶甜妹！」

「甜妹，你可要實話實說呀。」流星王又是不敢怠慢，聞令即著小神把甜妹帶到了玉皇大帝面前。寵妃在旁見之，不待玉皇大帝開口，便搶先威脅甜妹道。說著，向其投去了一個狠狠的眼色。流星王見之，邪惡的心中更加驚怕。

甜妹此前在天牢之中，既懊悔自己先前跟了神羿，又懊悔自己末了反證了神羿。當然也更惱恨寵妃自食其言，不僅未帶她進入玉皇大帝後宮，反而把她打入了死牢。為此她更是後悔自己先前跟了，後來又出賣了神羿。但她懊悔氣惱也是無用，因為她懊悔氣惱也身脫不了天牢死地，無奈便只有日日在絕望等死之中悲哭不止。神羿前日受召出獄，她至此仍然絲毫沒有聞知。

就在這時，她突然被帶出天牢，帶到了玉皇大帝面前。看見神羿

與眾天神一樣，威赫赫地站在玉皇大帝身旁。寵妃與流星王雖也站在那裏，但卻雙方面現驚恐之色。她便頓如陷入了夢境，不敢相信眼前的場景為真。

因為若為真實，她想與她一起身入天牢待死的神羿，她未聞其出獄，為何這時竟站在這裏？若是神羿被釋出獄，自己也該一同出獄了呀！再說，玉皇大帝又怎麼會親自前來提問自己？為此她不相信這眼前的一切，呆愣在了那裏。

然而寵妃之言，把她從驚愣中喚醒了過來。她開始不解寵妃言語之意，隨著她看到寵妃投來的惡狠狠眼色，便立即明白了寵妃之意，並回到了面前的現實之中。一回到現實，她便決計不再按照寵妃傳達給她的意思辦事。

因為寵妃上次已經欺騙過她，並且把她送上了既失去神羿又身入死牢的絕地。這時玉皇大帝就在眼前，神羿又正站在玉皇大帝身邊，她豈能一錯再錯再受寵妃的欺騙！再說，心性向上的她也當然上攀玉皇大帝，而不會再去死抱寵妃的大腿。

「小女這次一定會說實話，」於是，甜妹立即接著寵妃之言，意味深長道，「再也不說假話了。」

玉皇大帝聞聽道：「快講。」

「上次是寵妃娘娘欺騙小女，說她要帶小女入宮飛黃騰達。小女被其誘惑不過，」甜妹這時更加清醒道，「作了假證畫了假押。可她末了卻又自食其言為滅活口，把小女投進了死牢。」

「你瘋了，你竟然顛倒黑白，」寵妃聞聽大驚道，「一派胡言，給我狠狠地打！」

「讓她說完。」玉皇大帝氣惱至極，厲聲止之道，「天不會塌！」

「陛下，小女對不住被他們活活打死的秋葉，更對不起小女的師

兄神羿。」驚急的寵妃這才止住喊叫，但卻驚怕得一屁股坐倒了下去。甜妹則繼續講說自己之想道，「小女只顧眼皮向上，為實現父親光耀門庭的心願，反誣了師兄神羿，犯下了罪過呀。」

「惡孽，」玉皇大帝這時已不準備向下再問，遂對寵妃和流星王厲喝道，「你們還有何言可講？」

「陛下，」寵妃與流星王見之，急忙雙雙「撲通」跪倒在玉皇大帝面前，急叫道，「饒了我們父女這一次吧！」

「拿下，夷其族！」玉皇大帝怒吼道。楊戩眾神聞聽一齊上前，把流星王家族眾神全部擒了起來。當然在行刑之前，也有神為了不使玉皇大帝因為誅去寵妃傷心難堪，「撲通」跪倒在玉皇大帝面前，為寵妃求情道：「陛下，寵妃娘娘為陛下寵愛，你就饒她一命不死吧！」

「殺！」玉皇大帝則堅定不移不應那神之求，氣惱至極決絕道。楊戩眾神遵命，隨之一陣「颯颯颯」，殺盡了寵妃滿門眾神。

「陛下，那女子做了偽證有罪，應該受到重處。」待到那邊行刑完了，眾神看到甜妹仍舊跪在玉皇大帝面前，方纔見機為她向玉皇大帝求情道，「但陛下看在罪女今日醒悟重做實證，澄清事實的份上，就饒了罪女這次吧！」

玉皇大帝當然早已把甜妹看透，察知她是個不顧一切，只顧自己眼皮向上的反復無常之女。因而對眾神所求聞而不答，這時轉對神羿道：「小子，甜妹之事，你說該怎麼辦？」

焦急的甜妹頭腦是機敏的，她這時聽到玉皇大帝此言，急忙求說神羿道：「羿哥，甜妹先前做了錯事，但看在你我先前同師八載，情愛一場，重做實證的份上，就開脫了甜妹之罪吧！」

神羿早已掂量過了甜妹之心，看到了其心多變的可怕。特別是他想到，她對其吐露愛情完全是為了自己，反證其罪也是為了自己，如

今又明證寵妃父女之罪還是為了自己。不然寵妃父女仍然得勢，又豈有她重做實證之說，就沒有了他神羿的出頭之日了。為此他聞聽其言冷冷道：「不，你還是回到天牢，莫再害了別個吧。」

甜妹剛才講說完了，心想神羿一定會念及舊情寬恕於她，因而正抱著滿腹的希望，並在高興玉皇大帝此舉實在明智。卻不料這時聽到了神羿的相反之言，實在使她驚怕到了極點，急忙開口大叫道：「羿哥，你怎能這樣啊！你對小妹起過誓，海枯石爛不變心的呀！」

「小子，」玉皇大帝見之，也為其向神羿開脫道，「你就寬恕了甜妹這一次吧。」

「不，陛下。她的心如同天上的雲彩，變化反復已經不是這一次了。讓她出獄，」神羿這時則愈加堅定起來道，「她不害我，還會再害別個呀。陛下，小子不知，難道神界女神之心，都是這般可怕嗎？」

「不，小子。神界還是好心的女神多，這般心地的女神少！」玉皇大帝隨之道，「小子莫要由烏及屋，把神界女神全都看成反復無常之輩呀。」

「甜妹為何這樣，又為何恰恰被我神羿碰上了呀？」神羿心中仍不相信，他的心被甜妹刺疼得太深了。為此他立即接言道，「寵妃娘娘為何也是這樣，又恰恰被陛下碰上了呢？陛下，你別哄騙小子了，小子太害怕女神了。」

「小子，我們要以寬容之心對待別個，」玉皇大帝聽到這裏，知道神羿之心已被甜妹刺傷難愈，接著急言解釋道，「要以苛刻之求對待自己呀！」

「不，陛下。」神羿仍不轉意道，「你不用再說了，我不相信。」

「若此，」玉皇大帝對神羿這位大恩神讓之三分，至此終於無奈了，隨著他轉對甜妹道，「就是小女自作自受了。」

「羿哥，甜妹我雖回天牢卻不怪你，」甜妹這時也已無奈，但她立刻跪倒在神羿面前懺悔道，「但求羿哥常來看小妹一眼。」

「好吧。羿哥雖然讓你返回了天牢，可也救了你一命不死，已經報答了你對羿哥的一番情意了。以後，我會一年來看你一次的。」神羿這才動情道。言畢，即讓小神把甜妹重又押回了天牢。

「小子已經離家八載，可以先期回家見過父母暢敘別情，然後歸回朝廷受任就職。」至此，玉皇大帝處理完了神羿冤案，即又重封神羿為巡天天官。神羿這才不敢不受，立即跪地叩恩。玉皇大帝隨之即遣神羿回家探視，接著引領隨行天官方纔返回了天宮。

神羿行走數日回到家中，其父翼星官戰罷黑虎精回到家中正在為神羿擔心。他不知道神羿所言是否皆為真實，也不知道此案牽涉寵妃娘娘，玉皇大帝是否能夠公斷。他擔心玉皇大帝稍有偏袒，孩兒神羿就要冤屈難明瞭。即使冤屈能明，寵妃娘娘如果得不到處置，他父子以後的日子也就凶多吉少了。

正在翼星官擔心之時，已見神羿高高興興地走進了家門。翼星官驚喜摻半，忙站起相迎。翼星官剛剛把神羿迎進屋中，便問道：「羿兒，事情弄清楚了嗎？」

「是的，父親。不僅弄了個一清二楚，」神羿高興道，「而且寵妃娘娘與其一家，受到了滅門的嚴處。」

「啊！」翼星官聞聽，頓被驚得一愣道，「真的嗎？」

「真的，父親。玉皇大伯聖明啊！」神羿道。隨著，他對翼星官詳細講說了一切。

「真是想像不到呀，為父還在為孩兒擔心呢！」翼星官聽罷慨歎道。隨著，他讓神羿在家小住數日，看過親鄰。便對其好生教誨一番，要其入朝之後多長心眼，朝事沒有那麼簡單，即催其入朝赴任

而去。

神羿受命不敢違拗，遂離家來到天宮，向玉皇大帝赴命。玉皇大帝眼見神羿返來心中歡喜，對之道：「巡天天官一職是朕的欽差，可在天界各處相機處理所遇各種事情。小子生性扶正祛邪，神功高強，實為朕之臂膀。為此朕對小子寄以厚望，望小子不負朕託，為保神界安寧盡力，乃神界之福，朕之大幸矣！」

「帝伯之言小子定然牢記心上，不敢一字走樣！」神羿當即鏗鏘道。玉皇大帝聞聽大喜，即令其在天宮小住數日，然後便行巡天重任而去。

神羿肩擔巡天要職，此後便日日巡行天界各處，躬行不敢稍有懈怠。轉眼過去數十日，所到之處皆都安好，不見有事發生。神羿心中為此高興，讚歎偌大天界治理有序，還是好神多邪惡少。

但不料神羿剛剛讚歎完了，這日巡行來到尚儀神界地方，遠遠卻見前面一方神居村頭，簇集著一群神怪正在那裏吵吵嚷嚷。神羿見之即不怠慢，急忙來到眾神怪之旁察看實情。神羿看到這群神怪分為兩幫，神為一幫，怪為一幫，雙方正在對峙。

怪幫之中，兩名惡打手押著一位華美的妙齡女神。女神滿臉焦灼，美麗的雙眼中滾落著晶瑩的淚珠。口中連連對眾神乞求道：「眾位叔叔伯伯哥哥姐姐，你們快想法子呀！要不，小女就沒有活命了！」

「打死了嗎？」怪幫首領是一頭小黑熊，正在對惡打手嚎叫道，「快打，打死就走。」

「老爺子，上。」神幫中一位壯年男神忍抑不住氣惱，雙眼中迸著火星，對一位顯然是眾神之首的老神道，「我們不能見死不救呀！」

「上也是送死呀。」老神聞聽無奈道。

「我們一起上，跟牠們拼個你死我活。不然，玉兔被牠們打死之

後，我們以後誰再有病，」壯年男神這時忍抑不住，又言道，「誰給救治呀！再說，嫦娥被牠們拉去為黑熊精殉葬，我們怎麼對得起死去的尚儀公夫婦啊！」

「尚儀公夫婦給了咱們多少幫助，救治了咱們多少次疾病呀！如今他們死了，可他們又是為我們而死的。」這時一青年男神也是忍抑不住心中的氣惱，接著壯年男神之言道，「他們死後，又僅僅遺下嫦娥這一位孤女。我們不管誰管，我們不救誰救。我們就是拼上性命，也要救下她呀！」

「村鄰們，上吧。咱們跟牠小黑熊拼了！」青年男神之言，把眾神的情緒頓然推到了激忿的極點。壯年男神見之遂不再等待老神開口，立刻高叫一聲道。隨著，便率先打向了怪幫首領小黑熊。

「好，我看你小子是活膩歪了。那麼，明年今天就是你的忌日了！」小黑熊見之「嘿嘿」冷笑道。說著，便與壯年男神接手打在了一起。

「上，我們與牠們拼了！」老神這時終於忍抑不住心中的氣惱，眼見此景大叫道。簇集的眾村神聞聽，「颯」地便一齊殺向了小黑熊與其惡打手。

「殺，不多殺死他們幾個，他們就不知道老子頭上長幾隻眼！」正鬥的小黑熊並不把殺來眾神放在眼中，一陣「嘎嘎」獰笑道。其惡打手聞聽，便與殺來眾神接手惡鬥在了一處。

神羿在旁不知事情根底，剛才一直在聽，明白之後又想看看這裏眾神如何處置此事，是躲避邪惡只顧自己，還是扶正除惡不顧自己。這時他看清楚了，尚儀神界眾神不畏邪惡，與流星王所轄神界之神迥然有別。為此他即被感動，暗贊起了此方尚儀神界果然尚義，名聲不虛。

「住手！」暗贊之中他見小黑熊一夥果然兇惡，此地眾神抵擋不住，已有生命不測之險。嫉惡如仇的他遂不再等待，立刻大喝一聲。神羿身為神界英雄喝聲沉重，震得正在惡鬥的兩方神惡心中倏然一悸，遂一起止住了正鬥的手腳，舉目看向了喊喝叫的神羿。

「喊得怪響，能奈我何？老子先送給你個忌日！」但那被震驚的小黑熊眼見喊喝之神是位年幼的娃兒，遂驚止膽壯道。說著，便讓眾打手一起圍殺向了神羿。神羿當然不會畏懼，為了懲惡他沒有先去顯示身份，而徑向上前的小黑熊眾打手迎來。

「你們退下，小神一個對付他們足矣。」眾神震驚中不知何來這位小神，又見他這時身陷危境，便一聲吶喊欲要上前助戰。神羿見之又是一聲喝叫道，隨著已與眾惡打在了一起。

眾惡這時不下十數，各仗手中長刀狠命殺向神羿，欲要一刀將其置於死地。神羿也不怠慢，只見他倏然出刀「颯」地攔擋一圈，已是「叭叭叭」把眾惡砍來之刀全部擋為兩段。眾惡刀被擋折倏然一驚，又見神羿趁機「颯」地一圈掃堂腿打來。眾惡防備不及，已是「啊呀」一陣驚叫，全被掃倒在地疼叫起來。

「小子休得逞狂，有老子在，就顯不著你！」小黑熊在旁見之也是一驚，但牠又不願示弱，裝出氣惱道。說著，已是鼓起膽子，揮起手中長柄板斧向神羿砍來。小黑熊手中板斧砍來兇猛，眾神不知神羿深淺又知小黑熊厲害，齊為神羿擔心道：「小子小心，惡斧厲害。」

「去一邊休息去吧。」神羿則不慌不忙，「嘿嘿」一笑輕鬆道。說著挺刀一撥，已是「嗖」地把小黑熊手中板斧撥飛開去，並把小黑熊「咚」的一聲震倒在了地上。

「快上，」小黑熊突置此境心中大驚，急叫在旁眾惡道，「給我拿住這小子！」

但是在旁眾惡這時已知神羿厲害，早嚇得一個個「啊啊」喊叫連聲卻是誰也不敢上前。神羿見之「嘿嘿」一笑斥罵道：「惡孽，上來也是無用。大神告訴你等惡孽，大神非為別個，乃是玉皇大帝欽差巡天天官神羿懲惡來了！」

小黑熊不聞此言還罷，聞聽神羿此言頓然嚇得魂魄俱飛開去。牠已經聞知神羿救駕黑虎山射殺黑虎精，被玉皇大帝敕封為巡天天官之事，卻實在意想不到自己今日便撞到了他的手上，難怪道他如此小小年紀神功便這般了得！

同時牠又知神羿嫉惡如仇，這時殺死自己實在如同踩死一隻螞蟻。為此牠不敢怠慢，急忙爬起身子倒頭便拜道：「小怪不知天官來到，乞天官大神饒命！」

「惡孽，大神念你初次撞到大神手上，不忍殺你。」神羿隨之嚴訓道，「今後若再被大神撞上，就是你的死期了！」

「小怪謝過天官不殺大恩，小怪再也不敢了。」小黑熊聞聽心中驚喜萬分，不敢怠慢急忙再拜言謝道。隨著，急忙起身，不待神羿答應，丟下嫦娥便一陣灰溜溜逃跑去了。

七、嫦娥失親

　　眾神眼見小黑熊眾惡這般狼狽逃去，全都心中高興不已，同時又為神羿天官沒有除掉眾惡遺憾萬分。但神羿救了他們，他們也是感激不已。特別是少女嫦娥，更是急忙趕到神羿面前，與眾神一起「撲通」跪倒在地，言謝道：「多謝巡天天官來到，救了小女一命，救了我們眾神！」

　　「眾神快快請起。這等伏惡救弱之事，正乃本天官應做之事。本天官未能早些趕到治服眾惡，」英雄情長，好漢尚義。神羿見之，已成大英雄的他也急忙「撲通」跪倒在眾神面前道，「使你們受到驚嚇，實乃本天官的失職。本天官有負於你們，眾位快快請起。」

　　「若此老神就暫且不能站起，」眾神眼見此景聞聽神羿之言，老神便跪地不起道，「有話對天官講說了。」

　　「老神有話儘管講說，本天官定然為之做主。」神羿不敢怠慢，急忙上前攙扶老神道，「但不必跪著講說，快快請起。」

　　「不，神羿天官。你就讓老神代表我們眾神，」老神堅辭不起道，「跪在這裏對天官講說吧。」

　　「好吧，為了表明我神羿扶正袪邪之誠，」神羿無奈，又只好「撲通」跪倒在老神面前道，「老神既然要跪著講說，我也就跪著聽講。」

「天官啊，你剛才雖然救了我們，但你只是趕走了小黑熊那惡，」老神即言道，「卻沒有除去那惡，往後我們就更要沒有好日子過了！」

「老神所言甚是。但請老神先別著急儘管放心，神羿剛才所以沒有除去那惡，是因為神羿初來乍到不知深淺。」神羿聞聽老神此言，知道他心中對小黑熊驚怕至極。小黑熊在此作惡至深，擔心自己離去後果不堪預料。為此，他便隨著開口解釋道，「所以不敢即開殺戒，暫且饒了那惡一命。如果那惡實在該殺，眾神告訴本官，本官定當為你們除去邪惡，保證你們過上安心日子。」

眾神聞聽神羿此言，方纔全都放下胸中懸著的心，齊聲歡叫起來。眾神心中也都如老神一樣，害怕神羿就此離去之後，小黑熊再來他們就沒有了活路。因而聞聽神羿此言，全都歡叫不止。末了一陣歡叫過去，老神方纔拉起神羿道：「天官大神，這樣我們就站起身來對您講說，不跪在這裏說了。」

神羿應聲好，便起身隨同老神來到其家中，坐下細聽眾神講說。聽完講說，神羿方知小黑熊原來是這尚儀神界黑熊精的兒子。黑熊精本是這尚儀山中的一隻黑熊，後經千百年苦修始成熊精。

但這黑熊成精之後，也像那黑虎山黑虎精一樣，不念自己修行不易，立即逞惡神界以補其修行期間抑性之虧。只是黑熊精的野心沒有黑虎精那般狂大，沒有達到欲奪玉皇大位的邪惡程度。牠自知自己神通不是太大，也唯恐行惡過甚被玉皇大帝察知，所以只是在所居尚儀山周圍施行邪惡。

黑熊精施惡轉眼十數載過去，已是把昔日崇尚仁儀的尚儀神界這片禮儀之邦，鬧得眾神難安起來。開始不少小神心中氣惱，欲要上稟玉皇大帝以除此惡，但被其察知之後皆受其害。由此，更使得尚儀神界眾神皆怕受到其害，全都不敢再行上稟了。

　　這樣便使得黑熊精更加有恃無恐，施行邪惡更加肆無忌憚。牠知道眾神不敢上告其惡，尚儀神界便成了牠的轄界，在這片轄界之上為所欲為。不料黑熊精這般施惡不久，卻如同受到報應一般，身上害起病來。其病情十分嚴重，達到了饑食不下渴飲不成，終日躺臥不起，欲行邪惡不得的地步。

　　黑熊精患病至此心中不甘，便讓其子小黑熊遍訪神界，以求良醫良藥早早治癒其病。這樣以來，巨大的災難便降到了嫦娥一家人的頭上。嫦娥家住在尚儀山下尚儀村中，其父名叫尚儀公，其母便名尚儀妻，雙方皆為和善小神。

　　尚儀公夫婦青壯年時期未降子嗣，到了老年膝下方添一女。其女天生麗質，華美無比，生性聰慧，聲音甜蜜，因而神見神愛。尚儀公夫婦對她更是視若珍寶，愛若掌上明珠。

　　尚儀公夫婦不僅心地和善受到眾神尊重，同時還因為他夫婦是尚儀神界第一岐黃高手，醫術有手到病除之妙，醫德高尚，扶弱抑強。為了治除神病，他夫婦日日採藥搗藥，不辭辛勞，但卻只醫好神不醫歹神。為此，他夫婦備受眾神尊重。

　　就在這時，小黑熊為父求醫到了尚儀公家中。小黑熊雖然如同其父一樣邪惡，但牠卻也知道對待郎中只能求之，對之施惡不得。同時牠也知道其父子在尚儀神界的邪惡名聲，尚儀公夫婦只為好神祛病，不為惡神除疾。為此牠在前來請求尚儀公夫婦為其父治病之前，也著實費了一番腦筋。

　　依其邪惡之心，小黑熊當然想到神界有言，有錢能使鬼推磨。這流傳於神間的真言用在尚儀公身上，定然不會絲毫無效。雖然眾神皆傳尚儀公夫婦不僅醫術高明，而且道德崇高只為貧神好神看病，惡神惡怪不論怎樣地位崇高金錢集聚，也休想求其為之除疾。

　　但這些僅為傳言，豈能保證這些傳言皆為真實？牠以自己之心猜度，神界沒有不貪圖榮華富貴的神怪，生活在神界的尚儀公夫婦既身為神，便也絕對不會例外。想到這裏牠便不再怠慢，因為其父病得厲害，眼見著救治不及就有性命之險。

　　為此牠急忙親自準備一通，帶上牠認為已是厚重的財物，前往尚儀公家中送禮，迎請尚儀公夫婦為其父治病。小黑熊一夥來到尚儀村中，尚儀公夫婦正在家中。於是牠即令隨從眾惡先把禮物送上，隨著便對尚儀公夫婦講說起了其父之病。其後則對尚儀公夫婦醫術高明讚譽一番，最後方纔言明其前來迎請尚儀公夫婦，前去為其父治病之意。尚儀公夫婦一生治病飽經世事，剛才看見小黑熊一夥帶著禮物而來，已經猜知其前來之意。他夫婦心知其意當然不會前去為黑熊精治病，但又知牠父子邪惡至極得罪不起，方纔使用緩兵之法，讓其放下禮物講說起來。

　　「驚聞老怪生病，小神實在心中不安。但聽小怪言講，」但到這時聽聞小黑熊講說完了，尚儀公便也想出了推辭之法道，「要治老怪之病小神實在無能。因而敬請小怪另請高明，以免誤了老怪之病，小神擔當不起。」

　　「不，大神醫名傳遍神界，家父之病大神定可醫治。」小黑熊眼見尚儀公不為所動言語推辭，急忙接言道，「乞大神多施善舉，家父病癒之後，定當不會虧待大神。」

　　「小怪此言也就錯了。小神夫婦治病除疾皆為行善，能治即當治之，決不推辭。」尚儀公當然又是推辭道，「不能治則明言之，以免誤事害命，小神擔當不起。」

　　至此，小黑熊方知尚儀公夫婦扶弱抑強之行，果然名不虛傳。對此牠心中雖惱，卻也一時不便發作。仍想請動他們前去為父醫病，

隨著一指所帶禮物以期買動其心道：「小怪此來一點意思，敬請大神笑納。」

「小怪這就錯了。小神為神治病除疾尚且不收報酬，今日不能為老怪治除疾病，」尚儀公則當即拒之，隨著一陣推搡讓小黑熊一夥帶走所帶財物道，「又豈能無功受祿。小怪快快帶回，莫要壞了小神的名聲。」

小黑熊生性邪惡，牠是為了治除父親之病，方纔行下這般抑性無奈之舉的。不然牠豈會把一個尚儀公放在眼中，這樣前來送禮迎請，而遣其惡打手前來抓去也就是了。不料牠使盡了「小架」，卻還是受到尚儀公拒絕。其邪惡的心中，這時實在是早已騰起了難抑的怒火。只不過還是為了治除父病，方纔強壓下去不敢噴發出來。

小黑熊為此一忍再忍，直到尚儀公把牠一夥推出家門，口中也未敢說出一個不字。至此，小黑熊方知自己所想徹底失敗，神間果有真神在，尚儀公夫婦實在名不虛傳。但牠心知至此，帶著原封不動的禮物，失敗地出村走在返回家中的路上，心中也實在氣惱到了極點。

牠氣惱尚儀公夫婦不識抬舉，竟敢拒為其父治病。氣惱之中，小黑熊恨不得立刻返回村去，把尚儀公夫婦抓來。但牠又怕那樣得罪了尚儀公夫婦，他夫婦生起氣來硬是不給其父施治，就更要害掉其父性命了。

為此牠又不敢行動，無奈中只有邊走邊想惡計，到了將至家門時，突然心中一明，想出了一條惡謀。牠想到，尚儀公夫婦這樣拒收自己的禮物，拒為其父治病，在他們家自己奈何他們不得。

但自己若在家中備下霸王酒宴，變個法兒請他夫婦前來為其父治病，他夫婦就無法不來了。到時候自己再忍氣對之好言，或許可以說動他們。想到這裏，小黑熊雖然對尚儀公夫婦把其父子劃為邪惡之

列，拒為其父看病心中氣惱，卻也只有再次忍氣吞聲，立刻一邊擺酒設宴，一邊令小怪前去恭請尚儀公夫婦。

尚儀公夫婦推走小黑熊一夥之後，當然心知事情不會就此了結，小黑熊定會再來糾纏。他們深知小黑熊父子的邪惡，便對此後事情發展擔心起來。他夫婦擔心小黑熊會來強逼他們去為其父治病，而那黑熊精則為尚儀神界眾神期盼其早死的惡棍。因而他夫婦如果為其治癒疾病，就不僅會壞去他夫婦一生不為邪惡除疾的名聲，同時又等於為尚儀神界增添了一惡。

但如果他夫婦硬是不為黑熊精治病，誰知道那邪惡至極的小黑熊，會對他夫婦做出何種邪惡之事。正在尚儀公夫婦如此擔心之時，果然小黑熊派來恭請他夫婦前去赴宴的小怪，來到了他們面前。小怪先是遞上小黑熊親書的請柬，隨著便對他們講說了一切。

剛才尚儀公夫婦只是擔心事情還會發生，卻想不到事情竟會發生得這麼迅速。為此看罷請柬聽聞小怪之言，他夫婦頓陷無奈，一時愣在了那裏。小怪見之道：「大神，我家主子恭請大神夫婦即去，我家小主子已將家宴備辦齊全，只待大神夫婦了。」

「好吧。小神謝過你家主子美意，」尚儀公夫婦這才被小怪之言喚醒，雙方一個對視，尚儀公見到妻子也是拒之無法，便無奈中只有將計就計道，「我夫婦就去，小怪可去先行稟報。」

「不行，大神。」但那小怪聞聽，卻堅持不走道，「我家主子有命，令小怪與大神夫婦同行。」

「好吧，我們上路同行。」尚儀公這時已經定下此刻硬行抗拒不得，屆時見機行事之想，隨著便言道。言畢，即與妻子隨同小怪，向黑熊精居處行來。

黑熊精居住在尚儀山中一方幽洞之中，該洞坐落在黑熊峰下，洞

口陰森，惡氣籠罩，一見便知是一方邪惡去處。尚儀公夫婦隨同小怪來到洞口，見此情狀更知此來凶多吉少，卻也向後退走不得。

就在這時，又見聞報的小黑熊已是迎出洞來，對他夫婦拱手施禮道：「小怪略備薄酒，二位大神不吝笑納，實乃小怪之幸。快請，快請！」

小黑熊這時避而不談讓尚儀公夫婦為其父治病之事，而一迭聲把他夫婦迎進了洞中。黑熊洞中更加陰森恐怖，行進中實在令尚儀公夫婦見之心中不寒而慄，只覺得如同進入了鬼門關一般。

但他夫婦雖然不想進入此洞，這時卻也退出不得。無奈只有隨同小黑熊向前行進，一陣來到了小黑熊擺上酒宴的一方石室之中。擺宴石室空間寬敞，酒宴菜肴豐盛，小黑熊面露恭敬，讓不絕口。

「小神夫婦無功受此厚待，」尚儀公這時謙讓道，「心中實在感愧。」

「不，不忙這般言說，先行吃酒吃菜要緊。」小黑熊心地狡黠，忙順水推舟道，「老神夫婦若要建功，酒後有的是時間。」

尚儀公夫婦聽了小黑熊此言當然心知其意，而且即使其不言他們也十分清楚小黑熊心藏的邪惡。但這時小黑熊言不點透，他們便也故作不知。無奈落座道：「好吧。小怪盛情難卻，我夫婦只有從命了。」

「謝謝二位大神，為小怪賞光了。快請用酒。」小黑熊忙言道。隨著，便一陣勸起了吃喝。尚儀公夫婦知道酒菜無毒，便也不作謙讓，放心吃食起來。小黑熊見之心喜，勸說隨著更加殷勤。

「值此飯飽酒酣之期，」待到酒醉飯飽，小黑熊終於忍抑不住心中的焦急，開口講說真情道，「小怪有一言想對二位大神言講，不知妥當否。」

「講。小怪心有何言儘管講說，」尚儀公當然知道牠要講說什麼，

並且知道牠也到了非講不可之時，同時他也已經想好了對付之策道，「小神若有能力，定當照辦不誤。」

「好，大神爽快。小怪所言之事，」小黑熊聞聽高興道，「小怪知道大神辦之輕易，請大神莫要推辭。」

「先別說定，」尚儀公這時心有城府道，「講完再說。」

「此事就是，恭求大神為家父治除疾病，」小黑熊立即亮出底牌道，「乞大神改變心思，小怪定當厚報大神盛恩。」

「若是為了此事，小怪這餐酒宴便是空設，小神白白領受了。」尚儀公聞聽小黑熊此言，這時故作不知「哈哈」一笑道，「因為小神不是不為老怪治病，而實在是老怪的病為奇病，小神治除不得。」

「大神道德高尚，深受眾神崇敬，這些小怪全都知道。」小黑熊心底邪惡，聞聽尚儀公又言推辭，便忙反轉心思懇求道，「但請大神放心，家父已對小怪言明，大神如能治除牠的疾病，牠痊癒之後定當改惡從善，以保大神盛名。」

尚儀公雖然料到小黑熊會讓他為其父治病，卻想不到小黑熊竟會口出此言。因而不禁心中一動，想到事情如果真能如同小黑熊所言，治好黑熊精的病也能治除黑熊精的惡，為尚儀神界除去一惡，也實在是一件天大的好事。

「小怪不要這樣講說，但望小怪能夠體量小神，」但隨候他又想到，小黑熊之言絕對不會變成現實，因為邪惡的黑熊精絕對不會棄惡從善。為此他又把剛才為其除疾之想一掃淨盡，仍是開口推諉道，「實在不是小神不治老怪之病，而實在是治之無方。」

「大神，難道你不相信小怪之言，」小黑熊聽到尚儀公仍是推脫，不禁心急起來道，「非要家父病中簽字畫押，才成嗎？」

「不，不。小神絕無這個意思，而且也不敢有這個意思。小神實

在是治之無能，就請小怪饒恕了小神吧！」尚儀公聞聽不敢再怠，因而不等小黑熊言送，便欲與其妻出洞返回尚儀村來道，「小神告辭了，別再耽擱誤了小怪另請高明之機，誤了老怪之病小神擔當不起。」

小黑熊當然沒有為尚儀公夫婦送行，牠沒有去攔阻尚儀公夫婦離去，已經夠給他夫婦面子了，因為牠心中實在是惱了。那邊其父病重將斃，這邊尚儀公見死不救，自己兩番施禮都未能動其心腸。為此牠惱了，氣惱中牠沒有去送離去的尚儀公夫婦，但也不敢對他夫婦發洩其惱。牠害怕得罪了他們，斷了下步再去求請之路。

然而害怕之中，牠還是氣惱得恨不得立刻把他夫婦抓回，狠狠地打，逼迫他們為其父治癒疾病。恰在這時，病重的黑熊精令小怪前來叫牠。小黑熊聞喊不敢怠慢，急忙來到病榻前道：「父親呼喚孩兒，不知有何吩咐？」

「父病沉重這般，你不快把郎中請來為父施治，還問有何吩咐！」黑熊精病情沉重，時刻都有身死之險。因而牠見小黑熊給牠久請不到郎中，便心中焦急，傳來小黑熊詢問道，「你小子是何居心，難道是要為父斃命不成嗎？」

「父親，不是孩兒心中不急，也不是孩兒不盡心竭力，」小黑熊先前不想把實情對其父講說，害怕再為病父加氣，這時眼見父親動怒，不敢再瞞只有實言道，「而是尚儀公夫婦認定我們父子邪惡，孩兒兩番施以重禮，他夫婦都不動心，不為父親治病。」

「噢！」黑熊精聞聽此言，僅僅叫此一聲許久沒有再言。

「父親，孩兒對之實在氣惱。孩兒對待他們已經仁至義盡，他們還是不識抬舉。要不是孩兒怕得罪他們，斷了讓他們為父親治病之路，孩兒早就把他們抓過來了。」小黑熊繼續道，「孩兒剛剛在前面宴請了他們，可他們白吃了我的宴席，還是以自己無方為由，拒為父

103

親施治，而且硬行離別而去。」

「孩兒既然已經軟招使盡，仁禮做絕，」黑熊精聞聽至此，邪惡的心中一轉想出了惡招道，「尚儀公老兒仍是不吃這一套，也就只有使用硬招了。」

小黑熊聞聽心中一喜，邪惡的牠最愛做打殺之類的惡事，最不愛做那種施禮講義的事情。為此牠急不可待道：「孩兒請父親指教，這硬招怎麼使法，是把他們抓來逼打嗎？」

「小子還差得遠呀！不用去抓他們，」黑熊精這時已是胸有成竹，病危的牠聽了小黑熊此言「嘿嘿」一笑道，「也不用孩兒再去，我就叫他們乖乖地來給為父治病。」

「噢，乞父親明示，」小黑熊聞聽不解道，「孩兒好去行動。」

「尚儀公夫婦年已老邁，膝下只有一女，名叫嫦娥。」黑熊精心藏狡惡道，「他夫婦對嫦娥視若珍寶，是他們的命根子。」

「父親是說，」小黑熊聽到這裏，仍是不解道，「把嫦娥抓來？」

「不。你去吩咐一名小怪，前往尚儀公家中傳為父之言。就說他夫婦若治不好為父的病，」黑熊精無力地否定道，「為父斃命之日，便是其女殉葬之時。如果兩日內不給為父送來除疾良藥，為父就要將嫦娥抓來準備殉葬。」

「高，實在是高！老父實在高過孩兒數籌，孩兒這就前去辦理。」黑熊精此言實在大出小黑熊意料，他聽罷此言不禁連聲讚叫道。隨著，即安排心腹小怪前往尚儀小村，向尚儀公傳信而去。

尚儀公夫婦離開黑熊洞回到家中，眾村神忙圍了過來詢短問長。在尚儀公夫婦赴宴去後，他們知道此去凶多吉少，都在擔心不已。這時看到尚儀公夫婦平安歸來，怎能不齊圍上來詢長問短。

尚儀公夫婦聞問講說了他們拒為黑熊精治病，硬是返了回來的經

過。眾村神聞知，全都更為他夫婦擔心萬分，齊勸他夫婦快快逃遁遠避，以免再生事端。他們知道黑熊精邪惡至極，是什麼事情都做得出來的。

尚儀公夫婦雖也擔心事態繼續發展，有心遠遁牠去，但也知道這時逃遁已晚。因為邪惡的小黑熊定然早已安排了監視小怪，他們是逃脫不掉的。為此尚儀公也是無奈，只有開口寬慰眾神道：「謝過大家的關照，但小神知道逃脫不得，只有任憑事態發展了。」

「如果事態嚴重惡化，大神也不必再寧折不彎，就給那黑熊精治治算了。」眾神聽了也是無奈，只有勸慰他夫婦採用變通之策道，「常言該變通時則變通，留得青山在，不怕沒柴燒。你夫婦還是便宜行事吧。」

「諸位不要再講了，我夫婦知道該怎麼辦。黑熊精作惡尚儀神界，行惡萬端。」然而，尚儀公聞聽卻氣惱得霍地站身來道，「如果我夫婦一命能換得黑熊精一命，以自己之死為尚儀神界除去此惡，何嘗不值！諸位神鄉儘管放心，我夫婦絕不會為了自己活命，不顧大家的！」

眾神聞聽，心中更對尚儀公崇敬不已，但也更對他夫婦的命運擔心萬分。為此眾神正要再勸尚儀神界也離不開他夫婦，但他們口未張開，卻見小黑熊派來傳信小怪已經來到。

小怪徑到尚儀公夫婦面前，即把黑熊精安排小黑熊之言，向他夫婦惡狠狠地講說了一遍。尚儀公夫婦聽了小怪之言，頓然愣在了那裏。因為，這太出乎他夫婦的預料了。

「這太無道理了！尚儀公無法治癒黑熊精之病，這是實情。可為何又牽涉進了他們的女兒，」在旁眾神聽罷，也是因為太出預料一陣愕然，過後則齊與小怪辯起理來道，「要她為黑熊精殉葬。黑熊精的

病是黑熊精的病，與他們的女兒有啥干係？」

「這是我家主子之命，小怪也是更改不得。只是尚儀公大神遵與不遵，要慎重思慮。」小怪也不爭辯，只是蔑視地將鼻子聳了一聳，隨著轉身而去道，「如果兩日內不將藥送去，第三日小怪可就真的要遵主子之命，前來帶走嫦娥，以備我家主子殉葬之用了。」

「這黑熊精實在太惡毒了，這惡招使得實在邪惡至極！」眾神鄰見此場景，立即開鍋般地議論起來道，「這可怎麼辦呀？尚儀公大神，你就把藥給黑熊精送去吧。」

「對，給牠送去。牠作惡多端受到報應，」也有的道，「病治好了還會惡死在別處的。這樣就與我們無關了。」

「不，我夫婦決不去把良藥送給惡熊，」尚儀公這時則已在驚愕中拿定了主意，立刻力排眾議道，「為保我夫婦之命，毀去神界眾神之福！」

「不，這怎麼成！」村中老神聞聽尚儀公此言，齊耐不住了焦急道，「這就要白白毀掉你夫婦的性命啊！」

「小神剛才已經說過，如果能用我夫婦的性命，」尚儀公這時則堅定地鏗鏘道，「為咱神界除去黑熊精那惡，保得眾神幸福就值。」

「這樣你夫婦在家等死，讓嫦娥小女前去為黑熊精殉葬嗎？」一壯年神鄰聞聽不解，焦急道，「這怎麼成？得想個辦法呀！」

「辦法小神已經想好，我夫婦就上山去為黑熊精採藥。」尚儀公這時無奈道，「如果我夫婦採藥不歸，他們就沒有道理再抓小女了。」

「尚大哥，這樣雖能躲過初一，」壯年神鄰聞聽，以為尚儀公此乃躲避之策道，「又怎能躲得了十五呀！」

「這個不必再言，我們走一步再說下一步。」其實，尚儀公這時已是下定了必死的決心，以換取除掉黑熊精那惡。隨著，他即轉對村

中老神道，「老伯，小女就託付給您老了。您老要為她仗義執言，不要讓黑熊精抓去呀！那樣，我夫婦即便死了，也就瞑目了！」

「儀公，你這是前去赴死，」老神聽出了尚儀公話中深意，雙目不禁潸然湧出了老淚道，「又在赴死前向老神託孤呀！」

「老哥，小弟夫婦把小女託付給您老了！」尚儀公見老神聽出了自己之意，知道再言只有徒增悲傷和眾神鄰的阻攔，便拉過妻子「撲通」跪倒在老神面前一拜道。拜畢雙方起身，頭也不回地徑赴尚儀山中而去。

「尚儀公夫婦，你們慢走！」眾神鄰愣怔多時方纔明白過來，隨著便口中齊聲高喊著，急向前追送而去。嫦娥這時也明白了過來，高聲喊叫著「爹娘」，跟隨眾神鄰向前追去。

但是這時，尚儀公夫婦疾走不停，已經走遠。他夫婦聞聽眾神鄰喊叫，只是回頭招一招手，便算是最後的告別，腳下則更加疾急地向前走去。

「尚儀公夫婦去志已堅，追也追不回來，大夥兒還是別追了吧。」村中老神見之，忙攔住前追眾神道。眾神這才停下追趕的腳步，但卻皆知此乃死別，不禁全都失聲痛哭起來。

此後轉眼過去兩日到了第三日上午，尚儀公夫婦當然採藥沒有歸來。良藥未能按期送上，小黑熊依照父親惡計擒拿嫦娥，這時到了尚儀村中尋到了尚儀公家中。小黑熊見尚儀公家中無神心中氣惱，村中眾神聞知為保嫦娥不被帶走全都圍了過來。

尚儀公夫婦為他們赴死而去，他們怎能不挺身而出保護其女呢！他們要與小黑熊據理力爭，保住嫦娥不被帶走。小黑熊見村中眾神圍了上來，便把尋不到尚儀公三神的氣惱全部潑向了眾神道：「尚儀公老兒去了哪裏？你們圍來做什麼？怎麼，想打不成嗎！」

「你說想打，我們不敢。我們前來是對小怪講說，」村中老神上前道，「尚儀公夫婦進山為你父採藥三日未歸，所以良藥沒能送上。乞小怪息怒。」

「刁神，你們全是刁神。什麼尚儀公夫婦為我父採藥未歸，他家中有的是藥，就是與我父子作對。」小黑熊聞聽不僅怒氣不息，反而更惱道，「他夫婦逾期不送良藥，定是你們與他夫婦串通一氣，把他夫婦躲藏起來，你們圍來騙我。」

「小神實在不敢，乞小怪明察。」老神這時只有急忙好言解說道。老神所以只講好言，是他心知尚儀公夫婦已為此事赴死去了，他們只有好言講說保得嫦娥不受傷害。

「不，如果你們今日不交出尚儀公夫婦，」小黑熊則毫不退讓道，「我們就把嫦娥帶走。小怪有言在先，也就怪不得小怪了。」

「啊！」嫦娥這時就躲在神群之中，聞聽小黑熊此言頓然嚇得叫出聲來道，「我不去，眾位叔叔伯伯哥哥姐姐，你們要救我呀！」

小黑熊見到是嫦娥在叫，遂抑制不住心中的氣惱將嘴一努，隨行惡徒聞令即圍上前去，架住了嫦娥的胳膊。嫦娥被擒更是害怕，口中一陣大叫起來。

「慢，小怪。若按小怪前日之言，帶走嫦娥倒也有理，」村中老神見之，即對小黑熊軟中帶硬道，「可是嫦娥父母為治小怪父病誠心採藥而去，三日未歸可能是藥未採到。小怪怎能就此帶去他們之女！」

「老刁神，你休得再行花言巧語，」小黑熊當然不讓，惡狠狠道，「嫦娥小怪帶走定了。」

「小怪，如果你帶走了嫦娥，尚儀公夫婦採藥歸來心生何想呢？你要為你父親的病再想想啊。」老神為救嫦娥當仁不讓，據理力爭道，「再說，如果尚儀公夫婦為採藥治癒你父之病身亡，他夫婦也是為你

父而死的，你又怎能忍心加害於他們的女兒呢！小怪，神界可有報應之說呀！」

小黑熊先前即已聞知有神講說，其父生病是行惡報應始得，因而驟聞老神此言勃然大怒，但牠尚未來得及發洩，卻見其派出監視尚儀公夫婦的小怪跑了過來道：「啟稟幼主，尚儀公夫婦採藥時雙腳踏空，全都喪命深山了。」

「啊！」小黑熊聞聽此報，頓然叫一聲愣在了那裏。尚儀公夫婦已為其父而死，自己再抓其女別真的應了剛才老神之說，再報應到了自己身上啊！牠想到這裏，心中不禁怕了，於是牠轉身便引領眾惡徒回洞而去。

八、黑熊施惡

小黑熊眾惡轉身離去，眾村神不解牠眾惡為何突然變得馴順，全都愣在了那裏，但又唯恐牠眾惡再返了回來。後來見牠眾惡已經去遠，沒有再返回來，懸著的心方纔落了下來。

然而他眾神心剛落下，痛失父母的嫦娥便抑制不住心中的悲痛，「哇」一聲大哭起來。剛才嫦娥被擒只顧驚怕自己命運難卜，因而雖聞父母噩耗沒能哭出聲來。這時嫦娥驚怕稍釋，便再也抑止不住心中的悲痛，痛哭失聲起來。

特別是她想到如果父母真的如同小怪所言，他們就都已經去世了，自己日後就成了一個無依無靠的孤女了。先前父母疼她愛她，她生活得無限甜蜜。日後沒了父母，誰再來疼她愛她呀。為此她哭，哭得死去活來。

眾村神見之齊作勸慰，對她講說剛才小怪之言可能是假，她父母不會死去。但嫦娥知道她父母這時定已身死無疑，一是那小怪定為小黑熊派去監視其父母的惡徒，她父母不死牠是定然不會前來作此稟報的。

再說，如果她父母的死不是真的，小黑熊剛才也不會相信，擒拿自己的事也不會那樣完了。二是她也從父母前日離去時與老神的對話

中，聽出了他們的意思是下定了必死的決心，所以小怪所言她父母的死定為真實。

「不，我爹娘沒有死。他們是好神，好神都不會死。」所以嫦娥哭啊哭呀，誰也勸止不住。末了她哭到痛處心傷至極，突然如同發瘋般地叫喊道，「是小黑熊騙了我，我不相信！我要去找我爹娘，我一定能夠找見他們。」

嫦娥如此喊著，就要起身前去。村中老神當然知道尚儀公夫婦死為真實，所以剛才一直沒有開口勸說嫦娥，他不願意再哄騙傷心的孩子。但這時他見嫦娥突然要去尋找父母，害怕她此去凶多吉少，便急忙勸阻道：「孩子，慢行！老神有話對你講說。」

「老伯，你有話快對孩兒講說，」嫦娥聽到這裏，方纔稍微清醒一點，又撲在老神懷裡痛哭起來道，「孩兒聽完，就要去尋父母啊！」

「孩子，你哭吧。」老神撫摸著懷中嫦娥的頭，勸慰道，「因為你的父母死去了。」

「不，我父母沒有死。」嫦娥聞聽立刻止住哭聲，否定道，「他們不會死，老伯您怎麼也騙說孩兒啊？」

「你父母雖然死了，但他們卻仍然活著。因為他們是為除惡而死的，為尚儀神界眾神而死的，他們的死是尚儀神界的驕傲，所以他們永遠活在我們眾神的心中。」老神這時認真道，「孩兒，你不必再去尋找他們，前去只能凶多吉少，你父母臨行時把你託付給了老神呀。」

「不，這樣我就更要前去尋找了。他們活著，我要見到他們的面；他們死了，我也要見到他們的屍首。」嫦娥這時則更加堅定，說著也不告辭，即起身一溜煙向尚儀山方向奔去道，「他們這樣可敬，我怎能不去再見上他們一面呢！」

「讓她去吧，硬行阻攔，是會再傷孩子心的。」老神眼見攔阻不

住嫦娥，無奈搖頭道。但他也對嫦娥此去放心不下，即對一壯年男神道，「你領一神，快去跟隨著她，以防不測。」

壯年男神領命，即領一名青年男神追隨嫦娥而去。嫦娥離開尚儀小村，心中尋見父母之情嘔切，腳下便奔走疾急。一陣硬是把追隨保護她的二位青壯年男神，遠遠地甩在了後邊，使得他們一直沒能追趕得上。

就這樣嫦娥奔到尚儀山中尋啊找呀，她找過一峰又一峰，尋過一壑又一壑。專揀險峰找偏擇奇壑尋，轉眼尋找一天半時間過去，卻仍是不見父母的點滴蹤影。

「父親——母親——」嫦娥心中焦急，隨後便邊尋邊放開喉嚨喊叫道。隨著嫦娥的喊聲，奇峰險壑盡作回應道，「父親——母親——」

然而嫦娥就這樣奔啊找啊喊呀，轉眼又是一個時辰過去，卻仍是不見其父母的蹤影。眼見時日已至後晌，不禁心中更加焦急起來。突然，前方一塊奇異的石頭，止住了嫦娥奔走的腳步，奪去了其嘔尋父母的心思。

那石頭實在太奇異了，它有頭有耳，有嘴有眼，有身有腿。活生生地就如同一隻惹神喜愛的白兔，溫柔地靜臥在草叢之中。但若說它是一隻白兔，卻又比白兔巨大百倍。若說它是一隻活兔，卻又是一塊巨石。

嫦娥因而心中奇之，不禁止步對之奇異地凝視起來。不料她剛剛止步對兔石凝視片刻，卻突聞對面兔石一方近處，驀地傳來「嗥」的一聲虎嘯。嫦娥聞聽心中一驚，舉目已見一隻斑斕大虎，來到石頭對面，張開血盆大口就要向她撲來。

如果這大虎真的撲來，她葬身虎口就成必然了。正在這時，嫦娥聽到護她而來的村中青壯年男神追趕過來，遠遠地見此場景心中大

驚，急叫嫦娥道：「快躲開！」

「啊呀！」嫦娥這時已被嚇愣，聽到喊聲又見猛虎前爪已經剪起，知道自己已經躲避不及，嚇得一聲驚叫只有閉目等死。然而就在這時，奇異的事情發生了。閉目的嫦娥突然聽到面前「轟隆」一聲石裂巨響，隨著她便失去了知覺。

當她醒來之時，只見一隻雪白的可神玉兔，正在用牠溫存的嘴巴在拱動著她的手。她心驚未解，急忙抬頭尋看猛虎，不僅猛虎早已不知去向，而且面前的巨大兔石，也已崩得不見了蹤影。

眼見至此，嫦娥方知是面前的玉兔巨石剛才崩飛，趕走了猛虎，生出了身邊這只奇異的玉兔。於是她即對身邊的玉兔心生親昵之情，捧在懷中一陣撫摸起來。

「太危險了，太神奇了！剛才你看到了嗎？就在猛虎要撲食你時，巨石突然崩裂不僅嚇跑了猛虎，」就在這時，護她而來的二村神趕到，齊對嫦娥驚叫道，「而且從石中倏然蹦出了這只雪白的玉兔，如同一團雪球一般悠地躍上了半空，那情景好看極了，把我們都驚呆了！」

「太神奇了！那時我只顧閉目等死，沒有看到，只知道這玉兔定從石中生出，」嫦娥聞聽更是心奇不解道，「而且巨石又恰好崩飛，嚇走了猛虎，救了我一命。」

「是呀，姑娘。你父母尋找不到，山中又充滿危險，」村神借機勸慰道，「我們還是快快一起回去，以免眾村神懸念吧。」

「不，要回去你們這就可以回去，我也沒有叫你們來。」嫦娥頓然氣惱道，「我知道眾村神掛念我全都是為了我好，可我尋不見父母，是決不會回去的。」

就在這時，她捧在懷中的玉兔仿佛聽懂了其言，一陣「咕咕咕」

113

鳴叫，掙脫她的懷抱，下地便要她隨牠前去。嫦娥見之心奇，想到此兔來歷不凡，定有更為奇異之處，便即隨其後向前走去。玉兔見她隨後跟來，便一陣把她引到了一座懸崖下面的山壑之中。

山壑左靠一壁萬丈懸崖，崖壁如削。山壑中寂靜非常，樹木繁茂，境幽悚神。踏入此壑，嫦娥心中不禁陡生驚怕，不由得猛地停住了正行的腳步。她擔心引路的玉兔或許也是妖魔，或許就是小黑熊所變，故意借她尋找父母心急，把她引到了這裏。

二村神見之更是心中陡生驚怕，但由於他們擔心自己害怕再引起嫦娥不滿，便心雖害怕也站在其後不發一語。在前引路的玉兔這時看到嫦娥停步不前，便焦急地返回身來，用嘴拱著嫦娥的腿腳，口中「咕咕」鳴叫不停。

玉兔鳴叫一陣看到嫦娥仍是不應，便又擺頭向前連連向她進行招示。心疑的嫦娥目睹此景，突然看向左邊壁立的萬丈懸崖，心中頓然疑慮頓解道：「我父母一定就在前方！快，快去尋找。」玉兔聞聽，方纔又一陣向前引路而去。

嫦娥見之即隨玉兔向前急行，隨後她三神披荊斬棘向前行進一陣，果見前方一方草叢之中，直挺挺地躺著嫦娥父母的屍體。可以看出，他夫婦是從左邊懸崖上跳下來，斃命在這裏的。

嫦娥尋見父母已死，立即撲上父母屍身悲哭不止。任憑隨來二村神多方勸慰，也是勸止不住。嫦娥就這樣哭啊哭呀，她忘記了身處環境的險惡，忘記了驚怕，整整哭到天黑又哭到了天明。她也忘記了時間，自己也不知道已經痛哭過去了多長時間。

隨來二村神一夜之間驚怕至極，他們既怕野獸尋來他三神斃命此壑，也怕小黑熊惡孽尋來把嫦娥搶走。但他們驚怕中又勸慰嫦娥不住，心中實在更加驚怕到了極點。

「姑娘，你父母已死，哭也無用。他們死得偉大，我們還是快快
把他們安葬了吧！」長夜過去天到放明，他二神方纔心中驚怕稍消，
暗暗慶倖夜間沒有事情發生，這才重又勸說嫦娥道。嫦娥這時已是哭
得沒有了氣力，哭出了心中的哀痛，方纔點頭同意。

二村神於是急忙挖坑，埋葬了尚儀公夫婦的屍體。嫦娥又在父母
墳前痛哭半晌，末了眼見已到正午時刻。二村神終於勸動嫦娥止住悲
哭，帶了玉兔一起離開山塞，返回尚儀村來。

一日後回到村中，眾村神看到他們，胸中懸著的心方纔放了下
來，齊圍上來詢短問長。當聞知尚儀公夫婦死的慘狀之後，又全都悲
痛不已。當聞知嫦娥懷抱玉兔的來歷之後，則又全都心中歡喜不已。

此後，嫦娥便在家中住了下來，日夕思念驟逝的父母哀痛難消。
但好在小黑熊那日去後一直沒有再來找事，村中眾神尚且安然。嫦娥
雖然孤苦，卻也得以伴著玉兔住了下來。

但只是遠方前來，向尚儀公求醫尋藥之神絡繹不絕。他們來時不
知尚儀公夫妻遭難已死，來後聞聽噩耗心痛不已。也齊到嫦娥家中痛
作憑弔，並順便詢問尚儀公夫婦去前是否遺有良藥。

嫦娥過去受到父母疼愛未學醫術，對眾神所問無法回答，使得前
來求藥眾神十分失望。但是，就在求藥眾神失望地欲要走出嫦娥家門
之時，想不到伴在嫦娥身旁的那只玉兔，卻突然跳躍過去攔住了欲去
眾神。

欲去眾神被攔心奇，忙避而繞道前行。但那玉兔忙又上前死死地
攔住欲去眾神，不讓他們離去。欲去眾神見之更奇，便停下欲去的腳
步，看那玉兔要做什麼。

玉兔這時見到眾神停下了欲去的腳步，便忙跑回屋內，先在尚儀
公夫婦遺下的藥架上東尋西找一陣，尋齊欲尋藥物後放進藥皿，遂一

陣舂搗起來。待其將藥搗好，即取出來如同尚儀公夫婦先前一樣，把藥包好送到了求藥眾神手上。

「姑娘，這玉兔真是神啊！」求藥眾神手捧玉兔送上藥物，全都奇異至極地連忙詢問嫦娥道，「牠會舂藥治病嗎？」

「不知道。」嫦娥也正心奇玉兔剛才的奇舉，回答道。她見詢問眾神對玉兔送上之藥心存懷疑，接著道，「不過我想，這玉兔見我之後只做好事，牠給你們送上之藥，你們回去試試，或許是有好處絕不會有害處的。」

尋藥眾神聞聽心中歡喜，全都高興地返了回去。當日前來求藥眾神，玉兔與嫦娥都這樣打發了回去。轉眼到了次日，昨天前來求藥眾神又都返了回來，對嫦娥言謝道：「玉兔所賜之藥靈異，我們服後立即見效。故而特來再求神藥。」

嫦娥聞聽心中歡喜，因為她正為自己不能繼承父母治病舊業，造福神界而發愁。這時眾神講說自己在尋找父母途中所遇玉兔，不僅可以伴陪自己孤苦度日，竟還可以代替自己繼承父母治病舊業，造福神界，這奇妙之事實在使她大為心中歡喜不已。

為此嫦娥心喜之餘，即又讓玉兔為求藥眾神再覓良藥。玉兔聞令即行，一陣又為前來求藥眾神奉上了所需之藥。如此不過兩日，玉兔之奇便傳遍了尚儀神界，前來尋醫求藥之神又如尚儀公夫婦在時一樣，整日絡繹不絕起來。

玉兔與嫦娥隨後便忙得應接不暇，終日為求藥眾神像其父母在時一樣，配藥贈藥行起醫來。這消息既然傳遍了尚儀神界，便當然也迅疾傳到了正在焦急為其父尋醫的小黑熊耳中。

小黑熊上次去後所以沒有再來尚儀村中，不是牠收斂了邪惡之性變成了善者，而是牠害怕起了報應之說。牠怕其父的結局再現到自己

身上，使牠也受到同樣的報應。為此牠當時聽罷尚儀村老神之言不言而去，其後便沒敢再來尚儀村中逼迫嫦娥。

雖然病危的黑熊精屢屢催促詢問於牠，牠都搪塞過去沒再付諸行動。牠害怕尚儀公夫婦之死已經報應了其父疾病難治，自己再去施惡於其孤女嫦娥，報應如果到了自己身上，自己也是承受不了。為此牠怕了，沒敢再來尚儀村施惡。

然而就在這時，陪伴嫦娥的玉兔能夠為神治病除疾的消息，不僅傳入了黑熊洞中小黑熊耳中，也迅疾傳到了病入膏肓的黑熊精耳中。此前，黑熊精正在為其疾病得不到良醫救治，越病越重眼見著將有生命之危而焦愁。突然間聞聽這一消息，便立刻傳來小黑熊道：「孽子，你既然無法請來良醫，就快去把嫦娥的那只玉兔弄來，給為父治病。」

小黑熊聞知嫦娥的玉兔會治神病之後，所以沒有立即告知其父，也沒有即去尚儀村去弄玉兔，是牠知道先前尚儀公夫婦寧死不為其父治病。如今為了不給其父治病，尚儀公夫婦皆已身死。其女嫦娥的神異玉兔，定然仍會與尚儀公夫婦一樣，不會為其父治病的。

為此牠怕說給了其父，那玉兔又不救治，只會徒增病父傷痛。但牠心中也沒有停歇，牠在苦苦地思謀著讓那玉兔為其父治病之法。不料方法還沒想出，其父已經聞知並這樣要牠行事。

小黑熊一時十分犯難，先前的經歷使牠已經知道，為其父求醫治病，決非它事可比。它事可以施用武力使強者就範，良醫寧死不施其術，你是沒有辦法對付的。尚儀公夫婦身為神體尚且這樣，一隻兔子不知生死，自己又怎麼對付得了呢！

「孽子為何犯難，對付一隻兔子，」黑熊精躺在床上眼見其子沉默不語，忍不住焦急氣惱道，「不是手到擒來之事嘛！」

「父親，對付一隻兔子容易，」小黑熊終於無奈道，「但要讓兔

子使出身懷絕技，卻是一件難事了。」

「孽子，父親一病，」心焦的黑熊精聞聽更是氣惱道，「你怎麼變得婆婆媽媽的，淨是小心眼起來了。」

「父親，那兔子既會治病，就是一隻異兔，定是輕易對付不得。」小黑熊隨之道，「孩兒怕牠心如尚儀公夫婦，不施奇技為父治病。」

「這個容易。牠既是一隻異兔心通神性，你就前去對嫦娥講說，」黑熊精聞聽小黑熊此言有理，方將邪惡心腸一轉道，「她若不讓玉兔為我治好疾病，我死時就是她的殉葬之期。」

「父親所言極是，舍此也是別無它法。」小黑熊這時也是無奈道，「但只是孩兒害怕再弄死了玉兔，父親的病就又無法醫治了。」

「這怎麼可能？」黑熊精聞聽又能是氣惱起來道「我們又不打牠。」

「不，父親。孩兒是怕你的病全是報應，」小黑熊這才把心中所想說了出來，道，「如果孩兒去弄那玉兔為父治病，那玉兔會無緣而死，使你失去醫者。」

「你，」黑熊精聽到這裏，勃然大怒道，「你這孽子……」

「父親息怒，孩兒是想先前尚儀公夫婦為父採藥雙雙身死，玉兔再步他們的後塵。」小黑熊自知失言，忙言告辭出洞道，「既然父親有命，孩兒這就依照父親之命去做是了。」

「姑娘，小怪知道你為父母身死心中悲痛，小怪也為之悲痛萬分。」小黑熊告辭其父徑直向尚儀村奔來，一陣便來到了嫦娥家中。這時，嫦娥正在家中與玉兔一起為病神製藥，小黑熊見之，立刻「嘿嘿」一笑假作慈悲道，「你父母是為小怪父親採藥治病而死，小怪怎能不更加傷痛。」

「別假裝慈悲了，是你害死了我的父母，」嫦娥這時氣惱萬分道，「我與你是你死我活的仇者！」

「不，你父母是為小怪父親採藥治病身死，這是緣分。但只是小怪父親的病卻沒能治好。」小黑熊連忙解釋道，「近聞姑娘有一隻玉兔能夠給神醫病，故而小怪特來請求姑娘為小怪父親賜藥。如能治好小怪父親之病，小怪定會重重犒賞姑娘。」

「惡孽，休得繼續胡言。你既取不走神藥，」嫦娥更是氣惱陡騰，決絕道，「我也不要你的犒賞。你還是死了這份心吧。」

這時，聞知小黑熊來到，正為嫦娥擔心的眾村神全都圍了上來。他們聞聽嫦娥嚴斥小黑熊心甚贊許，但也都為她擔心到了極點。小黑熊當著眾村神之面受到嚴斥氣咽不下，頓然撕下假慈悲面孔，怒吼起來道：「好哇，你敬酒不吃吃罰酒，那麼事也容易。我告訴你，我父親的病不治，其死期就是你的殉葬之時！」

「惡孽，逼迫我父母的一套，你又使出來了！好吧，」出乎小黑熊預料，嫦娥聞聽則頓然「哈哈」哂笑起來道，「我等著。我父母為神界除害而死，我嫦娥若能步得後塵，則是此生之幸哩！」

「那好，斤兩你自己掂量，小怪告辭了。」小黑熊更是被氣得無奈到了極點，只有怒吼威脅道。說著，便真的就要離去。牠這時當然不敢打殺嫦娥，牠正要嫦娥命令玉兔為其父治病。不然，邪惡至極的牠豈能咽得下這口惡氣，早該動手打殺嫦娥了。

為此牠對嫦娥留下威脅，便返身而去。牠希望嫦娥三思之後，能像其父母一樣答應為其父治病。因為牠先前派出監視尚儀公夫婦小怪返報，他夫婦真是為其父採藥摔死的，牠相信此報卻不知尚儀公夫婦心中的真情。

眼見小黑熊轉身就要離去，眾村神與嫦娥又像先前尚儀公夫婦聽罷此言時一樣，頓陷無奈呆愣之境。但是就在這時，嫦娥抱在懷中的玉兔卻「咕咕」一陣鳴叫，隨著「嗖」地跳到地上，上前攔住了欲去

的小黑熊。

小黑熊心中正惱，見之就要一腳把玉兔踢開，卻見玉兔對其將右前爪連擺數擺。小黑熊見之心中猛然驚醒，想到不可得罪此兔，便止住欲踢之腳對玉兔友好地點了點頭。玉兔見之也忙對其點了點頭，隨著返身去到藥架跟前，為其找起了藥來。

小黑熊眼見此景心中轉喜，急忙近前等待玉兔為其尋藥搗藥。嫦娥與眾村神大惱，他們都氣惱玉兔的先前作為皆通神性，不知為何值此關鍵時刻，卻不通起了神性，要為邪惡的黑熊精救治疾病。氣惱中嫦娥急忙示意玉兔，以制止其為小黑熊尋藥。

玉兔卻對其連連搖頭，隨著依舊尋藥不止，把嫦娥與眾村神頓然激怒到了極點。其實，玉兔此舉決非不通神性之舉，而是牠精通神性所致。原來玉兔見此情景心中想到，如果按照嫦娥之舉硬行下去，害雖可除，但除害之後卻會殃及嫦娥之身。而不如先給惡怪治療一下，堵住惡怪的嘴巴，然後再將其治死。

這樣既可除害，又可保住嫦娥不受其害。玉兔正是心想至此，方纔不遵嫦娥之命轉而為小黑熊尋藥。其實牠也照樣是不為惡怪治病，此乃是為保護嫦娥採用的變通之策。

但牠雖然心想至此，口中卻說不出來也不能說出來，結果受到了嫦娥與眾村神的誤解，使他們都對牠生出了氣惱，以為牠不是真通神性的惡兔。然而玉兔雖見嫦娥與眾村神對牠誤會至此，牠為保護嫦娥，使其日後有理可講，還是為小黑熊一陣搗好了神藥，送到了小黑熊手上。

「你們，還不如這只兔子。」小黑熊接過神藥心中歡喜，便傲然地蔑視嫦娥與眾村神一眼道。隨著，便返向了家中。

「這只兔子若給黑熊精治癒了疾病，」眾村神見之，對嫦娥一陣

氣惱道，「你父母就算白死了。」

嫦娥聞聽，則狠狠地瞪向了玉兔一眼。玉兔見之急忙爪動頭搖進行解釋，但連嫦娥也看不懂其表達之意，何況眾村神呢！為此，嫦娥與眾村神都對牠失去了信任。

玉兔這次送給小黑熊的是真藥，小黑熊帶回洞中讓其父一吃，不過三日，其父久治不愈的頑症便即症狀消失，身體康復起來。黑熊精大喜，即讓小黑熊備下厚禮，牠要親往尚儀村嫦娥家中送禮謝恩。同時再求神藥，以除去病根徹底治癒其病。

小黑熊不敢怠慢，一陣便為其父備好了禮物。黑熊精隨之便帶上小黑熊一起，來到了嫦娥家中。嫦娥突見黑熊精親自來到，心知其病已被玉兔治癒。頓然心中大惱自己沒有早日除去玉兔，壞了如此大事。

「嫦娥姑娘，老怪特來感謝你命玉兔為老怪治癒疾病，一點心意請你笑納。」就在這時，卻聞黑熊精開口道，「並請你再命玉兔為老怪賜藥，治除病根。」

「小女豈敢收受老怪之禮。只是玉兔昨日突然身生奇病，失去了治病製藥之能。」嫦娥心正氣惱玉兔無處發作，聞聽黑熊精此言更是氣惱，但也不敢發洩，無奈心中連轉數轉，只有搪塞道，「好在老怪疾病已愈，求藥之事已是不能了。」

「小女子騙我！」黑熊精聞聽嫦娥此言心中不信，陡然生怒道「你敢敬酒不吃吃罰酒，可要知道老怪的厲害喲！」

就在這時，嫦娥懷中的玉兔又「咕咕」地叫著，急躁地橫蹬豎扒欲跳下來。嫦娥正怕玉兔離開自己再去為黑熊精尋藥，便不顧牠在懷中又叫又扒，硬是緊緊地抱住不放。

「小女子，看來你是專門與我老怪作對了。你不放玉兔為老怪搗藥，那好，老怪讓玉兔給老怪搗。」狡惡的黑熊精看出了門道，一陣

「嘿嘿」獰笑著，即對眾惡隨從道，「把嫦娥拿下，放開玉兔為我搗藥。」

「放開她！」眾惡隨從聞令一聲喝叫，上前已把嫦娥雙臂拿住，使她無奈放開了懷抱的玉兔。眾村神這時全已圍了上來，心中一邊盡為嫦娥焦急，口中叫道。一邊全對已去尋藥的玉兔氣惱萬分，因為牠若是再賜良藥，治除了黑熊精的疾病，就從此往後，難有他們尚儀神界眾神的好日子過了。

然而他們不懂玉兔之心，不明玉兔之舉。因為玉兔上次賜給了小黑熊真藥，這次卻要送給黑熊精一包毒藥，而且是在嫦娥不讓牠給的情況下，玉兔硬給的。玉兔是抱定了毒死黑熊精之後，去替嫦娥赴死的決心的。只是牠口不能言，神不能解，牠剪除惡者保妒善者之心，完全被親者誤會了。

玉兔就這樣承受著誤會迅速尋好了毒藥，恭敬地送到了黑熊精手上。黑熊精接過毒藥不知其毒，心中高興也不再顧及嫦娥與眾村神，即一陣風般返回到山洞服食起來。

但是黑熊精這次服下神藥，卻沒有生出身體向好的感覺，而是立刻倒下不起，話語也說不出來，一陣便在痛苦中斃去了性命。小黑熊見之大惱，知道其父被毒藥害死，因為其屍體現出了中毒症狀。為此牠氣惱得不管死去的父親，立即奔往尚儀村中去擒嫦娥，以讓她為其父殉葬。

「你害死了小怪的父親，」小黑熊一陣奔到嫦娥家中，一把抓起嫦娥就要離去道，「你去給小怪的父親殉葬！」

「我怎麼害死了老怪？」嫦娥被拿心中氣惱，據理不讓道，「真是豈有此理！」

「是你的玉兔給小怪父親的神藥，吃死了小怪的父親。」小黑熊厲聲道，「事實俱在，難道你還抵賴不成！」

「若如此說，小怪擒拿嫦娥姑娘就沒有道理了。老怪取藥時我們都在現場，因而可替嫦娥姑娘作證。」眾村神聞知小黑熊來到早已圍了過來，這時圍住小黑熊不讓其走道，「當時嫦娥姑娘不讓玉兔為老怪取藥，是老怪攔住嫦娥姑娘非讓玉兔取藥不可。要說老怪身死要罪者殉葬，也就挨不著嫦娥姑娘，而應該讓玉兔前去了。」

眾村神想以玉兔之死保住嫦娥之生，雖然他們這時似乎察覺到了玉兔向老怪送藥的用意，但一時心中對玉兔成見難消，全要玉兔替嫦娥前去送死。而這時嫦娥抱在懷中的玉兔聞聽眾村神此言，則立刻「咕咕」地叫著掙脫嫦娥的懷抱，來到小黑熊腳前一陣搖頭擺尾。可以看得出牠似乎是在對小黑熊講說，眾村神說得全對，這事不關嫦娥，牠去為老怪殉葬。

玉兔對小黑熊說的正是此言，先前牠為嫦娥眾村神不理解自己之意，誤會自己而苦惱。但這時牠還是決心身負嫦娥與眾村神的誤會，替嫦娥前去赴死。嫦娥這時看出了玉兔之意，也明白了牠先前的作為，完全是為了這時替自己去死，便心中一急欲要上前抱起玉兔。

眾村神這時也全明白了玉兔先前的作為，解除了誤會，齊對玉兔崇敬三分。小黑熊聞聽剛才眾村神與其辯言已是心中大惱，牠以為眾村神讓一隻兔子去為其父殉葬，是對其父子的最大侮辱。為此牠立刻厲喝道：「打死這隻兔子，走！」

惡隨從聞令，立刻上前從小黑熊手裡拉起了嫦娥。玉兔見之，也急忙蹦跳躲避。嫦娥家門前，頓然陷入了一片混亂。恰在這時巡天天官神羿趕到，看到了隨後的一幕，並出手趕走了大打出手的小黑熊一夥，救下了嫦娥與玉兔。

「原來剛才那惡這般邪惡！可惜本官當時不知，」尚儀村眾神一口氣對神羿講說至此，神羿聽後禁不住勃然大怒道，「沒有將其除掉，

竟又放牠走了。」

「天官大神，你就為我們尚儀神界除去此惡吧！」眾村神聞聽神羿此言，立即「撲通通」全都跪下身來道，「不然，我們要遭大難啊！」

「天官大神，我怕，我怕小黑熊再來。牠拉走我，我就要沒命了。沒命也罷，」嫦娥這時更是驚怕萬分，跪在神羿面前連連乞求道，「牠們還要我為死去的黑熊精殉葬啊！天官大神，你別走，你救救小女子吧。小女子一家都是好神，小女子父母的死冤屈至極啊！」

「諸位快快請起，你們儘管放心，」神羿眼見至此心中方纔平靜下來，勸慰道，「我神羿不除去此惡就不走了，我就住在你們村中了。」

「這太好了，這太好了！天官大神不走，我就不怕了！」嫦娥聞聽立即躍起身來道，「天官大神，我怕，你就住在我家吧！」

「好，我看他小黑熊能長幾個腦袋，敢再來抓走嫦娥姑娘。」神羿當即道。說完，他便真的在嫦娥家中住了下來。

九、玉兔為媒

　　小黑熊碰上神羿嚇得屁滾尿流，惶惶若喪家之犬逃到黑熊洞中，仍是後怕難消，唯恐神羿知其邪惡之後追進洞來。為此他不敢怠慢，急令小怪出洞十里待在通往尚儀村的路上，見到神羿蹤影即來報知，之後方纔坐在洞中喘起氣來。

　　喘息之中小黑熊想到，其父剛剛被玉兔賜藥毒死，屍首未葬正停在洞中。自己前去尚儀村報仇又碰上了神羿，實在是倒楣到了極點。原來牠想等到抓來嫦娥，打死玉兔，就讓嫦娥為其父殉葬，殯葬其父。

　　這些事情做之輕易，不要兩日就可以全做完畢。不想如今碰上神羿不僅壞了其打算，而且使得其父仇恨難報，並且弄得自己驚怕難消起來。小黑熊對神羿驚怕萬分，這不僅是因為他剛才在尚儀村中領教了神羿的神功，而且那先前作亂神界的黑虎精，正是其父黑熊精的師兄弟。作為師兄弟，牠兩個昔日一道修煉，情同手足，過從甚密。

　　黑虎精作亂之前，曾經多次密謀於其父。要其父出謀劃策，並要其父起兵尚儀神山，與之遙相呼應共奪天界。好在其父老謀深算，遲動一步以觀戰況。黑虎精剛動數日即被神羿射殺，其亂兵盡被玉皇大帝天兵剿滅。

　　神羿在此戰中不僅立下了救得玉皇大帝性命之功，而且立下了射

殺黑虎精之功，當上了巡天天官。神羿剛剛赴任，巡天途中便碰上了自己行惡神界，惹得他生起怒來非殺自己而不可。

一般說來，牠並不害怕別個欲圖殺害於牠，因為牠可以與之抗爭。但對神羿，牠卻無力抗爭得了。到了那時，他殺自己將如除去一隻小雞一般輕易，哪裏還有自己的活命！

驚怕至此，小黑熊也是氣惱萬分。牠氣惱神羿使得牠父仇難雪，殉葬的嫦娥沒有抓來，其父一時殯葬不成。為此，牠則命一小怪悄悄前去尚儀村中，察看神羿動靜之後再作定奪，一邊霍霍咬牙切齒道：「父願不竟，怎為其子！」

小黑熊此舉是想在神羿如果巡天去了，牠就趁機立刻再去尚儀村中打死玉兔掠來嫦娥，安葬其父以竟父願。可牠心懷此想焦待到小怪歸來，得到的卻是神羿在嫦娥家中住了下來的可怕消息。

依此消息，小黑熊的身家性命，不僅從此往後時刻都處在了危險之中，並且其父之仇也將難報，其父的屍體也將難以安葬了。因為牠不能抓來嫦娥為其父殉葬，就不能盡竟父願安葬父屍了。為此，牠更加驚怕氣惱到了極點。

當然，邪惡的小黑熊不會善罷甘休。牠思謀一陣，想到神羿即使在嫦娥家中住下，身肩巡天重任的他，也一定不會日日時時待在嫦娥家中。神羿若有出去巡天之時，自己仍可趁機下手，實施報雪父仇之計。

想到這裏，牠又派小怪前往尚儀小村，打探神羿動靜而去。小怪去過了兩日，這日返回稟報道：「啟稟幼主，天官神羿雖然住在嫦娥家中，但卻日日早出晚歸。白天巡天在外，夜晚住宿在家。」

小黑熊聞聽此報心中大喜，霍地站起身來道：「真的嗎？」

「千真萬確。」小怪肯定道，「小怪不敢言假。」

「好，」小黑熊這才喜難自禁道，「這就好辦了。」

「不，」不料其言剛落，卻聞一個聲音否定道，「不可以辦！」

「二叔，」正喜的小黑熊陡聞此言心中一愣，立刻反問道，「怎麼不可以辦？」

出此否定之言者正是小黑熊的二叔黑熊怪，牠不住在尚儀山中而住在別處，聽聞兄長黑熊精身亡弔唁而來。這時聽到小黑熊此問，即言道：「侄兒如果趁此神羿出去巡天之時，打殺玉兔掠來嫦娥，神羿晚上歸來豈會善罷甘休！」

「神羿晚上回來已經晚了，玉兔我們打殺了，我父的仇恨也報過了，同時也讓嫦娥為我父親殉葬了。」小黑熊這時已是氣迷心竅道，「他回來了又能怎樣？難道他能救活嫦娥與玉兔不成！」

「這是不能。但那時神羿找到我們，」黑熊怪道，「我們交不出嫦娥與玉兔，他要我們的性命怎麼去辦？」

「是呀。如果那樣，我們就只有死路一條了。二叔，那樣不行我們怎麼辦呢？」小黑熊這才從氣迷中清醒過來道，「我父親的仇我們得報，我父親的願我們要實現呀！」

「是的，要報，要實現，但要想個萬全的法子。」黑熊怪老謀深算道，「仇也報了，你父親的願也實現了，又無我們的禍事才成啊！」

「二叔之想實在萬全，」小黑熊這時耐不住了性子道，「可這到哪裏才能尋到呀？」

「尋找不到也要尋找，」黑熊怪堅定道，「弄得不好，我們就要腦袋搬家呀！」

「二叔，」小黑熊畢竟狡惡萬分，聽到這裏陡然心中一明道，「侄兒有辦法了。」

「好，」黑熊怪即忙催促道，「那就快講。」

「侄兒想，我們還是趁著神羿出去巡天的時機，把那嫦娥與玉兔擒拿過來。待他巡天歸來，不見嫦娥與玉兔必然來尋。」小黑熊隨之講說起來道，「那時我們則設下埋伏，擊殺神羿。然後便可打殺玉兔為我父報仇，讓嫦娥為我父殉葬，實現父親的心願了。」

「這樣仍是不可。侄兒想想，一是神羿來時心有防備，我等之功對付不得，」黑熊怪又是連聲否定道，「弄得不好就會被其殺害。二是我們殺死神羿，玉皇大帝豈會輕饒我等。所以此計不可行矣！」

「這也不行，那我們怎麼去辦？」小黑熊聞聽，心雖狡惡卻也頓然犯起難來道，「難道只有仇不報我父不葬，坐在洞中自認倒楣嗎？」

「不，仇要報，你父親也要葬。」黑熊怪即言否定道，「但要做到我們殺死神羿之後，仍無我們之罪才成。」

「有了，二叔。」小黑熊聽了黑熊怪這般點撥，心中一明生出惡計道，「我們設法壞去神羿的名聲，殺他之後我們反落個扶正祛邪的美名。」

「對，這就對了，侄兒。」黑熊怪這才「嘿嘿」一笑道，「凡事不能直來直去，拐拐彎兒才成。」

「二叔，」小黑熊受此鼓勵思想更為活躍，遂又進一步有了想法道，「你不是有牽魂絕招嗎？」

「是呀，」黑熊怪道，「侄兒問此想作何用？」

「侄兒思謀，二叔可趁神羿巡天未出家門之時，牽動玉兔的魂魄，使其奔進一方死洞之中，神羿與嫦娥必然隨後追尋。」小黑熊隨之道，「待他二神追入死洞之後，侄兒則突用金鐘罩絕招封死洞口。二叔知道進入侄兒金鐘罩之徒，都難活過一個時辰，他二神也是定然活不過一個上午的。」

「嗯，是個法子。」黑熊怪思忖片刻，方纔贊許道，「這樣把神

羿二神害死洞中後，正可以誣陷神羿施惡嫦娥，被我們撞上除掉了。」

「但只是這樣害死了嫦娥，」小黑熊這時則不滿足道，「我父要其為牠殉葬之願，就不能實現了。」

「那是小事，要她為你父殉葬也是要她去死。」黑熊怪則即不贊同道，「區別僅在於要她死在別處，殺法不同而已，也可謂是讓她為你父殉葬了。」

「那就這麼辦吧，二叔。」小黑熊聞聽高興道，「姪兒的金鐘罩奇術，定有把握除去他二神。」

「慢，其中還有不可哩。一是二叔前去牽魂導引玉兔，神羿射技蓋世，他射二叔一箭，二叔豈有活命。」然而，黑熊怪隨著深思一步，卻陡然犯起難來道，「再者即使他箭射二叔不死，二叔導引玉兔與他二神進入死洞脫身不得，姪兒的金鐘罩奇術一用，二叔豈不就要與他們一起死於洞中，這怎能成呢？」

「二叔，有了。二叔懷有隱身奇術，你前去牽引玉兔魂魄時，」小黑熊聞聽此言有理，隨即腦袋急轉數轉，想出了法子道，「隱去身形斷無被射風險。再說，二叔施用隱身奇術，又何愁不能出洞。」

「好，也只有這麼辦了。」黑熊怪聽聞此言有理，方纔放心道。隨著，牠二惡一陣在山上選定備用死洞，待到小黑熊眾惡在洞口埋伏停當，黑熊怪便隱去身形，一陣來到尚儀村嫦娥家中欲施邪惡。

這時正值早晨，神羿巡天尚未出發。黑熊怪眼見時機恰好，便即趁此機施法牽起了玉兔之魂，徑向尚儀山中選定死洞方向疾去。玉兔魂魄被牽，身體遂成為一具僵屍，跟隨隱身的黑熊怪身後，倏然向村外飛快奔去。

神羿與嫦娥大奇，因為玉兔剛才還歡蹦活跳，為何突然間變成了一具僵屍，飛快牠去？不解之中，他二神唯恐玉兔去遠生出不測，尚

儀地方眾神失去良醫，他二神便隨之即不怠慢，果如小黑熊所料隨後追趕起來。

神羿二神追啊追呀，只想著玉兔這樣奔跑而去有異，卻沒有想到會是小黑熊叔侄對他二神施行惡計。為此他們心中無防，轉眼便追到了小黑熊二惡選定的死洞洞口。死洞洞口險惡，洞穴幽深。遠遠望去，洞口黑洞洞的，如同一張食神的虎口。

眼見此景，神羿二神本應察覺事情有異，心生防備，但他們一是追趕玉兔心切，二是神羿神功高強無所畏懼，也使得嫦娥有恃無恐起來。因而他二神心無它想，一陣便追入了死洞之中。

死洞越深越加黑暗，但那玉兔一身雪白在前卻清晰可見，引得神羿二神向前追趕不止。就這樣他二神只顧拼命前追，狡惡的黑熊怪卻早已從他二神身旁，隱身溜出了死洞。埋伏在洞口外的小黑熊見之大喜，急對黑熊怪大叫一聲道：「二叔，真有您的！」

「快，」黑熊怪即忙喝令道，「快施神功！」

小黑熊這時也不怠慢，即使金鐘罩神功把洞口罩了個嚴實，神羿二神與玉兔全都被他罩在了洞中。小黑熊如此施法完畢，黑熊怪便收起了攝魂法術，使得玉兔頓轉清醒過來。為此牠轉身看見神羿二神跟隨在後，便立即迎了上來。

「玉兔，」神羿二神見之更奇，嫦娥連忙詢問道，「你為何狂奔至此？」

「不知道，」玉兔通神性地對嫦娥搖了搖頭，嫦娥看到其仿佛在說，「昏昏迷迷地就到了這裏。」

就在這時，神羿二神突然聽到從洞口傳來了「嘎嘎」怪笑「嗷嗷」嚎叫之聲。那聲音說道：「神羿小子，原來你也是一位花神，竟然採花採到了此洞之中，嫦娥姑娘頭上來了。怪道你先前營救嫦娥，

隨後住在了她家中，原來是心懷不軌。今天你就在洞中採吧，我們就叫你小子採它個夠，採死在這死洞之中！」

「小黑熊。」隨著，便又傳來了一陣嘈雜的「嘎嘎」怪笑之聲。嫦娥耳朵靈敏，聽出了洞口傳來的是小黑熊的聲音，心中不禁一詫叫出聲來道，「天官大神，事情不好，我們中了小黑熊的惡計了。」

「牠們是要誣陷於我，以害我之後自己身無罪孽。」神羿也聽到了洞口傳來的惡言，又聞嫦娥此言勃然大怒道，「惡孽，牠們思謀錯了。走，我們快去洞口，看看牠們施此惡計誘騙我們至此，要怎樣害死我們。」

「天官大神，我怎麼突然覺得心中憋悶得慌啊！」然而神羿話音剛落，身無神功的嫦娥已經感受到了身子不適，道，「是他們施用了什麼法術，要害我們了吧？」

「是的，牠們定有左道邪術。」神羿雖然不知小黑熊施用了何等法術，但他猜想道，「不然，牠們誘騙我們至此，又有何用。走，快去洞口破牠們的邪術去。」

「天官大神，」但是這時，嫦娥已是氣喘心跳支撐不住身子，癱倒下去道，「我走不動了。」

「走，堅持走到洞口，我為你除惡報仇去。」神羿見之大急道。說著，便攙起嫦娥，一陣來到了洞口。洞口被嚴實實地遮擋著，向裡不透一絲兒光亮。神羿來到洞口不見光亮，不知已到洞口，「當」的一聲撞在了小黑熊封住洞口的金鐘罩上。

神羿急走之中突然被撞心中大惱，方知已到洞口而且洞口被小黑熊堵住。於是他為救身軟體弱的嫦娥不敢怠慢，急躍身用力「咚」一腳踢到了堵門的金鐘罩上。但那金鐘罩雖是小黑熊的左門邪術，卻也真有十分奇異。

　　神功如此高強的神羿踢上一腳，竟也未動絲毫。反倒引得正在洞外的小黑熊叔侄，聞聽神羿在洞中腳踢之聲，更加開懷地「嘎嘎嘎」獰笑起來。神羿踢不開堵門的金鐘罩已是心惱難耐，特別是他見到嫦娥已是昏倒在了洞中，這時又聞洞外小黑熊叔侄「嘎嘎」獰笑，更加焦急惱怒萬分屬聲喝叫道：「惡孽，老子出去全把你們除掉！」

　　隨著，又一腳緊似一腳地踢向了面前的金鐘罩。然而金鐘罩仿佛焊在了洞口似的，不論神羿怎樣用力踢撞，它都不動絲毫。二惡聞聽洞內連續「咚咚」腳踢聲響，又見神羿腳踢金鐘罩不開，便雙方笑著輪番譏訕起來。

　　但聽先是小黑熊道：「花神，你就好生待在洞中施惡吧。」接著是黑熊怪道：「小子，洞中就是你的死地，今日就是你的死期。你老老實實地在洞中等著受死，就莫要空費氣力了。」

　　神羿聞聽二惡此言氣惱更甚，一陣腳踢金鐘罩更急起來。他要踢開金鐘罩，只有那樣他與嫦娥才能出洞。但他踢呀踢呀，卻仍是無論使出多大的力氣　，都無法踢開。為此他不禁心生無奈，慨歎道：「難道我神羿苦練一身神功，竟要施之無功，死於此洞了嗎！」

　　神羿之言剛落，在旁的玉兔卻口叼一隻利箭，硬生生地遞到了他的手上，並且連連用頭向洞口示意。神羿突然心中亮了，高興得連忙接過利箭，並抱起玉兔一陣撫摸。

　　他感謝玉兔，是玉兔點醒他在腳踢不開金鐘罩之時，自己可用洞石穿金的神箭射之。這樣不僅可以打開洞門救出自己，還可以像先前射殺黑虎精一樣，射除洞門外正在得意施惡的小黑熊叔侄。

　　神羿心喜中抱撫玉兔片刻不敢再怠，因為嫦娥正昏倒在他的腳前，他必須快快打開洞口除去妖術，才能救得嫦娥不死。為此他立刻放下手中的玉兔，取弓把箭搭在了其上。為了一箭既射開洞門又除去

惡孽，射箭之前他又故意「咚咚」向封門的金鐘罩踢了兩腳，引得洞外小黑熊二惡笑言不止。

神羿聽言定位，隨著開弓放箭，「當」的一聲便射穿了封門的金鐘罩，使得洞門陡然大開。當然正在洞門外得意的小黑熊，也早已「啊呀」口中一聲絕叫，已是中箭死在了地上。黑熊怪大驚，拔腿引領眾惡便逃。神羿這時當然不會放過，一陣利箭「嗖嗖」射去，已是把黑熊怪眾惡射死一地。

神羿見之當然也不再去追殺，因為嫦娥正昏倒在洞中。他見剩餘眾惡跑遠便止住箭射，返身入洞扶出了昏迷的嫦娥。嫦娥出洞被風一吹，已是昏迷漸失清醒過來。神羿見之大喜，即對嫦娥道：「走，踏平黑熊洞，搗毀惡巢去。」

隨著，他攜嫦娥一陣來到黑熊洞中，不僅盡滅洞中眾惡，火焚了黑熊精的屍體，而且施法摧塌了黑熊洞，真的把黑熊洞蕩成了平地。嫦娥見之大喜，因為神羿這樣不僅救了她，為她報雪了父母之仇，同時也為尚儀神界剷除了惡害，往後她與尚儀神界眾神都可以過上安心的日子了。

「天官大神，你實在是我嫦娥小女子的救命恩神，也是尚儀神界眾神的恩神啊！」嫦娥為此大喜中立即跪倒在神羿腳前，連連叩拜道，「你的大恩，小女子與尚儀神界眾神無以回報啊！」

「姑娘，惡已除盡，仇已報雪，你快帶領玉兔返回家中，」神羿即忙俯身扶起嫦娥道，「往後安心度日，為眾神治病造福吧。我去了。」

「什麼？」嫦娥站起身來，但她想不到神羿口出此言，頓時驚得一愣道，「大神這就要離去？」

「是的。作為巡天天官，我擔負著為神界除害的重任。」神羿肯定道，「為此，這裏邪惡既除已經太平，我就要去了。」

「不，大神，你不能走！」嫦娥這才從驚愕中清醒過來，急叫道，「俺尚儀村眾神，一定還在焦急等待著你我。你怎能不告而別呢？」

嫦娥這時攔住神羿，已經並非僅僅出於神羿是其恩神之意，更重要的則是她心中已經深深地愛上了神羿。常言美女愛英雄。神羿在嫦娥面前展現出的一幕幕壯舉，先前隻身獨個鬥敗小黑熊一夥，救下她嫦娥；如今又箭破金鐘罩，射殺小黑熊，剿平黑熊洞。

這一切怎能不使她愛在心中，使神羿成了她心中不能或缺的靠山，再也不捨得也不能讓他離開自己一步呢！為此，神羿說他要走，嫦娥頓被驚愕。又說要去，她便攔阻起來。神羿心中當然也早已喜歡上了嫦娥，因為嫦娥不僅相貌華豔俊美，而且心地篤誠一心只為他神。

常言英雄愛美女，他怎能不對她心生愛戀呢！只是先前甜妹的作為傷透了他胸中那顆赤誠的心，使他由甜妹推而廣之誤認為，凡是女神大都如同甜妹一般，心如秋雲水性楊花不可琢磨。為此他曾暗暗發誓，以後不再愛戀任何女神，以免再像甜妹那樣傷了自己的心。

正是心懷此想，他心中雖對嫦娥生出了情愛，卻深深地壓抑著不讓它迸發一絲兒。這時聞聽嫦娥留他之言，便立即回答道：「我正因為知道你村眾神都在等待著我們，為了減少對他們的麻煩，方纔就在這裏離去。」

「不，你不能走。你走了，讓我向眾村神怎去交代！」嫦娥聽到這裏，更是壓抑不住心中的激情道，「你為他們立下了這麼大的功勞，他們不為你慶賀歡送一番，心中怎忍呀！」

「嫦娥姑娘，你回去好生替小神解釋，就說神界還有不少黑熊精那樣的惡孽，急待我去剿除，」神羿仍是堅持離去，隨著向嫦娥拱一拱手，轉身已是離去道，「別處眾神也需要我去救助。我在此處耽擱不得，我想眾村神是會理解我不辭而別的。告辭了。」

　　嫦娥這時沒有再去阻攔，因為她愣怔在了那裏。她沒有話語，只有如泉的眼淚。她雖然對神羿裝有滿腹的話語，卻又一時無法張口言說一語。為此她焦急痛苦到了極點，也無奈到了極點。只有在呆愣中望著神羿漸去漸遠的身影，想著神羿此去自己或許就要終生難見，更無時機去把自己心中之愛對之傾訴了。

　　然而正在嫦娥沉陷無奈之時，在她身旁的玉兔仿佛看出了她的心思，不待其言說，急忙追攔離別的神羿而去。牠一陣追到神羿面前，便用身子攔住了神羿前去的腳步。神羿見之奇詫道：「玉兔，你別攔我。我肩上擔著巡行天界的重任，別處還有黑熊精一樣的惡怪等我前去剿除，也有嫦娥一樣的姑娘需要我前去救助呀！」

　　但是玉兔不聽神羿講說，硬是死死地攔住他不放，弄得神羿再走一步也不得起來。正在有話難說只顧流淚的嫦娥眼見此景，頓然喜上心頭。並且後悔起了自己剛才只顧無奈，竟然忘掉了身邊的玉兔！玉兔的舉動，實在高過自己一籌。

　　可她又擔心玉兔攔阻不住神羿，自己心中的愛無以傾訴，就仍舊只能是水中撈月一場空了。她有心趕上前去，對神羿傾訴自己之愛，但作為女兒家初萌愛心的她，又一時沒有勇氣。便仍是只有站在那裏一邊流淚，一邊羞答答地望著被玉兔攔住，離去不得的神羿暗暗心中歡喜。

　　神羿離去不得也是無奈，特別是他回頭看見嫦娥依舊站在原地，一邊流淚一邊用淚眼深情地望著自己，他壓在心底對嫦娥愛的激情終於迸發了。他心疼起了嫦娥，不忍心再讓她那般難受，加之他又被玉兔所攔離開不得，便終於轉身返了回來。嫦娥見之笑了，笑落了眼中的淚花。

　　神羿向嫦娥面前越走越近，於是他看到了嫦娥笑彎的眉毛，也

看到了她那美麗的長睫毛上掛著的晶瑩淚花，心潮便更加洶湧澎湃起來。終於他來到了嫦娥面前，開口道：「嫦娥，你……」

但隨著，神羿又止住了往下要說的話語。英雄的堅毅秉性，使他心中又倏然泛上了甜妹的陰影，沖淡了其欲溢的情愛。嫦娥不知道神羿這時的心情，則只顧高興地喊道：「羿哥，你不走了，好吧！」

她第一次喊神羿為羿哥。神羿則堅定道：「不，我得走。」

「走？」嫦娥聞聽，心中的歡喜頓被驚飛淨盡道，「那你為什麼返了回來？」

神羿這時也是講說真情不得，只有口中搪塞道：「看看你。」

「羿哥，」嫦娥這時唯恐神羿再走，心中的焦急頓然沖走了其羞怯之情道，「你這般無情離去，難道你就不愛你嫦娥小妹嗎！」

神羿這時既愛嫦娥又怕她仍如甜妹，雖然他已看到嫦娥絕對不是甜妹，但他還不是真瞭解面前的嫦娥。為此有心的他不敢說愛，改口道：「妹妹長得那麼豔美，誰不喜歡。我當然喜歡了。」他用「喜歡」代替了「愛」字，以留待對嫦娥驗試之後再作定奪。

嫦娥雖然沒有得到滿意的回答，但神羿使用了「妹妹」一詞，已使細心的她心滿意足了，她覺得這與愛已是同義詞了。於是她頓呈嬌態，口中道：「羿哥，從今往後，你就甭走了。就與小妹住在一起，不行嗎？」

「小妹淨說傻話，」這當然不是神羿心中所想，但他仍是口不實言，故意一笑道，「羿哥巡天重任在肩，那怎麼可能呢！」

「那麼，妹妹心中有好多好多的話兒，要對羿哥講說。你讓小妹講完，再走好嗎？」嫦娥這時抓住時機道。嫦娥是機靈的，她要留住神羿對他傾訴其愛，以與神羿明定終身。

神羿心底摯愛嫦娥正欲驗試一番，以看嫦娥與甜妹是否有別。雖

然他看到了嫦娥與甜妹大不相同，但他還是要做驗試。如果有別，他也會對之傾其所愛的。於是他立刻答應道：「好吧，羿哥就待小妹把話說完再走。小妹有話就快說好了。」

然而神羿真要嫦娥講說了，嫦娥卻又一時不知從何說起，無言以對起來。神羿當然知道嫦娥要說什麼，而且為什麼又一時無言可說，為此他故意激將道：「小妹要是無話，羿哥這就走了。」

正在羞於啟齒的嫦娥驟聞此言，頓然大驚起來也大急起來。因為她要說的是「羿哥我愛你」，可她一個女兒家又怎能說得出口啊！就在之時，玉兔又恰好打破了僵局。只見牠突然用兩條後腿，站立在神羿與嫦娥之間，使用兩個前爪頻頻向一起合攏過來，用以表示說「她愛你，他愛你」。

難言的嫦娥眼見此景，面頰倏地紅得如同熟透的蘋果一般，扭將了過去。神羿見之終於道：「好妹妹，羿哥知道你的心了。」

羞怯的嫦娥聞聽此言，頓然高興得不待神羿說完道：「那麼羿哥，你……」

神羿避而不答，開始驗試嫦娥道：「羿哥想給小妹講個故事。」

「好，講吧。」嫦娥這時已經陷入愛的甜蜜之中，對神羿言聽計從道，「凡是羿哥講的，小妹都愛聽。」

「有一位姑娘，心中愛著一位小夥。但她心中雖愛，卻遲遲不對這位小夥講說。」神羿於是講起了甜妹與自己的故事道。他一邊說著，一邊仔細觀察嫦娥的表情變化。他看到他剛剛說到這裏，嫦娥已是抑制不住心中的急切之情，詢問道：「羿哥，那是為啥？」

「那位姑娘一心為了實現父親光耀門庭的心願，因而眼皮子總是向上翻，」神羿接著道，「行動總是往上扒。為此她寧可失去自己之愛。」

「太可惡了，那樣豈不成了其父的犧牲品。」嫦娥聞聽至此，憤

然道，「愛情至高無上，怎能摻進瑕疵。後來呢，羿哥？」

「後來一天，她突然聞知她愛的小夥就要飛黃騰達，便認定她光耀門庭的時機到了，即違背師規，」神羿接著道，「迫不及待地向小夥表達了愛情。可是她的蠢舉很快便被師父發現，結果鬧得小夥藝未學精，便與其一起被師父打下山來。」

「太可惡了！要是我是那位姑娘，」嫦娥聞聽氣惱道，「我寧可苦著自己，也一定要讓那位哥哥把藝學精，怎能那樣壞了哥哥的前程！」

「下山之後路遇不平，小夥出手相救。那姑娘為避事端，」神羿聽到嫦娥說到這裏，已是心中歡喜萬分。隨之繼續講說，以再作驗試道，「保得自己的前程，竟然苦勸小夥繞道而行。小夥出手之後，她袖手不助。」

「這太可惡了！如果此女被小妹前時遇上，勸得羿哥見而不救，焉有小妹的今日！」嫦娥聽到這裏義憤填膺道，「她若是我嫦娥，我一定勸說哥哥救助急難，並上前相助的！」

「更為可惡的還在後頭！小夥為此後來身遭陷害，官府惡神對那姑娘懸以厚利，」神羿講到這裏，也已心中氣惱起來道，「那姑娘竟為自己飛黃騰達喪心病狂，顛倒黑白反證小夥有罪，硬是把小夥投入了死牢。但她最終卻也沒有逃脫同樣的下場。」

「她活該，」嫦娥聽到這裏，也是氣憤至極道，「太可恨了！」

「小妹，這就是你羿哥先前的遭遇。那位姑娘名叫甜妹，」神羿講到這裏，見到嫦娥心地誠實始終如一，方纔心情稍寬，「唉」一聲慨歎，實言道，「她傷透了羿哥的心，羿哥不敢再愛任何姑娘了。」

嫦娥這時心中方纔明白，神羿心中也深深地愛著自己。他所以不敢也不願意表白於自己，原因是有了先前甜妹的障礙。為此她即不怠

慢，開口寬慰神羿道：「羿哥，你把小妹看成什麼樣的姑娘了？也像甜妹一般嗎？」

「不，如果我把小妹看得像那甜妹一樣，」神羿忙言道，「今日也就不與小妹講說這些了。你是個好小妹！」

「羿哥，你的遭遇太令小妹傷心同情了。」嫦娥聽到這裏，女兒家的細心卻也不由得使她生出了一絲猜疑道，「但甜妹身在死牢，你掛心她吧？如果那樣，你就快救她出來才對呀！」

「我怎能再救她出來！出來了，她還會再為了自己害及別個的，她太自私了。」神羿並未察覺嫦娥此問的深意，接著狠狠道，「我後來本可以一語放她出牢，但末了我想我把她從死刑釋為活刑，已是報答了她的愛情。可我為了不讓她再害及別個，要讓她永居牢獄之中。」

「羿哥，你這叫以其神之道，」嫦娥聽到這裏，方纔心疑盡釋道，「還治其神之身，給了她應得的下場呀！」

神羿肯定道：「我也覺得我對她並不過分。」

「羿哥，今日你我兄妹初涉愛河，你就對小妹講說這些做什麼呢？是驗試小妹之心吧？」嫦娥這時明白了神羿之意，隨著心機一轉反問道，「告訴你吧，羿哥，小妹決不是甜妹。小妹心愛羿哥決不是為了自己飛黃騰達，也不僅是因為哥哥是巡天天官。而是因為羿哥是一位身無點滴瑕疵的扶正袪邪大神。小妹愛羿哥，就沖著這一點啊！」

「不，不，羿哥此言並非不相信小妹。小妹父母行為高尚，為眾神崇敬。」神羿被嫦娥一語揭穿了用意，頓覺有些被動即言圓場道，「小妹行如父母，實使羿哥崇敬十分。哥哥所以講說這些，是因為哥哥把小妹視為知己，開口即吐心結所致。」

「羿哥，今日天已後晌，你巡天已是前去不成。」這時天已後晌，嫦娥見之又是心機一轉道，「我們先一塊兒返回家中，羿哥明日再去

巡天怎樣？」

「小妹說的也是，哥哥聽妹妹的。」神羿這時對嫦娥已是心兒越靠越近，特別是他初試嫦娥已覺雙方心思契投，為此他便答應下來道。言畢，即與嫦娥一起向尚儀村返來。

十、喜結連理

　　神羿與嫦娥一陣返到村中，天色已至將暮時分。眾村神都在擔心著他二神此去吉凶，正簇集在嫦娥家門前焦急翹望。這時眼見他二神攜帶玉兔，一道歡笑著返了回來，懸著的心方纔全都放了下來，歡快地迎了上去。

　　「快，快都回去準備酒菜，我們要開懷暢飲共度良宵。」嫦娥見之抑制不住心中的高興，即對迎上前來的眾村神高叫道，「以慶賀神羿天官除惡大勝，慶祝今後好日子永駐尚儀神界！」

　　眾村神眼見他二神歸來已是高興萬分，又聞嫦娥此言更是高興難抑，但只是一時不知真情心難滿足，紛紛詢問道：「嫦娥姑娘，你快說說神羿天官除惡的經過，讓我們也早高興一會兒！」

　　嫦娥聞聽眾神之求，遂把她與神羿前去的經過，原原本本地講說了一遍。眾村神聞聽這一巨大喜訊，頓然間全都高興得跳躍起來。跳躍一陣，便全都回家備酒烹菜，歡宴慶賀起來。

　　神羿除惡的巨大喜訊，給眾村神永遠解去了心頭的驚怕，帶來了永久的安心日子，為此他們陪伴神羿整整歡宴了一個通宵，天明了仍是不願散去。但無奈神羿要去巡天，歡宴的眾村神攔阻不住，方纔歡送神羿巡天而去。

「晚上早些回來，」嫦娥當然更是捨不得神羿離去一刻，可她也攔阻不得，只有口中叮嚀道，「我們都在等你！」

「請眾神放心，神羿去去無事就回。」神羿如此說著，即起身消失在了碧空遠處。可是神羿此去之後，不僅當天傍晚沒有回來，第二天仍是沒有回來。此後一連三天過去了，他還是沒有回來。

嫦娥日日傍晚舉首翹望，一連三日不見神羿回來心中大急。她雖然堅信神羿一定會回來，但說好的當晚回來，卻一連三日不回她怎能放心得下？她擔心神羿遇上了麻煩，性格耿直的他再遭不測。

但她也想到神羿或許又遇到了惡者欺負弱者，弱者需要扶助方纔遲遲未歸。然而嫦娥雖然想了很多，但她還是時時在為神羿擔心。轉眼在焦待中熬到了第四日傍晚，嫦娥仍是不見神羿回來，她更是放心不下，便站在院門外翹望不止。

如此在不知不覺之中，夜色已是深重起來，把翹首遙望的嫦娥籠罩在了其中。嫦娥焦心不已，絲毫沒有睡意，依舊佇立在那裏，向遠處濃重的夜幕中眺望，只待神羿突然歸來。驀地，一個身影出現在了嫦娥的視界之內，徑向其家門口走了過來。

「羿哥，你可回來了！你怎麼一去這麼多天如同數年，讓妹妹在家好等，也太讓妹妹懸心了！」嫦娥見之心中大喜，以為是神羿回來了，便禁不住一邊跑著迎了上去，一邊口中喊叫道，「你說的話怎麼就不記住，下次再要這樣，妹妹可就不依你了。」

然而，黑暗中嫦娥說著一陣迎到那身影跟前，卻聽到那身影送來了不是神羿的聲音道：「不，嫦娥姑娘。我不是神羿，而是王母娘娘哥哥的隨從，奉王母娘娘哥哥之命，前來傳信於你。」

「啊？王母娘娘哥哥的隨從，給我傳什麼信！」正喜的嫦娥驟聞此言，頓然驚愣在了那裏道。嫦娥當然震驚，她與王母娘娘的哥哥

絲毫沒有聯繫，其隨從怎麼會突然來到這偏僻的尚儀小村，給她傳信呢？她不敢想像這是好信，只敢去想這說不定是因為神羿送來的壞消息。不然，神羿為何食言四日不歸？為此，她驚愣在了那裏。

「我給姑娘傳來的信是，巡天天官神羿在三日前巡天途中，」就在嫦娥驚愣之中，自稱王母娘哥哥隨從的身影隨之道，「突然萌動歹心施惡一位少女，被我家主子擒獲打入了天牢……」

「不，這不可能。」驚愣中的嫦娥剛剛聽到這裏，便頓然發瘋般地大叫起來道，「這絕對沒有可能，神羿天官不是那種歹神！」

「一切都在變化之中，何況極易變化的天神之心呢！」那身影隨著道，「姑娘，你當然不會相信，可這是事實。」

「不，這不會是事實，這是誣陷。一定是又有歹神誣陷了哥哥，我要為他雪冤。」嫦娥聞聽更是不通道，「你家主子是王母娘娘的哥哥，我這就去找玉皇大帝，一定要為羿哥澄清黑白！」

這時，繫念神羿的眾村神聞聽嫦娥的叫聲，也都趕了過來。聽聞來神之言也都不相信道：「不，我們知道神羿天官，他絕不會行此邪惡！小子再敢誣言於他，我們就擰掉你的腦袋。」

「你們擰掉我的腦袋也沒有用，」然而，那隨從不讓道，「因為神羿確實被我家主子投進了天牢。」

「若是那樣，我們怎樣才能救出他來？」眾村神這才驚得不敢亂言，急問道，「大神快做指教。」

「我家主子派小神前來，是要小神說於嫦娥姑娘，要她證明神羿在此尚儀村中，也是行惡於嫦娥姑娘的。」那隨從這時故作神秘道，「如果嫦娥姑娘作出此證，我家主子就將嫦娥姑娘送進天宮，飛黃騰達……」

「此事壓根兒沒有，我豈能妄作偽證。」嫦娥聞聽頓然氣惱萬分道，

「如果我不作偽證呢？」

「小神來時，主子要我告訴你們，如果嫦娥姑娘不作此證，」那隨從繼續道，「他就要把神羿之罪殃及尚儀村神，全部捉拿是問。待問清楚，即與神羿罪囚一道明正典刑。」

「天啊，這是怎麼回事呀！我嫦娥的命為什麼這樣苦啊！我嫦娥不作偽證，又怎該殃及眾村神呀。」嫦娥聽到這裏，頓然如同遭到雷擊，發瘋般喊叫起來就要前去道，「不，不，不，你家主子在哪兒？我要去見他！」

「姑娘，」村中老神見之，急忙攔阻道，「去也不成啊！」

「不去又怎麼辦，老伯，王母娘娘的哥哥為什麼不公正呀？對，我找玉皇大帝去，」嫦娥這才冷靜下來，口中說著又要前去道，「我要為神羿天官講說清白，解救眾村神，除掉邪惡。即使我嫦娥粉身碎骨，也是值得呀！」

眾村神見之又急忙阻攔，但卻誰也攔阻不住。就在這時，一陣「哈哈」笑聲突然響在了嫦娥面前。發瘋般的嫦娥驟聞如此笑聲頓被驚呆，邁開的腳步陡地停了下來，因為她聽到這是神羿的笑聲。她不知道神羿的笑聲為何恰值此時，驟響在了自己耳邊。

是夢境，是心幻？剛才那隨從明明對她講說，神羿已被王母娘娘的哥哥打入了天牢呀！他怎能在此倏然之間出離天牢，來到了自己面前？是他逃出了天牢嗎？

而這發出笑聲者則正是神羿，他並沒有身受什麼誣陷被打入天牢，他巡天四日未回是故意所為。

這是因為，先前甜妹對他的刺痛太深了。甜妹當時對他說得那麼美好，那般山盟海誓，而且她還是與自己朝夕相處八年的師兄妹！後來她卻說變就變了，變得連自己都不認識了。

　　雖然他早已從嫦娥的父母和嫦娥本身看出，嫦娥實在是一位可愛的可以信賴的姑娘，絕非甜妹之流，但他還是害怕自己再碰上了甜妹之輩。為此他在尚儀山言講甜妹之事，對嫦娥初試之後心中雖然滿意，但還是對其放心不下。又在前日巡天路上想出了如此再試嫦娥之法，故意一連四日未回。

　　神羿當然知道愛著自己的嫦娥，定會因為自己遲遲不歸急得發瘋，但他為試嫦娥忍住心疼堅持著。堅持中他細作思想，又思謀出了派一小神假扮王母娘娘哥哥的隨從，前去假言剛才隨從之言的計謀。屆時自己則趁著黑暗躲在一旁，靜觀嫦娥之變。

　　神羿思謀之後付諸實施，遂演出了剛才那幕不該演出的鬧劇。嫦娥被試果然氣得發瘋，急要前去尋找玉皇大帝為神羿洗雪冤屈。使得躲在暗處的神羿更加看到了嫦娥的真誠，甜妹與之實在不可同日而語。為此他見嫦娥發瘋般就要離去，便立刻結束鬧劇現身一笑，攔住了欲去的嫦娥。

　　驚愣中的嫦娥隨後果見是神羿來到了面前，真個是頓然又驚又喜恍若隔世道：「羿哥，這是怎麼回事？你的歸來不是夢境，也不是幻覺吧？」

　　神羿看到由於自己這場鬧劇演得太過，嫦娥心受刺激太深，便心中大疼，急對嫦娥解釋道：「小妹，這不是夢境，也不是幻覺，這是真實！」

　　「這是真的？那麼快讓我摸摸你！」嫦娥聞聽神羿此言，方纔轉驚為喜道。說著，竟一頭撲進了神羿的懷裡。嫦娥撲進神羿的懷抱方信面前的真實，高興得一陣「咯咯咯」大笑起來道，「神羿哥哥，你不是受到誣陷，被王母娘娘的哥哥投進了天牢裡？怎麼這麼快又出來了？這太好了！」

「不，小妹，」神羿見到嫦娥被其所演鬧劇弄得心迷至此，更加心疼萬分，急忙繼續解釋道，「這一切都是假的。」

「啊？怎麼這一切又都成了假的？」嫦娥聞聽此言陡地止住笑聲，霍地從神羿懷中脫開道，「這究竟是怎麼回事？」

「這是哥哥仍不相信小妹，」神羿這時認真道，「設下的又一驗試小妹的餿計。」

「神羿，你滾！別看你是大英雄、大天官，可俺草野小女，也決不容許你這般戲弄！」嫦娥這時頓然火冒萬丈怒叫道。隨著，氣到極處的她竟然一掃溫柔之態，揮手「啪」的一巴掌結結實實地打在了神羿的臉上。

神羿當著眾村神之面挨此一巴掌並未氣惱，因為這一掌更使他看到了嫦娥對他的真誠。再者，他雖然心被甜妹所傷，但他又怎能把甜妹的罪過，惡作劇般地轉嫁到誠摯無辜的嫦娥身上呢！

為此他知道自己錯了，自己把這場鬧劇演得太過頭了，太對不起誠摯無瑕的嫦娥了。所以他不僅心中不惱，而且生出了對嫦娥的無限愧疚，竟然情不自禁地「撲通」跪倒在了嫦娥面前。

嫦娥正愣在那裏，她也不知道剛才何來那麼大的勇氣，竟然一掌結結實實地打在大英雄神羿臉上，這時正在用左手握住打了神羿的右手在想。她猜測不出神羿下步會怎樣舉動，或許他會當著眾村神之面挨其一巴掌不能承受，轉身從此離去。為此她又後悔到了極點，覺得左手中的右手火燒般地發起燙來。

就在這時，她突然看到神羿出其預料地「撲通」跪倒在了自己腳下，便再也抑制不住心中的激情，也急忙「撲通」跪倒在了神羿的對面。而且隨著伸出芳唇，心疼地吻在了神羿臉上挨打之處。

嫦娥的芳唇剛剛吻到神羿臉上，便聽神羿愧悔道：「小妹，羿

哥該打。是羿哥發瘋了，欺負了小妹。羿哥向你賠罪，以後再也不敢了！」神羿如此說著，便急忙攙扶嫦娥站了起來。這時，在旁眾村神懸著的心方纔放了下來。神羿見之深情道，「我對不起嫦娥姑娘，也對不起你們大家。我驚動了你們，這是我的罪過。大家饒恕小神一次，都快回家休歇吧。」

「天官巡天勞累，也早休歇吧。」眾村神也都知趣地說著，便一起回家而去。神羿也攜了嫦娥，回到嫦娥家中休歇下來。

愛情總需要波折，有了波折才能激起激越的狂瀾，蕩出美麗的浪花。使愛情變得更加豐富多彩，詭譎迷離。令愛的雙方人迷致幻，享盡愛的甜蜜。神羿與嫦娥之愛經過這場波折之後，變得甜蜜十分起來。隨後不久，他們便在眾村神的祝福聲中，結成了夫妻。

神羿與嫦娥成婚之後，恩愛如初，你謙我讓，日子過得十分甜美。神羿每天早早便出發巡視天界各處，傍晚準時回到家中。嫦娥則伴著玉兔為眾神採藥製藥，解除神疾。他夫婦一為扶正天官，一為除疾郎中，雙方格外受到眾神的愛戴和尊崇。

但是此後剛過兩載，天界突然出現十隻金烏違犯天規，一起飛上扶桑樹頂之事，卻改變了他夫婦的平靜生活，使得他們的日子由此變得動盪難安起來。所謂天上的金烏，就是人間的太陽，他們是天界東方大帝帝俊和其妻羲和的兒子。

天界東方大帝帝俊非為別個，乃是凡間稱為帝嚳的顓頊大帝之侄俊嚳。這帝嚳後半生步黃帝之後塵，到處尋仙求道。末了在求道訪仙的路上，病逝於今日山東曲阜。

帝嚳死後人們議論紛紛，因為帝嚳訪道求仙數十載，確已有了返老還童將成仙體之兆，怎麼又驀地身染重病，終究未免一死呢？為此有人說，神仙之道，究竟是虛無縹緲的，靠不住的。

有人說，帝嚳功候來到，大限已到，所以無可逃脫。有人說，成仙需要有仙骨仙緣，帝嚳大概不具備這二者。也有人說，帝嚳既然有志求仙，就應該靜心習練，方可收到效果。而他日夜為治世操勞，結果促成了他的早逝。

然而當時人們雖然這樣議論紛紛莫衷一是，卻誰也沒能把帝嚳的死因揭開。後來直到夏朝中衰之期，一班強盜偷掘帝嚳的墳墓，方見墓中空空洞洞已無屍骸。只有一把寶劍掛在墓中，見人入墓，頓然發出了龍吟般的嘯叫之聲。

至此人們方纔知道，帝嚳之死乃為屍解成仙飛昇天界而去，即仙家說的脫骨換胎之法。帝嚳死後成仙飛昇去了天界，玉皇大帝念及他大治凡界有功，便敕封他做了天界的東方大帝。

為了區別其在凡界的帝嚳之名，便取其名字中的「俊」字叫成了帝俊。帝俊赴任之前，玉皇大帝又念及天上的日月壽限將盡，生命將了，便把其兩位愛女羲和與常羲婚配給了帝俊，以讓他們生兒育女再造日月。

帝俊帶領羲和與常羲兩位嬌妻赴任東方天界之後，果然不負玉皇大帝之望，恰在舊時日月老去之時，再造出了新的日月。但只是他夫妻不是僅僅再造出了一日一月，而是羲和生出十個太陽兒子，常羲生出了十二個月亮女兒。

為了讓其兒女繼承舊時日月的責任，擔當起天上日月運行造福凡界的使命，帝俊便讓羲和引領十個太陽兒子，住在東方湯谷之中扶桑樹下。讓常羲引領十二個月亮女兒，住在西方大荒甘淵之畔。

帝俊安排好二位嬌妻和兒女們，便經常往來於東、西兩方之間，或者到東方凡界聚會他的那些五彩鳥朋友。帝俊在凡界的五彩鳥朋友，身上長著美麗的五彩羽毛，經常互相間面對面翩躚舞蹈。

　　帝俊也是一個舞迷，便經常前來參加牠們的舞會。他在凡界的兩座神壇，就都讓他的這些五彩鳥朋友替他管理著。這樣以來，帝俊便和子女們在一起的時間大為減少，自然就放鬆了對子女們的管教。

　　帝俊的太陽兒子和月亮女兒，都是必須嚴格按照天規行動的，稍有不慎就會給凡界造成巨大的災難。但是帝俊對子女們放鬆管教之後，他們的母親管教不住，一場巨大的災難，便由他的兒子們帶給了凡間。並且也把不平靜的生活，帶給了巡天天官神羿和妻子嫦娥。

　　帝俊的十個太陽兒子金烏，住的東方湯谷兩面懸崖壁立，不知高有千丈萬丈。谷中之水像湯一樣滾燙沸騰，故而又有湯谷和溫源谷之名。湯谷之中生有一棵大樹，樹名扶桑。扶桑樹身高數千餘丈，粗愈千圍。樹上枝繁葉茂，金烏們就住在上面。

　　金烏們住在扶桑樹上，是有著極其嚴格的天規要求的。即他們中只能有一隻住在上面的枝條上，其他九隻則只能住在下面的枝條上。這是因為便於牠們恪守天規，輪流交替出現在天空。

　　即一隻金烏回來了，就只能住在最下面的枝條上排班等待，而住在最上面枝條上的那只金烏，才能出去值班。這樣周而復始，輪流值班，秩序井然。並且進進出出，都由其母親義和駕著車子伴送。所以金烏雖有十隻，經常與凡界凡人會面的，按照這一秩序卻只有一隻，即一個太陽。

　　金烏們不僅住的規矩這樣嚴格，而且到天空運行，也有著嚴格的規矩。首先在天將黎明黑夜快要消失之時，終年站在扶桑樹頂巔的一隻玉雞，就率先張開翅膀一陣扇動，隨著口中便「喔──」地鳴叫起來。

　　玉雞一叫，凡界各處名山勝水之上的石雞，也都立刻跟著鳴叫起來，接著凡間的凡雞便也鳴叫起來。這時澎湃的海潮，就會應著「喔

喔」的雞鳴之聲轟然鳴響，催動一輪鮮潔的太陽，在澎湃的海潮和滿天的霞光之中湧現出來。

太陽出來了，他的羲和媽媽就替他駕了由六條龍拉著的車子，飛快地由東向西馳行。太陽從湯谷出來之後，每經過行程中的一個地方，便有一個代表時間的特別名目。

當他從扶桑樹上面的枝條上，昇到湯谷崖頂上時，叫做晨明。坐上羲和媽媽為他駕的太陽車子出發後，開始叫做朏明。然後到了曲阿地方，又叫旦明。就這樣在天空運行的太陽由羲和媽媽伴送著，直到悲泉地方媽媽才停下駕駛的車子，讓太陽下車自己走完剩餘的路程。

羲和媽媽在悲泉停車之後，本應立刻駕了空車返回，以備次日為第二個兒子送行。但羲和媽媽總是對離去的兒子放心不下，雖然剩下的路程不多，卻唯恐兒子調皮起來給凡界帶去了災難，便呆呆地坐在車子上，眼望兒子走向虞淵進入蒙谷。

然後看著兒子把最後的幾縷金輝，塗抹在蒙谷水濱的桑榆樹上。直到這時，羲和媽媽方纔放心地駕了空車，在晚涼的夜風中穿過繁星輕雲，回到東方湯谷，準備明日為第二個兒子送行。

帝俊的十個太陽兒子，就這樣每天由他們的羲和媽媽伴送著，按照規矩嚴格規定的路線和程序，輪流出去值班為凡界播送著溫暖和光明。但是帝俊的十個太陽兒子，開始遵行天規還好。他們都覺得有母親日日伴送，疼愛自己心中溫暖萬分。

但是時日一久，他們卻覺得日日輪流循規值班，實在乏味至極。特別是居住在湯谷谷底扶桑樹上，都感到天地狹窄天熱氣悶，遠不如值班時出此狹谷，心情來得暢快。

加之這時，其父帝俊又大多數時間不在湯谷居住，對他們疏於管教。為此他們便漸漸心無畏懼，橫生邪想，各個心思不遵母命，決計

隨意出谷昇空，海闊天空去作自由遨遊。心想至此，這日傍晚他們便趁著羲和母親未歸，湊到一起一陣商議，定於次日一早，大家共同昇空前去遊玩。

果然在第二天一早，他們便真的按照昨日議定之策，「轟然」一聲一起飛到扶桑樹頂，隨著歡天喜地地跳著蹦著，四散遨遊向了廣闊的天空。羲和媽媽這時正駕著空車等待陪送值班的兒子，突睹此景知道他們將要闖下大禍，便急忙大聲呼叫兒子們快快歸來。

然而，她的這些頑皮兒子正想盡享天空自由之樂，誰也沒去理睬她的焦急喊叫。眾金烏無拘無束地在空中遊玩一天，晚上歸來暢談之後大家玩興更濃。為此他們仍是不聽母親羲和晚間的苦苦勸阻，次日一早又一起結伴昇空，去盡享起了天馬行空般自由無羈之樂。

在享樂之中，他們十兄弟共同出現在天空之中，便給凡間大地送去了太多的光明和溫熱。眾凡人承受不住，他們便成了凡界大地之上，出現的眾多舉手指點他們之人。

但是他們目睹此景，卻沒有意識到這是地上凡人在祈告他們退去，指責他們不該這樣妄違天規，而以為是在對他們的共同出現表示歡迎，為此便玩得更加歡暢起來。

就這樣，天空成了十隻金烏橫行無羈的自由世界，使得正值帝堯之時的凡界地面之上，再也找不到一點陰涼的影子，到處都在強光輝耀之中。

眾太陽播送的濃烈光熱，把土地烤焦，把禾苗曬枯，把水燒沸，甚至把耐熱的砂石也都快要曬熔化了。人們更是熱得喘不過氣來，身子覺得都快要沸騰，實在到了快要發瘋的境地。

神羿在巡天途中看到了天空和地上的這般情景，心中即對施惡凡界的眾金烏氣惱萬分。他當即去到一隻隻金烏面前，勸說他們莫違天

規返回駐地，以免為凡界造成更大的災難。

但是眾金烏仗著自己是玉皇大帝的外孫，正在享受自由之樂，興趣未盡，當然不把神羿的勸說聽進耳中。相反卻是一陣笑言道：「你是誰？膽敢前來阻攔我們！」

「我乃巡天天官，玉皇大帝的欽差大臣！」神羿聞聽大惱，厲喝道，「你們這般妄違天規施惡凡界，我這就可以處罰你們。」

「處罰呀，你處罰了我們，我們外公隨著就會來處罰你。我們看著你來處罰！」正在戲耍的眾金烏這時全向神羿圍了過來，聞聽道。隨著一陣「哈哈」譏笑，猛地又一起扇起翅膀，發出了更強的光熱。立刻之間，神羿看到凡間地面紅光四迸，頓有幾處山林起火，幾座高山崩塌。

眼見至此神羿看到自己勸說無效，他們不聽反會給凡界造成更大的災難。為此他便不敢再勸，加之天已將暮，只有強抑氣惱返了回去，以待明日奏稟玉皇大帝再做定奪。

十一、神羿生怒

「羿哥有什麼事這麼不順心，竟然慍怒滿臉，」神羿心懷氣惱回到尚儀村中，正在門外等待他歸來的嫦娥看到他臉色難看，急忙詢問道，「眉頭緊擰？快對小妹說說，消消氣。」

「這事看來難辦了呀！」怒氣未消的神羿聞聽嫦娥此問，方纔歎一口氣道。說著，便攜嫦娥回了屋中。

「羿哥從來不畏艱難，今日究竟有何事難住了羿哥？」進屋坐定，嫦娥不知神羿講說何事難辦，又問道「羿哥快說，看看小妹能否想出解除之法。」

「我為此已經想了一路，」神羿這才把眾金烏妄違天規，漫遊天界施惡凡界，自己勸說無功之事，對嫦娥無奈地講說了一遍道，「也沒有想出再去制止之法。」

「是呀，羿哥沒有辦法也得想出辦法呀！羿哥身為巡天天官，肩負治除天界邪惡重任。」嫦娥聞聽也是無奈，只有勸言道，「金烏妄違天規，施惡凡界，羿哥如果制止不住，玉皇大帝追究下來，羿哥可是責任重大呀！」

「不僅如此，再這樣下去，凡界凡人也耐受不住。」神羿這時無奈慨歎道，「好好一個偌大的凡界，就要遭受毀滅之災了！」

「凡界凡人都是玉皇大帝的外孫，他女兒女媧的子孫。」嫦娥這時更覺神羿責任重大道，「要是天上出事凡界凡人毀滅，這事實在是太大了！」

「可是，這天上的金烏也是玉皇大帝的外孫，他女兒羲和生養的呀。」神羿更是無奈道，「而且玉皇大帝又十分喜愛他這十個金光耀眼的外孫，視為寶貝呀！」

「是呀，這可就難辦了。」嫦娥聽到這裏，也是更覺無奈道，「這事難道玉皇大帝就不知道嗎？」

「他怎能會不知道。」神羿隨著肯定道，「金烏的一舉一動，他都會知道得一清二楚。」

「那他為什麼不管？」嫦娥這時不解道，「他也是繫念凡界凡人的呀！」

「這就是羿哥的為難之處了。玉皇大帝明明知道，」神羿這時也是不解，因而無法回答道，「卻又不管此事。這不是明擺著，是要放縱他的這些寶貝外孫嘛。」

不解之中，正義滿腔的嫦娥，卻脫出了無奈拿出了主見道：「玉皇大帝不管，羿哥你也要管！不然你也不管，任憑眾金烏在天界遨遊，凡界凡人就斷了活路了！」

「我難就正難在這裏。我要管，可又管不了。」神羿立即氣惱道，「眾金烏根本不把我放在眼裡，牠們有恃無恐啊！」

「那麼羿哥明天就去上稟玉皇大帝，讓他做出定奪，」嫦娥這時堅定道，「管住金烏，拯救下界。」

「可是從玉皇大帝的態度看，我去稟報他會喜歡嗎？」然而神羿犯難道，「我這是去告他心上的寶貝外孫，會有好處嗎？」

「羿哥，救難如救火，凡界凡人之難急需救助啊！為了救助凡界

凡人，我們不能顧及自己有沒有什麼好處，也不能顧及玉皇大帝高興不高興了！」嫦娥依舊堅心不移道，「他不高興，羿哥你也要說，將著他的軍也要讓他下令懲罰金烏。這是為了凡界凡人，不是為了咱們自己呀！」

「小妹，你真是我的好妻子！好，羿哥就照你說的辦，明日上稟玉皇大帝。我想，他身為宇宙主宰，」神羿本為扶正袪邪嫉惡如仇之神，這時聽到嫦娥說到這裏，終於愁顏綻開笑了起來道，「無論心有何想，也不會不應的。因為咱行此舉，正如小妹所言，也是對玉皇大帝一片忠心呀！」

「羿哥這就對了，我們應該相信玉皇大帝是聖明的，他是不會誤會咱們的忠心的。」嫦娥聽到這裏，方纔「咯咯」笑了起來道。隨著，他夫婦一起休歇下來。

甜夜易過，轉瞬天明。嫦娥繫念凡界之災，早早便起身催促神羿上路。神羿也不耽擱，一陣準備妥當，便起身徑往天宮稟報玉皇大帝行去。神羿一陣急行來到天宮靈霄寶殿，便要求見玉皇大帝。

「愛卿今日不巡天界，前來天宮求見於朕，」玉皇大帝聞知即宣神羿進見，見到神羿即問道，「不知欲稟何事？」

神羿正在叩拜聞聽玉皇大帝此問，立即開口把十隻金烏妄違天規竟現天空，凡界蒙受巨災，自己勸阻不住的事兒，稟報了一遍。玉皇大帝當然早已知道此事，但正如神羿所料，他格外疼愛這十隻金烏外孫，因而對他們妄違天規施禍凡界之舉，一直裝聾作啞不作追究。

這時神羿金殿奏本，作為宇宙主宰的他當然也裝聾作啞不得，需要對金烏妄違天規之事作出處置。如果他不作處置，此後天規失禁就要壞去天界秩序，進而危及他的天帝寶座了。

可他要對眾金烏作出處置，卻又心疼他們有所不忍。為此他聞聽

神羿此奏心中甚是不快,隨著也只有無奈中思謀一陣,下旨令神羿代為宣示,著眾金烏恪守天規,退回湯谷。

神羿接過聖旨心中高興,因為玉皇大帝果如嫦娥所言是聖明的,他雖然疼愛其外孫,但為了天界的秩序聖明的他還是不徇私情,知道自己的一片耿耿忠心的。為此神羿高興之中便不怠慢,立即告辭玉皇大帝飛離天宮,徑向眾金烏宣示聖旨而來。

眾金烏又如昨日一樣,已是早早地躍上天空。這時他們正玩到興頭之上,陡見神羿又到已是心中氣惱起來,聞聽神羿所傳聖旨更是勃然大怒道:「一定是你小子壞了我們的好事,是你稟報的我們外公!」

怒到極點之時,他們竟然聚在一起圍起了神羿,非要殺死神羿不可。神羿當然也不示弱,仍舊據理力勸眾金烏們。眾金烏則是有恃無恐,竟對神羿又抓又啄,一陣已是把神羿抓啄得渾身是傷,遍體是血。

神羿雖然神功高強,且有功蓋天界的射技,但由於面前金烏是玉皇大帝的寵孫,玉皇大帝沒有傳下懲罰聖旨,他身受攻擊心中雖惱卻也不敢動手。如此以來眾金烏更加有恃無恐地欺辱神羿,硬是一陣追撞把只是躲避不去還手的神羿,又抓又啄地撞回到了尚儀山中。

神羿避到尚儀山中之時,天已將暮。眾金烏雖然膽大妄為,卻也不敢再怠改變天時晝夜,為此他們便急忙忙返歸湯谷而去。神羿見之心中雖惱,卻也只有忍氣吞聲暫且返回家中。

神羿一到家中,便立刻驚呆了嫦娥,他渾身是傷遍體是血啊!過去片刻,嫦娥方纔從驚愣中清醒過來道:「羿哥,你這是怎麼了?是受了玉皇大帝的懲罰嗎?」

「不,玉皇大帝雖寵金烏卻也畢竟聖明。他聞稟不僅沒有懲罰於我,還降旨命我傳示眾金烏返回湯谷。」氣惱的神羿聞聽嫦娥此問道,「但不料我去傳旨之時,卻受到了眾金烏的攻擊。牠們硬是一起抓啄,

把我弄成了這個樣子。」

「羿哥神功蓋世，眾金烏阻撓羿哥代天傳旨，」嫦娥聽聞大為氣惱道，「羿哥就沒有狠狠地教訓他們一頓嗎？」

「沒有。眾金烏非同別個，得罪不起呀！我看得出來，玉皇大帝雖然降下此旨，顯示了聖明，」神羿無奈道，「卻對之並不真正氣惱，乃是不得已而為之。如果我再動手傷及金烏，事情就不好交代了。」

「羿哥，這次你為什麼變了先前的性格？你動手打死他們一個呀，」嫦娥聞聽，更是大惱道，「是他們阻礙你前去頒旨。再告他們之罪，將事情鬧大就好辦了。」

「我想明日再去稟報玉皇大帝，」神羿這時按照自己之想道，「讓他再做定奪。」

「羿哥既然知道玉皇大帝對眾寵孫下不了狠手，為什麼就不幫他一把，讓他快些處罰眾金烏，解救凡界凡人！」嫦娥先是氣惱地說著，隨之講起自己今日之見道，「今日羿哥走後，我坐在家中看到十隻金烏在空中任意遊耍，便更加為凡界凡人焦愁，舉目看向了遼闊的凡界。」

「凡界如何？我只顧上稟傳旨，」神羿聞聽至此，立刻掛心萬分詢問道，「沒有顧及看向凡界。」

「凡界凡人對空中連日出現的十個太陽，再也忍受不住了。」嫦娥眼見善扶弱者的神羿對凡界這樣掛心，繼續講說道，「他們面對猙獰可怕太陽的火熱炙烤，雖然忍受不住，卻也沒有別的辦法。」

「太悲慘了！」神羿為凡人心痛萬分道，「他們哪有能力抗拒上天呀！」

「是的。他們只有按照凡間習俗，把一個名叫女醜的有名女巫，」嫦娥繼續道，「抬到帝都附近的一座小山坡上去曝曬，以為這樣天就

會下雨解除炎熱。」

「女醜？」神羿詢問道，「就是凡界那個有很大神通和本領的女巫吧？」

「是的。她經常騎了一隻獨角龍，巡行在凡間的九州原野。」嫦娥回答道，「這獨角龍也叫龍魚，又叫鱉魚。牠長有四條腿，形狀有點像鯢魚，就是一般凡人說的娃娃魚。但牠比一般的娃娃魚要大得多，同時也兇猛得多。」

「噢，」神羿心中一奇道，「你知道得那麼清楚！」

「這種奇怪的魚，原本是生長在海裡的。但牠卻又能居住在陸地上，因而有水陸兩棲之能。」嫦娥則是繼續道，「牠很大，能把凡間的船吞進肚裡。牠的脊背和肚子上長有三角形的尖刺，是牠和對手作戰時使用的利器。」

「牠還能作戰，」神羿又作詢問道，「還有武器？」

「是的。不僅如此，牠一出現在海面上，大風大浪就會伴隨而來。女巫為此經常騎了牠，乘雲駕霧，飛騰天空，在九州原野巡行。」嫦娥向下講說道，「除此之外，女巫還有一隻大蟹聽候差遣。那大蟹生長在北海之中，其脊背也有千里廣闊。」

「你講說凡界凡人的情形，」神羿聽到這裏，突然聽不下去了道，「怎麼老講起了女巫之事。女巫又怎麼著？」

「我是說女巫的情形，」嫦娥道，「是十分淒慘的！」

「怎麼淒慘？」神羿急問道，「你快說說。」

「凡間凡人為了祈雨祛熱，今天上午選派一群黑瘦之人，頑強地頂著強烈陽光的曝曬，疲憊不堪地舉著旗幡，」嫦娥隨之接著道，「敲打著鐘磬，簇擁著女巫乘坐的用樹枝和藤羅編成的彩轎，到帝都附近的一座小山坡上去祈天。」

「祈天有什麼淒慘的！」神羿一時不解道，「值得你這樣講說。」

「女巫身穿青色衣服，扮作旱魃的模樣，端坐在彩轎裡面。她仰著黃瘦出滿汗水的油亮面孔，舉目望向天空，」嫦娥為了講說自己所見，對神羿之言聞若未聞，繼續道，「嘴裡喃喃地祈禱不停。從她那顫抖的聲音和不安的眼神中，可以看出其心中充滿了虔誠與恐懼。」

「後來呢？」神羿這時又問道，「他們後來又做了些什麼？」

「後來人們到了小山坡上，由於耐不住十日並出的酷熱，便急忙做起了法事。」嫦娥向下講說道，「他們先是在鐘磬的敲打聲中跳啊叫呀，跳叫過後便把女巫從轎中抬了出來，放在山頭祭壇上讓她一個人去曬火熱的太陽。」

「這就苦了那女巫了。」神羿這時同情道，「太陽那麼毒辣，她怎麼受得了呀！」

「是的。其他人由於耐受不住十日的酷熱，全都四散開去，躲在了附近的岩洞或樹穴裡。」嫦娥這時繼續講說自己所見道，「等待奇跡的發生，即眾太陽隱去和酷熱消退。並監視著女巫防其受不住曝曬，逃跑開去得罪了上天。」

「多麼虔誠的凡人哪！他們對上天這般虔誠，」神羿聽到這裏，不禁慨歎道，「可是玉皇大帝卻只顧縱容其寵孫，而不去顧及虔誠的他們。他們太可憐了！」

「是呀，結果在他們的虔誠等待之中，一個時辰過去，」嫦娥接著道，「兩個時辰過去，天空中除了十個逞威的酷熱太陽，卻一絲兒雲影也沒有。」

「雲會生出個屁，生出一點兒也會被他們曬跑了去。」神羿這時勃然大怒起來道，「可惡的金烏，看來將他們趕回湯谷不得，就只有除掉牠們了。」

「可憐那跪坐在祭壇上曬太陽的女巫，」嫦娥繼續道，「神通這時也不知道都跑到哪裏去了。」

「這怎能怪罪於她，她一個小小的凡間女子，」神羿仍是怒氣不息道，「竟能這樣被十個太陽毒曬兩個時辰，已經是太難能可貴。他們對上天也是太虔誠了呀！」

「是呀，可憐的女巫至此，終於虔誠到了獻出性命的境地！起初，還看見她跪在那裏頭上臉上冒著油汗，」嫦娥同情萬分道，「口中喃喃不停地念著祈禱之語。隨後，便見她伸長了脖子，半張著嘴巴一口一口地喘氣。」

「再後來呢？」神羿立即詢問道，「怎麼樣？」

「再後來，只見她舉起兩隻手臂，用其寬大的袍袖蒙上了頭和臉。躲在別處的人們，正想前去勸告她放下蒙上頭臉的袍袖，」嫦娥隨之道，「因為這樣做不符合求雨的規矩。但卻見女巫的身子，像喝醉了酒般地左右晃了幾晃。隨著忽地仰倒在了地上抽搐兩下，就再也動彈不得了。」

「她死了，」神羿心痛萬般道，「她虔誠地死去了呀！」

「是的。躲在遠處的人們跑上前去一看，女巫已被十個兇惡的太陽曬死了。死時所以用袍袖遮住頭臉，是她實在耐受不住太陽的曝曬所致。」嫦娥道，「女巫死了還罷，更可憐的是女巫死後，凡人更加陷入了絕望。因為著名的女巫本領這般巨大尚且求天無功，他們普通凡人誰還能夠再有高招啊！」

「凡人如此受難，」然而，神羿這時也是無奈道，「玉皇大帝疼愛金烏眾外孫，這事真難辦呀！」

「難辦也得辦，羿哥。」嫦娥心中這時救難之情驅切澎湃道，「凡人所受的災難，不僅是這酷熱之災，還有凶獸惡怪的殘害呀。」

「何以如此？」神羿聞聽，心中陡然一驚道，「牠們不怕十日酷熱嗎？」

「正因為凶獸惡怪也是耐受不住酷熱，便紛紛從火焰般的森林中，或者從沸湯般的江潭裡跑了出來，暴虐地發洩著牠們耐受不住的暴烈性情，」嫦娥道，「在凡界各處殘忍地戕害已經耐受不住酷熱的凡人。凡人們在耐受不住十日的酷熱之外，又受到眾多凶獸惡怪的暴虐殘害，實在是活不下去了！」

「是呀，」神羿聞聽至此，頓然大急起來道，「這十日並出這事的解決，實在是不能再拖下去了。」

「比如，我看到在凡間南方雲夢大澤西岸，從澤中沸燙的水中跑出一條巨大的毒蛇。」嫦娥繼續講說道，「那毒蛇長愈百丈，躺在地上身子比房屋還高。張開嘴來，比房屋門口還大。」

「噢，」神羿這時吃驚道，「那太厲害了！」

「是呀。為此牠所到之處，不僅房屋為之崩塌，就是山嶽亦為之動搖。」嫦娥向下講說道，「牠碰上凡人，一口一個連骨骸也不吐出一根。幾十個凡人，還不夠牠飽食一餐。」

「這可惡的毒蛇，」神羿這時大惱道，「凡人怎能對付得了！」

「不僅這樣，那可惡的毒蛇口中還充滿毒氣，牠噴射出來，」嫦娥接著道，「凡人在幾十丈外都聞之即死。被牠害死吃掉的凡人，今日一天我見到的就不下數百。」

「凡人這樣受害，凡間那個住茅草屋，吃糙米飯喝野菜湯的聖天子帝堯呢？他不是聖明得很，一心為民嗎？」神羿聽到這裏突然心中一明，由天上的玉皇大帝想到了地上的天子帝堯，立刻怒不可遏地詢問嫦娥道，「他為什麼不顧念凡人，不除此邪惡，不祈禱上蒼讓玉皇大帝管教他的外孫，解救凡人倒懸呢？」

「帝堯不僅也沒有辦法可施，而且他比一般凡人心中更苦萬般，他的痛苦是肉體和精神兩方面的。」嫦娥繼續講說道，「首先，他也是凡人中的一員，他的身體也像普通凡人一樣，承受不住十個惡毒太陽佈下的酷熱。」

「還有呢？」神羿隨之詢問道。

「其次，他愛凡人像愛自己的兒女，」嫦娥回答道，「如今凡人陷在了可怕的巨大災難之中，他無法解救，心中該是多麼痛苦呀！」

神羿剛才如此講說，實際是借著講說凡間的帝堯，諷刺天上的玉皇大帝。嫦娥對之一時沒有理解，向其講說了這番話語。神羿聽了當然仍是心中怒氣難消，因而繼續怒言道：「那麼他與玉皇大帝相通，他可以祈禱上蒼，讓玉皇大帝聽到他的聲音，快快管教他的外甥呀！」

「他祈禱了，而且我見到他一連祈禱了兩日。特別是在女巫曬死之後，無奈的他心中重負更沉，」這時，嫦娥仍是不解神羿之意，繼續講說自己的所見道，「焦愁難過之中祈禱更加虔誠，祈禱之聲也更高了。多麼可憐的凡間天子呀，他作為凡間上天的兒子，既與上天相通，玉皇大帝也該是能夠聽到的呀，可他怎麼仍是聽而不聞呢？」

神羿這時仍是怒氣難消，隨著說出自己之想道：「聖明？聖明什麼！輪到自己或者自己的親屬頭上，他就不聖明了。誰又能心中沒有點滴私瑕呢！」

「羿哥，凡界凡人遭難嚴重，我們不能再去顧及玉皇大帝的聖明與否，」嫦娥聽到這裏，方纔理解神羿詢問帝堯舉動之意，隨之勸言道，「也不能顧及到他的親屬了。救人如救火，羿哥明日就再上朝堂，上稟玉皇大帝吧。」

「哥哥心中當然也與小妹一樣火熱，但主上聖明不夠，我上稟結果難料，解救凡界凡人難成啊！」神羿這時心中雖然堅定，表面卻故

作犯難之態道，「不然，我神羿早張神弓，把那十隻金烏全都趕回湯谷了。可是玉皇大帝無旨，羿哥區區一介巡天天官豈敢啊！救難難，扶正難呀。」

就這樣，嫦娥與神羿夫婦心急凡界之難，轉眼已是議論一宵到了天明。眼見天明，他夫婦更是坐身不住，神羿欲起身出發，嫦娥便也起身催促起來。神羿於是起赴天宮，嫦娥則送了又送，連囑神羿自己在家等待好消息的到來。

神羿於是一陣來到靈霄寶殿玉皇大帝面前，即把自己傳旨眾金烏不遵，凡界凡人苦痛難忍的情形，原原本本地稟報了一遍。玉皇大帝對天凡二界的情形，這時除了聞聽神羿稟報之外，凡界的帝堯和女巫，以及眾凡人的虔誠祈禱之聲，也早都傳進了其耳中。同時他也已經察覺天宮眾臣，也都對此事議論紛紛似生騷動之象。為此，他聞聽神羿此稟即言道：「什麼，眾金烏竟敢不遵朕之御旨？」

「啟稟陛下，眾金烏不但不遵御旨，而且還罵都是臣下搗的鬼，」神羿剛剛稟報完了，正在凝心等待玉皇大帝對自己之稟作出回應，聞聽此問覺得玉皇大帝心思有變，遂心情轉喜覺得有望道，「同時抓啄圍攻臣下。臣下這身傷痕，即是他們抓啄所致。」

「陛下，眾金烏如此妄違天規，如果不加嚴處，後日何以服眾。」神羿剛剛講說完了，早已抑制不住心中氣惱的眾天官們，也紛紛上前啟奏支持神羿道，「陛下，你快頒聖旨，懲罰眾金烏並把他們趕回湯谷去吧。不然，凡界凡人就有死傷淨盡之險了！」

「陛下，眾天官言之有理。」神羿眼見眾天官支持自己，便急忙上前一步「撲通」跪倒道，「為救凡界凡人，陛下就快頒御旨吧。」

「神羿，你已代朕向眾金烏傳旨一次。」玉皇大帝這時心中雖然仍想庇護自己的寵孫，但他看到眾天官一起奏本，自己不傳御旨懲罰

眾金烏無以退朝，便思謀一陣勉強傳下聖旨道，「現在朕命你再去代朕執法，懲處金烏。並著令愛卿下界，扶助凡人。」

然而，神羿聞聽並不心喜。因為玉皇大帝無奈之中雖頒此旨，此旨卻並沒有具體講說要自己如何執法，怎麼懲處妄違天規的眾金烏。如果眾金烏仍是不聽自己之勸，自己就對眾金烏仍是沒有處置之法。

「陛下，萬一眾金烏仍不遵旨，臣下該怎麼去辦？」為此他不敢怠慢，立即開口毫不含糊奏問道。玉皇大帝本想頒過這道含糊聖旨，神羿離去此事便告完了，卻沒想到神羿竟然毫不含糊追問至此。

「愛卿便宜行事便了。」為此玉皇大帝聞聽此問心生氣惱，對神羿開口怒言一聲道。他認為神羿膽子不論多大，也定然不敢妄殺其金烏眾外孫，隨著便甩袖退朝而去。神羿仍是未得確切答覆，並且也看出了玉皇大帝的氣惱，但玉皇大帝已去，他也無法再問。

無奈之中為懲金烏拯救凡人，神羿便也只有即離天宮，徑尋金烏傳達御旨而去。然而他見到眾金烏一番傳達，他們不僅仍是不遵御旨，並且更是不把神羿放在眼裡，又是一陣「嘎嘎」訕笑起來道：「天官大神，你不就是又去告了我們的御狀嘛，但這又能奈何我們什麼呢！」

神羿本來心中就窩滿了氣惱，並且又為凡界凡人焦急。為此看到眾金烏這般情狀，他便再也抑制不住心中的氣惱，立即開弓搭箭，「嗖」的一箭射落了一隻正飛的神鶴。隨之指鶴警告眾金烏道：「玉皇大帝已令本神對你們便宜行事，如果你們再不返回湯谷，明日再敢一起出來妄違天規禍害凡界，本神對你們就不客氣了！」

眾金烏雖然眼見神羿突然射落神鶴心中吃驚，因為他們也都知道神羿射技高絕，真的激得他發起怒來射向了自己，他們也是抵擋不住的。但旋即，他們又想到神羿雖然射技再高，卻也數日來不得不對他

們一勸再勸，一忍再忍，不敢施用其技。神羿所以這樣，正是因為對他們心有顧忌不敢動手。

為此他們便又全都有恃無恐，譏訕起了神羿道：「天官的射技果然精絕，但怎麼只敢射向神鶴，而不射向我們？啊，有種你瞄準我們射呀！」

「我的箭射不射向你們，全看你們自己。今天我正告你們，」神羿這時雖被激得心中更惱萬分，但他還是抑了又抑氣惱道，「我的忍耐是有限度的，不信咱們走著瞧。我勸你們從今往後好自為之，若不聽勸就甭怪本神不客氣了。」

神羿如此言畢，便頭也不回地向尚儀村家中返去。其身後，當然又傳出了眾金烏對其言毫不在意，「嘎嘎嘎」一陣訕笑之聲。

165

十二、赴鬥巴蛇

　　嫦娥正在家門外焦急等待神羿歸來，她十分關心神羿此去天庭的結果。如果玉皇大帝聞稟之後即做決斷，嚴懲妄違天規的眾金烏，責令他們立刻返回湯谷，從此不得再違天規，那樣一切難題就全都解決了。不然，不僅凡界凡人災難難除，神羿的巡天天官也就不好擔當了。

　　為此，她焦急地等待著神羿歸來，從上午等到了下午。這時眼見著天至後晌時分了，還是不見神羿歸來，心中實在是焦急到了極點。突然，她看到了姍姍歸來的神羿，便禁不住心中的高興，急忙迎上前去，並且遠遠地便開始喊叫起來道：「羿哥，你可回來了。此去上稟天庭，討來了玉皇大帝嚴懲金烏的聖旨嗎？」

　　「走吧，到家再說。」正行的神羿聞聽嫦娥此問，不禁「唉」地長歎一聲道。嫦娥聞聽神羿此言睹其情狀，正喜的心陡地涼到了極點。她從神羿的話語情態中，感受到了事情難如其想，可一時又不想再問，便隨神羿一道返回了家中。到了家中神羿方言道，「聖明的玉皇大帝，輪到自己頭上也就難以聖明了。」

　　「怎麼？難道玉皇大帝仍是不頒聖旨懲處金烏？」嫦娥於是急問道，「這樣下去，天規怎保尊嚴，凡界巨災怎除呀！」

　　「話，我與眾天官全都講說完了。」神羿冷冷道，「但是玉皇大

帝還是心中護著其寵孫們，只頒發一道含糊不清的聖旨。」

嫦娥忙問旨意，神羿便對之講說了一遍。嫦娥又忙追問道：「這樣羿哥怎去執行？羿哥怎麼不問個清楚？」

「那聖明的玉皇大帝這樣含糊言說完了，」神羿無奈道，「便立刻退朝去了。我哪有機會再與之言說。」

「這樣，聖明的玉皇大帝，」嫦娥這才無奈道，「就果真有失聖明了。」

「正因為他有失聖明，我硬是堅守天規對之直言，可以看得出已把他逼得不耐煩了。」神羿接言道，「但只是不耐煩中他也無奈，方纔違其心意頒下這道含糊聖旨，仍是為了庇護他的寵孫們呀。」

「這個，小妹看也好辦。他不是要你便宜行事嘛，你就來牠個便宜行事。」嫦娥聽到這裏，心中頓然氣惱起來道，「如果眾金烏仍然妄違天規，為保天規尊嚴，救助凡界之苦，你就嚴懲於他們。射傷他一隻兩隻，以警眾金烏改過。」

「舍此，也實在沒有它法了。但只是這樣做了，」神羿這時無奈道，「就更是違背了玉皇大帝之意，使他惱怒於我了。」

「違背就違背，羿哥是為了維護天界尊嚴，解救凡界倒懸，」嫦娥聞聽鏗鏘道，「耿耿忠心可昭天界，我想他玉皇大帝終究是會明白的。」

神羿也是嫉惡如仇，非除邪惡不可之神，心中當然也已早有此想。但只是玉皇大帝對其壓力太大，方纔不禁口出剛才埋怨之言。這時聽了嫦娥之言，頓然堅定起來道：「小妹所言極是。羿哥不僅這樣想過，而且也已經是這樣做過了。但只是心中疑慮難解，方纔口出剛才埋怨之言。」

嫦娥頓然心喜道：「羿哥怎麼說已做過了？」

　　「走出天宮我心中氣惱，便即去對眾金烏再傳玉皇御旨，讓他們返回湯谷，不得再違天規。我本想眾金烏又聞御旨必然驚怕，但不料他們不僅有恃無恐仍是不遵，」神羿於是講說道，「反更譏我無奈笑我奈何他們不得。我心中正惱眼見此景，便立刻拈弓搭箭「嗖」地射落了一隻神鶴，警告他們如果今日不即返回，明日敢再妄為，當如此鶴！」

　　「好，羿哥這一警示做得好。但不知眾金烏視之若何？」嫦娥聞聽大喜詢問道。神羿這時聞聽嫦娥此問心中更惱，即將眾金烏對他譏笑之言，和他對眾金烏的警告之語講說了一遍。

　　「是呀，玉皇大帝未頒御旨，如果羿哥真的射殺一兩隻金烏，」嫦娥聽完，也是不禁陡陷沉思道，「寵其外孫的玉皇大帝定會不允的。那樣，事情就要鬧騰大了。」

　　「事情因此就為難了！陛下護著金烏，凡界要求射殺金烏，我夾在中間雖想匡扶正義，」神羿因而無奈道，「但又該怎麼辦才好呢？如今看來，不真的射殺他一兩隻金烏，是不行了。」

　　「這樣辦，羿哥。咱們來它個有理有據，」嫦娥這時經過一陣沉思，已是心有計謀道，「到那時再射殺金烏不遲。他玉皇大帝雖然護著金烏，也是無法奈何羿哥的。」

　　「怎麼個有理有據？」神羿聞聽嫦娥此言，頓然愁顏綻開心中驚喜道，「小妹快講。」

　　「既然玉皇大帝給你有便宜行事之旨，你就可以在必要的時候，」嫦娥這時認真起來道，「射殺妄違天規的金烏。但在射殺之前必須準備充分，給予金烏們改過之機。」

　　「小妹是說，」神羿聞聽心明道，「連續警告金烏？」

　　「正是。羿哥前時警告之舉做得甚是，明日羿哥可以再行警告金

烏，並對之講以三日期限。」嫦娥繼續認真道，「如果他們三日之後，仍是妄違天規不思悔改，羿哥第四日對他們便宜行事射而殺之。玉皇大帝追究下來，羿哥也就有理可辯了。」

「看來，」神羿思慮片刻，仍是無奈道，「也只有施此一法了。」

「那麼，羿哥明日一早再行警告金烏設定時限之後，我們便可即遵玉皇大帝之令，」嫦娥見神羿同意自己之想，便隨著又說道，「下臨凡界扶助凡人，在三日之內去為凡界除滅邪惡了。」

「小妹言說極是，我也正懷此想。」神羿立即贊同道，「但只是我獨自前去便了，小妹斷然前去不得。」

「為什麼？我隨羿哥前去，」嫦娥即不同意道，「為何就不行呢？」

神羿這時雖想前去凡界，但他深知玉皇大帝的情態之異，唯恐弄得不好殃及自身，就會返回天界不得。為此他只想自己擔此風險，不想累及嫦娥之身。可他心中又恐說明至此，嫦娥替他擔心，更是非要陪伴自己前去不可，因而不敢言及此想，而僅說道：「凡界區區數惡，我不消三日即可盡除，小妹在家等候便了。」

「別說三日，就是一日，我也要陪伴羿哥前去。」嫦娥這時則堅決前去道，「羿哥前往凡界除惡，我在天界放心不下！」

「再說，凡界因為十日妄為酷熱難耐，你身無神功，」神羿即又勸阻道，「前去也耐受不住。如果患起病來，不就是幫了羿哥的倒忙嘛。」

「不，」嫦娥堅定前去不退一步道，「我一定陪伴羿哥前去。」

神羿這時終陷無奈，為此講說起了自己的擔心，勸言道：「小妹，我不讓你隨我前去，還有另一層更重要的原因。我已經預感到如果我此去弄得不好，說不定就有難返天界之虞。為此我自己前去返回不得也就算了，小妹還是留在天界莫去凡間，免得你我都返回不成啊！」

169

　　嫦娥當然也正是心想至此，方纔堅定不移地要隨神羿前去凡界。她是聰明的，她從神羿的講說中，已經聽出了隱藏在神羿身上的危機，特別是神羿如果對眾金烏便宜行事的話！為此她更知道，神羿為了拯救凡界之難維護天規尊嚴，又非要違背玉皇之心便宜行事不可，所以那危機就一定會爆發。

　　危機爆發之後神羿留在凡界，自己身居天界前去凡界不得，從此就再也不能與神羿相見，那還有什麼意思呢！為此她聽了神羿之言，立刻開口道：「羿哥所慮正是，小妹也正是思慮至此，方纔堅定跟隨羿哥一同下臨凡界的。」

　　「小妹既與羿哥所想相同，」神羿即言肯定道，「那就更不要前去了。」

　　「不，就這樣定了。明日咱們共赴凡界，」嫦娥這時更是堅定起來道，「回來就回來，回不來咱們也待在一起，不至於心中相思不得相見呀！」

　　神羿聞聽嫦娥此答頓被感動了，只見他猛地伸出健碩的雙臂，緊緊地把嫦娥摟在了懷中，激動道：「我的好小妹，你太好了！你只顧別個不顧自己，為了扶弱不惜自己之身，你太令我疼愛了！」

　　「羿哥，我們休息吧。」嫦娥則高興道，「明早好早早起身，一起奔赴凡界。」

　　激動的神羿末了答應下來，他夫妻方纔睡去。轉眼到了次日天亮，神羿與嫦娥起身一看，十隻金烏又一大早便一起飛上了高天。神羿不禁慨歎道：「不動真的，看來實在是治服不了他們了！」

　　「羿哥，就按昨晚你我議定之策，快快行事吧。」嫦娥隨之道，「不然，再拖下去，凡界凡人豈有活命之理呀！」

　　「好，就這麼辦。也實在是拖延不得了！」神羿這時堅定道。隨

著，他便攜起嫦娥欲要開門離家，但是突又心中一明道，「小妹，我看你還是別隨我前去凡界的好。」

「怎麼？我們昨晚不是說好了嗎，」神羿思想轉變疾急，嫦娥驟然一愣道，「怎麼突然又變了？」

「我從壞處思慮，想到小妹如果不去留在天界，我去凡界返不回來，」神羿認真道，「小妹還可以為我伸張。如果小妹隨我去了，你我全都不能返回，豈不就伸張更難了！」

「即使那樣，也是小妹與羿哥在一起的好。在一起有個商量，有感情上的支持。你我天地遙隔，既無法商量，感情上也受不了煎熬呀！」嫦娥這時雖覺神羿言之有理，但卻仍是捨不得神羿離去，即不同意道，「為此，我們還是按照昨日商定之言辦吧。凡界凡人在急等著羿哥，我們在這耽擱不得呀！」

神羿見嫦娥已是非去不可，同時他也不能確定此去就真的不能返回，便不再言說，攜起嫦娥與玉兔一陣率先飛到了眾金烏面前，再次開口警告道：「昨日我神羿又對你們講明，我的忍耐是有限度的，要你們改悔遵行天規。可你們今日仍是不改，我就只有再次警告你們了。」

「昨日，是你小子射死了一隻神鶴吧。你當時不是口出大言，要以那鶴為我們之表嘛！」眾金烏見之，仍是「嘰嘰嘎嘎」一陣訕笑，隨著齊一陣興高采烈地扇動翅膀，把更大的熱浪播向了四方，灑向了凡間大地道，「這不，我們今日又一起飛昇行樂來了，有種你就往我們身上射呀。只是可惜，我們看你小子還沒有長出那個膽！」

「惡孽休得逞狂！我現在正告你等，三日之內你等如果仍不改悔，」神羿容忍不得了，隨著厲聲喝叫發出最後通牒道，「最後期限到了，就休怪我神羿不留情面了！」

171

「我們早等著呢。」眾金烏仍是不把神羿此言聽進耳中，一陣「嘰嘎」道，「別說三日，十日我們也敢奉陪！」

「三日為限，記清楚了。十日是你們的妄想，」神羿對之屬喝著，隨著飛下天界而來道，「三日過後如不改悔，你們是活不過去的。」

然而，就在這神羿手攜嫦娥正欲奔向凡界之時，卻見那玉兔陡地攔在了神羿與嫦娥兩個腳前，「咕咕咕」口中叫著，硬是不讓他們兩個前去。嫦娥見之心中奇異，便對玉兔道：「好玉兔，你不要攔阻我們。我們去到下界，除掉惡怪就返回來。」

「咕咕咕」，玉兔聞若未聞，不僅仍是口叫不停，而且死死攔住他二神不放。神羿也是無奈，重又勸阻嫦娥道：「玉兔既然攔你，你就隨了玉兔返回去了吧！羿哥去去就來。」

神羿說著不等嫦娥回答就要離去，但那玉兔這時卻突然丟下嫦娥，急又上前攔住了欲去的神羿。神羿與嫦娥見之心中更是奇了，為此他兩個雙方對視了一眼。神羿於是心奇中覺得玉兔此舉或有深意，因為牠攔阻得太為奇異，即決計再攔嫦娥攜玉兔返回家中。

但還沒有等到神羿開口，神羿卻見到同樣已是察知玉兔此舉或有深意的嫦娥，已是強行抱起那奇異攔路的玉兔，也不顧那玉兔在其懷中的掙扎，徑直奔赴下界而去。神羿這時無奈，只有口不再言，即追趕嫦娥奔赴下界而來。

神羿夫婦此來凡界不去別處，而是徑直飛奔向了雲夢大澤西南岸畔，嫦娥說的大蛇凡人稱作巴蛇的惡怪出沒之地。嫦娥昨日在天界看到，並對神羿講說了那大蛇即巴蛇的邪惡，激起了神羿對巴蛇非除不可的巨大氣惱。為此他攜嫦娥飛臨凡界，首先徑除巴蛇而來。

然而他夫婦一陣來到雲夢大澤西南岸邊，猛然間不僅尋找不見巴蛇的蹤影，而且也找尋不見一個凡人的蹤跡。這是因為，他們來到時

恰值凡界早晌時分，天上十日夜間歸去，凡界氣溫為之大降。昨日耐受不住暴熱，發怒一天的巴蛇身子疲累，趁此涼爽之時，正在其隱秘居處休歇。

這時天不太熱巴蛇還未蘇醒過來，神羿因而找尋不見。再者，他們到處正是連日來巴蛇出沒之地，這裏的凡人或已被巴蛇吃掉，或已被巴蛇毒死。未死之人便也不敢在此停留，紛紛遠避巴蛇而去。因而，他夫婦一時既不見巴蛇，也不見凡人的蹤跡。

他夫婦處此境地心中奇詫，便一路向北尋除巴蛇，並尋見凡人詢問真情而來。於是他夫婦向北很是奔走一陣，方纔見到一位疲憊至極的青年男子，拖著疲憊的身子急急向北奔走。他夫婦即不怠慢，一陣疾走追上青年詢問道：「請問小哥，昨日行惡的巴蛇現在何處？」

「我的天呀，你們怎麼還敢尋找此蛇呀！快隨我往北逃吧，你倆小夫妻！」青年陡聞此問，頓然驚得魂飛天外，魄散九霄道，「那巴蛇現在正在趁著天涼睡覺，一會兒天氣熱了牠一出來，我們就逃跑不掉了。」

「小哥莫怕，我乃天界臨凡的巡天天官神羿。」神羿眼見青年驚怕至此，口中說著腳下已是加快了北逃的腳步，使得自己情況難以問明，於是為了消去青年驚怕問明情況，他便率先講清自己的實情道，「身奉玉皇大帝之命，前來剿除巴蛇。小哥儘管放心，不必再怕巴蛇。」

「真的嗎？玉皇大帝還管我們凡人的死活嗎？」青年驀聞神羿此言，心中一喜卻也不敢相信道，「天上十日並出，地上惡怪橫行，我們凡人怎麼再活下去呀！」

「真的，這是真的。小哥儘管放心地告訴我們巴蛇的躲處，」嫦娥這時肯定道，「我們好去剿滅牠，為凡界除去此害！」

「這樣，」青年這才轉驚為喜道，「則是我們凡人的大福了！」

「那麼，」嫦娥即又催促道，「青年就快講說吧。」

「那巴蛇原先是從西面巴山之中，一個叫做朱卷國的地方奔來的，所以大家都叫牠巴蛇。巴蛇開始沒有這麼大，後來吃的人多了，身軀便長大了。」青年這才對神羿夫婦講說起了巴蛇的情狀道，「如今已經大得吞食大象，也不用吐出骨頭。為此三年之中牠吞食大象遺出的象骨，就整整堆成了一座碩大的象骨山，你說這有多麼可怕！」

「對此巴蛇，你們凡人先前就沒有圍剿過嗎？」神羿聞聽至此亟問道，「為什麼不在其早先身未長大之時，剿而殺之？」

「怎麼沒有剿殺過，只是巴蛇厲害，殺不死牠。前時不久，那聖天子帝堯還派五百軍兵，前來專門剿殺巴蛇。但那五百軍兵有給巴蛇吃掉的，」青年隨之驚怕道，「有給巴蛇絞死的，也有中其毒而死的，還有被其追趕跳水淹死的。五百人死去三百，卻未傷著巴蛇一根毫毛，太可怕了！」

「那軍兵就沒有備下強弓毒矢，」神羿又問道，「出而射之嗎？」

「怎麼沒射！但那巴蛇一則出來迅疾，箭射不及。二則鱗甲極厚，箭射不透，傷及其身不得。」青年即答道，「三是巴蛇的毒氣厲害，遠隔數十丈，就能把人毒倒。因而，軍兵們抵擋不住。」

「他們就不會巧設各種障礙或者陷阱，」嫦娥隨之詢問道，「對付嗎？」

「巴蛇身軀長大，不論什麼障礙都攔阻不得，區區陷阱就更是無用了。牠行進時，響聲大作，」青年道，「震動數里，如同山崩一樣劇烈。所過之處，樹摧木折，山石崩坍，可怕極了。」

「此蛇太可惡了，不除怎了！」神羿隨之氣惱道，接著他又問青年道，「那惡現在何處？待我前去除之。」

「不知道。可能正在其巢穴之中，也可能待在澤中，也可能待在

山頭上。昨天下午牠突然竄到我們村中,」青年聞聽,又現驚怕之態道,「吞食了村中十餘名男女,全村只有我一個待在村外倖免於難。故而我不敢在村中再待,從那時一直奔逃至今方纔來到這裏。」

「快躲開,巴蛇來了。」不料青年此言剛了,突然驚怕地側耳靜聽起來道,「你們聽這響聲!」

神羿夫婦隨著青年此言,立刻聽到了一陣倏然響起的如同山崩之聲,並且越來越驟地向他們在處傳了過來。神羿聞聽至此不僅不怕不躲,而且一陣高興起來。隨著拈弓搭箭,準備迎射巴蛇道:「此惡來得恰好,我正尋牠不見,無以剿殺哩!看我在此剿殺於牠!」

然而,就在神羿弓剛取出箭剛搭上之時,巨大的巴蛇已是挾風帶響竄了過來,實如青年所言快疾無比。神羿看到了巴蛇的巨大和邪惡,知道自己稍有怠慢也有被其吞食之險。為此他急忙瞄準巴蛇的左眼,開弓「嗖」地射了過去。他想先把巴蛇的雙眼射瞎,使其逃脫不掉施惡不成,再進前除之就省力了。

隨著神羿之箭射了過去,只見那條將至他們面前的巨大巴蛇,中箭後倏地轉回頭去。隨著將其巨大的身子往地上一撐,忽地掀起一股狂風,挾著拔起的樹石土浪,猛地向神羿夫婦與青年在處劈頭蓋腦打了過來。

無防的神羿被這驟起的狂烈樹石土浪猛然打懵,待他眨眼懵定清醒過來之時,見那巴蛇已經離去,嫦娥與青年昏倒在了地上。只有在旁的玉兔用嘴拱動著嫦娥的手,急得「咕咕」叫個不停。

神羿見此場景更是不敢怠慢,急忙俯身撫摸嫦娥與那青年,見到他們已是雙雙昏迷過去。神羿立刻想到,這定是巴蛇口吐毒氣毒住了嫦娥與青年,自己則因身懷神功方纔躲過此害。

為此,他急忙一手攜起嫦娥,一手攜起青年,騰雲向北飛騰而

去，以求尋得解毒之法，救得嫦娥與青年的性命不死。神羿心懷此想向北騰雲飛行之時，突見腳下一位白髮蒼蒼的老者，正在村頭對天祈禱。他見那老者年事高邁，臉經風霜，想其定為經多見廣之人。自己或可向其求得解除蛇毒之法，便即駐雲頭落在了老者面前。

老者正在虔心對天祈禱，以告上蒼玉皇大帝懲治十日解救凡人，突見神羿從天而降，不禁心中一愣道：「難道真乃祈禱有靈，天遣天神來了嗎？」

「請問老伯，」神羿不待老者說完，站在其面前已是開口詢問道，「凡界可有解除蛇毒之藥嗎？」

神羿不愧天神臨凡眼力超凡，被他詢問老者非為別個，正是因為年邁在家賦閒的帝堯之師務成子。務成子賦閒在家，突見天現十日凡界遭難，便心中甚為其徒帝堯和天下凡人擔憂。為此他日日來到村頭，向蒼天虔誠祈禱，以求玉皇大帝懲治十日拯救凡界。

務成子驚愣中聽聞神羿此問，方纔回神定睛向神羿打量了過去。他見神羿氣宇不凡，身材偉岸，一表英雄氣概，已是對其又喜又異十分。隨著又見其一手攜著一女一手攜著一男，被攜男女兩個皮膚發青昏迷不醒，已知其所問事情亟急，便立即對之道：「請問天神，這男女為何毒傷至此？」

「他們皆為蛇毒所害，」神羿聞聽此問，即將他方纔突遇巴蛇的經過講說了一遍，急問道，「老伯快言，凡界可有解毒之藥？」

「唉！藥是有啊，但一則遠水難解近渴，」務成子這才長歎一聲道，「二則誰又能夠取回來呢？」

「老伯不必犯愁，」神羿這時亟急道，「講來讓我聽聽再說。」

「此藥產於西方武都山中，距此數千里之遙，」務成子隨之道，「一個來回需要幾多時日。即使能夠採回，他們的命也早已休矣！」

「此藥何名？」神羿又是急問道，「採之還有何種不易？」

「此藥名為雄黃，色黃如雞冠，產於武都之陽。」務成子道，「若有此藥，不僅這男女中毒立即可解，用之擒拿巴蛇也甚為容易了！」

「老伯，你好生看著這二男女，」神羿聞聽急言道，「我即去採來。」

「不，事情沒有那麼容易。由於雄黃生於武都之陽，故而其既為山精，」務成子見之，連忙止之道，「也為山神之命。為此凡人前去趟數雖多，卻誰也沒能將其採回。」

「老伯，」神羿聞聽更急道，「採此雄黃究有何難？」

「由於雄黃對山與山神皆為至寶，所以他們護之縝密，常人誰也靠近不得。」山神為防常人入山，使用的是散佈瘴氣之法。別處的瘴氣都是清明節後發生，霜降之後收斂。那山神散佈的瘴氣，卻四時皆有。」

「噢！」神羿聽到這裏心中一奇，不禁叫出聲來道，「竟然沒有空時？」

「是的。春天他們散佈青草瘴，夏天散佈黃梅瘴，秋天散佈新禾瘴，冬天散佈黃茅瘴。」務成子這時繼續道，「另外還根據防護的需要，不時散佈什麼菊花瘴、桂花瘴等多種瘴氣。而且他們散佈的瘴氣毒性超常，常人使用尋常避瘴之法皆無效驗。」

「請問老伯，」神羿這時去取雄黃決心已堅，聞聽至此即又慎問道，「那山神散佈的瘴氣，究竟有什麼徵兆？」

「那瘴氣有兩種情形。一種是有形的，一種是無形的。有形的瘴氣，如雲霞似濃霧。無形的瘴氣，或腥風四射，或異香襲人。」務成子回答道，「還有一種瘴氣初起時，若金光燦燦，忽而從半空中墜下。其狀或者小如彈丸，漸漸飄散。或者大如車輪，忽而迸裂，非虹非

霞，五色遍野，香氣逼人。」

「人若聞到這些瘴氣，」神羿聽到這裏又問道，「有何可怕之處？」

「人若聞到瘴氣，就會頭昏腦漲，生疾發病。」務成子道，「誰若抗瘴力強中瘴稍輕能到山前，那山神又身懷神功出而殺之，故而誰也求取雄黃難成。」

「這樣，老伯，」神羿聽到這裏，方纔放下心來肯定道，「我就立刻前去了。」

「天神前去不得，」務成子見之，急又攔阻道，「去亦無用。」

「老伯莫愁，一則路遙之難我有騰雲駕霧之能，得藥即歸。」神羿無奈，說著便欲前去，即對務成子實言道，「二則我剛才遇見巴蛇，其毒尚且傷我不得。為此我料那區區瘴氣，更是奈我不得。故而老伯不必再攔，我即去也。」

「且慢，天神。」務成子聽出神羿話語奇異，忙又開口攔阻道，「你身為天神，也要防備萬一。」

「實言告知老伯，上天天官神羿臨凡，身負玉皇大帝懲戒天上十日和救難凡界之命，故而去之必成。」神羿聞聽務成子已經察知自己底細，便進一步實言道，「只是此女乃為我妻嫦娥，此男則為我途中所遇凡人，煩勞老伯替我照料一時。」

「小老兒眼見大神氣宇不凡，身材偉岸，一表英雄相貌，原來果真是天神臨凡，降福凡界！」務成子聞聽神羿此言，真個是喜出望外，納頭便拜道，「老朽有眼不識泰山，乞大神鑒諒！」

「老伯請起，小神遲來一步，」神羿見之，連忙扶起務成子又要離去道，「讓凡界凡人受難了。我去去就來。」

「大神慢行。我為大神備帶一些常人防瘴之藥，」務成子隨又攔阻道，「或有用處，以防萬一。」

「也好，常言有備無患，」神羿應允道，「比無備強。」

務成子於是即回家中，尋來了燒酒和解瘴之藥薏苡仁及檳榔子，並教以服食避瘴之法。神羿大喜，立即帶上藥物飛赴武都山而去。

務成子心中歡喜，一直目送神羿身影飛逝，方纔一邊伏身服侍躺在地上的嫦娥與那青年，一邊命人火速前往京都，向天子帝堯稟報天官神羿臨凡救難而來，以早解天了子堯心中之憂。

十三、羿射金烏

　　神羿向西一陣行進，數千里路程其騰雲駕霧眨眼便已走完，來到了武都山上空。他俯首向下看視，只見武都山周圍，全被一派漫溢的氤氳之氣籠罩。氤氳之氣濃處，近在咫尺雙方也難相見。山頂上氤氳之氣雖然稍許淡些，卻也看得出盡在一派氤氳之氣的籠罩之中。

　　眼見至此，神羿頓知務成子剛才對其所言不虛，山神果然廣佈瘴氣防範嚴密，使得常人靠近不得。然而常人靠近不得，今日他神羿卻要靠近。因為他必須取得山精雄黃，一解嫦娥與青年之毒救其性命，二則用其前去制勝巴蛇解救凡人。心想至此，他便選定無瘴之處按下雲頭，欲要前去山上採取雄黃。

　　然而欲行之前，神羿卻也不敢貿然。因為他雖為上神，卻也不知其怕不怕瘴氣。嫦娥也為神體，剛才就被巴蛇毒昏了過去。如果自己耐受不住這裏的瘴氣，取不回雄黃，救不活嫦娥與青年兩個，也殺不死巴蛇還是小事，自己昏死山中使得金烏無神懲治，天下凡人就要遭受更大災殃了。

　　為此他不敢大意，先是依照務成子之教，一陣飲下了燒酒，又服食了薏苡仁和檳榔子兩種解瘴之藥，方纔小心翼翼地試探著向前靠近過去。大概是因為他做了準備，也可能是他身為上神瘴氣毒他不成，

或者兩者兼而有之，方使得山神所佈籠罩山體的濃重瘴氣，對他施毒不得。

只見他一陣疾行，已是無事般將要穿過圍山的瘴氣，來到山體跟前。為此他眼見至此心中正喜，並隨著心想起了徑赴山體陽面去採雄黃。不料正在這時，卻聞一聲厲喝道：「何來歹徒，竟敢近我神山！」

神羿一愣，舉目已見威猛的山神怒不可遏，手持一杆渾鐵棍兇狠狠地迎了過來。神羿忙言道：「大神暫且息怒，請聽小神對你言講。」

「你一身凡人之像，反言為神。我看你是想前來誆騙本神，盜我山精之寶。」山神聞聽更惱道，「我對你說，這是妄想。要想平安回去，就立刻轉身。不然，就怪不得這根渾鐵棍了。」

「大神，小神的妻子與一凡間青年都中了蛇毒，非你山中雄黃山精救不了他們性命，再說那兇惡的巴蛇行惡凡界，」神羿立即乞求道，「吞食凡人無數，剿除此惡也非你雄黃山精相助不行。因而就請大神顧念凡人性命，開賜點滴山精雄黃，造福於凡界凡人吧。」

「休得花言巧語誆騙本神，山精雄黃乃本神性命，取之本神就要減壽。凡界來取之人眾多，每人皆如你言。」然而，山神竟毫不退讓道，「如果我對每人之言皆信，賜而給之，我命早已休矣，何有雄黃保存至今！你回去吧，你我素昧平生，無怨無仇，沒有必要來動干戈，傷了和氣。」

「山神既然講說至此，我就對你實言了吧。我非為凡界凡人，實乃天界巡天天官神羿。」神羿聞聽至此，知道不講實言難以取得雄黃，心急的他便無奈急言道，「只因身負懲處神凡二界惡者重任，故而特來此山求取山寶。乞求山神區別對待，不吝賞賜。」

「你小子前番騙我不成，如今竟敢妄冒天界巡天天官神羿之名前來騙我。就說你求取山寶也還罷了，」然而山神不聞此言還罷，聞聽

此言更是陡惱萬丈，「嗖」地一渾鐵棍打了過來道，「如今你亂來竟然亂到了妄冒天官之名頭上，就容不得我這渾鐵棍不留情面了！」

神羿見此情狀，心中實在是無可奈何。自己說出實話，反倒引起了山神這般懷疑。山神懷疑中為護自己之名出手打向了自己，自己又怎能還手與之相向！然而無奈也是不行，山神的渾鐵棍已經打到了他的身邊。

於是無奈中他思緒急轉，只有決計立刻出手拿住山神再說，以使他相信自己就是神羿。隨著只見他立即出手相迎，與山神鬥在了一處。山神心中氣惱打得狠猛，神羿神功雖強卻也不敢真下狠手，只是出手相迎以伺機擒住山神。

就這樣他二神你往我來，我來你往，轉眼交手十數回合，神羿終於瞅准山神一個破綻，倏地出手擋掉了其手中之棍，把其擒了個結實。山神突然被擒心中一愣，因為他從交手中已經察知，神羿果然神功高強非同常人，心中已是生出了「難道他真是神羿」之疑。

「山神護衛山寶的細密，維護本神之名的真誠，實在使本神敬服萬分。但本神實為神羿，」就在這時，山神見到神羿已是把擒他之手放開道，「今日前來求取山寶減損山神壽命，實在出於無奈。為此敬請山神體諒神羿苦心，快賜山寶於本神。常言救命如救火呀！」

山神這時方纔真的驚疑是神羿到了，於是急忙詢問道：「你難道真的就是天界的巡天天官神羿大神嗎？」

神羿聞聽無奈，只有立刻將身攜玉皇大帝要他懲處金烏的御旨，取出來遞給山神，讓其看視以證其真實。山神接過御旨剛剛看視一眼，便驚得慌忙「撲通」一聲跪倒在地道：「小神不識大神之面，剛才得罪大神之處，還望大神海涵！」

「山神快快請起，不知不為罪過！」神羿急忙俯身扶起山神道「再

說，山神慎保山寶不被採絕，也是應該。」

山神聞聽神羿言說至此，心中更為感動道：「大神既然對小神這般寬容，大神為救凡界凡人就是採盡武都山寶，立刻斷去小神性命，小神也絕無怨言！」

「那好，」神羿聞聽大喜道，「山神就快快帶我去採山寶。」

「不勞大神親自動手，小神前去採來便了。」山神不敢怠慢道，「但請大神吩咐，需採多少？」

神羿道：「並不多採。能夠用之剿除巴蛇，救活被毒害者，便足夠了。」

「大神在此稍待，小神去去就來！」山神聞聽稱是說著，便即前去一陣採來了神羿需要的山寶，送到神羿手上道，「此乃上好雄黃，依大神所言足夠用的。」

「大神獨臨凡界，前去誅滅巴蛇可需小神前去相助？」神羿急言稱謝，山神隨之又言道，「如果需要，小神這就隨同大神前往效力。」

「除一巴蛇，我神羿之力足矣。只是凡界惡怪眾多，除惡非此一次，當然需要山神前去助力。」神羿說著，便騰身躍上雲頭，攜定雄黃返往來處道，「然而山神護寶須臾不可離開，豈可隨我前去。為此山神就不必前去了，本神告辭了。」

神羿回到務成子在處，去回不過半個時辰。務成子眼見神羿奔走數千里路程這般快疾，並且真的採回了上好的武都山雄黃，更是驚喜萬分。於是他急忙接過雄黃，取下一點化成水湯，分別灌進了昏迷的嫦娥與青年口中。只見嫦娥兩個服過雄黃水湯之後過去片刻，腹中便開始生出疼痛，隨著瀉出許多黑水，一陣便恢復了元氣。

「大神不必性急。今日已至後晌，到了巴蛇出沒之地即使尋找到了，天已傍黑也不易剿除。」神羿見之心喜，連忙謝過務成子指點救

助之恩，隨著便欲帶領嫦娥前去尋誅巴蛇。務成子見之急忙攔阻道，「再說，嫦娥天神中毒嚴重，剛剛得救也需歇息。大神還是明日一早，再去的好。」

「老伯所言極是。」神羿聞聽務成子此言，方纔平靜下來道，「我們就待到明早再去。」

「好，明早我與大神一起前往，」務成子這才贊同道，「而且引領二百名凡人一同前往。」

「不，那樣危險。老伯與眾人不必前去。」神羿則即不贊同道，「我夫妻又有了雄黃，還怕除不掉一條巴蛇。」

「不，大神親臨凡界解我凡人之難，我凡人自當助大神一臂之力。」務成子早已思慮成熟，聞聽神羿此言當即鏗鏘道，「大神雖然力可除去巴蛇，但有我眾凡人相助定會更加輕易。為此，我眾凡人定當前去。」

「老伯精神可嘉！」務成子此言恰投神羿心機，他為此一陣感慨道，「誠為凡人楷模！」

「不敢！」務成子謙虛地口中否定著，隨著又言道，「有我二百凡人前去，大神可將雄黃每人分給兩包，一包藏在身上，一包夾帶薪柴之中。屆時尋到巴蛇，從上風頭點燃薪柴，就不會害怕巴蛇來襲。同時大神再把箭頭之上蘸上雄黃，剿除巴蛇則定可功到垂成。」

「老伯思慮周全。好，」神羿這時更加放心道，「今晚就先住下，明早一起前去。」

轉眼到了次日黎明，神羿剿除巴蛇心切，便即催促務成子眾人上路。務成子眾人也不怠慢，即起身隨同神羿夫婦上路而來。神羿與務成子引領眾人一路疾行，剛到半晌時分便已到了昨日神羿遇見巴蛇之處。

　　神羿於是即按務成子所言，將雄黃分給隨行眾人做好防蛇準備，隨後一陣向南尋找起了巴蛇。神羿與務成子眾人剛剛向南行走片刻，便見前方不僅山石樹木到處崩壞，而且道路也多為堵塞。

　　「這般情狀，定為昨日巴蛇被本神射中之後，逃跑途中發怒所為。」神羿見之高興道，「因而順著山石村木崩壞之處尋找過去，定可尋到那兇惡的巴蛇。」

　　「大神所言極是。」務成子聞聽，即言贊同道。隨著，他便即命數名壯年男子在前開路，一路往前尋去。壯年男子在前開路行進不到半個時辰，突見地上出現一汪腥穢難聞的血泊，其中浸有一支利箭。一男子見之奇異，即順手取了起來。

　　但不料其取箭之手剛剛觸到那箭，便立即紅腫起來。神羿見那男子所撿是自己之箭，便立刻開口道：「此箭是我昨日射中巴蛇左眼之箭，看來定是巴蛇疼痛難忍，逃到此處設法拔了出來。拔出之後心惱此箭又用牙咬，而蛇毒又皆在牙上，所以此箭便成了毒箭，毒及了這位凡人兄弟。」

　　務成子聞聽不敢怠慢，急忙用雄黃對中毒男子進行調敷，一陣過後方纔平服了蛇毒，隨同神羿眾人一道尋找巴蛇而來。神羿眾人隨後繼續向前行進，只見從那血泊處一直至此，沿途滴淌有斑斑血跡。

　　「大神，現在只要我們循此血跡尋找下去，」務成子這時心中高興地對神羿道，「定可尋見巴蛇！」

　　「老伯言之有理。」神羿也是心喜道，「我們就循著血跡尋找。」

　　「哎呀！瞧，」神羿與務成子他們向前尋出約有兩裡路程，突聞在前一名男子驀地驚叫道，「那巴蛇就在前面山上！」

　　神羿與務成子聞聽急舉目向前看去，果見巨大的巴蛇正在前面山上曬其鱗甲。牠的頭有車輪般大小，朝向東方大澤，張目吐舌，好是

怕人。其渾身鱗甲，或青或黃，或黑或赤，幾乎五色俱全。細看其身軀，除一部分在山石上之外，後半身全在樹林之中，從東樹林掛到西樹林，橫亙半空，儼如一道橋樑。

「停止前進。大家快快噤聲，不要驚動巴蛇帶來危險。」務成子眼見至此，不待神羿開口即言道，「北風正颳，大家快快到北方上風頭，散開來點燃薪柴，準備迎鬥巴蛇。」

「老伯想得周全。除掉巴蛇在此一舉哩！」神羿聞聽心喜道。隨著，他也拈弓搭箭，以防巴蛇再撲過來，傷害眾人。果然，就在神羿剛剛搭上了箭，務成子眾人把薪柴點燃之時，巴蛇仿佛聞到了這邊的生人氣息，把頭昂起向北扭轉過來，眼睛看向了神羿眾神人。

神羿這時即不怠慢，急忙「嗖」一箭射向了巴蛇的右眼。神羿之箭百發百中，巴蛇躲避不及，又恰被射個正著。至此巴蛇兩眼盡瞎看視不見，加之右眼剛被射中奇疼難忍，遂又陡發狂怒，弄得響聲陡起，樹折山崩，震動遠近。

好在這時眾人點燃的薪柴騰起了濃煙，飄出了濃重的雄黃氣息。加上北風把此煙氣向南吹去，方使得受傷的巴蛇心中雖惱，卻也不敢向北撲向神羿眾神人。神羿眾神人由於被濃煙遮擋，一時也看不清巴蛇作何舉動，只是聽到前方山上響聲大起。

轉眼濃煙散去，神羿與眾人方纔看到，對面山上所有樹木盡被摧折，山石崩塌了一半，只是不見了巴蛇的蹤跡。神羿神人見此更知巴蛇厲害，全都對其不敢掉以輕心。就在這時，陡又聞聽東面山上傳來一聲大響。

神羿眾神人急循聲轉眼看去，只見巴蛇正在東山之上。忽而頭昂十餘丈高，忽而將身盤起，又忽兒將尾巴用力四處擊打，一陣又將山石摧塌不少，樹木摧折眾多。弄得東山之上煙塵大起，狂風大作。

　　原來瞎眼的巴蛇剛才中箭之時，雖想徑赴過來吞食神羿眾神人，但一因雄黃氣息熏得牠抵擋不住，二因雙眼失明辨不出方向，便一陣亂竄到了沒有雄黃氣息的東山之上。來到東山之上，牠雖然避開了雄黃氣熏，卻由於雙目突然失明心中大急，怒氣突發現出了亂動之狀。

　　「大神，觀此情狀可見巴蛇雙眼已瞎，」巴蛇亂動一陣忽然停了下來，大概是牠身子疲乏所致。務成子見之忙對神羿道，「你就再射牠幾箭，剿殺了牠吧！」

　　「老伯所言極是，看我將牠射殺！」神羿即言道。隨著，他便立即拈弓搭箭，「嗖嗖嗖」一連三箭射了過去。神羿三箭當然又是箭箭都中巴蛇，而且還有一箭仿佛射中了巴蛇要害。

　　因為只見巴蛇疼痛難當，隨著又是一陣亂竄胡撞。最後仿佛察知了神羿眾神人在處，急向神羿眾神人在處猛地竄了過來。神羿眾神人防備不及，又知巴蛇厲害，驚怕得急往後退。並在後退中把薪柴燃起，奮力向前亂擲。

　　幸喜巴蛇已瞎，行動沒有目標而且遲緩。加之其被燃燒的雄黃氣息熏得耐受不住，方又急忙掉頭竄了回去。然而儘管這樣，還是有數位凡人被其口中噴出的毒氣所害，霎時渾身腫脹、胸口發悶倒在了地上。務成子見之急命人灌喂雄黃湯水，過去一陣方纔腹瀉黑水，解去毒氣，保全了性命。

　　「大神，今日巴蛇身受重傷，定然逃跑不遠。」神羿眼見凡人毒氣被除，方纔又要前去追趕巴蛇。務成子見之又作攔阻道，「但是今日天已將晚追趕不得，不如明日殲而除之。」

　　「老伯所言極是，天黑巴蛇逃之更易，」神羿聞聽心明道，「我們追之艱難，除之不如明日。」

　　「巴蛇毒氣厲害，凡人接近不得，」務成子這時又言道，「不僅

187

今晚同時明天，都應備好薪柴燃燒雄黃，以驅巴蛇。」

神羿又言稱是，務成子隨之便叫眾人趁著天明作起了準備。轉眼天黑長夜過去到了次日天明，神羿與務成子便又領眾人向前尋殺巴蛇而來。他們向前尋出不到一個時辰，看見傷重的巴蛇盤曲一盤，正臥在前方的山坳中等死。

神羿見之大喜，急叫務成子眾凡人點燃薪柴火燒雄黃熏防巴蛇，他則居高臨下作起了射殺巴蛇的準備。只待務成子眾人將火燒起，即開始行動。務成子眾人聞令立刻點燃薪柴，一陣燒起了馥香襲人的雄黃氣息。神羿見之也不怠慢，「嗖嗖」便向盤曲的巴蛇射去了兩箭。

巴蛇昨日身中數箭傷勢已重，這時盤臥在那裏只顧傷疼，已經失去了先前的兇猛。但是突然又是身中兩箭，傷痛中心生驚怕，遂不敢再停，急躍身向東竄去。這裏已是雲夢大澤岸畔，牠候地便竄過前面的山崗，躲進了遼闊的澤水之中。

「這樣則就誤了大事，」神羿見之大為後悔道，「巴蛇如果躲入水底，除之就難了。」

「為了凡人，難也要剿除。」嫦娥立即接言道「羿哥，快去追吧！」

「小妹說得對，難也要除。追！」神羿說著，隨著即領務成子眾人一陣追到了大澤岸邊，舉目向澤中巡視起了巴蛇的蹤跡。澤面浩瀚，碧水沉沉，巴蛇竄入了水中，神羿眾人一時尋找不見。

然而神羿眾人尋找不見也不離去，他領眾人站在岸邊尋啊找呀，看那巴蛇會不會出來。轉眼過去半個時辰，一名凡人突然叫喊起來道：「大神快瞧，巴蛇出來了。在那兒！」

「在哪兒？」神羿聞聽心喜，急循叫喊凡人指引的方向看去，卻許久沒有看見巴蛇出處。末了心急詢問道，「我怎麼沒有看見？」

「在遠處，那水面的一個黑點，」那凡人又指向遠處，對神羿道，

「就是巴蛇昂出水面的頭顱。」

　　神羿又順著那人手指的方嚮往遠處細看，果見在前方遠處水面之上，巴蛇正在水中昂頭浮游。口中吐著火焰一樣鮮紅的毒舌，身子掀起排天的白浪。但由於牠遊往澤中太遠，其碩大的頭顱變成了一個不大的黑點，使得神羿剛才沒有看到。

　　「這就好對付了，」見到巴蛇神羿大喜，說著就要騰雲前去道，「待我射殺於牠。」

　　「大神且慢。為防萬無一失，」務成子見之，急又攔阻道，「我想大神還是乘船前去。在船上多放雄黃，以禦其毒的好。」

　　「好，此處正有一條小船。快備放雄黃，送我前去。」神羿聞聽務成子之言有理，便即遵行道。於是神羿說罷，務成子已命人把雄黃在船上放好。神羿便即乘船遊往澤中，以靠近射殺巴蛇而來。

　　神羿乘船一陣疾行，即來到了巴蛇近處。眼見時機成熟他即不急慢，開弓搭箭瞄準巴蛇的腦顱，「嗖」地便一箭射了過去。常言打蛇要打前七寸，神羿欲要一箭射中巴蛇要害，把傷勢嚴重的巴蛇射殺在水中。其箭當然不會虛發，恰好射進了巴蛇的腦顱。

　　然而巴蛇的腦顱雖為其致命要害，但由於其身量巨大，中此一箭仍是身傷不死。並且又倏然狂怒陡作，憑著嗅覺掀起排山的巨浪，徑向神羿所乘的小船撲了過來。神羿不敢怠慢，急又「嗖嗖」兩箭瞄準巴蛇頭部，射進了其腦顱之中。

　　其射出兩箭雖然又中巴蛇要害，但那碩大的巴蛇仍是不死，還是兇猛如前地撲到了神羿所乘小船跟前。神羿頓被逼得放箭已是不能，無奈只有使出雙刀，殺向了撲來的巴蛇。

　　巴蛇這時也不示弱，狂怒得非要掀翻神羿所乘小船，把神羿掀落水中不可。但由於其雙目失明動作不准，恰好被神羿所乘。只見神羿

揮刀迎住撲來的巴蛇左砍右刺，一番惡戰終將其斬成了兩段，殺死在了大澤之中。

務成子岸上眾神人見之，高興得齊聲歡呼起來。神羿在眾神人的歡呼聲中回到岸上，受到歡呼眾神人的熱烈歡迎。神羿在眾人的歡呼聲中則對務成子道：「老伯，巴蛇如今已除，你在這裏快快告知眾神人從此莫怕，安心回家過活去吧！」

「大神怎可離去，」務成子聞聽急言道，「凡間天子帝堯，正要為大神慶功呢！」

「啊，不。不要驚動於他，我與嫦娥還要前往中原青丘地方，」神異聞之急言道，「再除那裏之惡大風怪，解救那裏的凡人倒懸要緊！」

「大神，天上十日，」務成子聞聽知道無法挽留，便告誡神羿一語道，「比地上的惡怪對凡人害得更苦。你要快快設法除之呀！」

「老伯儘管放心，小神自有安排。」神羿即言道。說著，即攜嫦娥騰起雲霧，一陣向北徑赴青丘，尋殺大風怪而來。

神羿夫婦轉眼飛到中原地面嵩山上空，俯首見到這裏地面龜裂，河流乾枯，樹禾全被曬死。時值正午，天空十日爭騰烈焰，燒烤得地面之上頑石生煙，荒山冒火。一大群人數達數百，耐受不住十日所播酷熱，又期望酷熱早些過去，正跪在裸露的嵩山頂上，冒著難耐的酷熱對天祈禱，聲淒氣哀。

「瞧，我們的救星天神來了！」突然，他們中有人看到了騰雲過來的神羿夫婦，高聲叫喊起來道。眾人聞聽齊舉目看視，見之全都高興得歡蹦喊叫起來。

神羿夫婦眼見此景，不忍心即走破滅了山頂眾人心中的希望，便立刻按落雲頭來到了山頂人群之中。眾人見到他們一陣詢問，得知他們果是天降救難天神，便齊圍跪在了他夫婦周圍乞求起來。

　　耳聞眾人悲哀至極的乞求之聲，看著他們已被烈日曬成焦黑，但流淌著滾滾汗水的臉面，體諒他們求得救助的急切心情，神羿與嫦娥心中為之痛苦到了極點！嫦娥心軟，這時再也抑制不住對天上金烏的氣惱，立即開口對神羿催促道：「羿哥，不能再等待了。為了拯救天下凡人，我夫婦顧不得那許多了！」

　　神羿也早已怒不可遏，聞聽嫦娥此言也不答話，立刻跨步登到山巔最高的一塊巨石之上，一手握弓一手執箭，仰首面對天空的金烏厲喝道：「金烏們聽清，我奉玉皇大帝御旨命令你等立刻遵行天規，九個退回湯谷，明日之後輪流出來值班。如今三日期限已到，如果不遵聖旨立刻返回，我手中之箭就不客氣了！」

　　「神羿小子，你是專門來和我們作對的吧。你定的期限算個狗屁，」正在狂歡的眾金烏聞聽神羿此言，頓然氣得怒罵起來道，「我們是玉皇大帝的外孫，你手中有箭又奈我們何！」

　　「嘎嘎嘎嘎……」眾金烏如此說著，又是一陣訕笑起來。神羿聞聽此言眼見此景，心中更惱萬分，周圍眾人也都惱得鼓噪起來道：「射下牠們，射下牠們來！牠們太可惡了！」

　　「妄違天規，不遵聖命，」憤怒的神羿聞聽眾人喊叫之聲受到鼓舞，立刻彎弓搭箭就要射向天空，厲喝道，「為害凡界，看箭！」

　　然而不待神羿之箭射出，嫦娥懷中抱著的玉兔卻陡地騰起，猛地竄到了神羿的弓箭之上，口中「咕咕咕」一陣鳴叫攔阻起來。神羿聽出，那玉兔似乎在說「不可射，不可射」，而且叫著已是渾身急出了汗來。

　　「躲開！」嫦娥見之也是氣惱，立即上前抱開了攔阻神羿的玉兔。神羿這時堅心未改，即隨著「嗖」一箭射向了天空。

　　神羿的射技堪稱天界一絕，隨著其射出之箭「嗖」地飛上天空須

191

臾，便聽空中「當」的一聲響亮，接著便有一束閃光迸射開來，從空中墜下了一個巨大的火球。那火球「轟隆」一聲，恰好墜落在了嵩山頂巔眾人之旁。

眾人見之奇異，急忙奔去看視。見是一隻碩大的三足金烏死在了地上，腦門上恰好貫有一支利箭。人們再仰頭望向天空，只見天空中這時只剩下了九個太陽，空氣立即清涼了許多。人們知道這只金烏即是神羿那箭射落的一個太陽，便隨著高聲歡呼起來。

十四、青丘除惡

「神羿小子，我們與你沒完！」就在眾神人齊聲歡呼之時，天空中剩餘的九隻金烏眼見其一個兄弟被神羿射死，齊狂怒地大叫起來道，「我們叫你小子夫婦返回不了天界，永留凡間！」

剩餘金烏的喊叫之聲雖然出於自己之口，卻又恰好喊出了這時坐在靈霄寶殿玉皇大帝的心聲。玉皇大帝剛才正在靈霄寶殿處理朝事，聞聽眾天官言稟之事皆為金烏妄違天規，神羿宣旨無功，要玉皇大帝快做定奪拯救凡界。

玉皇大帝聞聽此稟正在無奈，突聞一天將前來稟報神羿射落了一隻金烏。陡聞此稟玉皇大帝心受震驚頓然一愣，隨著眾天官卻齊聲歡呼起來道：「射落得好，射落得好！對此妄違天規之神，就該受此嚴懲！」

玉皇大帝驚愣中聞聽眾天官此言頓然驚醒，但他見眾天官這般激憤，自己心中雖寵眾金烏並對金烏被神羿射殺心疼不已，卻也不敢當面盡違眾天官的正義之聲。因為那樣，他今後就難以再懲違背天規之神，難以坐穩自己的天帝寶座了。

為此他心中雖惱神羿萬分，卻也不敢為被射殺金烏伸張。而恰如

眾金烏先前所言，心中已是決計悄悄削去神羿夫婦的神籍，使他夫婦變為凡人永駐凡界，再也返回天界不得。

「我們叫你們這次高興個狠的，讓你們全部絕種！」就在玉皇大帝暗下如此決心之際，剩餘九金烏對神羿怒叫完了，又對歡呼神羿射落金烏的眾神人更惱萬分，怒吼道。隨著，他們便又一陣狂猛地搧動翅膀，剎那間在漫空中燃起了灼灼大火，徑向凡界燒了過來。

凡界眾凡人的歡呼聲浪，頓然變成了哀號之聲。神羿端站在山頂見到此景，實在怒不可遏。雖然他深知自己的作為，定為玉皇大帝不容，但他生性嫉惡如仇扶正助弱不顧自己，便不再顧及玉皇大帝容他不容，而把拯救凡界凡人看得要緊萬分。

為此只見他面對此景也不多言，隨著又拈弓開箭，一陣「嗖嗖嗖」向空中的眾金烏射去了八箭。隨著神羿的一支支利箭射出，頓聽空中「當當當」箭箭皆中金烏。眾金烏中箭之後立刻流火四迸，金羽墜飛，隨著便一陣「撲通通」墜落到了地上。

如此眨眼之間，神羿身旁眾神人看見地上又已墜落了八隻金烏，並且頓感身旁氣候隨之變涼，渾身舒暢，禁不住口中又都齊聲歡呼起來。在眾神人的縱情歡呼聲中，天空剩餘的唯一金烏不敢再怠，唯恐再被神羿射殺，便急慌慌地向西奔逃而去。

神羿心中仍是氣惱難奈，彎弓搭箭又要去射。正在這時，卻聽身後突然傳來一位老者的聲音道：「大神且慢！箭下留情，請留下這只金烏。」

「留下這最後一隻金烏吧，凡界凡人需要溫暖光明，」神羿聞聽一愣，那老者已經來到了其面前，用手按下了神羿欲射之箭解說道，「五穀豐茂及萬物滋生，也都要靠它的光熱呢！」

神羿這才想起自己只顧氣惱，險些將十隻金烏全部射殺，斷去凡

界光熱之源，鑄成大錯。為此他深謝老者指點，忙握弓深施一禮道：
「謝過老伯指點，免去神羿大錯！」

「大神謝錯了人，該謝大神的是我帝堯。」老者見之不敢怠慢，
忙還施一禮道，「我帝堯代表凡界萬民深謝大神射落九日，解救萬民
倒懸大恩！」

「多謝大神隆恩！」正在歡呼的眾凡人突聞帝堯此言，方知此乃
天子帝堯來到，便齊止歡呼「撲通通」跪倒在地，高喊道，「多謝陛
下盛恩！」

神羿突聞老者此言，頓然愣在了那裏。他聞聽老者言中自稱帝
堯，眾凡人又都見之對其跪拜下去，驚奇這位面前的普通老者，竟真
的就是帝堯了！於是他立即細看起了面前的老者，只見他面露菜色，
衣著襤褸。實如天界眾神所言，說凡間的天子帝堯以儉為榮，住茅草
房，吃糙米飯，穿破爛衣。為此，他不禁對之肅然起敬十分道：「帝
堯，實乃凡界聖天子也！」

帝堯不敢擔當，急忙開口自謙道：「大神過獎了！正因為堯之不
明，故有天降十日並出之災警誡於堯，方使得凡界萬民隨朕受此倒懸
之苦！若不是大神來助，凡界萬民實無活路可尋了！」

「不，不，不，聖天子自責之言非矣！非為天子不聖明凡界方罹
此災，實乃眾金烏妄違天規加害於凡界也。」神羿聞聽忙言道，「若
非天子聖明，則凡界此災難解哩。正因為天子聖明，此災方纔即得解
除哩。」

帝堯聞聽，又連連自謙不止。眾凡人聽了，則又齊聲山呼起來道：
「陛下萬歲，萬萬歲！」

「天子為何不在京都，而在此山上？」在眾人的歡呼聲中，神羿
突然心覺奇異詢問道，「難道是知我神羿在此不成！」

帝堯連忙解釋道：「帝堯剛剛到此山上。」

神羿聞聽更覺奇異道：「怎麼那樣恰好？」

「不，說來也是恰好，」帝堯道，「可也另有原因。」

神羿心異不解道：「是何原因？」

「大神夫婦在雲夢大澤剿殺巴蛇之初，碰上的那位老者即朕之師父務成子。務成子聞知大神身份之後，立刻高興地派人飛馬報進了京都。」帝堯立即講說道，「我正在發愁，突聞此報心中高興，便即飛馬前往雲夢大澤拜見大神。想不到剛剛路過此山之下，恰好看到山上眾人歡聲雷動，大神箭射金烏墜地，便即上山來了。」

「噢，聖天子真是一心繫念萬民呀！」神羿這才心異頓解道。隨著，他便要告辭帝堯，即攜嫦娥騰雲駕霧前往青丘再除邪惡，以解凡人倒懸。帝堯之見心中歡喜，急言再謝神羿救難盛恩。

然而就在這時，卻見神羿攜帶嫦娥一連騰雲三次，卻竟然全都昇騰不得起來。神羿心中大奇道：「這是為何？我夫婦怎麼騰不起了雲頭？」

「羿哥，我夫婦騰雲不成，」嫦娥也是心中大異，聞聽神羿此言立刻大驚道，「我想，定為羿哥射落金烏之故。」

「咕咕咕……」就在這時，那只奇異的玉兔卻一陣低沉鳴叫，隨著眼中流下了不止的熱淚。

「小妹言說中了。我們救了凡界凡人，」神羿心異之中，正在不知騰雲不成究為何故，聞聽嫦娥此言目睹玉兔此舉，頓然明白了一切道，「從此罹罪於天庭，難以返回天界了。怪道玉兔先前連連攔阻於我，真是一只好玉兔！」

「我想，咱夫婦失去騰雲之功，雖為射落金烏之故，」然而嫦娥這時心中還是抱有幻想，則不相信道，「但那聖明的玉皇大帝，是決

不會反來懲處於我們的！」

帝堯剛才正在奇異他夫婦為何突然騰不起了雲頭，隨著聞聽他們之言，便頓為他夫婦的處境心痛萬分！末了聞聽嫦娥之言，方纔敢於開口道：「娘娘說得對，以玉皇大帝的聖明，一定不會反懲於救難除惡英雄的！」

神羿這時心中則是沉重到了極點，因為只有他，才深切感受到了玉皇大帝的作為。為此聞聽嫦娥與帝堯之言，不禁慨歎道：「事情難以講說，你們不知真情啊！」

玉皇大帝這時則真的因為神羿射殺了其九個外孫，心中對神羿氣惱至極。為此，他便按照先前所想，以凡界需要他去扶助為藉口，削去了他夫婦的神籍，斷去了他們的騰雲駕霧返回天界之功，使得他們成了凡人，只能永住凡界。

就這樣，他夫婦便不再身為天神而成了凡人，神羿也從天界的英雄變成了凡界的英雄。玉皇大帝這樣處罰神羿夫婦之後，心中也怕神羿氣惱再射殺自己的最後一個金烏外孫，便嚴命女兒羲和每天駕著龍車，從東天到西天嚴密為其送行。

由此以來，太陽也方纔按照天規正常運行起來，春夏秋冬一年按季為凡界播送著適度的光熱，為凡界凡人辛勤效勞受到凡人的尊敬。但是，神羿雖然因此為凡界凡人立下了如此大功，成了凡界的英雄，可他夫婦由於心中對事態猜度不明，又失騰雲之功，便心中猜疑難解。同時他們也一時前去青丘不成，轉眼已是到了黃昏隨著進入了暗夜。

黃昏暗夜之中，他夫婦仍是猜度不已，議論不止，甚想弄清事情的緣由，但卻仍是猜度不清。帝堯在旁眼見他夫婦猜度議論不息，便對之勸說道：「二位大神連日除惡奔波勞累，前去青丘一時不成，就

暫先在此休歇一宵，明日隨我先返回京都便了。」

「看來，」嫦娥聞聽率先道，「也只有暫且按照天子所言行事了。」

然而，神羿這時卻越想心中越惱，已是惱到了極點。猛地，他抬頭看到掛上半天的一輪皎月，隨之氣惱道：「金烏射落了九隻，這皎月我也要射落牠十一輪！不然，牠們十二姐妹暗夜齊出，豈不又將黑夜變為白晝，亂了凡界秩序。」

「是呀，十隻金烏把凡界鬧亂至此，十二輪皎月豈不會把凡界鬧得更糟。這個帝俊和羲和、常羲，玉皇大帝讓他們再造日月，」嫦娥也即怒言道，「他們再造一個日頭一個月亮也就夠了，可他們竟然一口氣造出了十個日頭十二個月亮，不是有意大亂天規貽害凡界嘛！」

「既然我射落九個日頭，玉皇大帝這樣懲戒我夫婦，那麼我們為救凡界就索性來它個一不做二不休，再遵御旨來它個便宜行事便了！」神羿這時更是氣惱，說著又已是「嗖」的一箭射向了天空。

神羿射出之箭當然厲害非常，剛過須臾便聽空中又是「當」的一聲響亮，隨著一片銀光飛進夜空，一隻雪白的三足銀鶴，已是「撲通」一聲墜落到了地上。隨著這只三足銀鶴倏然落地，皎月照亮的夜空便頓然陷入了黑暗之中。

眾凡人正為陷入黑暗一陣愣怔，一輪皎月又從西方躍上了夜空，照亮了夜空的黑暗和凡間的大地。神羿身旁帝堯眾人見之，齊一陣吹呼起來。然而，神羿則怒氣不消道：「來的正好，射落一隻又來一隻。都來吧，我今日正好為凡界除去禍亂之源。」

隨著其口中之言，神羿手中又「嗖」的一箭射向了躍上夜空的皎月。時過須臾，半空中又是「當」的一聲響亮，隨著皎輝迸射，又是一隻雪白的三足銀鶴，「撲通」一聲摔落在了地上，夜空陡又重陷黑暗之中。

　　隨後，則又從西方躍上夜空一輪皎月，照亮了暗夜。神羿又隨之搭箭，將其射落在地。轉眼神羿射出十一箭過去，從西方又有第十二輪皎月躍起上了空中。神羿這時只顧心中氣惱，欲要見月即射起來。

　　「羿哥住手，此月射落不得！」嫦娥這時急忙攔阻道，「若再射落，天空便從此就沒有皎月了！」

　　「虧得小妹提醒，不然我將鑄成大錯矣！」射迷的神羿這才醒悟道，「好，就留下這輪皎月，從此好好為凡界夜間照明。」

　　「謝過大神救助盛恩，」帝堯眾人見之，齊跪拜在地感謝連聲道，「我凡界凡人，永志不忘大神盛恩！」

　　「此乃我夫婦應做之事，哪有什麼恩不恩之說。若是為讓你們凡人感謝我們之恩，記住我們之名，」神羿夫婦見之，連忙扶起帝堯眾人道，「我夫婦是不會這樣來做的。我夫婦連玉皇大帝都不怕得罪，全是為了扶正除惡，匡扶神凡二界秩序！」

　　帝堯眾人聞聽，更加崇敬神羿夫婦不已。然而凡界的帝堯眾人雖然崇敬神羿夫婦，天界的玉皇大帝夫婦和帝俊、羲和與常羲五神，卻對神羿夫婦心中有說不出的怨憤。只見玉皇大帝坐在靈霄寶殿之中，正為其九隻金烏外孫被神羿射殺氣惱不已，又突聞其十一只銀鶴外孫女盡被神羿射殺墜落凡間，真個是疼得心中打起顫來。

　　然而玉皇大帝心雖氣惱卻也無奈，因為神羿射之有理。再者，他剛才也已在暗中削去了神羿夫婦的神籍，若再對他夫婦進行處置，怕就要引起天界眾神的動盪了。恰在這時，又見帝俊夫婦三個痛哭流涕，一起來到靈霄寶殿跪在了其面前，口口聲聲要其為他們的子女申冤。

　　玉皇大帝心中正疼又見女兒女婿心疼至此，當然心中更疼萬分。但他也是無奈不好為之扶理，相反卻只有開口當眾訓斥道：「你夫婦

還來哭訴別個，朕不責你夫婦教育子女不嚴之過，也就是了。你夫婦教育子女不嚴，使之妄違天規禍害凡界，被神羿射殺是他們自作自受，罪有應得！還不快快退下，認真思過！」

帝俊夫婦也知他們理虧，無奈只有強抑心痛退向後宮而去。

天宮這幕場景上演完畢時，凡界暗夜已深。無奈的神羿夫婦只有按照帝堯的吩咐，在山頭休歇下來。此後暗夜轉眼過去，到了次日天明。神羿心繫青丘遭害凡人，一早便急起身欲要告辭帝堯前去除惡。

「大神慢行，朕陪大神一道前去。」帝堯聞聽也不怠慢道。隨著，便令隨從一陣準備，陪同神羿夫婦下山告別嵩山眾凡人，一路向北渡過黃河，徑向青丘地方惡怪出沒之地行來。

「陛下，那大風怪究竟為何怪？」行進途中，神羿詢問帝堯道，「陛下派兵竟然除去不得，那般厲害？」

「那大風怪原本是個凡人，平生專門喜歡研究馭風術，故而人們叫他大風。大風後來研究馭風術得道，被天界的風伯收為徒子。」帝堯聞問，立即講說起了大風怪的根底道，「由此他便成為天神中的一員，在天界與風伯、箕伯、巽二、颺母、孟婆、封姨等司風之神一起共事。」

「原來此怪修煉成神，實為難得。」神羿聽到這裏，大為氣惱道，「後又為何到了凡界，行起惡來？」

「這大風修煉時即藏禍心，因而得道成神之後，屢想篡奪風伯的風神大位。風伯察知後心中氣惱，」帝堯隨之道，「即將這個不安分的徒子驅出了天界。從此，這大風就來到了凡界，成了佔據東方海濱的一怪。」

「本來便為邪惡之徒，」神羿這時更加氣惱道，「怪道作惡凡界！」

「此怪所到之處，地上房屋盡被摧塌，凡人牲畜不被砸死也被颺

斃，江湖之水四出漫溢，道路為之斷絕，」帝堯繼續道，「樹木被拔，田禾被毀，害得凡人無法生存下去。為此，東方海濱諸侯頻繁來報此怪之惡，請求朕派兵前去除之。」

神羿又問道：「戰之如何？」

「為除此怪，我已兩次派兵前去，但皆無奈。大風怪之風厲害，不僅對之剿殺不得，而且皆被其所敗，」帝堯這時無奈道，「對之實在無可奈何。如今大神來了前去剿殺此怪，定無大風怪得勝之日，此乃凡界之幸凡人之福也！」

「此惡不除，凡界怎平！」神羿隨之氣惱道。神羿與帝堯就這樣說著走著，不覺間他們一行腳下已是來到了一個村頭之上。此村依山傍水，山秀水美小村安然，別有一番秀美景致。

村頭路旁簇集著一群男女，眼見帝堯與神羿一行走來，齊施禮攔阻道：「感謝陛下聖恩，感謝神羿大神夫婦救助凡界凡人大恩！為此，我們村人聞聽陛下與大神路過村頭，已是在此等待半日。特在村中備下薄酒，請陛下與大神稍歇賞光！」

「謝過諸位賞賜之恩！但無奈大風怪未除，」神羿聞聽急忙拱手相謝，腳下仍欲前去道，「仍在青丘地方作惡，我們實是在此耽擱不得。為此，就請諸位寬恕了吧！」

「大神，惡須急除，飯亦需吃。我們正好到了該用餐的時候，」然而帝堯卻攔阻道，「既然村人已經備下，我們食之更省時間，何妨在此食之。」

「陛下所言甚是。」恰好嫦娥剛才眼見此村景致，心中已是愛上了這一小村，對之充滿了眷戀之情。這時聽到帝堯言說至此，即忙幫言道，「羿哥，我們就別涼了眾凡人的一片熱誠之心吧！」

神羿這時也覺得他們所言皆有道理，方纔答應下來。於是他眾人

便在眾村人的引領下，來到了村中。眾村人果然已在村中安排好了豐盛的宴席，帝堯與神羿一行在村人的引領下各個就座，隨著便開始宴飲起來。

「此山何名？」一陣宴飲過後，嫦娥因為喜歡這個小村，開口詢問村人道，「此村何名？」

「山名尚儀，」村人立即回答道，「村名尚儀。」

「啊！」嫦娥聞聽此答，頓然驚得叫了一聲，隨著愣在了那裏。她當然吃驚，因為這村貌村名實在太巧合了！怎麼天界有座尚儀山，山中有個尚儀村，凡界又恰好有座尚儀山，山中也有一個尚儀村呢？怪道自己眼見此村，心中便生眷戀之情！

「羿哥，你去除害，」吃驚之餘，嫦娥隨著更對此村心中不捨，開口對神羿道，「我居住在此地等你怎樣？」

神羿也正為此山此村之名與天界巧合至此而奇異，心中正想是天上地下的事情全都一一對應？這時聞聽嫦娥此言，頓然大喜贊同道：「好，小妹此言甚是。你就住在這裏，我去除那惡怪。」

「大神夫婦選定了住處，實乃可喜可賀之事！」尚儀村村人聞聽神羿夫婦此言，立即高興得歡叫起來。帝堯更是心中歡喜，對神羿夫婦贊言道。隨著，他即安排村民為神羿夫婦擇地建房。此後他們征得嫦娥同意，為其擇一稱心之地。並且按照其在天界的家居模樣，造了一座住宅。嫦娥便在村中真的住了下來。

就在帝堯安排村民，為神羿夫婦擇地建房之言落音之時，朝中司農棄派來信使突來傳報，京都有事急需帝堯回京處理。帝堯聞聽無奈，又見神羿欲要前去青丘除惡，便心機一轉當即敕封神羿道：「大神，由於朕朝中有事須作處理，故而不能陪同大神同去除惡。但朕念大神拯救凡界勞苦功高，故而朕特敕封大神為除惡將軍。望將軍此去

馬到成功，凱旋返回京都赴命。」

「謝過陛下賞封！神羿定當不辱聖命，除去邪惡保得天下太平！」神羿聞聽心中歡喜，連忙謝過帝堯賞封道。言畢，即告別帝堯與嫦娥，引領帝堯派遣隨從眾兵，一路徑赴青丘除惡而去。

神羿一行離開尚儀小村一路東北前行，轉眼行出十數日，來到青丘近處大風怪出沒之地，但卻找不見大風怪的蹤影。神羿除惡心切，急問當地的人們，人們講說大風怪來去沒有定時定地，誰也不知道他的確切住地。

「惡怪，真狡黠也！走，再往前尋找去。」神羿聞聽人們此言，開口斥罵道。說著，便領眾兵徑向青丘地方尋去。

「快跑，大風怪來了！逃跑慢了，就沒命啦！」神羿一行此後向前又是尋出一個時辰，突見前方一群人失急慌忙地跑來道。如此叫著，他們已從神羿眾兵身邊疾急地跑了過去。

「來得正好，來了正好剿殺於它！」神羿正為尋找不到剿殺不成大風怪心中氣惱，聞聽逃來之人講說大風怪來到心中大喜，不僅不逃相反則高興起來道。隨著，他舉目看向眾人逃來方向，果見遠處塵頭大起，狂風勁作。

「走，前去迎殺惡怪去。」眼見此景神羿心中更喜，即對跟隨眾兵道。說著，便引領眾兵向前疾迎而去。神羿一行向前剛剛行出一陣，便見大風怪作著狂風，帶領一幫惡徒奔了過來。

原來這大風怪近來作惡更甚，他自己作惡心不滿足，又廣泛糾集各地莠民，大有據地為王之心。轉眼神羿與之迎近，不待大風怪所作惡風颳到，即開口厲聲喝斥道：「惡孽，知道今日是你的死期嗎！」

大風怪生相邪惡，自到凡界尚且不曾遇見一人敢於攔他。這時耳聞神羿此言，眼見神羿不過是一介凡夫，而不知神羿為射日的天神。

為此他不禁「嘎嘎」大笑道：「小子，你想知道我大風怪的厲害嗎？」

「惡孽，你知道我神羿手中之箭嗎？」神羿聞聽勃然大怒道。說著已是拈弓搭箭，就要射向面前的大風怪。

大風怪不聞神羿此言還罷，聞聽此言真個是頓然魂飛天外魄散九霄。他雖然不識神羿之面，卻也早已聞知神界善射的神羿到了凡界，為救凡界射殺九隻金烏十一只銀鶴之舉。神羿那般厲害，如果不是他率先報出名來，自己稍怠豈有活命之理！

為此他大為慶倖自己躲避有時，眼見神羿已是開弓就要射向自己便不怠慢，急忙施動狂風倏地拔樹滾石向神羿狂飆過去。以期一舉施風飆死神羿，保得自己不被神羿射殺而逃命。

大風怪也為天界之神，不過是被貶到了凡界。為此他所施狂風果然狂猛無比，倏然已是鋪天蓋地攜樹挾石向神羿一行飆來。神羿雖然原為天神卻也頓然抵擋不住，立刻被飆得身子倒在地上，隨風向前滾轉而去不知滾向了何方。

好在神羿身上還有一些抗拒之力，尚且沒有被狂風捲上半空，拋下地來摔個身死。跟隨他的士兵們則抵擋不住，眨眼已盡被狂風捲起，摔撞得身死了過去。

大風怪施風一陣不見神羿射箭過來，又見其被自己之風飆得不見了蹤影，心想神羿一行說不定都已被風飆死。但他又知道神羿的厲害，唯恐神羿只是被風暫時飆懵，轉瞬醒來再射自己。為此他仍是不敢怠慢，急忙抑住心中殺死神羿之情，一陣逃跑而去。

「惡怪，不除掉你，凡界怎平！」大風怪逃去之後，神羿在處狂風隨著停了下來。神羿這時舉目看視，見其眾兵已盡被狂風飆死，遂心中大惱道。口中吼著舉目看向遠方，欲尋大風怪射之，卻不見了大風怪身在何處。

　　「惡怪，逃不是本領，有本領你來戰我。你逃也逃脫不掉，我非殺你不可！」大風怪早已逃得沒有了蹤影，神羿當然看視不到。不見大風怪蹤影，他心中更惱斥罵道。罵著，便隻身奔向青丘地方尋除大風怪而來。

十五、神羿歷險

大風怪逃去這時並未逃遠，而是在近處尋到一方幽僻之地暫且躲藏起來，以在暗中偷窺神羿舉動下步好作定奪。這時，他在害怕神羿射殺自己之餘，很想知道神羿被自己風颳之後是否身死。

如果神羿不死，自己今後就不僅難以自在行惡，而且需要再設它法將他殺死，以使自己不受遏制了。如果神羿死去，自己就可以仍如先前，無所顧忌地施行邪惡，盡享人間之福了。

大風怪心想神羿這次也是必死無疑，因為他到凡界之後橫行邪惡不羈，還不曾見過一人能夠抵擋住其施惡風。雖然他知道神羿身為上神又為天界英雄，但正因此他剛才所施惡風更烈十倍。因而他料定神羿也是定然耐受不住此風，身死風中無疑。

所以他施風後躲避起來進行偷窺，則是小心的他深知神羿的厲害，唯恐神羿不死自己疏忽，身有生命之險。然而他心懷必殺神羿之想剛剛偷窺一陣，卻使他大為驚怕地看到，神羿出其意料地不僅沒有死去，而且在其所施惡風停颳之後仍舊端站在地，並且對自己氣惱萬分，開口大罵著繼續向前尋殺自己而來。

看到這裏，大風怪雖然邪惡卻也驚怕萬分。因為剛才他將惡風颳到了最為劇烈的力度，已經施盡了自己的法力，卻還是沒能把神羿颳

死。這樣他再殺神羿便無它法，而只有從今往後時時處處躲避於他，免遭被殺之虞了。

大風怪為此不敢怠慢，他剛才命其所集蒡民先期返向了青丘，這時應該正在前方不遠處向其青丘居地奔進。他要趕快追趕上去，讓他們設法避開或者與自己一起再殺神羿。

不然神羿追趕上去，就會把他們全部殺死，並且直搗自己老巢。到了那時，他慘澹經營數十年的良苦心血，就要毀於一旦了。為此他潛出藏地，一陣便急急追趕其所集蒡民隊伍而來。

大風怪一陣追上其蒡民隊伍，忙令他們逃進一片茂密樹木之中，埋伏躲避起來。這是因為，大風怪在追趕其蒡民隊伍時，突然後怕萬分地想到神羿身為上神，是具有騰雲駕霧之能的。剛才自己佈風時他若突然騰雲飛起，自己所佈之風是無論怎樣厲害，也颳不住他的。

而神羿當時恰好又可借此時機，居高臨下射殺自己。自己剛才沒有想到這裏，只顧像對待常人一樣對待於他，實在是太令他後怕了。只是神羿當時也是著迷，他為什麼陷在風中不施騰雲駕霧之能，避開風颳居高臨下射殺自己呢？

想到這裏，他又為神羿著迷不施騰雲駕霧之能慶倖萬分，但卻不知神羿的騰雲駕霧之功已經被玉皇大帝所廢。他再想騰雲駕霧，也已不能了。大風怪不知這些，害怕神羿騰雲駕霧追來，那樣須臾之間他就可以趕上自己與其蒡民隊伍，居高臨下射殺自己了。

為此，他急令蒡民隊伍躲進密林，以使騰雲駕霧追來的神羿從空中尋找不見自己，暫先保得自己與眾蒡民生命無虞，然後再議對付之策。然而大風怪與眾蒡民躲進密林之後許久，根據預料隨後尋殺而來的神羿，早該騰雲駕霧趕過來了，但他們卻久久不見神羿追來。

「大王，或者是神羿沒有追來，」蒡民首領大風怪的高參蒡草，

這時耐不住了性子道，「或者是他騰雲駕霧從別處追向了青丘，我看他不會再來這裏了。」

「不，你不瞭解神羿，他一定會追來的。」大風怪放心不下道，「只是他為何不騰雲駕霧追來，又一直遲遲不到呢？」

「大王，或者是他不能騰雲駕霧，」狡惡的蓱草這時道，「故而未能騰雲駕霧追來。」

「那怎麼可能。連騰雲駕霧都不會，」大風怪急忙打斷其言道，「怎能成為神羿英雄。」

「大王，快瞧，」蓱草正欲再言，突聞一蓱民在旁驚怕道，「神羿追過來了！」

大風怪與蓱草聞聽陡然一驚，急舉目看去，果見神羿向他們在處尋了過來。蓱草見之，急對大風怪道：「大王，剛才殺不死神羿，此則正是殺其良機。大王，你看他隻身獨個越來越近，我們一陣亂箭就可要了他的小命了。」

「小子，你想得太輕易了。」大風怪急忙制止道，「天上白天的太陽夜晚的月亮，他都能夠射落，我們之箭豈能將他射死。」

「大王，神羿無論多麼厲害，我們來個先下手為強，使其措手不及，豈有不能將其殺死之理！」蓱草當然早聞神羿英雄大名，但他眼見其貌也如常人，便不信其名對大風怪道，「如果殺不死他，只顧這樣躲躲藏藏，大王爭奪帝堯天下之想，豈有實現之期。」

「小子住口，殺死神羿絕非你言易事。若能，剛才那場大風颳死了其跟隨眾兵，還不一同把他颳死。再言被他發現，我等就沒命了。」大風怪這時眼見神羿已經來到近處，害怕再言被其察覺，便忙制止蓱草道。蓱草聽了此言方纔不敢再講，遂與大風怪一起靜觀起了神羿的動靜。

　　神羿氣惱中隻身獨自一路向青丘尋殺大風怪而來，行進途中他不見大風怪在處又騰雲駕霧不成，心中實在是又急又惱萬分。他急剛才既然碰上了惡怪，自己卻未能射而殺之讓其逃去。他惱玉皇大帝廢其騰雲駕霧之功，使他追殺惡怪不得。不然，豈有大風怪逃脫之理！

　　就這樣他走著想著，來到了大風怪眾惡躲藏的樹林旁邊。但由於他心中又急又惱留心不夠，加之大風怪眾惡躲避嚴密，他竟然對之沒有察覺，從樹林邊走了過去。隨後又徑直向前，把大風怪眾惡拋在了後面。

　　「大王，這樣的絕佳機我們錯過，」躲藏在樹林中的莠草眼見至此，禁不住對大風怪埋怨道，「再殺神羿怎易呀！」

　　「常言將欲取之，必先予之。讓他去吧，我自有辦法除去這個死對頭。」大風怪則胸有成竹，聞聽莠草此言不禁「嘎嘎」狂笑道，「不然，有他擋道與我們作對，又豈有我與帝堯爭奪天下之機！」

　　「大王說得對，我們這就殺了他。此刻神羿已經過去，」莠草仍是狡惡難抑道，「沒有發現我們。我們前去突而襲之，必可殺之無疑。」

　　「不，此法不僅殺不死神羿，還會反受其害。神羿射技百發百中，」大風怪知道神羿厲害自己對付不得，又即對莠草之言否定道，「洞石穿金，你小子抵擋得住嗎！再說，他又能騰雲駕霧，我們豈能襲殺得成。」

　　「大王，小子自從跟隨你以來，從未見過大王這樣盡長別個的威風，大滅自己的志氣。大王今兒個這是怎麼了？」莠草這時心中甚為不滿道，「難道我們就只有這樣看著神羿，逍逍遙遙地從我們眼皮子底下走過，去殺我們，而對其束手無策嗎？」

　　「不，我已有了良法，」大風怪這時突然堅定道，「定可殺死神羿，除去這個死對頭。」

「大王既有良法，就快帶我們去殺，」莠草聞聽，頓轉高興道，「別只叫我們躲在這裏窩氣了。」

「別急，施用此法性急不得，」大風怪這時平靜道，「讓神羿再往前行一程去殺不遲。」

「大王究竟身有何法，」莠草這才平靜下來，詢問道，「竟然把握在手，不慌不忙？」

「神羿功高蓋世，我也沒有什麼良法。」大風怪即言道，「但是我想施用我法，神羿定死無疑。」

「大王快講，」莠草聞聽急言道，「也讓小的早點與大王一起高興。」

「神羿身懷兩種絕技，一為射箭奇功，」大風怪這才講說其計道，「二為騰雲駕霧之能。我們要想勝他，必須制勝他高過我們的這兩招。」

「大王心想怎樣制之？」莠草這時又耐不住性子道。

「我想，只有把他引入一道峽谷之中，然後我在谷旁山頂施風，你們用巨石砸之，飛箭射之。」大風怪隨之講說其計道，「這樣他就雖能騰雲駕霧也騰身不起，射技高強也射將不成，其就必死無疑了。」

「好，好。大王此計實在是妙！」莠草大喜過望道，「這樣殺死神羿之後，帝堯之兵誰也阻擋大王不得，天下就是大王的了！」

大風怪聞聽，也高興得一陣「嘎嘎嘎」暢懷獰笑起來。笑畢，心機狡詐的他害怕自己被神羿害死，即欲要莠草作其替身道：「我思謀，東往青丘路上，泰山之中有一峽谷。為此，我們必須把神羿引入谷中。」

「對，把他引入谷中。」莠草這時不知深淺，開口高叫道，「大王就說怎麼辦吧！」

「由我親去誘引，怕被神羿認出，殺其不成反被其害。」大風怪依其心機道，「這就只有心機過人的你小子，代我前去誘引神羿了。」

　　莠草不知神羿厲害，剛才心中不知害怕，這時聽多了大風怪的害怕神羿之言，也對神羿心中不禁害怕起來。為此他聽罷大風怪此言，知道這是讓自己前去替他送死，頓然驚得一愣道：「什麼，大王叫我替你前去？」

　　「瞧你小子嚇的。我告訴你，他殺不了你。你走在路上，與常人無異。」大風怪見之，故作輕鬆地一笑道，「為此你就是走在神羿身旁，他也不會殺你。而我則就不同了，別個會對他說，是非殺我不可的。」

　　「那麼好吧，我替大王前去誘引神羿那廝。」莠草這才驚怕稍消，加之他不答應也是不行，因而只有答應下來道，「大王快去準備，等待我的消息吧。」

　　大風怪喝令一聲，即把身旁莠民交給莠草引領，誘引神羿而去。他則立即返往青丘再帶莠民，以在泰山峽谷等待神羿。

　　莠草在前去誘引神羿的路上，按照大風怪的吩咐，將眾莠民化整為零，三五成群地派向神羿周圍而去。他們誘引神羿進入泰山峽谷的辦法是，一旦見到神羿偏離了前去泰山峽谷的道路，其鄰近莠民便故意靠近，以為其假做指引路徑的方式，指引神羿奔向泰山峽谷。

　　大風怪他們的惡計果然惡毒，神羿不識他們這些表面與常人無異的凡人，定然對他們之言信之無疑，便正可把神羿引入預定死地。大風怪的邪惡目的果然達到，神羿正如他們所料，由於不識莠民面目便對他們之言信而不疑，數日過去便將神羿真的引進了大風怪設伏的峽谷之中。

　　神羿被引入峽谷之後，仍以為自己前去青丘所行道路不錯，沿著峽谷繼續向前行進。心中不知自己已陷險境，既不害怕也無防備。於是神羿一陣向前行進，轉眼已是進入了深谷之中。

　　就在這時，突見惡風從谷旁山頂驟起，撒土拋石地向谷底勁颳

過來。神羿正行而且谷中風靜氣清，突睹此景不禁心中一詫，隨著便明白了定是大風怪借此山谷對其施起惡來。心明至此神羿大惱，可他雖惱卻也為時已晚，因為惡風已經颳了起來，倏地便把他颳得眼合氣閉，站不住了身子。

大風怪在谷旁山頂已經等待兩日，這時眼見神羿中其惡計當然不會放過。即使出十二分的功力，把風颳得邪惡至極。並令眾莠民向谷中滾石放箭，硬是使得神羿倏然間抵擋不住。

神羿抵擋不住當然也不怠慢，因為風中還挾著巨石飛箭，雨點般地向他砸射過來。他若稍有懈怠，就會不被石頭砸死也被亂箭射死。為此，只見他在惡風中一邊隨風滾動身軀，一邊奮力揮臂踢腿攔擋飛石亂箭，以保自己不死。

大風怪站在山頂一邊施法不止，一邊命令眾莠民射箭不停。轉眼過去片刻，他站在山頂眼見谷中惡風大作邪惡至極，既不見神羿騰雲駕霧飛出谷來，也不見其向前後谷中遁去，便不禁心中大喜道：「這樣，神羿就必死谷中無疑了！」

「大王，誘殺神羿不易，大王還是不要掉以輕心，」這時，誘引神羿的莠草已經攀上山頂，來到了大風怪身旁，聞聽此言開口道，「多施一會兒惡風，以保萬無一失的好。」

大風怪聞聽莠草此言，隨著便依舊繼續猛施惡風，讓眾莠民狂射箭雨。轉眼又是一陣時間過去，大風怪眼見仍是不見神羿出谷，便最終認定神羿已死，停止了施風，止住了滾石箭雨。但不料就在他剛把風石箭雨停住，正欲往谷中尋看神羿死活之時，卻突聞在旁的莠草大叫一聲道：「大王，快躲，飛箭！」

隨著，莠草已是倏地推過一個莠民，猛地砸到了大風怪身上。大風怪心中無防突受此砸站身不住，「撲通」一聲便摔倒在了一邊。而

砸上其身的荇民，則「噗」地身中一箭，替他「啊呀」驚叫一聲，死在了地上。

飛來此箭正是身在谷底的神羿所射，他在谷底剛遇惡風之時耐受不住，末了則施動功力慢慢穩定下來。但只是風塵太大，一時間眼睛難睜氣難出勻，加之無法看透面前的風塵見到大風怪蹤影，射殺大風怪不得。

後來他見到惡風漸停，射殺惡怪的時機來到，便立刻拈弓搭箭，做好了一見惡怪即行射殺的準備。末了惡風終於停了下來，塵土也最終減弱了下去。神羿於是急忙舉目尋看大風怪在處，恰好看到站在山頂的大風怪。為此他即不怠慢，「嗖」一箭便向其射了過去。

神羿此箭當然百發百中，受者必死，但不料荇草在旁眼疾手快，害怕大風怪被射身死失去首領，急推一荇民上前當了惡怪的替身，恰被神羿之箭射穿胸膛死在了地上。神羿眼見沒有射殺大風怪心中大惱，隨著便順谷而出，以繞上山去尋殺大風怪，口中大喝道：「惡怪，還有何能，盡都使出來吧！」

大風怪剛才突被砸倒心中一驚，隨著見是一位荇民擋在自己身前，恰被神羿利箭射穿胸膛，倒在地上實在驚怕不已！正在這時聞聽神羿在谷底大叫，又聽荇草對其道：「大王，神羿已奔出谷，向山上攀了過來。大王快快再施法術吧。」

「施法也是殺不死神羿，」驚怕的大風怪這時也是無奈道，「我們真是碰上死對頭了！」

「快，大王！如果大王不快施法攔住神羿，」荇草則隨著急叫道，「我們就將逃身不得，須臾就要斷去性命了！」

「快逃，逃回老巢再思惡計，不然就別無它法了。」大風怪無奈只有一邊施法再佈惡風，一邊對荇草急叫道。說著，便一邊佈風一邊

向後奔逃而去。虧得大風怪所佈惡風揚塵挾沙，颳得神羿又是一時眼不能睜氣不能出，看視不見大風怪眾惡在處，方使得他們脫逃而去。

大風怪逃去之後惡風重又停息，神羿剿殺惡怪未成反受此欺心中更惱。但他知道自己再去追趕，也是誅殺惡怪不成，便一時無可奈何起來。無奈之中神羿在山頂坐了下來，以靜思扭轉敗局之法，設法剿殺惡怪。

但他思來想去轉眼過去多時，卻仍是思無良謀，無法除去惡怪。沒有良法神羿也要設法，便隨著繼續思謀。正在這時，卻聞身後突然傳來一位老者的聲音道：「大神不必犯愁。除此惡怪，老朽心有一法。」

正在凝思的神羿陡聞此言，急忙回頭見那來者非為別個，正是帝堯之師務成子。神羿大奇，忙問道：「是務成子老伯？你怎麼到了這裏？知道我神羿在此？」

「大神救世除惡，老朽自當奮力相助。」務成子「哈哈」一笑道，「為此，老朽便知大神正在這裏，到此獻策而來。」

「那好，老伯快說是何良策？」神羿聞聽大喜道，「小神正為思無良策心中愁苦。」

「此策為破除惡風之策。大神屢屢不能得手無以射殺惡怪，」務成子隨之道，「皆因惡怪所佈惡風邪惡，使得大神出手不得。」

「老伯所言極是。如能使惡怪之風停颳，」神羿高興道，「惡怪是斷無活命之理的。只是無法破得。」

「有法破得，你瞧。」務成子說著，便從身上取出一面繪有日月星辰之文的朱幡，接著道，「此乃老朽平生修得的一種止風法術，若將這樣的一百二十面朱幡插在大風怪周圍，大風怪就將盡失施風之能。」

「這就剿除惡怪大功告成了。」神羿聞聽大喜道，但隨著他心機

214

一轉，卻又犯起難來道，「可也沒有這般輕易。惡怪尋之無蹤，不知其在處又怎去圍插此幡？」

「這個不難。大風怪怕的是大神，看見大神即遠逃避之。」務成子聞聽一笑道，「但他卻不怕我等凡人，我等凡人很容易察知其居處，佈下此幡。」

「那好，你們先去圍插朱幡廢去惡怪之風，」神羿這才愁顏頓釋道，「我再前去射殺，則就誅除惡怪必成了。」

務成子聞聽神羿此言正合其想，便即與神羿一陣商定具體方略，隨著告別神羿具體實施起來。為了除掉大風怪，務成子來時選帶有三百名精壯男丁。這時他分派他們兩人為一小組，由二百四十人組成一百二十個插幡小組散在兩翼。

這支隊伍分散前進，等到務成子發令立刻散開前奔，圍插朱幡並保護朱幡不被惡怪砍倒。其餘六十名男丁則由務成子率領，前去尋找大風怪在處。神羿則遙遙避之以免驚逃惡怪，等到惡怪被朱幡圍定旋風不得之時，再突出射殺之。

務成子施用此法尋找大風怪剛過一日，便把逃奔不遠的大風怪與其莠民行蹤摸了個清楚。於是他即命插幡隊伍迅速出擊，趕在夜深大風怪眾惡無備之時，圍繞他們插好了一百二十面止風朱幡。

務成子眼見插好了朱幡便不怠慢，立即趁夜令人引領神羿趕在天明之時，前來剿殺大風怪。神羿正躲在遠處不知務成子此計能否成功，突聞來人講說大風怪眾惡已被止風朱幡所圍，心中大喜，急隨來人前來剿殺大風怪。

神羿在來人引領下行走一個更時過去，恰在黎明時分來到了務成子在處。務成子見之即對他講說了一切，他便立即向前尋到大風怪眾惡居處，剿殺大風怪而來。

　　大風怪前日正怕神羿追上自己奔逃不止，後來突然不見了追殺的神羿，而且也不知神羿去了何處，方纔漸漸放下心來。為此奔逃一日之後他眾惡身子疲累，夜黑之後便擇一偏僻之地，躲避休歇下來。

　　休歇之後，大風怪心想神羿若來便會大殺，而沒料到神羿會施用務成子的法術，趁夜圍住他們眾惡插好了止風朱幡。大風怪料想不到神羿此招，還是心想神羿如果殺到自己抵擋不住，自己就還施惡風障住神羿耳目，以使自己脫身。

　　他逃跑以來雖然連施此法未能殺死神羿，但不施此法他也無法躲過神羿的追殺，無奈就只有還用此法保得活命，以慢慢再思殺死神羿之法。大風怪心懷此想一夜睡得安穩，不知不覺中已是甜甜地睡過一夜到了黎明時分。黎明到來他剛剛睡醒，卻見哨探趕來急叫道：「大王，快，神羿殺過來了！」

　　「噢！神羿昨日一直不見蹤影，今日一早突然殺了過來，用的是何招術？」睡眼惺忪的大風怪突聞此稟，驚得陡然坐起身子道。隨著，他急叫眾惡道，「快起，快起，神羿殺過來了！」

　　大風怪如此口中叫著，眼睛則即按哨控所指看向了神羿來處，果見神羿奔走如飛般向他們殺了過來。大風怪眼見此景不敢怠慢，因為神羿距其已近，自己再不快逃神羿看見就又要開箭射來了。為此他即按先前所想，又施神功欲把狂風颳向神羿。

　　然而事情大出其預料，但見他施功完了卻不見風起。開始他還以為是自己驚慌之中施功有誤，即又再次施動神功。但他二施神功完了，卻還是不見惡風颳起。大風怪為此心中陡地怕了，他怕其神功被上神所廢。

　　為此大風怪便不敢稍怠，即又聚功凝力再次施起了神功。但是儘管他施功認真萬分，惡風卻還是沒有佈出釐毫。這時他心中大驚，忙

開口急喊眾惡道：「快逃，神羿殺來，我們就要全都沒命了。」

「惡怪，你的惡風已為我們所廢，你們逃不脫了！」大風怪話音剛落，緊跟神羿之後的務成子眾人便高聲喊叫道。隨著，已經向前殺了過來。

驚怕萬分的大風怪聞聽此言，方知自己的神功並非上神所廢而被神羿所破，心中方纔驚怕稍消卻也氣惱萬分。但他知道此刻心雖氣惱卻也怠慢不得，因為自己不能再佈惡風就阻擋不住神羿追殺，阻擋不住神羿追殺自己就有生命之險了。

為此他即領眾惡拼命向前逃奔而去，以避即刻之間被神羿射死。然而他們剛剛逃出片刻，莠草便在大風怪之後突然開口急叫道：「大王，快躲，神羿之箭射過來了。」

大風怪聞聽此言，已聞飛箭果真帶著聲響飛了過來。為此他不敢怠慢，立刻施用上神變化隱遁之術，倏地變化身形消失了蹤影，向遠處奔逃而去。

十六、惡怪命終

　　「我叫你惡怪逃，我叫你們這些從惡全部喪命！」大風怪突施神功遁去消失了蹤影，使得神羿射到之箭驟然落空。神羿這時追殺眾惡距離已近，清清楚楚地看到了這一場景，心中頓惱萬分道。說著，已是開弓一箭射殺三個或者五個，一陣便把莠民眾惡射殺遍地。

　　務成子眾人更對莠草眾惡氣惱萬分，隨後一陣殺到，出手便把莠草所領未死百餘名莠民，除莠草之外全部殺死。務成子在盡殺眾莠民之後，即開口喝問留其性命的莠草道：「惡怪，大風怪哪裏去了？怎麼突然不見了蹤影？」

　　「大師不必詢問於他，大風怪使用變化隱遁法術，」神羿在旁不待莠草回答，立刻開口搶先道，「在其即將中箭之時倏然遁去。我剛才看得清楚。」

　　務成子聞聽一驚道：「惡怪還有變化隱遁之術？」

　　「是的，已被事實證明。」神羿隨之道，「他做過上界天神，身懷此術。」

　　「這樣就雖可廢止其風，」務成子聞聽至此，方纔驚定無奈道，「卻也就擒殺難了。」

　　「是呀。我們一出手他就變身隱遁了去，」神羿也是無奈道，「欲

除此惡也就實在難了。」

「這怎麼辦呢？」務成子這時焦急道。神羿一時也是無奈，便沒有回答，陷入無奈的沉思之中。務成子見之，也隨著陷入了沉思。此後他二人便引領眾人就地駐紮下來，認真思謀起了新的剿除大風怪之法。

但他二人思呀想啊，轉眼一天半宵過去，卻也沒有想出它法。眼見著已是將至天明時分，心思疲累的神羿方纔頭腦一昏，睡著了過去。神羿剛一睡去，心中正想的他便隨著進入了甜蜜的夢鄉。

神羿夢中見到，其師東王公倏然來到了他的面前，對他講說道：「神羿，你我雖已斷了師徒之緣，我本不想見你。但念及你在天凡二界每每除惡扶正，堪稱神人二界的英雄，為此你今日又為除惡遇到急難，故而特來幫助於你。」

神羿見到東王公來到已是大喜，但在其剛欲開口時卻被東王公先言攔住，對其講說了這番話語。正愁的神羿聞聽當然更喜，急忙開口言謝道：「多謝師父前來幫助徒兒！徒兒如今正在急難之時，快請師父示下解難良法。」

「神羿莫再自稱徒兒，也莫再稱我東王公為師。你我師徒之緣，早在西荒大山之上已經斷了。」東王公一捋長鬚說著，即又轉換話題道，「你要破得大風怪變化隱遁之法，也並不難。你可到泰山之巔等待，如果碰上一隻巨大黑蚌，你向牠求借其寶珠一用，定可破得此惡。」

「此蚌從何而來？」神羿聞聽奇異道，「其珠有何妙用？」

「黑蚌生長在寒山之北圓水之中，碩大無朋。能夠出水飛翔，常常來往於五嶽之巔。」東王公隨著講說道，「由於此蚌精靈化育，蚌中萬年始生一珠。其珠圓徑盈尺，色黑如漆，但卻光晶耀目，故而被稱為玄珠。」

「噢，黑蚌，」神羿聞聽奇異道，「玄珠……」

「若將此珠夜間懸掛起來，則明亮如同日月。若在白天取出，也可照得百種神怪不能隱其精靈。」東王公這時繼續道，「因而若得此珠，大風怪隱遁之後用其照之，必可使其無以隱遁。其不能隱遁你用箭射之，則殺之必能成功。」

「謝過師父指點，」神羿聽到這裏心中大喜，忙謝東王公連聲道，「徒兒即赴泰山之巔。」

「大神，」神羿話音剛落，卻聞一個聲音喊叫道，「即赴泰山之巔做什麼？」

神羿正在夢中對東王公言謝，聞聽此言心中一詫急忙睜眼看視，看見驚異的務成子正在其旁等待自己回答，天已大亮起來。神羿見此方知自己剛才做了一夢，連忙回答務成子道：「剛才我做一夢，夢見了師父東王公。」

「噢，大神做夢見到師父，」務成子心異道，「為什麼就要即赴泰山之巔？而且高興得叫出聲來？」

神羿也正心疑剛才自己之夢的真假，便隨著把夢境向務成子講說了一遍。然後接著否定道：「看來此夢不會為真。只不過是心有所思，便睡有所夢罷了。」

「不，大神此夢定為真實。大神處此急難之時，恩師前來救助乃為自然之舉。」務成子則不疑此夢為假，而以為真實道，「為此大神可以再次不辭辛勞，即去泰山尋找黑蚌求借寶珠，定可用之除掉惡怪。」

「泰山距此雖然鄰近，去之甚易。」然而神羿這時則決心難下道，「但若去之無功，夢境為幻，豈不耽誤時日。」

「大神不去，我們不是也無奪勝之法嗎！去了此夢為假，」務成

子即忙勸言道，「結果也不過如此罷了。但去了此夢為真，就可剿殺惡怪奪取全功了。」

「大師所言甚是。既然舍此別無它法，我就只有前去泰山一試了。」神羿聞聽此言，方讓務成子眾人在此等候，即起身向泰山行來道，「或許真為恩師助我而來，則就是凡人之福了。」

神羿在處距離泰山不過一日路程，乘騎快馬不過一晌便已來到，隨後他便攀上山巔等待起來。神羿在山巔等啊待呀，他等待一日過去黑蚌沒有飛來，又等待過去一日黑蚌還是沒有飛來，他心中便又急又疑起來。

他急黑蚌遲遲不來，這樣等待下去不知要等到何時。等待時久大風怪不除，若在那邊繼續行惡不止，就不知道又要害死多少凡人了。再說，在自己來此過去的三日之內，大風怪是否又已攻殺務成子諸人，他們的處境是不會平安的啊！

為此他疑自己之夢是否為真？那夢是否真為大師東王公指點，又是否真如夢中大師東王公之言有此黑蚌呢？如果夢境為假，則就根本沒有碩大的黑蚌，自己不就在此白等了嗎！

「還是回去了吧，在此也是白等。黑蚌不來，或者那夢即為虛幻，根本就沒有什麼黑蚌存在之理。」急異至此，神羿不由得信心頓失，氣餒自語道。此言完了，急切的他便站起身來欲要離去道，「回去再議剿殺惡怪之法，在此等待異事也不會來到的。」

但就在他話剛落音之時，卻突聞「颯」的一陣聲響如同一股颶風一般，從北向南驟然而來。那聲響，就如同後日宋代大詩人歐陽修在其名篇《秋色賦》中所寫秋風一般，「初淅瀝以蕭颯，忽奔騰而澎湃，如波濤夜驚，風雨驟至。其觸於物也，鏦鏦錚錚，金鐵皆鳴；又如赴敵之兵，銜枚疾走，不聞號令，但聞人馬之行聲」。

　　神羿驟聞此聲心中一異，忙舉目循聲向北看去。他這一看實在驚奇，因為只見在那北方遠處響聲傳來之地，正有一片烏黑大雲向泰山之巔飛馳而來。那大雲漆黑濃重，挾聲帶風，令人生懼。

　　「噢，我夢為真，此則果真是巨蚌飛來了哩！」神羿驚奇之中看視一陣，突然心中一明生喜道。隨著他便止住欲去的腳步，在山巔等待黑蚌到來。黑雲轉瞬飛落到了泰山之巔神羿面前，它一觸地便真的現出了一隻巨大的黑蚌之形。

　　「神羿在此已等兩日，今日終得眼見巨蚌之面，」神羿見之更喜，急忙上前對之深施一禮道，「實乃神羿之幸，凡人之福也！」

　　「你叫神羿？」黑蚌出來遊玩剛剛飛落山巔，聞聽神羿此言立刻驚詫道，「果真就是那位名揚天凡二界的英雄嗎？」

　　「在下正是那個神羿，但不敢妄稱英雄，」神羿也不怠慢道，「只不過是做過一些扶弱除暴之事罷了。」

　　「好，小蚌在此不期得遇英雄，實乃三生有幸。」黑蚌聞聽大喜道，「但不知英雄為何知我根底，在此等我？」

　　神羿聞聽黑蚌言辭和善，面目雖黑卻不為惡者。便把自己為除惡怪依夢等牠之事，對其講說了一遍。但是常言看人不可貌相，看這黑蚌也是如此。黑蚌這時所以言辭和善並對神羿恭順不已，則是因為牠知道神羿的厲害，而且又想巴結神羿為友，以便後日助牠一臂之力。故而方纔露出了和善情態，但其心底則是與其外貌一樣漆黑的。

　　雖然在此之前，這隻生長在寒山之北圓水之中的巨蚌，並沒有做過一件邪惡之事，但這則是牠韜光隱晦，以求將來更加肆無忌憚橫行邪惡的抑惡之舉。因為這隻巨大的黑蚌，原來也僅僅不過是一隻生長在圓水之中的普通蚌類而已。

　　牠在身為普通蚌殼之時，心底比其牠蚌殼邪惡十分，屢屢施惡

於同類。但是後來牠在作惡多端中猛然醒悟過來，悟出了自己這樣橫行邪惡只能行惡一時，不久作惡一多就會斷去性命，使其再也行惡不得。而不若抑惡苦修成神，到那時自己身懷神功，才可以肆行邪惡無所顧忌。

黑蚌心懷這般邪惡之想，此後果然抑惡苦修，千百年過去修煉成了一隻巨大的神蚌。但黑蚌雖然苦修成神，卻還是身居凡界昇人天堂不得。為此這時牠為昇入天堂思謀起了惡計，牠想到自己在千百年修行之中，懷中生有一顆神珠，其珠為自己的精氣化育而成奇異萬分。

為此牠想把此珠將來作為貢物，呈獻給玉皇大帝，換得玉皇大帝准牠離開凡界昇入神界。到了那時，其所育神珠若能成為玉皇大帝的寵物，自己再肆行邪惡也就不用懼怕了。

心懷這般邪惡之想，黑蚌便想把其懷中神珠倍加化育，以使其生出更多神奇，誘使玉皇大帝對其生寵。為此牠便經常飛出圓水來到泰山之巔，吸采天地日月之精華，化育懷中之神珠。

黑蚌這樣化育懷中神珠轉眼又過百載，不想這時在此泰山之巔碰上了神羿，神羿要借其正在化育中的懷中神珠。神珠若被神羿借去一用，當廢去其千百年化育之功。為此心中邪惡難抑的黑蚌便不願借給，這時開口搪塞道：「英雄此想甚好，但無奈英雄之夢非為真實……」

神羿在此等待兩日那邊除惡正急，剛才見到黑蚌飛來希望陡生，只想自己一言黑蚌即允，自己就可以身帶神珠前去剿除惡怪了。不料他希望正高陡聞此言，不禁驚得一愣道：「噢，我夢竟是虛幻！」

「是的。我黑蚌沒有你說的什麼神珠，英雄除惡揚善雖然急需，」黑蚌聞聽即言道，「但我黑蚌心雖願助萬分，但沒有神珠也是幫助英雄不成啊！」

「黑蚌，你沒有神珠，是否還有別個有珠的黑蚌？」神羿聞聽焦

急道，「寒山之北圓水之中，據你所知還居有別個黑蚌嗎？是否牠有神珠？」

「有，還有一隻更大的黑蚌，」黑蚌聞聽立刻心機一轉，欲要脫身，將計就計道，「可能英雄師父所說神珠為牠所有。」

「那只黑蚌到哪裏可以尋到？」神羿聞聽希望又生詢問道，「請黑蚌指點。」

「到寒山之北，」黑蚌立即搪塞道，「圓水之中。」

神羿聞聽希望陡滅道：「牠不飛臨這泰山之巔嗎？」

「也可能來，英雄在此等待便是了。」黑蚌說著，便要起身飛去。

「慢走，」神羿見其要走，方纔心中突然明白過來，是這黑蚌不借神珠給他，遂立刻開口攔阻道，「黑蚌。」

「英雄還有什麼吩咐？」正欲離去的黑蚌被阻一愣，停下欲飛之身反問道，「小蚌洗耳恭聽。」

「黑蚌，你知我借你神珠非為行惡，乃為除惡拯救萬民。而且用過之後就立刻歸還給你，」神羿遂對其講說起來道，「我神羿以自己之名擔保決不賴帳，這樣借來一用而利萬民，你有何不願為之呢？」

「英雄，小蚌剛才已是盡把實言對你講過，」黑蚌聞聽神羿口出此言，已知神羿察知了自己假言的一切。但牠也不反悔，立刻反說神羿道，「你不信小蚌之言皆為真實，你讓小蚌怎麼去辦！」

「把神珠借我一用，」神羿認真道，「就這麼辦。」

「英雄，你這不是強我小蚌之難嘛！」黑蚌隨著焦急起來道，「我若有神珠豈能不借，可我沒有神珠又怎麼借給英雄啊！」

「黑蚌真的不救萬民，」神羿對黑蚌察言觀色，已經更知其所言為詐，便寸步不讓道，「不借神珠嗎？」

黑蚌這時心中已虛，牠知道如果神羿知道其言為假，是決不會放

過牠的。同時，神羿神功的高強牠也是知道的，到了那時牠就將陷入絕境了。為此牠更加不敢怠慢，即又開口辯說道：「不，不是我黑蚌不救萬民不借神珠，若是那樣我豈不黑了良心！而是我欲救萬民而不得，我實在沒有神珠啊！」

「那好，你真沒有神珠也行，」神羿見其狡辯至此，便也不再相讓道，「但你必須敞開胸襟，讓我查看一遍。」

黑蚌不聞神羿此言還罷，聞聽此言真個是陡地無奈到了極點。因為牠如果敞開胸襟，神珠便會裸露現出自己假言之實，而且神珠還要被神羿借去，廢掉自己千百年化育之功。可如果不敞開胸襟，神羿話已出口便不會相讓。他如果來硬的自己不僅抵擋不住，說不定還有丟去性命之險啊！

黑蚌如此陷入無奈久久不發一言，而且不敞胸襟。神羿知道其言點到了黑蚌疼處，隨著便進一步催促道：「敞開你的胸襟吧，敞一下是不費事兒的呀！」

狡惡的黑蚌無奈之中聞聽神羿此言，突然急中生出一條惡計。即在自己敞開胸襟神羿伸頭察看之機，其倏然閉合胸襟，將神羿伸進之頭從脖頸處夾斷。奪去神羿性命，以保自己神功不廢。心懷此計，黑蚌隨著便慢慢敞開了胸襟，開口對神羿道：「那好，英雄就來察看吧。」

黑蚌剛把胸襟敞開一點，其胸前那顆盈尺的璀璨神珠，便頓然大放出了光明，耀得神羿頓覺眼前一眩。神羿為此大喜，他知道其欲借的神珠就在眼前，剿除大風惡怪已是成功在望。於是他心中歡喜之中，竟然一時忘掉了察看言借，而徑向前去伸頭出手取那神珠而來。

然而他只顧去取神珠，心中對黑蚌絲毫未作防備，便恰為黑蚌所乘。黑蚌眼見神羿將頭伸進了其胸襟，便即倏地合起了兩片張開的硬殼，把神羿的頭夾在了蚌中。

神羿突遇此害心中一驚，頓然明白黑蚌對自己下了毒手，便也不再客氣，即出手一把抓向了黑蚌的腑臟。神羿出手疾猛，黑蚌忍受不住腑臟巨疼，「啊呀」一聲大叫，即將閉合的蚌殼放鬆開來，「颯」地一陣風響便向遠處逃去。

　　「你黑蚌既然不借神珠拯救萬民，就莫怪我神羿壞你修行之功了！」神羿這時大怒說著，即開弓放箭，「嗖」地向黑蚌射了過去。神羿射出之箭飛行迅疾，轉瞬便「當」得一聲射到了正逃的黑蚌身上。黑蚌又是「啊呀」一聲驚叫，身子便「叭」的一聲摔落到了半山腰上。

　　「惡蚌，若不是我念你千百年修行不易，你不助萬民逃遁而去，我就要了你的小命了。」神羿也不怠慢，立刻一陣疾行趕到黑蚌摔落之地，開口對之道，「如今我念你修行不易，只給你射了點輕傷，望你今後引以為戒，以救民除惡為上，不要再只顧自身了。」

　　「小蚌深謝英雄不殺盛恩，」黑蚌身受箭創心中當然氣惱，但牠又怕神羿氣惱起來殺戮於牠，便不敢怠慢急言改過道，「定以此創為戒，請英雄放心。」

　　「那好，小蚌既已知錯，就快將神珠借我一用。」神羿聞聽隨之道。黑蚌無奈，只有不想應允也得應允，痛苦萬般地敞開胸襟，把神珠借給了神羿。

　　「小蚌可以暫且在此養傷，神珠用不數日即可歸還過來。」神羿借得神珠心中高興，即對黑蚌道。言畢，立即辭別黑蚌返歸務成子在處而去。

　　神羿當然不會怠慢，他深知青丘萬民正在焦急地等待著他去剿殺大風怪，務成子大師也正在焦急等待著他的歸去。同時他也擔心在其離開數日之間，那大風怪去攻殺務成子大師。為此他心中既有焦急也有擔心，下得泰山便向務成子在處急奔。

　　就在神羿前去泰山取寶之日，大風怪果如神羿所料沒有善罷甘休。他逃出死地之後心中大為氣惱，特別是他不知自己施風之功，為神羿使用何種法術破掉，使得自己險些喪掉性命更是氣惱萬分。

　　為此他逃出死地之後即不停歇，隨著便打探起了神羿所用破其神功之法。他一陣打探弄清是務成子派人插在其周邊的朱幡，又知神羿前往泰山尋寶去了，便立即行動欲要趁此時機拔掉務成子所佈朱幡，殺死務成子報雪慘敗之仇。然後再迅疾逃離此地，以免為神羿借寶歸來所害。

　　為此他先到一面朱幡之前欲要拔除，但守衛朱幡之人死守不讓，大風怪便與之打了起來。務成子眾人聞知即來增援，一陣亂箭射去大風怪施風務成子眾人不成，無奈又只有逃往它方而去。

　　大風怪當然不敢再進入朱幡圈中，進入圈中他便施風不得，其害人之法要靠其施風。施風不成，務成子又人多勢眾他打鬥不過，他就有敗北被殺之險。務成子也知大風怪不敢進入朱幡圈中喪失其長，便在焦急等待神羿取寶歸來之前，令人死死守住朱幡不被大風怪拔掉，以保自己眾人不被大風怪傷害。

　　大風怪此後數次拔除朱幡不得，又不敢進入朱幡圈中，便使他剿殺務成子眾人報雪前仇不成，本已氣惱至極的他便更加氣惱到了極點。大風怪氣極之中當然不會善罷甘休，他又用偷襲惡招拔除朱幡而來。

　　但是朱幡存亡直接關係著務成子眾人的性命，所以他們防守嚴密，大風怪雖施偷襲之招也還是被守衛之人發現，與之一陣大打起來。大風怪生性邪惡心又氣惱，加之又怕神羿借寶歸來自己丟了性命，招招使狠。守幡人誓保朱幡，寸步不讓，與之打得酣烈無比。

　　大風怪當然勢占上風，守幡人雖有兩個也是漸漸抵擋不住，急喊

務成子眾人前來增援。務成子眾人聞喊疾奔尚未來到，歸來的神羿恰好看見了大風怪的邪惡，心中歡喜其雖惡卻恰好為自己射殺於他提供了良機。於是他即不怠慢在遠處取弓搭箭，就要射殺正鬥的大風怪。

大風怪也實在邪惡異常，正鬥的他因為心中也怕神羿歸來射殺自己，為此惡鬥中仍是眼觀六路耳聽八方，這時也遠遠地看見了歸來的神羿，已將其箭瞄向了其身。他為此不敢怠慢，即在朱幡圈外施起惡風，捲起塵土迷住神羿的雙眼，借機一陣逃遁而去。

「大神，你可曾見到黑蚌，」大風怪遁去惡風又息，趕來的務成子見到揉眼的神羿，忙問道，「借到神珠？」

神羿正惱又是沒能射殺惡怪，聞問忙將自己在泰山的經歷，對務成子講說一遍道：「惡怪又逃，下步我們怎樣使用神珠才能取勝？大師快拿高見。」

務成子聞聽即問道：「那神珠是否有大神夢中所見神功？」

「有。」神羿肯定道，「可以照見變化隱遁神怪之形。」

「這樣，剿殺惡怪就有辦法了。」務成子聞聽大喜，立刻計上心頭道。接著，他便對神羿講說起了自己之想。他說，大風怪這次見到神羿歸來，定然不敢再來搶拔朱幡。他心中害怕神羿至極，定已逃歸青丘老巢思謀奪勝惡法去了。為此務成子立即領人前去青丘，悄然把朱幡圍插在青丘周圍。大風怪因而施風不成，隱形再逃必被神羿射死。

神羿聞聽務成子之計可行，便與務成子即命眾人一陣拔去朱幡，隨著各按吩咐分頭出發，悄然向指定地點插樹朱幡而去。神羿與務成子則隨後一道，緩緩向青丘地方尋殺大風怪而來。

大風怪這時果如務成子所料，由於心中害怕神羿至極，急忙逃回青丘老巢計議起了奪勝惡謀。但他與手下莠民計來議去，除去大風怪施風之法，卻誰也沒有惡謀。大風怪又知自己施風也是誅殺神羿不

成，末了也是無奈。

大風怪眾惡正在如此計來議去不得惡謀，務成子所命眾人已是悄然到達他們周圍，把朱幡圍插起來。大風怪只顧計議惡謀心無防備，不覺間已是身陷在了死地之中。就在這時，突見一位元蓂民來報道：「大王，神羿與務成子殺過來了。」

「啊！」正在無計可施的大風怪陡聞此稟驟然一驚道，「距之還有多遠？」

「已經看得見了。」蓂民急答道。

「這樣沒有他計可施，我就只有還施佈風之法了。」驚愣的大風怪聞聽不敢怠慢，忙言道。說著他站起身來，即引眾惡出巢迎殺神羿與務成子而來。

神羿與務成子這時已經殺到青丘近處，大風怪眾惡一出巢穴便與他們幾乎迎了個正面。大風怪見之大驚，害怕神羿即出利箭射殺自己，便即忙施起了佈風之法。他不知道務成子早已派人，把朱幡插在了其青丘住地周圍。因而這時任憑他怎樣施法，那惡風都颳不起來了。

「惡怪，今日你的死期到了，這青丘便是你的死地。」神羿對之「哈哈」大笑道。說著，已開弓搭箭「嗖」地射了過去。

大風怪施風不起已是驚怕十分，又聞神羿此言見到其箭射了過來，便更加驚怕萬分。為躲避射來之箭，他即忙只有立即又施變化隱遁之術，倏然逃跑而去。大風怪變化逃去，雖然暫時避開了神羿射來之箭，但神羿見他又逃得倏然不見蹤影，便也即不怠慢，忙取出神珠讓務成子照耀天空，自己則做好了再射惡怪的準備。

務成子這時舉起神珠剛向空中一照，便見變化逃遁中的大風怪被珠光一逼，頓然現出了原形。神羿看得真切，立刻「嗖」的一箭射了過去。那箭不偏不斜，「噗」的一聲恰正穿過大風怪的腦顱。

大風怪「啊呀」一聲絕叫，已是墜落下來。其墜下之地恰是青丘頂上的一塊岩石，他倒栽蔥墜下頭正觸石，只聽又是「噗」的一聲響亮，已是腦袋崩裂，腦漿四濺飛去。

　　大風怪被除，神羿與務成子眾人隨著又除去大風怪所聚莠民，為青丘地方除去了大害。當地躲居不敢出來的民眾們聞聽，全都奔了出來歡慶神羿之功。神羿則對民眾謝之再三，隨後告辭民眾送別務成子一行，即入平陽帝都向帝堯交令而去。

　　帝堯已封神羿為將軍，神羿成了凡間朝中重臣，自然不敢怠慢天子帝堯之命。

十七、九嬰逞兇

　　神羿此後在途十餘日這日來到平陽，帝堯聞聽英雄神羿剿殺大風怪之後來到，即領朝中眾臣迎出京都。京中百姓聞此喜訊，也都出門夾道相迎以睹神羿風采。帝堯把神羿隆重迎進宮中，隨著便向眾臣介紹認識，彰揚其功。

　　朝中眾臣早知神羿之功，又知其為臨凡天神，如今又見其果然相貌威武非同凡俗，便全對其敬仰萬分，齊聲歡慶其救世之功。在眾朝臣的歡慶聲中，一貫節儉的帝堯也一反平時的節儉之風，立刻大擺筵宴為神羿慶功。

　　宴席開始，帝堯親為神羿把盞，賀其拯救凡界解除凡人倒懸大功。隨後眾臣輪番為神羿把盞，慶賀其功。席間歡慶氣氛濃達極點，帝堯與眾臣為天下太平高興不已，為神羿慶功久久不息，直到夜深方纔散去。

　　「陛下，大風怪已除聖命已複，臣下之妻嫦娥獨居尚儀村中，初來乍到定然焦盼臣下。」神羿席散之後休歇一宵，次日早朝之上即懇請帝堯道，「臣下請求陛下恩准，讓臣下前去尚儀村中夫妻小聚。」

　　「英雄不必前去，讓陛下遣人把嬌妻接進京都便是了，」朝中重臣篯鏗聞聽，即言攔阻道，「何必讓她獨居尚儀村中。」

「箋鏗大人言之有理。英雄今後要在朝中供職，朝中公務繁忙，前去尚儀小村機會不多。把嬌妻接來，也省得英雄夫妻分居兩地，互牽互念了。」司農棄也即接言道。隨著其他眾臣聞聽，也都幫言勸說神羿。

「諸位的好心美意我都知道，但是諸位尚且不知，我妻嫦娥身在天界之時，就住在尚儀山中尚儀小村。」神羿聞聽解釋道，「如今她又恰見凡界也有此山此村，而且村貌村景也都如天界，她思念天界故里豈能離而前來京都。為此，神羿多謝諸位美意，還是讓小神前去尚儀村去吧。」

「好吧，既然英雄思念嬌妻，」帝堯聽到這裏，也覺天凡兩界山村同名甚為奇異，只有應允道，「嬌妻又思念故地，那麼英雄就前去尚儀小村吧。」

「謝過陛下盛恩。但只是臣下此去之後，要在尚儀村中小住下來。臣妻身在天界屢遭磨難，」神羿眼見帝堯恩准了自己，即言謝恩道，「如今小神要好好侍奉於她，以寬其心。陛下若有聖命只管召喚，臣下定當遵行不怠。」

神羿如此說完，即辭帝堯眾臣就要離去。帝堯眾臣見之，隨齊出朝堂為之送行。他們一直把神羿送出城外，仍是都不願意返回城中。神羿為此辭謝再三，方纔止住帝堯眾臣，一路向尚儀村急急返來。

行走途中，神羿知道此刻嫦娥定然思念自己萬分。嫦娥不僅具有家傳的崇高嫉惡濟貧品格，還有一顆扶弱助困的善良之心。她只知道為別個著想從來不顧自己，哪怕是付出自己的性命。為此，他深深地愛著嫦娥，不忍再讓心靈美好的嫦娥，受到點滴委屈。

同時，他也知道嫦娥深摯地愛著自己，他就是嫦娥的一切，嫦娥的生命。所以，他知道愛他的嫦娥雖知自己除惡必勝，但也心中時刻

都在掛念著自己。自己出去一日她掛念一日，出去一時她掛念一時。這時自己除惡離去數十日掛歸，掛念他的嫦娥定然掛心不已，焦思不已。

神羿心想至此，腳下便不由得加快了腳步，如飛一般向尚儀村行來。轉眼在途數日，一路上神羿翻山跨谷，這日半晌終於來到尚儀山下，遠遠地看見了倚山傍水的寧靜尚儀小村。

看見尚儀小村神羿頓然心飛意蕩，想到焦思自己的嫦娥見到自己突然歸來，定會高興得喜淚湧流，為此便眼望小村飛步向小村奔來。奔進中神羿也是見到嫦娥心切，便心想如果自己知道嫦娥住在村中何處，突然闖進家門就好了，那樣會使嫦娥大喜過望的。

可是他不知道，他離去時嫦娥尚未選定居處。為此他為自己不能突然出現在嫦娥面前，使嫦娥喜出望外而悵惘不已。然而了知嫦娥之心的神羿又隨著想到，思他念他心繫於他的嫦娥對他焦思至極，這時絕對不會坐在家中等他歸來。而定然正佇立村頭翹首遙望，盼望自己歸來的。

想到這裏，神羿便在奔進中急往尚儀村舉目遙尋，以看心愛的嫦娥是否站在村頭。但就在他剛剛看向前方尚儀村頭，尚未尋見嫦娥在處之時，卻突然見到那只雪白的玉兔，口中「咕咕」地叫著，已經跑到了自己面前。

見到玉兔，神羿心中立即樂了。玉兔與嫦娥朝夕相伴，自己未到村中玉兔便已迎來，實在使他心喜萬分！他心喜玉兔心有靈犀，知道自己此刻歸來迎接至此。也心喜有此玉兔前來引路，自己就可以陡然進入家中，給焦思自己的嫦娥一個大喜過望了。

「好玉兔，謝謝你了！」為此他見到奔來的玉兔即不怠慢，忙俯身抱起玉兔道。隨著，腳下便向村中奔走更疾起來。神羿只顧心喜至

此，卻沒有去想玉兔既然知道自己歸來迎了過來，嫦娥與玉兔形影不離，是不會對自己歸來毫無所知的。

但他高興中只顧心想給嫦娥個大喜過望，而對懷中的玉兔「咕咕」叫個不停不去理睬，向前疾奔不止。這時，焦思的嫦娥正如神羿所料，站在村頭早已看見了歸來的神羿。因而先放下懷抱的玉兔奔出村外迎接神羿歸來，隨著她便也緊隨玉兔之後一陣疾趨，向神羿迎了過來。

「羿哥——羿哥——」轉眼見到神羿奔來已近，便再也抑制不住心中的焦思之情，腳下邊跑口中邊喊起來道。嫦娥的叫聲傳到了神羿耳中，方使只顧疾行的神羿心中一詫看向了前方，見到了已經將要奔到自己面前的嫦娥。

神羿剛到村莊近處，嫦娥便看見並迎了過來，並非她心有感知，而是她日夜站在村頭等待的結果。嫦娥在此留居神羿奔赴青丘除惡去後，她便後悔自己不該在此留居，而應該跟隨神羿前赴青丘。

開始她真想追趕上去，但隨後又想到他們在凡界也該有個安樂的家，這也是神羿十分需要的休歇之地。為了神羿的需要，她方纔強抑心中的萬般思念，在此讓眾人依據天界情形，為他們建起了新家。

建造新家之中，她雖然心繫神羿焦思不已，但好在建造新家事務纏身她還可以忍受。但數日過後新家建成，她睹景生情獨居新屋，特別是算計著神羿已去數日也該奪勝歸來之時，便倍加思念不已。心中思念不已她便坐身不住，日日起早貪黑佇立村頭，遙望來路之上神羿的歸來。

嫦娥如此只顧期盼神羿歸來，卻不知神羿誅除大風怪歷經周折，除惡之後又礙於禮節赴京覆命而去。神羿前去轉眼已是數十日過去，嫦娥由於心中焦盼不由得想到了壞處，即神羿此去是否除惡不成，或

被邪惡所害？心想至此她便更加對神羿掛心萬分，連夜間也不再休歇，而日夜佇立村頭遙盼神羿歸來。

嫦娥的舉動牽動了眾村人之心，他們齊來勸說嫦娥儘管回屋休歇，由他們輪流代她守候村頭，等待神羿歸來。並且寬慰其心道：「神羿大神乃天界英雄，剿除凡界區區一個小怪，定然手到功成。英雄沒有歸來，定是有別的事情要做，娘娘不必掛心。」

然而神羿不歸嫦娥心中不能平靜，眾村人勸說便難入其心。為此她不讓眾村人代她守候，而仍是自己日夜佇立村頭焦待神羿歸來。隨後又是一日日過去，由於神羿途中需要時日，嫦娥仍是遲遲不見神羿歸來。

時日就這樣向後越加拖延，嫦娥便越加放心不下，倍加掛心不已。然而她心雖牽掛神羿不歸她也無奈，隨後又只有一日又一日地佇立村頭焦待神羿。轉眼又是數個日夜在嫦娥的焦盼中過去，這日半晌她正在等得心焦難耐，突然間覺得望向遠處的眼睛一亮，見到遠處一個黑點，仿佛是神羿的身影向村中走來。

於是，嫦娥的心隨著其眼睛的明亮也頓然亮了。她急忙凝眸定睛，用最大的氣力看向了遠處的黑點。果然隨著那黑點向前移動，其眼睛像把黑點放大了般地看到，那真是她期盼的神羿回來了！

「羿哥——」她的心頓然喜了，愁立刻解了，高興得一聲喊叫，便撒開雙腿甩開雙臂，奔跑著向歸來的神羿迎了上去。由於距離尚遠，開始正走的神羿沒有聽到嫦娥的喊聲，也沒有看見嫦娥奔來的身影。但在嫦娥甩開雙臂奔向神羿之時，卻把抱在懷中的玉兔拋在了地上。

那玉兔也已看到了歸來的神羿，眼見嫦娥奔了過去便也不再怠慢，立刻撒開四蹄向神羿奔迎過去。四蹄奔進比兩腿快疾，玉兔轉瞬

便遠遠地拉下了正在奔跑的嫦娥，奔到了神羿面前。

「怎麼？嫦娥也知道我回來了！她是怎麼知道的？」神羿懷抱玉兔心想給嫦娥來個驚喜，只顧向前奔走。剛剛奔走一陣，突聞嫦娥的喊聲傳了過來，不禁心中陡然一驚奇道。但思念嫦娥的他也已顧不得再去多想，便立即高興地腳下更疾地奔跑著迎了過去道：「小妹，羿哥在這裏──」

轉瞬，他夫婦即迎在了一起，真個是雙雙又喜又異。嫦娥隨之嗔怪道：「羿哥，你怎麼去這麼久才回來？」

「小妹，你怎麼知道哥哥今日回來？」神羿言非所問道，「迎到了這裏？」

但此後他兩個卻誰也沒有回答，只是甜蜜萬般地猛地緊緊擁抱在了一起。看他們僅別十餘日，今朝得見的那般饑渴模樣，真的就如同隔世一般不可分離須臾。貼心的愛情，就這樣難稱輕重，難捨難離，難以用語言描述，不能用拙筆訴諸文字。

神羿與嫦娥就這樣久久地擁抱在一起，甜蜜難捨得恍若隔世。玉兔在一旁看著，喜得擠眉弄眼，對之嘰嘰咕咕叫個不止。然而他二人只顧擁抱甜蜜，卻不見不聞全都不知。

末了，倒是伴陪嫦娥一起佇立村頭等待神羿歸來的眾村人，在眼見嫦娥向神羿奔來後隨後奔了過來。方纔把他們從甜蜜的擁抱中喚醒，迎接神羿回到村中。隨後便圍住神羿要他講說此去青丘除惡的經過，要他講說其在天界的英雄故事。

神羿眼見眾村人對自己景仰萬分，推之不恭，卻之有過，不願張揚的他方纔無奈把其在青丘除惡的經過講說了一遍。眾村人聞聽神羿又為凡界除去一害，全都心中大喜。這時，有人言說接風盛宴已經擺好，眾村人隨之便請他夫婦入席。

　　神羿夫婦本來不想勞動眾村人，只想在此僻靜山村平靜度日。但這時對此盛情仍是推之不恭，卻之有過，無奈只有應請入席而來。然而他夫婦剛剛坐定，酒肴尚未開用，卻突聞門外一騎朝中信使傳來聖旨道：「大將軍神羿聽命：聖天子帝堯有令，西方成紀地方，近日出現一個名叫九嬰的惡怪，行惡多端戕害萬民。為了救民水火除去此怪，望大將軍不辭辛勞再行奔波，即赴京都領兵前往成紀。」

　　「大將軍，你剛剛歸來，」神羿聞聽此旨，不禁頓然一愣。一村人在旁插言道，「連酒都還沒有顧上吃一盞啊！」

　　「羿哥，既然帝堯這樣火急傳旨，成紀地方凡人定是慘痛難耐了！」嫦娥在旁看出了神羿的愣怔，立刻提醒道，「你快去吧，快去剿殺那惡怪九嬰，再救凡人要緊啊！」

　　神羿剛才所以呆愣，也正是因為剛見嫦娥一會兒，他夫婦間連言談也沒有顧上。唯恐自己再即前去，嫦娥忍受不住剛剛相見又要離別的痛苦。這時聞聽嫦娥此言，方纔清醒過來，立即鏗鏘道：「那好！鄉鄰們，大家為我備下的珍肴美酒我雖然未能嘗吃一口，但你們的盛情美意我全領了。」

　　「大將軍，辛苦你了！」一老者見狀，心痛神羿道，「你多保重，凡界需要你呀！」

　　「不苦，這是應該的！如今既然成紀地方又有九嬰惡怪作亂，凡人遭受災殃，」神羿這時繼續道，「天子有令，我怎能在此享此盛宴呀！除惡即救凡人性命，待我除去九嬰惡怪，歸來再行享用吧。」

　　眾村人聞見至此，更被神羿只顧為民除惡，不顧自己的英雄舉動所感動，全都蕭然起敬，立刻站在了神羿周圍，口中卻無以言表心中的敬仰之情。神羿這時告辭眾人就要離去，嫦娥隨之鏗鏘道：「羿哥，我也去！」

「不，小妹。」神羿聞聽攔阻道，「你好好待在家中等我，我去去就來。」

「不，我雖知自己前去幫不了羿哥大忙，」嫦娥這時則堅定起來道，「但卻可以慰藉羿哥念我之心，使羿哥不再牽掛於我安心除怪。」

「小妹之心羿哥皆知，但小妹還是在此靜居，以免跟隨羿哥前去，使羿哥更費心思的好。」神羿心中雖然也捨不得離開嫦娥片刻，但他想到嫦娥跟隨自己前去，除了徒歷奔波之苦還有難料之險，最終還是攔阻道，「小妹身無神功，惡怪本領難料，不要徒歷險境。小妹儘管安心等待，羿哥奪勝即回。羿哥去了。」

神羿說著，便隨朝中信使起身而去。嫦娥聞聽神羿言之有理，方纔不再堅持前去，而與眾村人一道為神羿送行。嫦娥當然對神羿此去戀戀不捨，隨後送過一程又是一程。眾村人崇敬英雄神羿萬分，便也隨後送過一程又是一程。末了神羿攔阻再三，嫦娥與眾村人方纔止步返回村中。

此後神羿與信使在途急行數日，這日來到平陽京都，即見帝堯請命出征。帝堯心中正為成紀地方九嬰作害百姓受難，心中急待神羿歸來前去除惡。這時眼見神羿來到，便高興得不待神羿開口率先道：「將軍來得這麼快疾，實在是成紀民眾之幸。但只是不知將軍是否見到賢妻，還是半途返了回來？這實在太有勞於將軍了！」

「陛下不必再言，救民水火剿除邪惡乃臣下之願。臣下見到了賢妻，但只是剛剛看視一眼，」神羿聞聽帝堯此言，即忙道，「話尚未顧上言說，信使已經奔到，臣下便返了回來。陛下快傳旨令，臣下剿惡救民要緊。」

「將軍精神實在崇高！」帝堯聞聽讚譽道。隨著他即轉換話題道，「朕雖知將軍臨凡以來，長期奔波勞頓未得休歇。同時也知將軍之妻

初臨凡界，身居陌生之地，人地兩生獨居寂寞。為此有心讓將軍此次歸去多住些時日，一則休歇身子，二則夫妻團聚。」

「陛下不必再言，陛下之心臣下全都知道。」神羿這時不待帝堯言說完了，便耐不住了救民亟切之情道，「請陛下快說除惡事宜，好讓臣下遵行。」

「但無奈近日成紀地方出了惡怪，據說那怪一身生有九個嬰兒之首，故稱九嬰。」帝堯這才接著道，「九嬰邪惡異常，每日吃食生人度日，而且食之無數。」

神羿勃然大怒道：「如此實在可惡至極！」

「九嬰鬧得成紀地方人心驚怕，紛紛逃避。九嬰為了暢食生人以解腹中之饞，」帝堯繼續其言道，「又不勞自己之力，還糾集起了一支惡人隊伍，專門為其捕捉生人。」

「此惡不除，」神羿這時更惱道，「天下怎寧！」

「由此鬧得成紀地方，成了怕人之地。成紀侯為了除去此害，曾率人與之交鬥。」帝堯接著道，「但無奈那惡身懷施水播火惡技，輪番攻擊，竟將成紀侯所率凡人攻殺半數，抓去者被那惡吃食數百。」

「陛下不必再言，」神羿聽到這裏，更是怒不可遏鏗鏘道，「你就發令吧！」

「將軍聽我說完！成紀侯無奈，急遣人前來稟朕，要朕派兵前去誅除此惡。朕思朝中之將難有勝過九嬰者，」帝堯即又接言道，「無奈只有不待將軍休歇並與嬌妻團聚一時，又召將軍前去除惡。望將軍不辭辛勞，領兵即行！」

「陛下儘管放心，臣下定將功到垂成！」神羿這時已是氣得毛髮倒豎道。言畢，即率帝堯為他點齊的三千軍兵，浩浩蕩蕩離開京都平陽，一路殺赴成紀地方誅除九嬰而來。

　　神羿領兵在途十餘日，這日半晌來到了成紀近處。神羿領兵向前正行，突見前方眾凡人如同炸窩之鳥，驚叫著奔跑過來道：「快快躲避，快往回逃，九嬰那惡來了！」

　　神羿雖聞九嬰厲害，卻並不把牠放在心上。其所率軍兵不知道九嬰的厲害，都知道自己隊伍由神羿率領，神羿不怕他們便也不怕，並對那些驚逃之人甚為不解。神羿與眾兵心不害怕，繼續迎著逃來眾人方向向前行去。並且邊行邊喊道：「大家莫怕，射日的英雄神羿到了，還怕九嬰那惡不成！」

　　神羿眾兵這樣一陣喊叫，立刻止住了驚逃眾人，他們齊圍向神羿眾兵尋見神羿，看到神羿果然身材魁偉英雄非常，方纔驚怕頓消急對神羿道：「射日英雄，你來得正好！快為我們除去九嬰那惡，牠吃了我們眾多鄉鄰呀！」

　　「你們不用害怕，本將軍率兵此來，正是奉了天子帝堯聖命，誅除九嬰那惡。」神羿聞聽安慰圍來眾人道，「你們要我早除那惡，就快對我講說那惡現在哪裏，我好率兵前去誅除。」

　　「惡怪正在前方，與成紀侯大人所率眾人惡戰。」眾人聞聽神羿此言心中大喜，隨著齊言道，「那惡本來也沒有別的本領，成紀侯大人所率眾人拼死與戰，也屢戰屢勝。」

　　「噢！」神羿聞聽不解道，「那麼，成紀侯大人為何不能勝牠？」

　　「但都是到了成紀侯大人勝時，九嬰那惡施用水火交攻之法，成紀侯大人無法抵禦，次次轉勝為敗。」眾人這時又言道，「眼下成紀侯大人率領眾兵與九嬰眾惡打得正兇，我們怕他再敗逃命而來。英雄來得正好，快快前去為我們誅除此惡，我等定當感激英雄不盡！」

　　「好，誅除邪惡就在今時了！」神羿聽罷眾人言說，事因已明氣惱道。隨著，他便即領眾兵一陣更疾地向前奔去。神羿眾兵向前奔進

一陣轉過一道山崗，果見前方山坳中成紀侯眾兵正與九嬰眾惡大戰在一起。

神羿看得清楚，那站在陣外的惡怪九嬰果如眾人所言，生得一身九首，九首皆為嬰兒相貌。只是九個嬰首五個為男，皆著黑衣。四個為女，皆著紅衣。五男四女九個嬰兒之首看著面前激戰，全都「嘎嘎」獰笑道：「成紀侯，你小子再不束手就擒與我等作對，我等這次就叫你死無葬身之地！」

但是九嬰剛剛叫完，成紀侯眾兵已把九嬰所率惡徒打得大敗奔逃起來。九嬰見之勃然大怒，四個穿著紅衣的女嬰，口中即「颯」地向成紀侯眾兵吐過火來道：「成紀侯，你的死期到了！」

惡火即隨四女嬰之言颯然燒到，成紀侯與正追眾兵頓被燒得急忙轉身返了回去。五男嬰見之也不放過，即刻「嘎嘎」怪笑著，又齊「颯」地張口將水噴向了正逃的成紀侯眾兵道：「燒傷之後再澆以水，我等給你們來個水火交加，讓你們嘗嘗那好滋味。」

「追，給我們多多擒拿過來一些，讓我們好好解解腹中饑饞。」成紀侯眾兵剛被火燒身正傷疼，突又被水澆淋更加疼痛難奈，禁不住疼得都叫了起來。九嬰站在遠處看著，又一陣「嘎嘎」怪笑喝令眾惡道。剛才敗逃的眾惡聞令，又「殺」一聲喊叫，衝殺向了成紀侯眾兵。

「惡怪，我叫你喪命！」神羿不睹此景還罷，睹見此景實在怒不可遏，口中低聲屬罵道。隨著已是開弓搭箭，「嗖」地射向了九嬰。九嬰九首眼睛眾多，立刻看到了飛來之箭。

為此他們不敢怠慢，急忙閃身躲避。但無奈神羿之箭非同尋常，飛得疾急狠猛，九嬰躲避不及箭已飛到，「噗」地便穿過了一男嬰的腦顱。那男嬰「啊呀」一聲絕叫，已是死於非命。

「殺，把他們全部殺死！」九嬰九首箭穿一首疼痛難忍，怒火陡

騰萬丈屬喝道。九嬰只顧氣惱不知此箭為神羿所射，方纔只顧指揮與成紀侯之戰沒有望向遠處。而且不知是神羿誅他而來，還以為是成紀侯誰個所射，為此心中不懼氣惱至此。

「上，殺他眾惡一個不留！」然而神羿這時眼見其箭沒能除去惡怪，被惡怪躲過只是射殺一嬰，心中氣惱喝令眾兵道。其眾兵聞令，齊吼一聲「殺」字，便鋪天蓋地般向前殺了過去。

九嬰突睹此景方知帝堯派來了大軍，忙疾急地看向了領軍之將。一眼便看到了軍將背後的大旗上，赫然寫著「神羿」二字，旗下所站正是英武非凡的射日大神神羿。眼見至此九嬰頓然大驚失色，牠不僅早已聞知神羿的厲害，而且也已經察知了剛才牠所以躲不過那支射來之箭，是因為那箭正為神羿所射。

「神羿來了，快逃！」為此牠擔心自己再怠神羿眾兵衝殺過來，神羿再射利箭自己必將躲避不過，身有喪命之險，隨著便即喝令眾惡道。說著其腳下已是如風一般，率先向後逃奔。其眾惡見之更是不敢怠慢，急隨其後一陣風般奔逃起來。

十八、凶水誅惡

「追，決不能讓牠眾惡逃脫一個！」神羿這時當然不會放過，他即令眾兵道。成紀侯這時眼見是神羿領兵來到，便也即不怠慢，忍住渾身傷痛喝令其眾兵道：「神羿大神來了，誅除九嬰惡怪的時刻到了。勇士們，忍住傷痛，跟隨神羿眾兵追呀！」

就這樣，神羿眾兵與成紀侯眾兵在他二首領的喝令下，一起奮勇向逃跑的九嬰眾惡追殺過去。九嬰所率眾惡剛才正在向前捕捉成紀侯慘敗眾兵，人未捉到又聞九嬰喝令牠們快逃，射日英雄神羿到了。牠們也都知道神羿厲害，聞知神羿到了頓知自己行此邪惡性命難保，同時牠們確已看到神羿麾動三千軍兵殺了過來，因而全都不敢怠慢，齊急轉身追隨九嬰之後，向前拼命逃命而去。

九嬰眾惡這時當然都知道如果不拼死逃命，被神羿眾兵追上也是必死無疑，因而一個個拼死前奔誰也不敢拉後一步。加之其眾惡皆為兇殘邪惡之徒，個個身強力壯慣走山路，九嬰為了逃避神羿眾兵追殺又專撿山路險處前奔，牠們奔走疾急一陣便把神羿追兵甩在了後面。

神羿眾兵雖然除惡心切追殺疾急，但他們大兵團追殺又都不慣於山路行進，畢竟行動遲緩，被九嬰眾惡拉下很遠。因而半個時辰過去，已經不見了奔逃的九嬰眾惡的蹤影。

「諸侯大人，看來再追也是追不上了九嬰眾惡，」神羿雖惱但不見了九嬰眾惡蹤影，加之又見天色將晚山路難行，自己眾兵長途跋涉又都疲累，遂對成紀侯道，「天又將晚，我們只有暫駐此地等到明日再追了。」

「好，英雄既然來到，」成紀侯這時心知神羿到了，便不用再怕九嬰施惡。而沒去再想神羿也有對付不了九嬰之處，聽了神羿此言立刻贊同道，「九嬰死期已至。早一日晚一日剿除那惡，都是一樣。」

神羿眼見成紀侯贊同，便命眾兵停止追趕，在山坳中紮營休歇下來。紮好營帳之後天色已暮，神羿便與成紀侯坐在帳中，談論起了九嬰惡怪。神羿為了摸清九嬰根底早日誅除，率先詢問道：「諸侯大人，九嬰究有何能，大人眾兵剿殺不滅反為其敗？」

成紀侯聞問，便將九嬰除了身懷噴水播火異能，其它並無它能，戰時只站在遠處觀望指揮之事，向神羿講說了一遍。神羿聽罷成紀侯之言，證明自己先前所聞皆為事實，便胸有成竹道：「這樣，明日再戰我突然射之，誅除此惡就不難了。」

「英雄所言甚是。九嬰站在遠處督戰孤立顯目，英雄放箭射之，定當箭到功成。」成紀侯聞聽道，「不過英雄需要記住，九嬰九首，首首生有雙目，實可謂眼觀八方，沒有疏漏。為此若要射殺此惡，非要突襲不可。」

「諸侯所言甚是。今日鬥場之上，若為別個，則無論如何都是躲避不過我射之箭的。」神羿聞聽連連贊同道，「九嬰九首觀望四方沒有疏漏，我箭來到牠已躲開。結果應該射殺九嬰之箭，卻僅僅射殺其身一首。」

「怪道剛才九嬰逃跑那麼迅疾，」成紀侯這才心明道，「我當時只顧惡戰，不知英雄初到已經重創惡怪一首。」

「可惜一箭未能射殺惡怪，」神羿惋惜道，「讓其多活過了今宵。」

「九嬰初遇英雄便遭身傷，」成紀侯道，「定然心膽俱喪，不敢再與英雄交戰哩。」

「牠如不敢再來交戰，我們就追剿於牠。」神羿這時堅定道，「為了剿除此惡，就是追到天涯海角，我們也一定要去。」

他二人就這樣越談越多，夜便越來越深。神羿白日領兵奔波，成紀侯領兵惡戰九嬰，雙方身皆疲累，一陣便睡著了過去。神羿倆是夜都想著九嬰不敢再來施惡，隨後與眾兵一道睡得十分安心。

然而就在其後不久，九嬰卻趁著夜幕的掩護，靠近了他們寧靜入睡的軍營，潛伏下來等待時機，以施其預謀好的剿除神羿軍兵的更大邪惡。原來，九嬰眾惡天黑前擺脫神羿追兵之後，探知神羿眾兵因為天黑駐紮下來不再向前追殺，便沒有再向遠處奔逃。

九嬰邪惡非常，牠在剛才奔逃中剩餘的八隻腦袋一起急轉，已經想到了神羿英雄非常，即便他不除牠們，牠們只是這樣奔逃下去，也定然難保活命。為此自己眾惡要想保得性命無恙，並保得自己今後長期肆行邪惡，就必須設法除掉神羿這個可怕的殺手。

想到這裏，九嬰便即命眾惡停止奔逃，等待自己謀得惡計就近剿殺神羿。眾惡停止奔逃之後，牠則坐上一塊山石，凝聚八隻腦袋的智慧一起進行思謀。可牠腦袋雖多，但由於神羿神功高強，卻也是思來謀去想不出誅除神羿的惡謀，不由得一條條眉頭全都越擰越緊起來。

「大王，」就在這時，其邪惡心腹刁民在旁開口提醒道，「除掉神羿並不是難事。」

「不是難事？刁民有何高招？」九嬰聞聽此言，皺起的眉頭立刻一揚道，「快快講來。」

「高招不需小的言講，」刁民這時則「嘿嘿」姦笑一聲道，「就

在大王自己手中。」

「噢，在我手中？」九嬰一時沒有明白過來，心中生奇道，「我有什麼高招？」

「大王，您每每奪勝凡人，所施皆為水火二招。」刁民接著講說道，「神羿軍兵眾多，大王迎戰鬥他不過，可偷用水火之招突然襲之。神羿軍兵雖眾，又豈能抵擋得了。」

「此法不行。此法雖可剿滅神羿軍兵，但卻誅殺神羿不得。」九嬰聞聽刁民說到這裏，剛剛綻開的眉頭不禁又擰起了疙瘩道，「誅殺不了神羿，我的性命就危在須臾呀！」

原來九嬰也曾想到使用其水火絕招攻殺神羿，但牠知道神羿身為下凡天神，其水火二招是攻殺神羿不得的。所以牠放棄了使用如此二法，卻又一時沒有它謀。為此聞聽刁民此言，開口否定說出了前番話語。

「大王，神羿軍兵不除，我們就險惡萬端。」刁民聞聽九嬰此言，即知其想道，「除去其兵只剩下其一個，我們就好設計對付了。」

「刁民說得也是，我們也只有這樣了。」九嬰至此方纔無奈道，「先除去他眾兵，再設法除掉他。」

「大王，神羿軍兵這時正在前方山坳中休歇，」刁民立刻心喜道，「我們戰不過他們，正好趁此時機偷而襲之。大王火攻之後使用水攻，定可滅掉他軍兵。」

「好，就這麼辦！我要把他眾兵盡數滅於山坳之中。」九嬰這時堅定起來道，「走，立即行動。」

說幹就幹，九嬰說完即領刁民眾惡一陣返去，趁著夜幕掩護，悄然靠近了神羿眾兵所住山坳左邊山頭。神羿軍兵無防，對九嬰眾惡此行毫無察知。但那九嬰爬上左邊山頭並未立即行動，牠見到夜未深

沉，神羿軍兵有的尚未睡去。牠要等到神羿軍兵盡入夢鄉，再突施火功播火燒之。

暗夜在九嬰眾惡的靜待中飛快流逝，越來越深。九嬰終於看到神羿眾兵全都進入了酣睡的夢鄉，其施惡的時機到來了。於是牠立即咬牙切齒暗叫一聲道：「我叫你等盡死此山之中！」

九嬰言畢隨著即施法術，「颯」地便將大火從四個女嬰口中向神羿軍營噴射而去。四女嬰口噴之火狂烈十分，驟然即把神羿軍營全部點燃起來。神羿與成紀侯無防，其他眾兵當然更無防備，酣睡中即被烈火全部燒醒。

神羿眾兵被火燒醒後雖想逃避，但那火狂猛，燒得他們全都睜不開了眼睛。而且山坳中到處是火，他們便無處可逃，只有在火海中胡沖亂撞大聲驚叫。九嬰站在山頭目睹此景心中大喜，為除神羿軍兵便口中吐火更烈，轉眼已把神羿軍兵燒死無數。

「大神，快快施法滅去這火。」神羿與成紀侯這時也陷在了火海之中，成紀侯耐受不住，對神羿急叫道，「不然，大神軍兵就要遭受大難了！」

成紀侯心想神羿身為臨凡天神，又為天界英雄，日月尚能射下，豈怕九嬰所吐怪火。但他不知神羿射落日月之後神籍已被削去，這時身已如同凡人無異，他也是早已耐受不住如此火燒，在火海中像成紀侯一樣焦急不已。

焦急中神羿也是大為奇異，他只知道自己射落日月之後，其與嫦娥的騰雲駕霧之能被玉皇大帝廢去，卻不知道他們兩個的神籍也已被玉皇大帝削去。為此奇異中他也曾想到，說不定是玉皇大帝削去了自己的神籍，方使得自己耐受不住這般火燒，可他又不願相信這個結論。只想著九嬰這火或者有異，連自己都耐受不住。

「諸侯大人，」神羿耐受不住此火，這時聽罷成紀侯之言，立刻對之反問道，「破滅此火，你有何法？」

「小侯無法可施，」成紀侯即言道，「大神快施良法！」

「我也耐受不住，」神羿這時也已被火燒得眼閉氣短，無奈急言道，「身無良法滅去此火。」

「大神既無良法，」成紀侯聞聽一驚，生出智來提醒道，「就快快放箭，射殺播火的九嬰。」

「箭哪能射成，到處是火是煙，」神羿也是無奈道，「我的眼睛被火燒得睜開不得，看不到九嬰身在何處怎麼去射！」

「那我們怎麼辦？」成紀侯這時大驚道，「難道就這樣被惡怪活活燒死在此嗎？」

「不，咱們不能死。」神羿聞聽急叫道，「我們要剿殺此怪，諸侯大人快想辦法！」

這時，九嬰眼見烈火已把神羿軍兵燒死幾近過半，再燒下去其兵就要盡被燒滅。為此另外四個男嬰之首唯恐功勞全被女首奪去，耐不住焦急已向神羿眾兵把水噴了過來道：「火功厲害，我們的水功也厲害哩。」

四男嬰口噴惡水同樣狂猛非常，眨眼已噴得山坳中水深盈膝，把沒被燒死的神羿眾兵全都淹在了水中。神羿眾兵剛才被烈火燒得皮開肉綻，這時又被冷水一淹全都疼痛難耐，更有的忍受不住喊叫起來。神羿與成紀侯也是身疼難忍，雙方只有咬緊牙關以忍疼痛。

「九嬰惡孽，你邪惡若此，我不殺你怎容！」好在水淹畢竟比火燒好受一點，並且易於對付，起碼眼睛能睜能辨事物，神羿於是開口厲喝道。但他只能口中厲喝，因為夜黑如漆他眼睛雖已睜開，卻也一時看不到躲在遠處山上的九嬰，因而射殺不得。

　　「上，殺死惡孽，剿除此害！」神羿於是大惱，遂一聲喝令剩餘眾兵道。剩餘眾兵早對九嬰氣惱萬分，聞聽此令全都口喊殺聲，蹚著齊膝之水向左邊山頭衝殺而去。

　　九嬰當然不會放過，只見其四男嬰口中噴出的惡水，便更加疾急地向神羿衝殺軍兵噴了過去。因而沖在前面的神羿軍兵耐受不住，不時有人被惡水噴倒斃命。然而眾兵除惡心切，加之又有神羿督戰，他們一陣向前硬是沖到了半山腰間。

　　九嬰四男嬰見之仍為爭功噴水不止，但是此水畢竟不如那火來得猛烈，所以阻擋不了神羿軍兵前攻。刁民在旁眼見神羿軍兵越攻距離山頭越近，擔心這樣下去神羿逼近射殺九嬰，忙對九嬰道：「大王，快施火攻！不然神羿逼近，我們就陷入險境了。」

　　九嬰這時也看到了形勢的險惡，於是牠急忙停住四男嬰噴水，讓四女嬰開口重又噴起火來。惡火果然比惡水厲害十分，剎那間便把神羿眾兵重又燒得眼閉氣短，不知道了自己是在前進還是後退，立即混亂起來。

　　神羿也是重又耐受不住，與眾兵一樣，陷入了眼睛閉起，喘氣困難之境。身陷如此無奈之境，神羿心知再怠自己軍兵耐受不住火燒，就有連同自己盡被燒死之險。於是急忙率先下山向山坳中退去，口中大叫道：「快退，山坳中有水，快退！」

　　九嬰與刁民眼見此景，認定這樣使用水火交攻之法，不僅可以剿滅神羿軍兵，而且連神羿也抵擋不住可以將其殺死，這是牠二惡預料不到的事情。為此刁民再次眼見神羿遇火耐受不住，立刻高興地對九嬰道：「大王，此法不僅可以盡除神羿軍兵，而且可以除掉神羿哩！你瞧，他那與眾兵一樣耐受不住火燒的狼狽樣子。」

　　「是的，誅殺神羿，就在今宵一舉哩。看是他除掉我，還是我除

掉他！」九嬰也是高興道。說著，「嘎嘎嘎」一陣訕笑，隨著便噴火更猛地燒向了正向山坳撤退的神羿。

神羿受此火燒更是耐受不住，退到山坳他又見其眾兵耐受不住，紛紛在泥中亂滾。其眾兵這時又已死去過半，再怠下去就有盡被燒殺之險。為此他便再也不敢怠慢，急忙開口大叫道：「快撤，來路返回！」

「神羿，我豈能叫你活過今夜！」神羿眾兵正在耐受不住，聞聽此令全都求之不得，遂立即放開腿腳，向來路奔逃而去。九嬰眼見此景，惡狠狠地起誓道。隨著，牠起身就要引領眾惡下山去追道，「走，追燒他們去。」

「大王，前去不得。眼下天已黎明，」刁民狡惡異常，見之則即忙攔住九嬰道，「天一放明神羿看視遼遠，放箭射之，大王就難躲險厄了。」

「刁民思慮縝密，不然，本王此去凶多吉少哩！」九嬰反應迅疾，聞聽刁民此言立刻止住欲去腳步道。隨著，牠對刁民言說道，「對，讓神羿白日逃去，我們白日不追。等到晚上，我們再來它個偷襲，不過再燒一火，神羿與他的殘兵就要死滅淨盡了。」

「大王所言極是。」刁民聞聽，當即連聲贊同道，「施用此法，大王必奪全勝哩。」

「叫你們奔逃，我叫你們逃個痛快的。」九嬰決計至此，立即又對神羿奔逃眾兵狠狠道。說著，又「呼呼」幾口更猛之火噴將而出，燒向了奔逃的神羿眾兵。神羿眾兵當然更是耐受不住，立即奔逃更疾起來。

「走，我們趁黑找個僻靜地方，休歇去。」九嬰眼見自己加燒了幾口烈火，神羿眾兵逃跑更疾而去，即起身轉對眾惡道。說著，便領眾惡奔下山來，尋找躲避地方而去。

九嬰這時雖然口中這般氣粗，骨子裡卻虛弱至極。牠也實在如同刁民所言，害怕天色轉亮神羿射殺於牠。為此牠要尋個偏僻地方，以避白天神羿尋殺於牠。

為此九嬰引領眾惡如此去了，其所噴惡火便隨著熄滅淨盡。神羿眾兵心懷驚怕奔逃一陣，眼見烈火盡熄而且天已黎明，便全都驚怕漸消放慢了奔逃的腳步。神羿這時更是心中惱怒難消，眼見此景即對成紀侯道：「諸侯大人，惡怪收住了烈焰，看樣子是眼見天明逃了，怕我白日誅牠。牠既怕我，我正好前去追殺於牠。」

「大神說得對，我們快去返追於牠，」成紀侯這即言贊同道，「誅除此惡，在此一舉哩！」

神羿聞聽成紀侯此言，即令眾兵返身追殺九嬰而來。神羿引領眾兵返到剛才所在山坳，心想剛才身受惡怪水火交攻之痛，不禁個個驚怕又起，擔心九嬰從山上再施水火交攻之惡，使其陷入剛才的場境之中。

但他們心懷此怕不僅在山坳中無事，而且跟隨神羿一直尋到左邊的山頭之上，也一直無事發生。神羿與其眾兵本來知道九嬰眾惡隱在左邊山頭施惡，但他們尋到山頭之上，卻也沒有見到九嬰眾惡的蹤影。

「大神，惡怪一定是眼見天明，」成紀侯這時道，「逃走了。」

「怪道剛才狂燒惡火突然熄滅了去，原來是牠們那時就已逃了。走，天色既明，我們尋殺牠們去。」神羿如此說著，便領眾兵向山下尋追九嬰眾惡而去。

然而，神羿引領眾兵隨後追啊追呀，轉眼已是追出將近一日過去，到了後半晌時分，卻仍是不見九嬰眾惡絲毫蹤跡。神羿眾兵本來長途跋涉已經疲累，夜晚又遭水火輪番澆燒一宿未睡，這時又追尋九嬰大半日過去更是疲憊至極。

　　神羿眼見眾兵此狀又見天時至此，擔心一會兒黑夜又到九嬰再來施惡，便不敢領兵再行，而擇一易防之地令兵休歇下來。神羿眾兵身一躺下，便立刻全都「呼呼」酣睡了過去，轉瞬已是睡過了一更天時。

　　神羿眼見夜時已過一更，擔心九嬰再來趁夜施惡，便急派哨兵加強防守。不料其派哨兵尚未來及上崗，黑暗中已見四股烈焰陡地燒向了自己眾兵，隨著即傳來了九嬰的「嘎嘎」怪笑之聲道：「神羿，今宵你們的死期到了！」

　　神羿眾兵猝不及防，頓然又都陷入了火海之中，耐受不住起來。九嬰躲避一日不戰，看到夜幕降臨便從躲處奔出，靠近了神羿軍兵。時過一更九嬰眼見神羿軍兵睡得酣甜，便不再等待立即噴火，燒向了神羿無防軍兵，頓把他軍兵陷在了火海之中。

　　神羿身陷火海眼見此狀，根據昨夜交戰經歷，知道自己眾兵越怠傷亡越重，便即不怠慢急令眾兵隨他後撤。其眾兵聞令，立刻又把後撤變成了逃跑。九嬰見之緊追不放，隨後則把惡火噴燒得更加狠猛。但是神羿軍兵為保活命越逃越疾，末了終於甩掉了九嬰的追燒，逃出了火海。

　　神羿軍兵逃出火海仍是不敢停步，他們受過三次火燒都已知道了九嬰惡火的厲害，依舊拼命向前奔逃不止。也虧得神羿眾兵一宵拼命奔逃不止，方使得九嬰眾惡此後直到天色黎明，再也沒能追趕得上。

　　眼見天明到了凶水岸邊，神羿根據昨日經驗知道九嬰不敢再來，便又命眾兵停止奔逃休歇下來，因為他看到自己軍兵實在太疲累了。九嬰眾惡天明之後，則果如昨日不敢再來追殺。急擇偏僻之地躲避下來，等待天黑再滅神羿軍兵。

　　九嬰眾惡躲避下來之後，神羿眾兵不被騷擾一日休歇平安，轉眼已是到了天色將暮時分。眼見到了將暮時分，神羿心中頓然大急起

來。經過兩個黑夜九嬰的水火交攻，已將其三千軍兵滅去了兩千，自己也是抵擋不住了。

但是神羿這時心中雖急卻也無奈，因為自己與眾兵抵擋不住九嬰噴出惡火，再這樣下去自己也有喪命之險啊！神羿為此越是心急時間過得越快，他覺得剛剛轉眼之間夜暮已是罩住了大地。看見夜暮倏然罩住了大地，神羿心中便更加急火萬分起來。

因為黑夜若再向後延深，邪惡的九嬰就又該趁夜來攻了，他沒有對付之法呀！就在這時，奇跡卻倏然出現在了神羿面前。正在焦急的他突覺眼前黑暗中一亮，便見其師東王公出現在了亮光之中。神羿於是大喜過望，倒地便拜道：「徒兒拜見師父！請師父快助徒兒誅殺九嬰惡怪。」

「小子，誰是你師父！」那東王公聞聽氣惱，隨著便真的就要離去道，「小子如果仍不割斷此緣，本神這就去了。」

「大神且慢，小子改口也就是了。」神羿見之急忙改口道，「如今九嬰不除，凡界難平，大神就快快設法，幫助小子除去九嬰惡怪吧！」

「小子既然改過，」東王公此來正是為了幫助神羿誅除九嬰，聽聞此言遂立即止住欲去的腳步道，「本神就助小子一臂之力。」

神羿聞聽急又叩拜道：「小子謝過大神。」

「小子欲誅九嬰惡怪甚易，」東王公隨之道，「只要記住本神如下之言，言之惡怪必然自敗。」

神羿忙言道：「小子洗耳恭聆大神之教！」

「那九嬰的來歷，無非是水火二物之怪，乃為人祖伏羲畫在成紀的八卦符號幻化而成。小子知道，伏羲爺八卦中有坎、離二卦，」東王公隨之道，「坎卦四短劃，一長劃。離卦兩短劃，兩長劃。伏羲爺

畫在成紀的八卦劃痕短小，這九劃便幻化成了九個嬰兒之首。坎為中男，便五個男形。離為中女，便四個女形。」

「怪道這樣了得！」神羿聞聽至此，心中方明道，「原來是這樣。」

「坎為水而色玄，所以五個男嬰都善用水，皆著黑衣。離為火而色赤，所以四個女嬰都善用火，皆著紅衣。」東王公繼續道，「九嬰惡怪所恃者，乃為人不知其來歷方纔敢於為患。其再來時小子彰明其身世，其定然膽怯心虛不敢再戰，小子即可一箭射殺於牠。」

「多謝大神指教，實乃凡界萬民之福！」神羿聞聽，急又叩頭稱謝道。神羿話音剛落，左邊山頭突然噴來了猛烈的火焰，燒向了神羿眾兵在處。神羿不敢怠慢，便急用剛才師父所教，立刻開口大叫道：「坎、離惡怪，你的死期到了，還不快快受死！」

九嬰正在噴火欲圖奪勝，突聞神羿此喊，見到自己根底已被揭穿，如果俗說見怪不怪，其怪自敗之理，牠便不敢再行邪惡，急忙起身即欲逃去。常言大道至簡。世上的事情無論多少複雜，就這樣你只要能夠找到牽其的「牛鼻子」，解決起來就會簡單至極。

但只是神羿這時雖已搭好了弓箭，準備射擊殺九嬰，卻由於天色黑暗看不見九嬰無法射擊。神羿無法射擊心中正急，唯恐九嬰再次逃去，卻突見左邊山頭上倏然一亮，使得神羿把起身的九嬰看了個一清二楚。

神羿心中一詫，知道此乃東王公大師幫助自己所致，便即不怠慢「嗖」的一箭射了過去。神羿之箭百發百中，九嬰這時只顧奔逃無心防備，「噗」的一聲那箭恰好穿其心窩，只聽牠口中「啊呀」絕叫一聲，便死在了凶水岸邊的地上。

神羿誅殺了九嬰心中高興，正要開口言謝東王公大師，卻見東王公已經冉冉騰上了半空。神羿於是顧不得再去言謝，急忙開口懇請東

王公道：「師父，你到天界替徒兒稟告玉皇大帝，就說天下眾惡已除，快讓徒兒返回天界去吧！」

「小子劫數未盡，」東王公則從半空中緩緩甩過一語道，「你就暫且安心地待在凡界吧。」

十九、神羿授徒

　　東王公言畢立即飛昇天界消逝了蹤影，正在為除掉九嬰心中歡喜的神羿，聽聞其言卻頓然興勁盡掃，眼望著東王公消逝之處呆愣在了那裏。儘管其身旁眾兵與成紀侯所率眾兵，都為九嬰被除又跳又叫歡騰不息，神羿呆愣在那裏卻對身旁此景，視若未見聞若未聞，心中充滿了對東王公之言的萬分不解和迷惘。

　　東王公為什麼言說自己劫數未盡？並要自己安心在凡界待著？自己有什麼劫數呢？要說有劫數，自己不就是射殺了玉皇大帝的九個金烏寵外孫和十一個銀鶴外孫嗎！可那也是遵行了玉皇大帝「便宜行事」和扶助凡人的御旨呀！

　　再說，他神羿也是為了拯救玉皇大帝的凡人眾外孫啊！如果這就是造成自己劫數的根源，玉皇大帝要懲罰自己，其夫婦騰雲駕霧之能不是早已被廢，懲罰過了嘛。那樣，自己還有什麼未盡的劫數呢？

　　忽然，神羿心中一明想到那劫數是真的了。不然，自己為什麼連日來突然失去了不怕怪火之功，而與凡人一樣耐受不住了九嬰的怪火燒烤呢？如果是這樣，玉皇大帝就把自己懲罰得太重了。不僅廢去了自己的騰雲駕霧之功，還把自己的神體變成了凡體啊！

　　想到這裏，神羿實在不解在此劫數之外，自己身上是否還有什麼

別的自己未知的劫數。同時也實在不解聖明的玉皇大帝，為什麼懲罰自己到了這般嚴厲的地步。自己是扶正除惡，是與玉皇大帝一致的，為什麼反落得這般下場呢？

是自己太認真，先前甜妹的勸言對了嗎？如果真是那樣，玉皇大帝的聖明又體現在哪裏呢！神羿為此越想越加迷惘不解，心情越加沉重。他實在心想不通，也一時理解不了，又不知道自己身上還有什麼劫數未盡，心中只有沉痛萬分為此，其表情便顯得格格不入於周圍歡慶射除九嬰的人們之中。

成紀侯在旁開始只顧與眾人一樣高興，後來發現了神羿心情沉重，不知神羿心中之想對之道：「大神，惡怪已除，你應該高興才是呀！」

「噢，是的。應該高興，應該高興。」神羿這才被成紀侯喚醒道。但他口中雖然如此說著，心中的不解和迷惘卻仍然難消，使他便怎樣也不能真正高興起來。但是神羿不能高興起來也強裝高興，他知道眾人高興之心，自己不能掃了他們之興。

同時自己不惜違背玉皇大帝之命，前來凡界射惡除怪，也為的正是讓凡界凡人高興呀！這時眾凡人高興了，他也只有高興才對。為此他強抑心中的不解和迷惘暫不去想，而努力與眾人一起高興起來。

高興之中，成紀侯引領神羿眾兵先是到了其住地，為神羿及其眾兵設宴慶功。歡慶之時，成紀百姓聞聽喜訊，又知是射落九日的下凡天神神羿來到，紛紛奔來爭睹神羿的丰采，為神羿慶功。轉瞬間，成紀城中已被眾人圍得水泄不通，歡慶氣氛濃烈到了極點。

神羿不忍驚動眾人，同時他也心中充滿著迷惘和不解，想早日歸去與嫦娥細說分明。為此他見眾人圍來，便即辭盛宴帶領眾兵告辭成紀侯，在成紀侯和眾人的圍觀歡送之中，離開成紀一路返回京都平

陽,向帝堯覆命而來。

帝堯早已聞知神羿射殺了九嬰,為成紀地方除去了大害,便在神羿回到城外之時,親率百官迎出城來。帝堯把神羿迎進城中之後,又即設宴席為神羿慶功,歡慶宴會經日直至深夜方散。

宴席散後神羿休歇半宵,次日天亮便即起身上朝,向帝堯告假欲回尚儀小村。帝堯知道神羿上次歸來迅疾,十分體諒其心。因而聞聽神羿之言當即應允,並親送神羿出城方歸。

神羿心念嫦娥,並且要與嫦娥講說解開心中的迷惘,為此出城之後一路行走疾急,數日後便回到了尚儀小村。嫦娥與眾村人又是待在村頭,玉兔又是最早奔到相迎。眾村人與嫦娥把神羿迎到村中,由於上次迎慶之興未盡,加之這次神羿又是奪勝歸來,他們便又重新設宴迎慶神羿,眾村人直到盡興方纔散去。

神羿直到把眾村人全都送走,方纔與嫦娥相攜回到家中。進入家門,細心賢淑的嫦娥立刻關切地詢問神羿道:「羿哥,你眉宇間擰有一股憂愁之氣,剛才眾村人都在歡慶,小妹不敢詢問。眼下無人,羿哥快對小妹講來,以解小妹心中之憂。」

神羿聞聽嫦娥此問,頓然心暖萬分。他知道,別個誰也不會這樣細心地察知自己的細微之變,便誰人也無法對自己這樣關切。人與人貴在相知,相知才能溝通心跡,心與心貼在一起。因而人間始有朋友易交,知音難覓之說。

「是的。剛才也因人多大家又都在歡慶,」為此嫦娥一語,已把神羿之心與自己拉在了一起,使得神羿立刻對之道,「羿哥無法對小妹講說,一直壓抑在心中。」

「那麼,羿哥就快快坐下講說,窩在心中是會窩出病來的。」嫦娥聞聽,急又兩隻水靈靈的大眼一眨,心疼萬般道。說著,她已把神

羿扶坐在床邊，並把身子偎靠在了神羿肩頭之上，仰起俊俏動人的臉蛋，眨動著水靈得像會說話一般的雙眼，期待聆聽起了神羿對其講說。

神羿這時不禁「唉」地長歎一聲道：「這話從何說起呢？實在令我不解和迷惘。小妹，羿哥實在心中想不通啊！」說到這裏，他雖然剛剛開口，卻已是心中激動難以抑制。

「羿哥莫要激動，」嫦娥見到神羿激動至此，便知事情非同一般，忙又開口勸慰道，「慢慢對小妹講說也就是了。」

「若說也很簡單。」神羿這才重又平靜下來道。隨著，他便把東王公臨別之言和自己之想，對嫦娥講說一遍道，「對此劫數，我實在不解何來，迷惘不已。小妹，你說這究竟是怎麼回事呀？」

嫦娥當然也早已察知神羿此番言說之事，而且在她夫婦騰雲駕霧之能被廢之時，即已察知了事情之變。但一心為了凡界凡人，一心為了扶正袪邪，從來不顧自己的嫦娥心思雖細，卻也對其沒多去思想。

「對此羿哥不必多想，我們做的全是好事不是壞事，」因而嫦娥這時聽罷神羿之言，頓然感到了事情的沉重，但究竟沉重幾何她也想像不出。心想不出她也不悔，即對神羿道，「因而任憑誰個就連玉皇大帝，也是懲罰我們不得的。」

「不。我所以不解，所以迷惘，癥結就在這裏。我神羿從來沒有做過一件壞事，做的全是好事，」神羿即不贊同道，「可那聖明的玉皇大帝，為什麼又給了我如此劫數呢？看來只做好事也還不行，好事好人也要遭劫啊！」

「羿哥莫急！即是玉皇大帝今日錯待了我們，我相信後日他也定會明白過來，」嫦娥心中雖然也早已生出了此想，但她堅信好人終得好報道，「取消我們的劫數的。常言善有善報，惡有惡報。好人終究是會長久的。」

「小妹言說雖是，但只是羿哥擔心，你我劫數永遠難被取消。」神羿身為天界正義之神凡界正義之人，對嫦娥之言甚為贊同道，「我遭劫數也還罷了，小妹隨我遭劫，我心實在不忍呀！」

「聽羿哥說的啥話！你我既然結為夫妻，就成了同舟共濟之人，豈有受你牽連之說。」嫦娥立刻鏗鏘道，「小妹與羿哥能夠有難共當，有福同享，實在是小妹的大幸，求之不得的好事哩！」

「好小妹，你實在太好了！有小妹這話，羿哥就不怕那劫數了！」神羿聽到這裏，頓被感動得伸臂抱住了嫦娥道，「即使玉皇大帝不讓羿哥返回天界，在凡界有小妹終生相伴，羿哥也是心無遺憾的！」

「羿哥儘管放心，小妹生是羿哥的人，死是羿哥的鬼。羿哥走到哪裏，小妹就跟到哪裏，」嫦娥遂又鏗鏘道，「決不落下一步。羿哥，小妹先前的行動，不是早已證實了此言嗎！」

「小妹，正是為此，羿哥心中才更加承受不了。」神羿這時更加激動萬分道，「是你跟隨羿哥臨凡流落在了凡界，將來又要隨著羿哥的劫數到來，使小妹身受苦難了！」

「羿哥不要再這樣講說了好嗎！你是為拯救凡界凡人而來的，是為除惡扶正而來的，為此我跟隨你是我的榮幸，」嫦娥聞聽立即否定道，「身受些劫難又有什麼不值得的。退一步講，為了天下凡人的幸福，我嫦娥就是死在了凡界，又有什麼不值的。值得，太值得了！」

「好，小妹說得對。我們是為拯救凡界凡人而來的，是為除惡扶正而來的，別說受些劫難，」神羿聞聽嫦娥此言，方纔不再繼續剛才的話題道，「就是為此而死也是值得的。這樣，我的那些不解和迷惘也就不用再想了，小妹為我解了焦愁了。」

「不，羿哥，這事不想也對也不對。」嫦娥這時卻又否定道，「咱夫婦畢竟有功無過，本為天界的天神，怎該在此凡界身受劫難呢！」

「那麼，小妹你說，」神羿不解嫦娥之言道，「咱們該怎麼辦？」

「咱們雖然不用再去心想劫難而迷惘，」嫦娥隨之道，「但咱們不該身受劫難，也要設法儘早避開將來可能到來的劫難呀。」

「小妹，你講清楚些，」神羿這時仍是不解嫦娥之意道，「怎麼去避開那將來可能到來的劫難？」

「咱們不能立刻離開凡人返回天界，小妹心想玉皇大帝攔阻咱夫婦的理由，光明正大的也無非只有這樣一個。」嫦娥繼續道，「即他託詞凡界沒有羿哥這樣的英雄，能為凡界永除邪惡，故而讓咱夫婦永留凡界身受劫難。」

「這對。」神羿聞聽仍是不解道，「那咱們怎麼辦？」

「這個好辦。羿哥明日即可開始攬教高徒，等到徒子教授成功之日，」嫦娥這時則胸有成竹道，「玉皇大帝若是再以凡界沒有救世英雄攔阻咱們，咱夫婦即可言而告之，以他們為羿哥的替身，使得咱們返回天界。」

「好，小妹言之有理。這樣不僅玉皇大帝攔阻我們歸回天界沒有了理由，」神羿聞聽嫦娥此說，方纔心中頓明道，「咱夫婦歸去也不用再為凡界掛心了。凡界要是再生惡怪，徒子就可前往除之了。」

「羿哥言之有理，此乃一舉兩得，契合咱夫婦扶正祛惡之心。」嫦娥隨之道。仍在一旁為凡人搗藥不止的玉兔聞聽至此，也頓然高興得停住了手中正搗的藥臼，揮舞著一雙前爪，口中「咕咕」叫著表示贊同。

「小妹，你真是我的好妻子。當我焦愁氣憤時，你為我解愁洩憤，使我情緒復歸正常，」神羿這時則激動不已道，「是我情緒的緩衝島。當我面對無奈之事時，你又為我巧作主張，使我無奈頓解，是我可靠的主心骨。小妹，我太感激你了！」

嫦娥這時則見暗夜已深天已將明，心疼神羿連日奔波心又焦愁，

忙催促他快睡休歇息道：「羿哥，快別這麼說了。既然羿哥心中焦愁已解，有了解除劫數之法，夜已不早，羿哥就快去安心地睡一覺吧。」

「小妹，羿哥哪能睡得著呀！」嫦娥此言剛落，村中第一聲金雞已經唱起。神羿聞之亢奮道，「羿哥去到哪裏，才能攬得可授神技的高徒呀？」

「這個，羿哥不必犯愁，」嫦娥聞聽隨之道，「現成就有。」

「噢，小妹手邊就有？」神羿聞聽驚喜道，「快對哥哥說說看。」

「羿哥出去這些日子，」嫦娥隨之講說道，「尚儀村中出了一件事情。」

「噢，出了什麼事情？」神羿聞聽一驚道，「小妹快講。」

「那天，村中突然來了一夥七八個人組成的流寇。」嫦娥於是講說道，「他們一進村子，就向村人索要財物姑娘。」

「噢，這幫惡人！」神羿更是吃驚道，「村人怎麼辦？」

「村人先是給物穩住他們，」嫦娥接著繼續道，「有人便去鄰村尋叫一個名叫逢蒙的小夥子，前來營救。」

「噢，這逢蒙有多大能耐，」神羿更是驚奇道，「能來趕走流寇，營救村人？」

「這小夥年方十五。可你別看他年輕，身手還真不凡。」嫦娥隨之講說道，「只見他來到村中，面對流寇不怯不懼，一個人面對流寇出手便打。」

「逢蒙，還真是個好小子。」神羿聞聽高興道「怎樣，打勝了嗎？」

「勝了！但見他出手一陣，」嫦娥也是心中歡喜道，「便把八個流寇打得一個個倒身在地，口中連連乞求爺爺饒命，小的再也不敢了！」

「好小子，還真有一手！」神羿更是心中高興道，「一個人獨鬥

八人。」

「不僅如此，逢蒙還處事有方！」嫦娥這時讚譽道，「末了他嚴斥那夥流寇暫且饒其一命不死，若再行惡被其撞上，不殺也要送往官府！方纔放他們灰溜溜離去。」

「對，做得很好。」神羿也即贊同道，「不能輕易殺人。」

「逢蒙小子還道德高尚。」嫦娥末了講說道，「眾村人被救之後感恩不盡，齊送財物酬謝於他。逢蒙則點滴不取說，自己習武為的就是保護鄉里，豈有受饋之說！言畢即去。」

「此子可教！」神羿這時心喜道，「是棵好苗。」

「是的。羿哥若將此子收為徒子教之，」嫦娥即言贊同道，「定可不久即成高徒，可代羿哥為天下除惡。」

「不。」不料神羿聽到這裏，卻突然變了心思道，「不可貿然如此行事。」

「為何？」嫦娥頓然不解道，「此子實在不可多得呀！」

「習武之人，關鍵是習德。」神羿這才講說自己之想道，「德之不具，武技越高害人越深。此子雖然可教，我當慎之又慎，需再驗試之。」

「羿哥所言極是。」嫦娥這才心明道，「那怎麼試？」

「這樣。」神羿這時已是胸有城府道，「我們即寫一個收徒告示，言講我神羿廣收門徒而教之。」

「噢，羿哥是說，」嫦娥這時心中更明道，「要從眾徒中優中選優！並在眾徒中對逢蒙觀察之。」

「對，小妹。就這樣做。」神羿立即肯定道，「我們立刻書寫招徒告示怎樣？」

「羿哥，你呀！就知道做事，就是不知道愛惜自己的身子。」嫦

娥這時嗔怪道，「你瞧，這天都要亮了。」

神羿聞聽知道嫦娥已是答應，便立刻找出筆帛，一陣書寫起來。金雞唱叫一聲又一聲，叫過一遍又一遍。神羿夫婦在松明火把的照耀下，將告示寫了一帛又一帛。他們在告示上寫道——

羿，因患凡界時生惡怪，凡人中少有能力除之者。擔心其夫婦歸回天界之後，凡界處此境況再生禍亂。故而擬將身懷神功教授凡人，以培養能夠代其誅除惡怪者。為此，凡有志獲此絕技以為凡界除惡之青年，皆可前來報名應試。凡被羿選中者，皆為其徒，親授神技。

神羿夫婦就這樣寫著寫著，不知不覺中天色已是大明。神羿眼見天明，即傳一批村中青年攜其告示，四處前去張貼。神羿箭射九日除去眾月與數害，又為下凡天神，人人崇敬，個個仰慕。眾青年因而見到告示無不覺得時機難求，遂紛紛擁到尚儀村中，投拜神羿為師要求學習神技。

就這樣神羿的告示張貼出去不過兩日，尚儀村中就擁來了眾多的求藝青年。

神羿大喜，這樣他便可精心挑選，擇其聰慧頑強有德者授之。隨之即對青年一一進行挑選，最終選出百名作為徒子，開始日夕教授神技。

神羿教授方法與其師東王公教其時一樣，並非一開始便授射技，而是先從十八般武藝教起，以練好基本功法再教授射技。他對其徒要求嚴格教練認真，眾徒子也個個習練勤苦一絲不苟。因而時日剛過兩載，便已都練得十八般武藝般般俱全起來。

神羿見之心喜，便在教授其徒繼續精練十八般武藝的同時，開始了射技教授。他教授射技，也像東王公授其時一樣，包括身、弓、氣、力、眼五法。他先是逐一教完了身、弓、氣、力四法練習技巧之

後，接著便重點教授起了眼法方面的技巧。

通過此前兩年的授徒，神羿果然發現，逢蒙是其眾徒中的佼佼者。此徒由於先前已有較強武功基礎，又頭腦機敏接受快疾，加上其求技心切習練勤苦，其技高過其他徒子一籌。而且其又善於逢迎，對神羿百依百順言必稱頌。

神羿覺得自己身為天凡二界的英雄，受到稱頌也是應該，便對逢蒙的逢迎不作他想，相反則對之格外垂青。由此神羿便對逢蒙教授格外認真，決計把這位可離高徒，真正教授成為自己的替身。以使其將來替代自己，為凡界凡人誅除邪惡，保護凡界安寧。

但只是在實施這一計畫之前，神羿仍覺對逢蒙放心不下，決計再作驗試，以看其思想品德是否具備。為此這日他在逢蒙去其家中之時，便安排嫦娥去到門外稍遠之處，逢蒙離去必經的路上，丟下了一隻珍貴的閃亮貝殼。以驗看逢蒙歸去路上見之，如何處置。

「師母，你的首飾怎麼掉在了路上。」結果逢蒙離去後走到那裏，見到那只貝殼立即撿起，返回身來即還給嫦娥道。由此，一下子向神羿證明了其思想道德的具備。

但是，神羿對逢蒙如此驗試之後並未完了。過了不久的一天，他又使用新的一招對逢蒙進行驗試。這日逢蒙眾徒正在訓練場上進行訓練，其兩名武功僅次於逢蒙的高徒受神羿指使，突然雙方出手陡地打向了逢蒙。逢蒙受此突襲頭腦發懵，但正在其尚在發懵沒有想到是否還擊之時，卻見神羿從遠處走了過來。

「逢蒙，你幹什麼？顯示武功高強對吧！」神羿眨眼來到他們近處，不問清紅皂白，便開口厲喝起了逢蒙道，「你打他們幹什麼？」

逢蒙當然又被神羿此言說懵了頭腦，因為他不僅一直沒有出手去打二位師弟，而且又挨過了二位師弟一陣痛打。師父來到據之公斷應

265

該批評二位師弟才是，如今師父卻不分青紅皂白地批評起了自己。

逢蒙為此當然心生氣惱，但他心雖氣惱卻不僅沒有反駁師父神羿之言，相反卻壓了又壓心中的氣惱，向師父連連承認起來不是道：「師父，徒兒錯了。徒兒任憑師父處置。」

「去吧，再要如此，師父定當重處於你！」神羿見之心中滿意，一陣喝叫逢蒙眾徒練功去了。

時間轉眼過去三天，神羿知道逢蒙心中仍然有氣，這日傍黑練功完了，神羿單獨留下逢蒙道：「徒兒，還生為師的氣嗎？」

「不，徒兒一直沒有生師父的氣。」逢蒙立即回答道，「師父的教誨都對，徒兒什麼時候都不生師父的氣！」

「這就對了。」神羿這時說完，起身便走。但只是他走到逢蒙的身後，在其背上「叭叭叭」連拍了四掌。隨後也不言說，徑直返回家中而去。

逢蒙這時望著神羿離去的背影，想著三日來發生的一切，特別是師父剛才在其背上連拍四掌的舉動，他心中越思越想越覺奇異。逢蒙是聰敏的，很快他便想明白了過來。

他明白了這是師父在驗試自己，以驗看自己是否有資格做其高徒。由於近日來自己謹慎行事，從剛才師父在其背上連拍四掌看，自己已是明顯地通過了師父的驗試，而且告知自己今夜四更天時，去師父屋子後面，師父要單獨教授自己絕技。明白至此，逢蒙便高興得回去睡不著覺，剛到四更便急急起床，向師父屋後尋找師父而去。

「徒兒，你不好好睡覺，」逢蒙轉瞬尋到神羿屋後，黑暗中看到神羿正坐在河邊的小橋上等待自己。看到自己來到，開口詢問道，「半夜三更，到此做什麼？」

「師父，是你告訴徒兒，」逢蒙聞問即答道，「夜晚四更，到此

尋你。」

「既知如此，為何才到？」神羿聞聽心中大喜，因為經過多次驗試，他看到了逢蒙思想品質、忍讓精神和頭腦聰敏程度，都達到了自己收為高徒的標準，但他口中卻仍不滿意道，「回去，明早再來。」

「謝師父指教！」逢蒙見之也是心中歡喜，口答一聲立即告辭神羿而去。當然次日四更之時，逢蒙便已不敢再睡，急急起床徑向小橋邊尋找師父神羿而來。

「小子，早不過為師，還學什麼武技！」不料逢蒙急急來到小橋跟前，卻見已是坐在橋上的神羿厲喝道，「回去，明早再來！」

「謝師父指教！」逢蒙想不到神羿師父會來的這麼早，急又回答一聲返了回去。當然第三日夜晚剛過三更，逢蒙便已不敢再睡，急起床徑向小橋邊行來。這次神羿沒有先到，逢蒙見之一陣心喜，知道神羿應該教授自己絕技了。

「小子這就對了。要想求得絕技，必須等著為師。」神羿直到四更方纔來到，見到等在那裏的逢蒙說道。言畢，他便果如逢蒙所料，真的單獨教授起了逢蒙絕技。但聽他對逢蒙道，「徒兒要學好射技，首先要學得眼睛不眨。至於怎樣才能練得這樣的本領，你自己開動腦筋去想。待到本領學會，再來見我。」

逢蒙聞聽師教不敢怠慢，立刻苦思起了習練之法。逢蒙家住尚儀村東一個小村之中，家中剛娶一妻，於是他決計回家練習。在家中，他想起神羿講過東王公大師為了教他練得眼睛不眨，曾讓神羿的眼睛貼近雲母薄片，並讓流動之物在雲母薄片另一面流動以作習練。

逢蒙受此啟發，隨著便日日躺在妻子的織機下面，眼睛對著織機的腳踏板，看著腳踏板動眼睛不眨地習練起來。逢蒙這種練習眼睛不眨之法很快見效，數月過去已是練得即使用錐子逼近其眼睛，也不能

使其眼睛眨動一下的地步。

逄蒙心中大喜，即去告知師父其眼睛不眨的本領已經練就。神羿開始不信，可驗試之後見到果如其言，便連聲稱讚道：「為師想不到徒兒竟然練得這般疾快，又練得如此之好！」

「謝過師父誇獎，徒兒只求早日練好神功，」逄蒙連忙謙遜道，「以為凡界除惡祛暴。師父就快授徒兒其他眼法吧。」

「好。練得眼睛不眨，僅是眼法第一步。」神羿心中高興道，「第二步是要練習看東西。即要學會把小東西看成大東西，把不顯眼的東西看成顯眼的東西。然後，再來告知為師。」

逄蒙聞聽此教心中歡喜，遂又心想起了練習之法。他想到，神羿曾經說過其為了練習這一眼法，其師東王公曾經讓他們盯看蚊子，練習眼睛放大之功。逄蒙回到家中，便逮來一隻螞蟻用頭髮拴住，掛在窗口上日夜對其盯著練習起來。

兩個月後，逄蒙突然感到螞蟻漸漸地變得大了，半年後竟變得如同豆粒般大了起來。一年過去，又變得如同拳頭一般大了。逄蒙大喜，即又前去告知師父神羿。神羿見之心中更喜，即又開始對其教授起了射箭之法。

這時，神羿教授逄蒙把其所教五種射技基本功法綜合應用，以把箭射得又遠又狠。逄蒙於是遵照神羿之教開始了苦練。只見他練啊練呀，真個是日日射，時時射，處處射，射靜物，射動物，近射，遠射，一天天，一月月，苦練不止。

轉眼三載時光過去，逄蒙的射技就這樣經過日久苦練，果真練得達到了和神羿相差不多的境地。神羿高興自己能有這樣的聰敏徒子，隨著便幾乎把自己所有的神功絕技，全都教授給了逄蒙。逄蒙之名為此漸漸傳遍了凡界，使得人們提到射技之時，常常把他與神羿連在一起。

二十、夫妻震驚

「小妹，真有你的！若不是你提醒羿哥教授徒子，凡界邪惡無人能除，羿哥無人能替，」逢蒙練功有成不僅使神羿心中高興，而且也增強了神羿教好眾徒，早日歸回天界的信心。為此這日他對嫦娥喜難自禁道，「羿哥就不僅仍要身在凡界四處奔波，同時放心不下凡人，我們歸回天界就無時日了。」

賢淑的嫦娥當然深知神羿之心，她知道神羿口中雖然不說，心中卻也盤盼著早日返回天界。這雖然有神羿心中疼愛於她，不忍她隨其身遭連累之想，更重要的則是他心中充滿了對玉皇大帝不平的忿恨。

神羿作為天界的英雄，玉皇大帝的救命恩神，尚且因為給凡界凡人除惡扶正，除去了玉皇大帝的作惡外孫，受到了玉皇大帝廢其騰雲駕霧之功，又仿佛把其神體變成了凡體的重處，天界的公平究竟何在呀！

為此神羿要早早教好眾徒，以為自己替身保衛凡界凡人，其則好早日返回天界澄清不平。嫦娥為此聽了神羿高興之言，遂立即高興地對之道：「羿哥，快快繼續教授眾徒去吧。再過些時日眾徒教就，羿哥便可把他們分派到天下四方保護凡人，咱夫婦就可以歸回天界去了。」

「謹遵小妹聖命，羿哥這就前去教授眾徒。」神羿於是高興地「哈哈」笑著，邊起身離去，邊與嫦娥玩笑道，「待把最後幾手教給他們，咱夫婦就返回天界。羿哥去了。」

「羿哥，瞧你！」嫦娥也樂得前仰後合道，「還是名震天凡二界的大英雄哩，簡直像個剛滿八歲的孩子。」

神羿則不再回答嫦娥之言，高興地向練功場走來。然而出乎其料的是他剛到場邊，一幕使他不愉快的場景便陡地映入了他的眼簾，使他心中不禁驀地一沉，頓然停住了正行的腳步。他看到，在演練場上，其眾徒正在把其愛徒逢蒙簇擁在中心，對之高叫道：「師兄，你的功夫咋就練得那麼神？你的功夫實在與師父不相上下。師兄快趁此師父不在之機，給我們演示一下，讓我們開開眼界！」

「好！要說師兄的神功是怎麼練就的，師兄也心中不知，反正是怪神的！」逢蒙在眾師兄弟的簇擁中目空一切，聞聽他們此言，立即自高自大至極道，「師父為此說我的功夫已經不下於他，要我替他保衛凡界凡人。」

「師兄之名已與師父相齊，傳遍凡界，這個已是無人不曉。」正在這時，空中突然由北向南飛來一隊鴻雁，一徒見之高叫道，「師兄快別再言，箭射這空中的飛雁給我們看看。」

「好，師兄就讓你們開開眼界，瞧瞧師兄之功怎樣齊於師父！」自大至極的逢蒙這時狂傲道。說著，他見鴻雁已經飛上頭頂，便開弓搭箭「嗖」地射向了空中。逢蒙的射技當然不低，要不豈能與神羿齊名。

為此只見隨著他「嗖嗖嗖」三箭射向空中，三隻飛行中的鴻雁已是「呀呀」地叫著，全都中箭「撲通通」墜落到了地上。圍著逢蒙的眾師兄弟見之大喜，齊叫著向墜地的鴻雁圍去看視。

「師兄真乃神人，」他們圍到墜地的鴻雁跟前看到，那三隻鴻雁全被逢蒙射出之箭洞穿頭顱而死，為此全都佩服之至道，「功夫果然不在師父之下，不負眾人之譽也！」

「師父神功高強，」逢蒙則更加狂傲不羈，自大至極道，「師兄我不也可以與之並駕齊驅嗎！哈哈哈……」

神羿站在練功場旁眼見此景，實在是不僅剛才心中的高興一掃淨盡，而且對逢蒙頓然氣惱到了極點。逢蒙是其愛徒，得到自己的格外教授。其苦心賜教於他並非要他在人前炫耀爭圖虛名，而是要他腳踏實地為凡人除惡。

但不料此徒如今卻變得這般狂傲不羈，爭圖起了虛名，炫耀起了其功。這般心地不僅使他自滿自足，後日難以再去虛心苦練增益神功，並且這樣炫耀自己妄圖虛名，則會使其墜入一切為己，不為別個的邪惡歧途的。

氣惱至此神羿即欲嚴教逢蒙，以防其這一思想繼續增長，將來墜入歧途。但他正要上前，卻又想到當著眾徒之面訓斥於他，使他易生抵觸情緒難以折服其心。為此他心機一轉，抬頭看見天空剛才排隊飛行的雁陣，由於被逢蒙射落三隻受驚正炸隊四散飛去。於是他即不怠慢，開弓搭箭「嗖嗖嗖」向空中一連射去了三箭。

隨著神羿三箭射上空中，驚飛的鴻雁便「呀呀呀」四聲驚叫，已有四隻隨著叫聲墜落到了地上。眾徒見之，心奇何人在此鴻雁亂飛之時一連射落三雁，顯然比逢蒙射技更高一籌，便紛紛議論著奔向剛剛墜地的鴻雁看視。

「呀，太神奇了！瞧這三箭，箭箭都從鴻雁左眼穿進，右眼穿出，就像一箭所射一樣。」逢蒙眾徒來到剛剛墜地的四隻鴻雁跟前一看，全都驚詫得叫出聲來道，「更有這一箭，硬是一箭射落兩隻鴻雁，

並且全是從左眼穿進，從右眼穿出。」

「是呀，咱們都說逢蒙師兄射技高超，這射技比逢蒙師兄高得太多了。逢蒙師兄的三箭雖然也都穿過鴻雁頭部，但卻三箭穿法不一。」更有一徒更是高叫道，「怎比這三箭如同一箭，並且又在鴻雁炸窩亂飛之時，並有一箭射下了兩隻鴻雁！」

「我敢肯定，這三隻鴻雁定是師父射落下來的。」逢蒙這時方纔知道自己之淺，但為抬高身價肯定道，「不然，是斷然無人有此絕高射技的。」

「一定，一定。若非師父，誰能比得上師兄。」眾徒聞聽，也都紛紛肯定道，「我們都說師兄射技堪比師父，師兄與之尚比不過，別個除了師父還有誰個。」

「徒兒們，常言天外有天，神外有神。學技的最大忌諱便是自高自大，驕傲自滿。」逢蒙眾徒正在議論佩服神羿的射技，神羿這時則從避身之處走了過來，對眾徒特別是逢蒙語重心長教誨道，「虛心學習，勤奮苦練吧！天下的凡人在等待著徒兒們練出絕技，師父也在期待著徒兒們練出絕技呀！」

「師父教誨，」眾徒聞聽神羿此言，全都心中折服至極道，「徒兒們一定銘記在心！」

然而，神羿心寵的逢蒙這時卻在一旁沒有開口。他雖為心地聰慧又能苦練之徒，但卻是一個心地狹小妒忌心極強，不能容人處處想在別人之上之人。為此先前在其學技未成不能與神羿相比之時，他不敢妒忌其師。後來技藝漸成名聲日隆，對其師便已隱隱萌發出了妒忌之心。

他妒忌其師神功高強，不知自己何時方能學到技如其師的境地。心懷妒忌之情，心地狹窄的他便屢屢欲要勝過其師．受到人們像對待

其師一樣的萬般尊重。但神羿對凡人功高齊天，他則身無寸功，無緣領受。

為此他心中便更加妒忌其師，不僅其武功而且其功德皆在自己之上。恨不得其師早早離去，以使自己在凡界像其師一樣受到人們的尊重。逢蒙心懷此想遂學技更加認真，練功更加勤苦。使得其諸項神功和射技，都達到了遠勝其師兄師弟的境地。尤其是其射技，更是達到了與其師齊名的高度。

入此佳境獲此美譽的逢蒙不僅心中歡喜萬分，而且也隨著自我膨脹狂妄自大起來。他知道神羿之後他已是神技天下第一，他便仿佛看到了神羿已經離去，他成了功蓋天下的英雄一般，因而便更加自大不羈起來。

正是因為其自大之心膨脹不羈，逢蒙才在神羿不在之時，違背師訓應眾師兄弟之求，箭射飛雁展示其功，以圖進一步贏得眾師兄弟對他的尊崇，滿足自己的虛榮膨脹之心。他剛才這樣做了，也正在贏得著眾師兄弟對他的尊敬，但卻沒有想到師父出此高招，技蓋自己一籌並嚴教了自己一頓。

為此，自大的他不僅更知師父神技實在高強，不是他輕易能夠趕得上的，使他心中更對神羿嫉恨增強萬分。而且神羿當著其眾師兄弟之面，這樣訓斥於他損其形象，則更使得他在嫉恨心之外，竟生出了欲要殺害神羿的邪惡念頭。

逢蒙想到，若要滿足自己的嫉恨之心，滿足自己的自大不羈之想，實現自己享有在凡界與神羿一樣的威望，就必須除掉神羿。因為只有去除掉他，凡界才無人神功可以蓋過自己，自己之功才可以堪稱天下第一。也只有到了那時，自己才能贏得眾人像對待神羿一樣的尊崇。

　　為此，他對神羿的教誨之言不僅沒有開口回答，而且心中充滿了眾多嫉恨和殺害神羿的邪惡念頭。然而神羿對待凡人只有仁愛寬大，身為臨凡天神他絕對沒有與凡人過不去之想。同時他自恃神功高強勇武過人，也沒有去想會有人心想害他，也料想不到能夠有人把他害死。同時更是料想不到，自己的高徒逄蒙心中會生此想。

　　所以神羿雖然看到了逄蒙的情緒異常，對其言聞而不答，卻也根本沒有把其放在心上。他知道自己寵愛逄蒙之心的深重，據之便認定逄蒙也一定會將心比心，以自己對其之心來對待於他，因而更是想像不到這時逄蒙心想的一切。

　　「徒兒們記住了為師的教誨就好，你們就快快練功去吧。待到你們再練一段時間神功更加精進，」神羿於是這時繼續對眾徒講說道，「師父把身懷絕技盡數教授你們之後，就要返回天界，把凡界救難之任壓在你們肩上了。」

　　「不，師父不能走。」神羿眾徒聞聽神羿此言，全都大急起來道，「師父走了，我們豈能擔當得起這般重任！」

　　「師父，徒兒今後練武一定更加精勤，」這時，逄蒙聽到這裏，卻一反剛才聞而不答的異常情態，立即高興起來道，「期盼師父早教徒兒絕技！」

　　「徒兒只要把功夫練到師父可教絕技之時，」神羿則仍是不解逄蒙此變之意，開口實言道，「師父立即教之。」

　　「師父儘管放心，徒兒定讓師父早教絕技，」逄蒙這時當然更加高興，因為他盼不得師父早歸天界，以為自己成為天下第一神射高手創造條件道，「並讓師父早日歸回天界，接替師父挑起救難凡界的重擔。」

　　「好，徒兒真是善解為師之意，實在不愧為師的高徒。」神羿這

時仍是心無它想，聽到這裏也即高興道。言畢，即讓逢蒙眾徒練起了射技。神羿這時只顧心中高興逢蒙所言，卻仍是絲毫沒有察知他這時的心境之變。

逢蒙剛才對神羿之言正怒而不答，並生出了嫉殺神羿，以為凡界射技第一高手的惡意。這時所以驟然高興起來，則是他聽說神羿還有絕技要教他們，並要早日返回天界。即感到這樣他學得絕技之後武功又要提高，神羿歸去天界他就可以不費吹灰之力，真正成為凡界射技蓋世第一高人了。

為此他高興起來，暫且收斂了嫉殺神羿的惡意，盼望神羿早教絕技早回天界，方纔回答得這般朗利。神羿胸襟坦蕩，此後日日領徒練習射技，轉眼又是一載過去，眼見逢蒙與眾徒子都已練得射技大進，達到了自己可以教授絕技的程度。

於是他決計隨後便要傳授絕技，授完絕技便把眾徒派往凡界四方，自己立即返回天界。決計至此當晚他便議與嫦娥，嫦娥正在幫助玉兔搗藥拯救凡人，聽了神羿此言立即停下手中的活計，高興道：「好，羿哥。我們終於盼到可以放心歸回天界的時刻了。」

「是呀，全賴小妹教誨，」神羿這時高興道，「我們終於可以放心地走了。」

「羿哥，你我講說歸回天界，可我們怎麼回呀？」嫦娥說著，心中卻不由得話鋒一轉道。是呀，嫦娥這時想到他們的騰雲駕霧神功已廢，沒了騰雲駕霧神功他們怎能飛昇至天界呢？

「小妹說得是。騰雲駕霧不成，」神羿聽到這裏，也心中陡地沉了下來道，「我們就歸回天界不得。這怎麼辦呢？」

「天界的不平，難道就真的這樣降到了咱夫婦頭上，」嫦娥這時也是無奈道，「使咱夫婦遭貶，就這樣永遠留居在凡界之上了嗎？」

「這一切都怪我，是我射殺了玉皇大帝的外孫，可我這也是執行聖命呀。」神羿聞聽嫦娥這番無奈之言，頓然心如刀剜道，「要說有罪，也只應降到我神羿身上，而不該連累小妹呀！」

「羿哥怎能這樣講說，為此難過。小妹早已說過，小妹跟隨羿哥能夠受此連累，不僅心中高興而且深感欣慰和榮幸。」嫦娥這時知道神羿心中難受，立即開口勸慰道，「因為羿哥是無罪的，是有功的，是被冤枉的！不然，我在天界獨居，羿哥在凡界獨受冤枉，小妹心中該有多苦呀！」

「小妹，你真好。快別這樣說了，」神羿聽完嫦娥此言，心中更疼十分道，「你越是這樣講說，我心中越是承受不了啊！」

「如今，我夫婦共在凡界，不僅彼此心覺寬慰，而且互相有個照應，遇事有個商量。」嫦娥則不聽神羿此言，繼續向下講說道，「雖然小妹我身無大的能耐，心無大的智謀，不能幫助羿哥什麼大的力量，但總可以理解羿哥之心吧！」

「小妹，你不要再說了，好吧！」神羿聽到嫦娥講說至此，更加抑制不住心中洶湧的激情道，「要是沒有你的理解和支持，你不要看我是個射日誅惡的蓋世大英雄，可也早該脆弱得死了。」

「羿哥，」嫦娥這時插言道，「你……」

「小妹，你說真正的愛情是什麼？有人說是這，有人又說是那。羿哥覺得都不對，」神羿則不容嫦娥講說道，「對的答案應該是夫妻間的真正理解和支持。如果沒有理解和支持，就壓根兒也談不上什麼愛情！」

「羿哥，你說得真好，你對愛情的理解也真是精闢。正是羿哥理解小妹之心，」嫦娥聽到這裏，一顆心兒也真的給神羿講說動了道，「支持小妹之行，小妹方纔覺得羿哥你深深地愛著小妹，也反過來對羿哥

摯愛不夠啊！」

「有了理解和支持，才能真正溝通心跡。」神羿聞聽嫦娥此言，更是激動不已道，「達到兩心無猜、合而為一的境地。那愛情才是甜蜜萬般的！」

「羿哥說得真對。」嫦娥這時即言贊同道，「我們正是這樣的。」

「是的。羿哥正因為有了你這樣善意支持的妻子，才生活得這樣甜蜜萬般，心地堅實身巍如山！」神羿接言繼續道，「小妹，你的作用實在太大了，羿哥的一切都是靠你柔弱之身支撐的啊！」

「羿哥，你不要再說了，」嫦娥也是激動道，「再說小妹豈能承受得了呀！」

「小妹，正因為你是我的靠山，我棲息身心的港灣，所以我牽連你隨我流落至此境地，心中實在承受不起呀！」神羿則依舊向下講說道，「你好，你一切都好，因而你應該得到好報，生活得也像你一樣美好。可是羿哥破壞了你應該得到的美好，羿哥對不起你呀！」

「羿哥，快別說了。再說這些也是無用，」嫦娥聽到這裏，再也抑制不住心中的激情，連忙打斷神羿之言道，「快快想想騰雲駕霧返回天界不成，我們怎樣才能返回天界之法吧。」

「沒有辦法呀！若有辦法，」神羿聞聽嫦娥此言，頓然無奈道，「我夫婦即可一起歸去，羿哥又豈會為連累小妹心疼呢！」

「羿哥，沒有辦法只去難過也不會得來辦法。」嫦娥這時則在無奈之中，想出了無奈之法接言道，「依小妹看，我們不如使用凡人祈禱之法，虔誠祈禱上蒼以求回應。」

「舍此當然更是沒有它法了。咱們在天界時知道，」神羿也是無奈道，「凡人在地上祈禱，上神是心有感應立刻可以看到的。最遲不過三天，也會得到回應的。」

「是的，羿哥。我們這就認真準備，」嫦娥肯定道，「按照三日之期，虔誠祈禱玉皇大帝吧。」

「祈禱於他，我不！是他以不平待我，」神羿聞聽當然陡生氣惱道，「又讓我們去祈求於他，我神羿決不去做！小妹，你這主意太餿了！」

「羿哥，俗言人在矮簷下，豈能不低頭。解鈴還需繫鈴人啊！」嫦娥知道神羿的剛強性格，早就料到他會這樣講說。但她舍此又無它法，便隨著對之道，「我們不祈禱玉皇大帝，誰個又能使我們返回天界！」

「不，我寧可永居凡界不返回天界，」神羿這時更加氣惱道，「也不去祈求於他！」

「羿哥，你怎麼就不能彎一彎呢？為什麼非要筆直向前，寧折不彎呢？」嫦娥這時則立即焦急起來道，「彎一彎能夠返回天界澄清不平，筆直向前身再遭折，又為什麼非行後者不行前者呢！」

神羿聽到嫦娥講到這裏，方纔怒氣消去不少，無奈同意了嫦娥之想。隨著，他夫婦便一起認真準備起了祈禱之事。為了祈得玉皇大帝做出回應，只見他夫婦先是虔心打掃祭壇，備下各色供品以及香火，然後則齋戒沐浴，對天跪拜虔心向玉皇大帝祈禱起來。

然而他夫婦隨後雖然祈禱得虔心無二，但他們祈禱一日過去，不見玉皇大帝有點滴回應。祈禱兩日過去，還是不見玉皇大帝有點滴回應。神羿兩個知道，有的凡人祈禱一日即會得到回應。他們據之認為他們本為上神，是應該不用祈禱一日就能得到回應的。

可他們如此一連祈禱了兩日過去，卻還是不見玉皇大帝回應，便不禁心中生出了涼意。神羿於是心中又生氣惱道：「小妹，我看咱們還是死了這份心吧！玉帝老兒既以不平對待你我，再去祈求於他也不會得到回應的。」

「羿哥不可這樣。或者三日過去，」嫦娥心中雖涼卻又知道舍此別無它法，無法可施神羿心中會更加難過。為此她聞聽神羿此言，便即強抑心涼對之勸言道，「玉皇大帝會有回應的。」

神羿這才又被嫦娥提醒，他也知道舍此沒有它法，便只有依照嫦娥之言，與之繼續虔心祈禱起來。祈禱之中，他夫婦把希望全都寄託到了第三日之上。希望這一日過去，會得到玉皇大帝的回應。但也怕這一日過去，仍是得不到玉皇大帝的回應，他們就要真的想返回天界不得了。

為此他夫婦在這第三日的祈禱之中，急切地盼望著玉皇大帝的回應突然降臨，心情便隨著緊張到了極點。但是，事實果然又使他夫婦大失所望。他夫婦這日從天亮便開始虔心祈禱，卻早晨過去不見回應，中午到來不見回應，下午過去了還是不見回應。

這樣三日全都過去，他夫婦不得回應，心中真個是冰涼到了極點，這是他夫婦真的返回天界不成了啊！但是，他夫婦心涼之中卻誰也沒有言說，三日祈禱之期過去，誰也沒有站起身子停止祈禱。

這是因為，他們互相皆知對方這時的心境，害怕再言戳破開來更傷對方之心，便不言不起依舊跪在祭壇之前祈禱不止。暮色漸漸降臨，隨著午夜過去，接著漫漫後半夜到來了。他夫婦不言不起心灰意冷難抑困倦，不知不覺已是睡著在了祭壇之前，隨著又一起做起夢來。

他們夢見，玉皇大帝突然隻身獨個來到了他們面前，沒有簇擁的威嚴儀仗和伴隨的天官天將，也不見一名隨從兵丁或者侍從丫環。神羿與嫦娥眼見此景心中奇異，不知如此前來的玉皇大帝是真是假。

「神羿與嫦娥聽旨。朕念及凡界苦難深重，凡人仍需救助。你夫婦先前救助凡界凡人功勳卓著，」然而神羿與嫦娥心中正疑，耳中卻已聞聽玉皇大帝威嚴道，「深受凡人愛戴，胸藏救助凡界凡人的良善

苦心。因而朕命你夫婦，永駐凡界救助凡人！」

「陛下，我夫婦不僅救助凡界凡人之任已了，」神羿倆聞聽至此，即對玉皇大帝道，「而且已為凡界培養出了一批可以替代我們除惡之徒，因而我夫婦可以歸回天界去了。請陛下恩准！」

「朕意已決，豈能更改！你夫婦神籍已被削去，你們就在凡界好生待著吧。」然而他夫婦言說剛了，卻聞玉皇大帝依舊威嚴道。言畢手中拂塵一甩，已是煙霧驟騰，飛離而去。

「啊！」神羿倆眼見至此心中大驚，不禁同時口叫一聲醒了過來。心驚口叫之時他夫婦不禁相互對視，雙方一看正見對方都在張口驚叫，嫦娥於是搶先急問道：「你叫什麼？」

神羿不敢實言害怕驚嚇住了嫦娥，不答其問即反詢問嫦娥道：「你叫什麼？」

「噢，」嫦娥這才回答道，「小妹剛才做了一夢。」

神羿這時心中更驚，他怕嫦娥之夢與自己剛才所做之夢一樣，那就真的是玉皇大帝對他們的回應了。為此他不敢怠慢，急又詢問嫦娥道：「小妹夢見了什麼？這樣驚怕？」

「我夢見了玉皇大帝。」嫦娥這才實言道。隨著，便把夢境向神羿講說了一遍。

「不，這不會是真的！這不是玉皇大帝對我們的回應，」神羿這時真的是不聽嫦娥所講還罷，聞聽嫦娥此講驚得頓然大叫起來道，「這不可能，這只能是夢。」

「羿哥，你這是怎麼了？」嫦娥講說完了，正要聆聽神羿對其夢做出判斷，想不到神羿會這樣失常般驚叫起來。便忙勸說道，「別只是叫，快說你是怎麼了？」

神羿這時真的被震驚了，因為若如他夫婦之夢，他夫婦的神籍已

被削去，他們便真的變成了凡人。怪道先前失去騰雲駕霧之功，其後自己又如凡人一樣身子不敵九嬰之火。震驚中聞聽嫦娥此言，他不忍矇騙嫦娥並想讓嫦娥做出判斷道：「小妹，羿哥剛才也與你同時做了同樣一夢，你說這是不是玉皇大帝的回應？」

「啊！」嫦娥這時也真是不聞神羿此言還罷，聞聽其言頓然驚叫一聲愣在那裏，半天說不出了話來。神羿見之忙喊道：「小妹，你怎麼了，快說話呀！」

「羿哥，這會是真的嗎？」神羿喊叫一陣，見到嫦娥仍是呆愣不語，便急忙上前把嫦娥抱在懷中搖晃起來。嫦娥被搖方纔驚醒過來，急叫道，「不，這不該是真的！」

「不，小妹，」神羿順著嫦娥之言道，「這夢不會是真的！」

「不，羿哥，」嫦娥則即又否定道，「這夢真的是像玉皇大帝對咱們的回應啊！」

「不，小妹，這夢決不會是真的。」神羿則即又否定嫦娥之言道，「常言日有所思，夜有所夢。這夢是我們心思壞處的結果。」

「不，羿哥，這夢像是真的。不然，為何我倆同時做了一個夢？又是玉皇大帝隻身獨個來見我們？」嫦娥則仍不同意道，「定然是他心懷不平自覺理虧，方纔趁夜偷見我們，悄傳其旨。」

「不，夢不可信，我堅決不信。」神羿雖覺嫦娥之言有理，心中倍加震驚，但他仍是不願相信夢境為真道，「我們還是重做祈禱，以求回應吧。」

嫦娥這時也拿不定了主意，便與神羿又一道重做起了祈禱。

二一、逢蒙害師

　　神羿倆此後雖然重做起了祈禱，但他們祈禱一個三天玉皇大帝沒有回應，又祈禱一個三天玉皇大帝還是沒有回應。他們祈禱三個三天不見回應，便也只有認定此法不行。可他們卻也沒有別的辦法再去溝通玉皇大帝以求返回天界，夫婦倆便又重新陷入了無奈。

　　無奈之中，他夫婦不得不相信那夢境為真，是玉皇大帝對他們祈求返回天界的回應。不然，他們又一連虔誠祈禱了三個三日，為什麼仍是不得玉皇大帝的點滴回應，而且也不再做夢了呢！即便是凡人，祈禱這樣長的時間也是會得到回應的呀。可是他們沒有再得到回應，怎能說那夢不就是玉皇大帝對他們的回應！

　　神羿倆就這樣在不得不相信其夢為玉皇大帝的回應之後，神羿便頓然惱怒起來。他惱怒玉皇大帝表面聖明萬般，公平萬般，無私萬般，但其骨子裡卻昏惡若此，不平若此，私心若此。

　　據此他推而廣之想到，宇宙中不論天界還是凡界，所以被不平之事充斥，惡人逞兇好人遭害，歸根到底都還是出在玉皇大帝的不平心中。為此他恨不得即去天界，辯說於玉皇大帝以求真理。如果講說不好，他寧可捨身赴死，除去不平的玉皇大帝。

　　氣惱至此，神羿憤怒得立刻奔到屋外巨石之上，仰首怒視茫茫蒼

穹吼叫起來道：「玉帝老兒，你這樣不平，宇宙何以奉你為帝！你枉為大帝，你是宇宙的惡源！當年我在天界救你一命，我救錯了！那時你若死去，豈有這般不平之事發生。老兒，你等著吧，如果你不把不平除去，待我到了天界，定與你沒完！」

神羿惱怒至極的吼叫之聲，如同晴空霹靂震響蒼穹。不僅令三山五嶽迴蕩震響，而且也立刻驚得跟來的嫦娥一慄怔在了那裏，驚得眾村人和逢蒙等眾徒子全都跑了過來。

但是神羿最嫉世間不平，又直至近日方纔找到這世間不平的根源來自玉皇大帝的不平之心，因而眾人奔來他也見若未見，依舊怒不可遏，怒吼不止。嫦娥被奔來的眾村人從呆愣中驚醒，看見神羿憤怒得仍是怒吼不止，便忙勸阻道：「羿哥，你先別這樣，事情還沒有最後澄清。」

「怎麼沒有澄清，一切都清清楚楚的了，全怪玉帝老兒之心不平。」神羿仍是怒氣不息道，「我要大聲吼叫，讓天界的眾神和凡界的眾人全都知道，老兒他不配做宇宙的主宰！」

奔來眾村人和逢蒙眾徒，全都不知道神羿為何這般吼叫，只是全被神羿的怒吼之聲震驚奔了過來。這時聞聽神羿此言也都不知其所言之意，全都怔在了那裏靜聽起來。嫦娥這時重又勸言道：「羿哥，先別這樣喊叫好不好，先冷靜下來再想想看好不好！」

「還想什麼，還有什麼好想的，事情明擺著的。」神羿這時更惱道，「我神羿射殺了他玉帝老兒的外孫，他老兒就報復於我，削去了我的神籍，連累得你也隨我返回天界而不得。」

正在愣怔不知神羿之意的眾村人，與神羿眾徒除了逢蒙外，聽了神羿此言明白了神羿惱怒之意，這時全都為之不平道：「大神，你這全是為了凡界凡人。大神不要著急，我們一起為大神祈求上蒼也就

是了。」

「不，你們不要再去祈求他什麼上蒼玉帝老兒了，他既然心懷不平不配再做天界大帝，」神羿聞聽仍是怒氣不息道，「還值得祈求什麼！我夫婦已經祈求過了，他已不應，你們再求也是無用！」

「大神莫急，你是為了我們罪罪於玉皇大帝的，我們應該替你祈求於玉皇大帝！」眾村人與其眾徒聞聽，忙又勸慰道。說著，便全都一起跪倒地上，對著蒼天祈禱起來。

「起來，都給我起來！我們不再求他玉帝老兒，」神羿見之，怒氣更騰萬丈，怒喝道，「讓他老兒心中不平去吧，有朝一日他定會受到應得報應的！我神羿絕對不會跟他完了的！」

然而，眾村人與其眾徒對其喝止如同未聞，依舊替其向上蒼祈禱不止。神羿耳聽眾人祈禱之聲，眼見眾人祈禱之景心中更惱，怒吼之聲更激道：「玉帝老兒，你看到了吧，眾凡人是公平的啊！」

眾村人與其眾徒隨後不息地祈禱，神羿就這樣不息地吼叫，轉眼已是過去了一個時辰。但那上天既不應神羿之吼，也不應眾人祈求。嫦娥知道這樣下去也是無功，冷靜的她苦苦勸言神羿再三，方纔說得氣惱的神羿稍稍平靜下來。隨著嫦娥勸退眾人，與神羿重新回屋計議起了下步返回天界之法。

然而，神羿夫婦回屋去了，眾村人與其眾徒也都受勸離散而去。其高徒逢蒙卻站在那裏，久久沒有離去。他沒有離去，是神羿歸回天界不得的消息，把他整個兒震呆了。

先前，極度的嫉恨心已使他生出了殺害其師的邪惡心腸，後來聞聽神羿講說他不久就要歸回天界，方使他收起了殺害其師之心。因為神羿去後，他技蓋凡界的願想就可以實現了。他抱著這樣的希望，焦急地等待著神羿離去這一天的到來。

不料等到今天，卻聽到了神羿返回天界不得的消息。這就等於神羿不除，自己就沒有技蓋凡界那一日的到來了。為此他被驚呆，怔在了那裏。別人都離去了，他一個人卻久久沒有離去。

逢蒙呆愣在那裏雖然沒有離去，其心思卻未停運轉。他頭腦中在急速地轉動著，思想著對付這一事態之法。只是他思來想去，認定自己要技蓋凡界，師父夫婦歸回天界不得，自己就還是只有除去神羿一法。

而且他通過今天事態的發展看到，自己即便除去師父神羿，也是會得到上天玉皇大帝支持的。因為那正合玉皇大帝之心，為玉皇大帝報雪了神羿射殺其外孫之仇。玉皇大帝為此，說不定還會褒獎自己的。然而他心中雖然想到這裏殺心更堅，但只是又一時沒有具體除去神羿之法，末了也只有苦苦地心中想著，緩緩回家而去。

常言不是一家人，不進一家門。逢蒙剛剛進門的妻子雖為女流之輩，心地卻也並不善良，而與逢蒙一樣心術不正。為此作為同流之輩，她十分善解丈夫之意。也常常為心術不正的逢蒙，拿出一些更加心術不正的主意。

為此逢蒙回到家中之時，其妻正在織布機上織布。她眼見逢蒙愁容滿面地走進家來，便停下織機詢問道：「夫君，你這是又怎麼了？是哪門子事讓你犯愁，眉頭都擰成了疙瘩？」

逢蒙深知其妻心地的邪惡，耳聞其問便把神羿歸回天界不得的事兒，向其講說了一遍。其妻知道逢蒙之心，善解其意的她聽後即言道：「夫君原來是愁自己不能技蓋凡界，成為英雄榮宗蔭妻。」

「不愁這個還愁什麼！」逢蒙怒氣不息罵起了其妻道，「你個臭婆娘！」

「這個不難，使用夫君先前心中之想不就成了嗎？何必為此犯

愁。」逢妻這時則不慍不怒接言道，「再說正如夫君所想，那說不定正是玉皇大帝之意，夫君又為何不堅定信心為玉皇大帝行事呢？如果夫君如此行事遂了玉皇大帝之願意，玉皇大帝一語說不定夫君還有望成神登臨天界哩！」

「好了，你臭婆娘別去想那黃鼠狼想吃天鵝肉的不可能好事了。我原想你臭婆娘心機過人會有高招，原來女人家還是不行。你說，要殺神羿豈是易事。」逢蒙這時對其妻之言不以為然道，「弄得不好，只能被他所殺呀！再說，他身上還有好多絕活沒有傳授於我，我正求之不得。若是殺了他，還往哪裏去求。」

「這樣，為妻的計謀，」其妻這時則「嘿嘿」笑言道，「則可使夫君一舉兩得哩！」

「噢，還能一舉兩得？」逢蒙這才驟然一愣道，「是何妙計？愛妻快講。」

「我有什麼妙計，我一個女人家有何能耐，」逢妻這時見到逢蒙被自己說轉，則故意拿捏一把故作嗔怪道，「夫君還是快快自作主張吧。」

「好妹妹，人家心裡都急出火來了，」逢蒙眼見妻子拿起了把子，便忙開口求問道，「你還在那裏耍玩，怎麼忍心呀！快說吧。」

「此法也並非什麼妙著，夫君不是既想求得神羿的絕技，又想早殺神羿稱名天下嗎？」逢妻這才講說其想道，「夫君要實現這兩個目標，就都要極力靠近神羿。」

「為什麼？」逢蒙一時不解其妻之意，詢問道，「愛妻這是何意？」

「夫君想啊，你是不是只有求得神羿的歡心，神羿才能教你絕技。」逢妻這時繼續道，「夫君也只有求得神羿的歡心，他才能對你親近有加不作防備，使得夫君下手殺之能有時機。」

286

　　「好，實在是一舉兩得的妙招。」逢蒙聽到這裏，方纔高興得立即叫起好來道，「多謝嬌妻指教，夫君有朝一日如能稱名天下，定然不忘嬌妻首功。」

　　「好了，別個不知你逢蒙之心，我可是知道得一清二楚。到時候不甩了我，」其妻則眼睛對逢蒙一瞬道，「就算是上天了。常言愛之愈深，恨之愈切。到時候你不殺了我才怪哩！」

　　「你呀！」逢蒙這時則口中「嘿嘿」笑言道，腳下已出門向尚儀村對神羿行惡劣而來。逢蒙一陣來到神羿家中，見到神羿夫婦仍在計議返回天界之法而不得。他為行惡計便立刻借機慷慨道，「師父、師母，這玉帝老兒也太是不公了！」

　　「噢，」神羿這時聞聽道，「徒兒也有同感？」

　　「是的。師父在天界是老兒的救命恩神不說，到凡界射日除惡也全是為了老兒呀！」逢蒙這時繼續道，「師父都為老兒沒有一己之心，受到這般報應實在是太不應該了！」

　　「徒兒，快別說了。「神羿與嫦娥正在沒有它法可想，突聞逢蒙此言更是煩惱道，「講說這些都是無用，剛才師父怒吼驚天也是無用啊！」

　　「師父、師母，俗言有理走遍天下，有理又怎麼不能行遍天界呢！」逢蒙立即又是雙眼一瞬逢迎道，「不，徒兒要講，要為師父伸張正義。徒兒這就引領眾村人與眾師兄師弟，替師父、師母對天祈禱，讓師父、師母返回天界。」

　　神羿心中不禁為之一動，暗想逢蒙真不愧為自己的寵徒，關鍵時刻挺身而出為自己仗義執行。但他又知舍此雖然已無它法溝通天界，但自己祈禱九日已是無用，逢蒙眾人再去祈禱豈會有功？為此他便不同意逢蒙再去祈禱，攔阻道：「徒兒休去，去亦無功。玉帝老兒心懷

不平，師父我便不再求他。即便返回天界不得，我也不再低頭。」

「師父，常言能屈能伸，方為大丈夫。此言徒兒以為不虛。徒兒去了。」逢蒙即言道。說著，便即出屋組織眾人對天重又祈禱起來。逢蒙所以這樣作為，當然一是為了實現他逢迎神羿討其歡心，求其絕技並且使其無防，以為日後殺害神羿鋪墊道路。二則是他心想還是使神羿能夠返回天界，是自己能夠稱名凡界的最好方法，那樣會少去多少不必要的麻煩呀！

正是心懷如此邪惡之想，逢蒙出門後便立即組織起村中眾人與其師兄弟，對天虔誠祈禱起來。而且他不組織眾人對天祈禱，要去親近神羿出臺有它法。為此在祈禱之中，逢蒙也是虔誠萬分，他焦盼神羿早早歸去啊！

就這樣逢蒙引領眾人虔誠地祈禱啊祈禱，祈禱一日又是一日。然而他引領眾人轉眼又是虔誠地祈禱三日過去，卻還是絲毫沒有得到玉皇大帝的回應。

「徒兒，另再祈禱了，祈禱也是無用。」神羿於是又來阻止道，「我們再是虔誠，也填不平玉帝老兒心中的不平啊！」

「不，師父。俗言只要心誠，石頭也能開花。我們虔誠地祈禱下去，一日不成來它兩日，」然而隱惡的逢蒙心想，還是能祈禱成功讓神羿歸去的好，同時繼續再行祈禱也是向神羿表白真誠的時機，便立即否定道，「一個三日不行來它兩個三日，徒兒就不相信感動不了玉皇之心，得不到回應。」

逢蒙說著便不顧神羿攔阻，引領眾人繼續進行虔誠祈禱。神羿夫婦此後也是想來議去沒有它法，有的只是祈禱上天之策。為此他們眼見逢蒙與眾人替他夫婦祈禱連日，便也無奈只有隨著再行參與祈禱，以求祈得返回天界之機。

288

然而他們虔誠地祈禱啊祈禱，轉眼祈禱過去了一個三日不見回應，隨著又是祈禱一個三日仍是不見回應。神羿又是勃然大怒道：「好了，都別再為我們祈禱了！我們祈禱的時間夠長的了，全都無用啊！」

逢蒙這時也見祈禱難成，惱恨起了玉皇大帝不把神羿收回天界，使得自己稱名凡界難成。因而聞聽神羿此言，便也隨著靈機一動借機吼叫起來道：「師父，你就快快傳授徒兒絕技，讓徒兒早日練就，前去與玉帝老兒鬥個高低吧！」

「師父可以傳授徒兒絕技，但師父無能耐返回天界。徒兒既便學得師父之技，」神羿無奈地「唉」一聲長歎道，「又怎能去得天界鬥那玉帝老兒！其面難謀，鬥之怎得呀！」

「師父，你先不要顧及那麼許多。師父教會了徒兒，有朝一日終會派上用場的。」逢蒙心懷它想，這時為了激惱神羿教其絕技，則故意做出怒氣難遏的姿態道，「師父，徒兒為報師父遭遇不平之仇，寧隨師父上刀山下火海，決不猶豫絲毫！」

「徒兒之心實令為師感動。好吧，」神羿不知逢蒙之心，更不知這時逢蒙言行皆為做作，便真的被其舉動感動道，「師父這就向徒兒傳授絕技，以俟時日報雪師父之仇！」

「謝師父！」逢蒙聞聽，急忙「撲通」跪倒在地，一面叩拜一面口中急叫道。隨著，神羿則真的教授起了逢蒙眾徒絕技。神羿此後日日教授眾徒絕技，逢蒙為把神羿身懷絕技全都學到手中，不僅習練倍加勤苦，而且對神羿更加殷勤十分，同時口中對神羿更是稱頌不已。

神羿睹景聞言對逢蒙更是倍加喜愛，把未來的希望全都寄託在了此徒身上，回到家中也常常向嫦娥誇讚逢蒙不已。細心的嫦娥則早已察知逢蒙心術有異，心中甚不喜歡逢蒙這等善於阿諛逢迎之徒。

「羿哥，我覺得逢蒙慣於阿諛逢迎，似有小人之心。」為此嫦娥

每每聽到神羿向其誇譽逢蒙，便勸說神羿道，「羿哥還是留有小心，不要全信於他，疏遠於他的好。」

「小妹怎麼這樣多心！逢蒙頭腦聰敏武技過人，」神羿則不贊同嫦娥之言道，「乃我心愛高徒。其行舉動有何不誠之處，使小妹這樣對其生疑？」

「至於有何不誠之處，我也說不明白。只是小妹覺得此徒仿佛誠得過分，話甜過人，不免令人生疑。」嫦娥隨之道，「再說，他言必稱頌於羿哥，難說皆出於真心。」

「若此，小妹就是多心了。」神羿聽到這裏，則不禁「哈哈」一陣大笑起來道，「我神羿本來就該受到人們的稱頌，你不要逢蒙稱頌，難道還要他罵我不成嗎！」

「小妹不必再言，羿哥今後留心也就是了。」嫦娥聞聽又要言說，神羿則連忙又言止之道。神羿就這樣氣度恢宏不留小心，此後仍是不聽嫦娥之言對逢蒙深信不疑。但逢蒙卻正如嫦娥所言，這時心中正在邪惡地謀劃著除去神羿之法。

逢蒙通過先前特別是這段時間努力，已經看到了神羿對他倍加器重。神羿這樣器重於他雖好，但神羿歸回不了天界，自己就永無出頭之日。因為他從這段時間向神羿學習絕技的實踐中，已經更加深刻地看到了神羿之技的高不可攀，自己永難達其境地。

為此他更加知道只有除去神羿，自己才能取代神羿成為技蓋凡界的英雄。心懷此想，逢蒙便在練功之餘，日夜苦苦地思謀起了除去神羿之法。他謀啊劃呀，時間在苦苦地謀劃中一日日過去，他看到除了自己使用偷襲之法，其它則無法可施。

因為神羿神功高強，殺鬥自己只能得到被神羿誅殺的結果，其他奇跡是定然不會出現的。再者自己即使能夠明著殺鬥除掉神羿，但殺

死神羿之後，天下凡人又豈容自己活在人間！因而只有使用突襲偷殺之法，才能一趁神羿無備突然除之，二讓天下凡人不知。

逢蒙想到這裏，決計實施偷襲之法，因為只有此法是唯一可行之法。特別是他與神羿親近無隙，神羿對他毫無防備，恰恰給他提供了可乘之機。退一步講如果自己下手失敗，也可以說是自己為了印證武技故行此舉，使得神羿對其不疑。

決計至此他便膽子更大，因為他有了進可以攻退可以守的兩全之策。隨著，他便日日備好利箭，隨時伺機準備突襲除掉神羿。轉眼數日過去，這日下午逢蒙窺伺期盼的時機，終於到來了。

先前他雖然也見到過偷襲神羿之機，但周圍有人他怕被別個發現不敢下手。這次則不僅有了偷襲之機，四望又無人跡，並且其又恰正隱在一個難見蹤跡的僻處。

原來，逢蒙上午見到神羿獨自上山打獵而去，他便隨其身後跟到了村外，然後在神羿歸來必經路旁，擇一樹林密處隱身等待起來。他等啊待呀，一直等到下午時分，神羿打獵之後方纔乘馬飛馳回家而來。逢蒙見之，便即飛箭向無防的神羿射了過去。

常言善射者必耳聰，這話果然一點不假。神羿乘馬飛馳中突聞右邊樹林中弓弦響動，隨著又聞飛箭挾風向自己飛來，心中大奇，不知何人竟敢射向自己。心奇之中又聽飛箭已近，急行中神羿便也即不怠慢，即忙拈弓搭箭，迎著飛箭「嗖」地一箭迎射了過去。

神羿之箭剛剛射出不遠，便聽「錚」的一聲響動，已與飛來之箭迎撞在了一處。隨著幾點火花閃出，兩支飛箭即向上擠成一個「人」字，雙雙翻落到了地上。就在兩箭剛剛相撞之時，神羿又聽到了第二聲弓弦聲響。於是他又即不怠慢，隨著射出第二箭迎了上去。第二箭飛出不遠，又與飛來之箭「錚」地撞在一起，落在了地上。

　　此後又連連飛來七箭，神羿便也射出七箭與之相迎，使得飛來之箭全都相撞跌落在地。然而就在這時，卻又聽到了第八聲弓弦響聲，神羿急忙摸箭再射，方知其箭已經射盡。無奈中他只有站迎飛箭，看著來箭不偏不斜向其口中飛來。

　　來箭飛行迅疾，「噗」的一聲正中神羿口中。神羿口腔被射坐身不住，隨著一個跟鬥「撲通」便從馬上摔落到了地上。躲在樹林中的逢蒙眼見神羿終於中箭落地，便頓然高興萬分地走出隱身樹林，慢慢向神羿落地之處看視而來。

　　逢蒙高興地想著神羿中箭死後，他便成了技蓋凡界的英雄。但他來到神羿面前正欲定睛看視神羿的死態，卻突見神羿霍地坐起身來道：「徒兒，你真是空隨師父習射這麼多年。難道連師父的齧鏃法都不知道嗎？還要好好學習呀！」

　　神羿剛才突知自己之箭射盡，又見射來之箭將至也是心中一急，但他驚急中立即想到了自己的絕技齧鏃之法，便先是即使此法接住了來箭。但他用口接住此箭並非完了，他要見見射他之人究竟是誰。為此靈機一動便裝出被箭射中的樣子，翻身落地佯裝身死等待射者到來。

　　神羿實在料想不到，他剛剛倒地片刻，竟見是其寵徒逢蒙走了過來。見是逢蒙神羿不信此徒會來射殺自己，其這樣施射定有緣由，便霍地起身說出了前番話語。

　　逢蒙正為自己射殺了神羿心中高興，想不到他剛到其面前卻見其霍地站起身來。這一驚實在使心懷邪惡的逢蒙，高興頓消，魂飛魄散。他知道自己的邪惡用心若被神羿知道，自己就斷無活命之理了！

　　為此他一時反應不及，頓然驚愕在了那裏，只待神羿對他做出判決。不僅沒有去想神羿為何中箭不死，也忘記了先前想好的退步之策，即講說這是自己為了與師父印證武功。

　　然而大出逢蒙預料的是，逢蒙正在呆愣，卻聽神羿說出了前番話語，方使他驚怕頓消，腦袋急轉，「撲通」跪倒在地，口中連忙言說道：「師父神技，徒兒永遠不及矣！徒兒此番偷襲師父，正為印證自己之功也。徒兒今後定遵師教，苦練不輟。」

　　「徒兒印證得好，看到了自己的不足，為以後練功找到了動力。去吧，好好苦練去吧。」神羿則依舊不以為然道。言畢，即翻身上馬回家而去。留下了後怕不已的逢蒙，呆呆地跪在那裏久久沒有站起。

二二、神羿西上

　　逢蒙呆跪一陣看到神羿走遠，方纔敢於站起，驚怕萬分地回到家中，即把其射殺神羿的經過告知了其妻，以與之商議下步對策。其妻聽罷逢蒙之言，無奈道：「夫君施此惡招尚且射殺神羿不死，他又歸回天界不得，夫君的出頭之日看來渺茫萬分哩！」

　　「婦人，不要只說氣餒之言掃我之興，要快快再想辦法才是呀。」逢蒙聞聽則不耐煩道，「不然，神羿多留一日，就多一分察知我心跡的可能，就距離我的死期臨近一日了。」

　　「是呀。只能是大英雄神羿，要是別個，夫君剛才那般施惡，」逢妻聽到這裏，即言肯定道，「哪能活著回來。日後神羿若有察知，也定然不會容留夫君的。」

　　「是呀，」逢蒙這時心中更驚道，「婦人快快想方設法要緊啊！」

　　「夫君尚且除不去神羿，他又無能歸回天界，」逢妻也是一時無奈道，「我一個婦道人家，能有什麼辦法呀？」

　　「俗言天無絕人之路，人不能被尿憋死，我們總是會有辦法可想的。」逢蒙這時則不氣餒道，「婦人不要只說無奈，開動腦筋去想要緊啊！」

　　「若說它法，除了設法讓其歸回天界，或者借用別個之手除掉

他。」逢妻沉思一陣道，「但是怎樣才能讓其歸回天界，又借誰個之手才能除掉神羿呢？」

「好，既然無法讓其返歸天界，」逢蒙這時大概是受了妻子的啟發，突然心中一明，有了辦法道，「就借眾人之手除掉他。」

逢妻不知逢蒙心生何計，隨即詢問之。逢蒙遂把想法告知了其妻，樂得其妻頓然高興起來道：「好，此乃妙法。」

「婦人，此法是此法，我去試行之。婦人在家無事，腦子也不要閑著，要多思多想再尋良法才好呀。」逢蒙則對此法能否成功，放心不下道。其妻隨之答應連聲，逢蒙則即離家前往尚儀小村，行其惡計而來。

逢蒙所施惡計為敗壞神羿名聲，使眾人對其惡之，然後怒而殺之。為了行此惡計，他根據眾人尊崇感激神羿之心，便先鼓動眾人向神羿敬獻好酒好肉，隨著更以體貼凡人之心為由，勸說神羿收下這些貢物。待到神羿收下之後，他則隨著又假傳神羿之命，把人們向神羿敬獻貢物定成了常例。

「大家既然這樣尊崇神羿，」不僅這樣，為了毀壞神羿之名，他又號召人們道，「我們就應該給他蓋座像樣的宮殿，怎能讓他一直住在茅草屋裡呢？」

常言知人知面難知心。不僅神羿與嫦娥，就連眾村人一時也都被逢蒙忽悠得難識其心起來。因而他眾人聞聽逢蒙言之有理，便即按照其說行動起來。只見他們砍樹的砍樹，運石的運石，準備起了給神羿建造宮殿的諸般事宜。這樣行事逢蒙還嫌毀壞神羿聲響不夠，接著又命令人們挑選美女，以為神羿之妃。

人們開始聞聽逢蒙此言心中甚為不快，但隨著又想到神羿救助凡人之功，也開始照辦起來。就在逢蒙這樣督令眾人行事之時，嫦娥察

知了此情。她看到人們在村外伐木運石，為神羿建造宮殿，並聽到人們紛紛議論向神羿敬獻酒肉，給神羿挑選美女之事。

察知至此嫦娥氣惱萬分，料定這一切定為逢蒙搗鬼所致，上前一問果然如此。

為此她立即把此事告知神羿，神羿開始不信，出村一看方見屬實。於是他立刻找來逢蒙，詢問嚴訓之後命其立即停止這些舉動，以為凡人造福。

逢蒙惡計剛剛實施即告夭折，心中雖惱表面卻也不敢對抗。他知道自己對神羿之過，害怕神羿只是表面不把其惡放在心上，心中對其深作防備。便不敢怠慢，只有答應連聲，然後即令眾人停工散去。

之後逢蒙快快走在回家的路上，腳下邊走心中邊想殺害神羿實在不易。自己已是兩番施惡兩番遭敗，今後殺害神羿更加難有時日，自己的出頭之日也就難以到來了。然而逢蒙想到這裏仍不甘心，回到家中便又與其妻商議起來。

其妻聞知逢蒙此行又遭慘敗，愣怔半天未出一語。這時不是她口出廢話之機，她頭腦中緊張地思謀起了幫助夫君再殺神羿之法。殺了神羿之後，其夫君名揚天下，作為妻子的她又豈能不隨著揚名於世。她盼望著這一天的早日到來，為此她凝心竭力，苦苦地思謀起來。

逢蒙在旁眼見其妻不言正在思謀，便也不去打斷，讓其凝心聚力苦思下去。

時光此後緩緩過去許久，苦思的逢妻終於心頭一明，想出了惡招道：「夫君，我有辦法了。但只是神羿既與玉皇大帝有隙，他定然料定王母娘娘與玉皇大帝一樣不會助他，而不會前去昆侖神山求助於王母娘娘。」

「婦人此言何意，我聽不明白。」逢蒙對其妻這番沒頭沒尾不明

不白之言，猛然不解道，「快快講說清楚。」

「夫君，如今不是神羿不能歸回天界，」逢妻隨著道，「你殺不死神羿，難有出頭之日嗎？」

「是的。婦人莫要再說這些，」逢蒙聞聽其妻此言，忙不耐煩道，「快說解除此難之法。」

「前時我聽人說，昆侖山上王母娘娘之處有一種不死之藥，」其妻這才詭詐道，「若能求得食之不僅可以長生不老，而且可以飛昇天界成為神仙。」

「噢，」逢蒙聞聽，由於心急仍是不解其妻之意道，「婦人此言何意？」

「我是想讓夫君勸說神羿前去求取神藥。若能求得，他夫婦即可返回天界。」其妻這時惡狠狠道，「如果求取不得，也恰好可借王母娘娘之手將其除去，豈不一舉兩得！」

「婦人此法，實在是妙也。」逢蒙聽到這裏，頓然大喜過望道，「好，就這麼辦！」

「不，」然而，逢妻這時卻又言否定道，「其法我想難行哩！」

「噢？」正喜的逢蒙頓然一詫道，「婦人這是何意？」

「夫君想呀，神羿既然知道玉皇大帝對他不平，便就知道王母娘娘也定然不會助他。」其妻繼續其言道，「因而此法雖是一著妙招，神羿為此不去，又豈能實現得了！」

「可行，婦人不知神羿的脾氣，」逢蒙初聞一愣，這時則胸有成竹道，「夫君定然可以說動其前去昆侖神山。」

「那就好了。只要神羿能夠前去，求藥有成他可以歸回天界。」逢妻這才高興道，「求藥不成，王母娘娘也定然不會輕易放他離去，我們也正可借助王母娘娘之手除掉他。」

「好，婦人真乃心中有術，實為夫君的靠山。」逢蒙聞聽大喜，口中說著便返向尚儀小村，伺機勸說神羿西去求藥道，「就這麼辦，夫君去了。」

逢蒙既為心術不正之徒，便心中邪術眾多。他走一路心想一路，待到走近神羿家門時，勸說神羿之法已是成竹在胸。為此他踏進神羿家門，便故作驚喜難抑大叫道：「師父，徒兒終於尋到幫助師父返回天界之法了！」

神羿夫婦這時雖然仍想歸回天界，但已覺得沒有良法可想，心中平靜下來不再去想此事。他夫婦為此正在閑坐議論他事，突聞逢蒙高興若此口出此言，神羿遂不敢相信道：「噢？徒兒有何妙法，快快說來讓師父聽聽，行也不行。」

「師父，你若前去，」逢蒙遂把其妻之言向神羿夫婦講說了一遍，接著道，「定可求得不死之藥，返回天界。」

「此計絕不可行，羿哥。」嫦娥聞聽逢蒙此言，即對神羿否定道，「羿哥心想過嗎，一則此說僅為傳聞，難說王母娘娘處真有不死之藥……」

「王母娘娘處實有此藥，就在昆侖山上。」神羿不解嫦娥之意，即言立即打斷其言道，「我在天界即已知道。」

「即使王母娘娘實有此藥，」嫦娥聞聽仍是不讓神羿前去道，「但是羿哥心想，她會給於你我嗎？」

「是呀，既然玉皇大帝對我不平，」神羿這才心明道，「王母娘娘豈會以平待我，賜我神藥！」

「師父不應顧忌那麼許多，如今除了此法既無它法，師父就應該前去一試。」心懷狡點的逢蒙聽到這裏，害怕神羿被嫦娥說動，即忙插言講說道，「師父不去，又怎知王母娘娘真的不賜神藥？若是王母

娘娘賞賜神藥，師父不去不就悔之莫及了嗎！」

「徒兒言之有理。只要有一線希望，我也要前去一試！」神羿聞聽逢蒙言之有理，口中說著又要告辭嫦娥離家西去。神羿這時雖被逢蒙兩次施害，但由於他素來為人心懷寬宏，而且又自恃其功，認為逢蒙不會施惡也不敢施惡於他，便仍然不把逢蒙的惡舉放在心上，對其依如先前並不介意。

「羿哥前去不得！羿哥想呀，玉皇大帝尚且因為羿哥射殺其外孫，對羿哥不平若此。」嫦娥知道逢蒙心術不正，難料其此舉是否又藏禍心，便即又攔阻神羿道，「王母娘娘定會更恨羿哥，不僅不會賜給羿哥神藥，而且難料不會加害於羿哥的！」

「師父不去沒有它法，何妨前去一試！」逢蒙這時唯恐神羿被嫦娥說動不去，加之其已事先想到了這裏，便心中甚惱細心的嫦娥，對神羿急又開口殷勤勸言道，「退一步說，即使王母娘娘施害於師父，以師父的神功而論，她又豈能害得了師父！」

「嗯，徒兒說的也是。」神羿這時又言道，「去去又有何妨。」

「再說，師父如果不去，師父與師母都成了凡人，不久就要雙雙身老，如同凡人般死去啊！」逢蒙這時又言加油道，「到那時，天界和凡界的邪惡又由誰來誅除？師父，為了師母也為了天界平安天下凡人，你不能不去呀！」

「小妹，逢蒙言之有理，羿哥此去非為別個，乃是為了天界平安天下凡人。」神羿的心終於被逢蒙此言勸說定了，他即向勸阻的嫦娥辭行道，「為此即使我被王母娘娘害死，也是為天界平安天下凡人而死的，是值得的。小妹之心羿哥已領，小妹儘管放心，羿哥去了！」

神羿如此說著，便真的動身離家西上昆侖神山而去。嫦娥無奈，只好心懷萬分擔憂地與心中大喜的逢蒙一起，把神羿送出了村外。神

羿西上昆侖求取神藥的舉動，當然被住在昆侖山上的王母娘娘立即知道得一清二楚，但見她暗暗咬牙切齒道：「好你個桀驁不馴的神羿小子，今日你終於求到我的頭上來了！」

「娘娘可有吩咐？」其侍女青衣在旁聞聽，即言詢問道。

「可你小子射殺了我的眾外孫，我豈能與你善罷甘休！再賜給你神藥讓你返回天界，你這不是癡心妄想嘛！」王母娘娘氣惱之中，對青衣之言聞若未聞繼續道，「我叫你即便不死在凡界，也要好好地在凡界待著！」

「娘娘若有吩咐，」青衣這時又問道，「小的好去辦理。」

「你去傳召美女蛇即來見我。」王母娘娘這才心機一轉，即命青衣侍女道。青衣聞聽答應一聲，即行傳召而去。

美女蛇居住在昆侖山下弱水之中，是一位得道的俊俏蛇精。王母娘娘知道，此精不僅相貌超絕，具有懾奪男神魂魄的魅力，而且善於施情播意，甜蜜萬般，神見神醉。

同時，她還神功超絕，具有身子可變數物的奇功。為此王母娘娘召見於她，是要令她前去攔阻神羿。讓她施軟纏住神羿，施硬鬥殺神羿。心想讓此美女蛇前去，便可讓那神羿前來昆侖神山不得。

王母娘娘心想至此傳令之後，正在高興地等待著美女蛇被傳來到，青衣侍女倏然之間已是引其來到了她的面前。王母娘娘見之心中高興道：「美女蛇呀，娘娘今日傳你來見，是要派你去做一件大事，你要不辱娘娘器重。」

「娘娘有用得著小蛇之處，儘管吩咐。」美女蛇聽聞王母娘娘要她去做大事心中歡喜，立即鏗鏘道，「即使娘娘讓小蛇上刀山下火海，小蛇也決不後退半步！」

「好，有了你這句話，娘娘我就放心了。」王母娘娘高興地說著，

即又話鋒一轉道，「不過你此去千萬小心，因為娘娘要你去對付的非為別個，乃是享譽天凡二界的大英雄神羿。」

「啊！」美女蛇真個是不聞王母娘娘此言還罷，聽聞此言頓然嚇得驚叫一聲，愣在了那裏，半天方纔緩過神來道，「娘娘吩咐，要小蛇如何去對付這位英雄？」

「要你前去攔住他。他如今正往昆侖神山奔來，尋我不死神藥。」王母娘娘道，「我不見他，也不許他踏上昆侖神山一步。」

「娘娘，小蛇這點功夫，」美女蛇聽到這裏，頓然大急起來道，「可是擔當不起這一重任啊！」

「小蛇，你該有辦法的呀。硬的不行，可以來軟的嘛。」王母娘娘這時則充滿詭譎道，「常言英雄難過美女關，故而娘娘特地遣你前去。」

「娘娘，如果軟的也是不行，」美女蛇這時雖然心中頓明，但她仍是不敢大意道，「小蛇不就有辱娘娘聖命了嗎！因而小蛇實在擔當不起這般重任。」

「正因為你擔當得起，故而娘娘才派你前去。記住，神羿這時正在孟門山西行進，你快去攔住他。」王母娘娘聞聽美女蛇推辭，臉色陡地一沉道，「如果攔阻不住讓他上了神山，你要見我就提著腦袋前來。」

王母娘娘言畢臉不放色，拂袖而去。美女蛇見之當然不敢再言，呆愣一陣無奈只有起身下山，遵命向東攔阻神羿而來。行進之中，她腳下邊踏雲頭前行，心中邊思謀對付神羿之法。

她想到，神羿神功蓋過天凡二界，自己一個成精的小小美女蛇與之硬拼，是無論怎樣也攔阻不住英雄神羿登上昆侖神山的。然而她攔阻不住也得攔阻，王母娘娘已是對她下了攔不住就死的命令，她不攔

又怎麼行呀！

如此攔又攔阻不住，不攔又不行，怎麼辦呢？美女蛇這時真是越思越想，越是陷入了無可奈何之中。無奈之中，她突然想起了王母娘娘點她之言，硬的不行就來軟的，常言英雄難過美女關，故而娘娘特派自己前來。

無奈中她想到這裏突然有了辦法，即硬的攔阻不住就來軟的。自己有的是姿色，有的是柔情蜜意，在自己碰到過的男神男怪之中，還不曾有一個不跪倒在自己腳下。

因而神羿固然英雄，自己的姿色再加上柔情蜜意，也定可把他熔化在自己的腳下。若是那樣，自己就正好纏住了神羿，既完成了王母娘娘的聖命，也得到了功蓋天凡二界的大英雄啊！

常言自古美女愛英雄，美女蛇想到這裏不禁甜蜜地笑了。因為她在修成小仙之前為了凝心修煉，沒有去做過談情說愛之事。煉成之後雖然想談談愛情，卻又一直沒有碰到過可以談談之神。

這次王母娘娘讓她攔阻英雄神羿，並讓她使用姿色柔情，這怎能說不是王母娘娘賞賜給她的一次情場機緣呢！或者她久尋不見的意中之神，就正是這位英雄神羿呢！怪道剛才她向王母娘娘辯說不敢擔當此任，王母娘娘氣得拂袖而去，她或許正是因為氣惱給了自己這一機緣，自己硬是不要呢！

為此想到這裏，美女蛇心中不禁後悔起來。她後悔自己剛才不該不敢接受此任，後悔自己當時如果真的推掉此任，就失去了這次機緣了！後悔之中，她心中當然欣喜萬分，她的婚戀機緣終於來到了呀！

於是她想到自己怪道生得嬌美無比，原來竟是為了婚配大英雄神羿。怪道自己生得又這麼柔情蜜意，原來也是為了婚配大英雄神羿。怪道自己久尋不見意中男神，原來就是等待婚配大英雄神羿啊！為

此，美女蛇禁不住心中一陣大喜起來。

心中歡喜至此，美女蛇心中又懊惱自己剛才還在氣惱王母娘娘，惱她給自己派了一個送死的重任。這時她則心中感謝王母娘娘千分萬分，即多虧了王母娘娘派給了她一個這樣的送死重任！

心喜感激至此，美女蛇心中剛才被動攔阻神羿之情，頓然全都變成了自覺主動之舉，腳下一陣踏動雲頭，已是來到了孟門山西偌大的一汪氾濫洪水上空。美女蛇來到此處，一眼便看見神羿正站在那水中一隻巨筏之上，在洪水之中向西行進。

她看到，她不曾謀過面的端站在筏上的英雄神羿，果然氣度不凡英武難尋。其魁梧過神的身架，如同一架高山一樣巍峨。那漫溢英武之氣的臉色，就像刀劈斧削過的大山一樣威嚴。眼見至此，她不禁心中暗贊連聲道：「真英雄，真乃美男也！我心中的偶像，今日終於凸現在了眼前！」

心中歡喜一陣，美女蛇突然想到只是讚歎也不是事兒，自己此來既然身負攔阻神羿之任，又心有獲得神羿之想，便即不怠慢心思轉動，思謀起了一舉兩得之法。思謀之中，她突然看到洪水之下西北深處，有一座偌大的金碧輝煌宮殿正在熠熠生輝，便立刻計謀生上了心頭。

原來這孟門山西的這汪氾濫洪水，早已把坐落在西北遠方的昔日雷澤漫在了水下。美女蛇看到的水下宮殿，正是昔日白龜老神所居的神宮。後來白龜老神身死邪惡的雷神被誅，此宮一直空閒再也無神居住。

美女蛇看到此宮心想惡計，即要把神羿弄至此宮之中，使之與其長居在此。既不使其再西上昆侖，也使其與自己甜蜜恩愛難舍不離。但怎樣才能把正在乘筏西進的神羿弄進宮中，又使他對自己不生仇恨

而生情愛，與自己甜蜜恩愛不離呢？無奈之中，美女蛇隨著又一陣思謀起來。

她突然想到，最好的辦法就是先施法術，突然把神羿掀落水中。神羿雖在陸上英勇，但到水中或許變得無法施功，以把其淹得奄奄待斃。到了那時，自己再把他拖進水底神宮之中救醒，自己就成了他的救命恩神。然後自己再施甜情蜜意於他，就可以把他據為己有，使之永居神宮之中，實現自己一舉兩得之願了。

想到這裏，美女蛇頓然心中高興難抑，立刻施動法術陡然在洪水中掀起了驚天大浪，一下子便把神羿所乘之筏掀翻在了水中，把乘在筏上的神羿掀落在了驚濤駭浪之中。神羿落水之後果如美女蛇所料，陸上英雄落水之後盡失英武之能，須臾已被洶湧翻滾的洪水淹得奄奄待斃。

美女蛇見之大喜，這樣神羿便成了任憑她隨意擺佈之神，她就不用再去害怕他受到攔阻，施用神功打殺於她了。當然這時她也可以立即殺死神羿，但這時對神羿已是生出真心摯愛的她，又怎麼捨得呢！

為此，美女蛇便立即施動其潛水本能，上前牽動待斃的神羿，一陣使將其牽進了水底神宮之中。坐落在昔日雷澤底部白龜老神的宮殿，雖然白龜老神與雷神早已離去，但由於眾小神精心守護，依舊完好無損整潔萬般，就仿佛在等待美女蛇與神羿來住似的。

美女蛇把奄奄待斃的神羿拖進宮中，擇一最美宮室把神羿放在了床上。這時，美女蛇已經施法摒退了宮中之水，使得整座水下神宮如同被搬上了陸地一般。隨著，美女蛇又施動法術排出神羿腹中之水，一陣便使神羿緩緩蘇醒了過來。

「姑娘，我這是到了哪裏？這不像是陰曹地府呀！」神羿睜開眼睛看見自己躺在華屋珍室之中，身旁又坐著一位光豔照人的嬌美姑

娘，實在是不知道自己置身在何處，忙言道，「剛才我落身水中，被淹昏了過去，該是到了陰曹冥府呀！」

美女蛇眼見神羿醒來已是心中歡喜萬分，剛才她在排空神羿腹中之水救治於他之時，已是對其渾身上下進行了仔細端詳。對於美女蛇來說，那時真個是越加端詳越加喜愛神羿，末了竟達到了愛之入心，親之刻骨的境地。

「是的，要不你是該到陰曹地府了。」為此這時她見神羿醒來又聞神羿此言，便忙對之道，「但是你還不該前去，所以被我救活了過來。」

「噢，這是何處？」神羿聞聽一驚，詢問道，「你為何救我？」

「這裏是雷澤神宮，」美女蛇愛之彌心道，「我救你是因為愛你大英雄神羿。」

「噢！」神羿聞聽思量道，「那麼姑娘就是神羿的救命恩神了。」

「什麼救命不救命的，我叫美女蛇，你看我美不美呀？嗯，我的英雄！」美女蛇壓抑不住心中的急切，即言道。隨著其口中之言，渾身上下已是變得更加嬌美多姿起來，而且對神羿播起了情，施起了愛。

神羿看到，美女蛇實在是豔美絕倫，其播施的情愛也實在是醉神心魄，但是神羿心中愛的只有嫦娥一個，其愛心就像其射出的飛箭一樣方向難改。所以英雄難過美女關的俗言，到了神羿這裏頓然成了謬理。

美女蛇雖美雖甜，但神羿卻也心魄不動厘毫，並且心中隨著警覺起來暗暗道：「她為愛救我，難道那場風波也為她所佈？她故佈風波又來救我，以創造與我相愛的時機嗎？對此，我不得不防啊！」

神羿是機靈過人的，他心中雖懷此想口中卻沒有言說，而僅把此想裝在心裡，多出一個心眼道：「那好，我的救命恩神，你實在太

美了！」

「我的大英雄，」美女蛇聞聽更喜，加之這時旁邊也無別個，她便隨著催逼起了神羿道，「你看我甜嗎？你愛我嗎？」

「你甜，」神羿留有心眼，隨之道，「但我不愛你。」

「真傻，我美我甜你卻不愛，不樂意來消受一番！」美女蛇聞聽「咯咯」一笑道，「這我知道，你心中有著你的嫦娥。」

「怎麼，她怎麼把我瞭解得這般清楚？」神羿這時心中更是一明，暗暗道。但他隨後沒有再去多疑深想，因為他想到或許是自己名震天凡二界，別個全都知道所致。為此，他隨著口中講說道：「是的，我真心愛著我的嫦娥。」

「可是我的英雄我告訴你，我不僅比你的嫦娥美，而且比你的嫦娥甜。同時你心中即使再愛嫦娥，」美女蛇則繼續進逼道，「如今到了這座神宮之中，你不愛我也愛不上你的嫦娥了。」

「噢，」神羿聞聽一詫道，「此言怎講？」

「因為神宮坐落水底，你穿不過上覆之水，怎能出得去呢！我的英雄，你既然愛我就陪我在此長住下來，」美女蛇傲然道，「共用情愛之樂吧。你硬是要去愛那嫦娥，我不留你水也留你，我可奈何不得。」

留有心眼的神羿聞聽至此，不禁陡然心中生出了疑竇，暗暗道：「噢，看來這美女蛇是要不放自己出去了。她若不放自己出去，自己也實在是離開此宮不得了！她為什麼恰在這時攔阻自己西去，難道是為別個所派不成嗎？」

「恩神，你既然先前救了我，」可他手中沒有真憑實據，一時也是不好決斷。只是隨之思量一陣，以求脫身道，「就救我救到底，讓我出此神宮吧。」

「我的英雄，哪裏有你這樣的呆神呀！這裏有的是蜜你卻不吃，為什麼非要出去呢！」美女蛇這時則施愛纏綿道，「我的英雄，常言該享樂時且享樂，天賜良機莫錯過。要麼你將來是會後悔的。」

「大神，你說得太對了。對，我口中雖說不愛你，但我心中從一看到你就真的愛上你了。」神羿這時雖然留有戒備之心，卻也從美女蛇的舉動中看出了其愛自己實為真心，為此他心機一轉便生出了脫身之計道，「大神，你救了我，又愛上了我，還這樣開導我的心竅，我實在是太愛你了！」

「我的英難，」美女蛇聞聽大喜，隨著就要瘋狂般地撲進神羿懷裡道，「我就等著你說這句話了！」

「大神且慢，且慢！我想既然你我真心相愛在了一起，」神羿見之，連連阻止道，「我們就要好好擇個吉日，在這神宮之中慶賀慶賀。」

「對，也對！我的英雄想得實在是對。」美女蛇聞聽心中更喜道，「我們要好好慶賀一番，按照正兒八經的事兒去辦一辦！」

「大神說得對。除此之外，我將斃剛醒，在此宮中憋悶得很不是滋味，」神羿這時則已胸有計謀，隨之自然道，「大神先送我出到岸上遛逛一圈，恢復恢復身子，再回來好好慶賀耍玩，豈不是更好。」

「好，好！我們這就去。」美女蛇這時則已被摯愛迷住了心竅，忘記了去想神羿之舉乃為脫身之計。只想著神羿此說也是有理，求不得與神羿早去早回，以與神羿做愛取樂，便迫不及待道，「快去快回，好作慶賀！」

「好，大神。我們即去即回，我也等待不及了。」神羿這時也不怠慢，口中說著故意牽動美女蛇之情，手已攜起美女蛇之手，與之一陣出宮潛水到了西方岸邊陸地之上。

「妖女，快說你究竟為誰派遣攔我而來！」神羿眼見到了陸上，

便一把抓牢美女蛇的胳膊，厲聲喝問道。美女蛇只顧心中高興，突見神羿識破了自己之謀，胳膊又被抓住，心中陡然一驚。她怕自己稍有怠慢，生出性命不保之險，便為脫身立刻身複蛇形，腰身一硬倏地竄入水中去了。

「還想攔我，沒門！」神羿無防，突見美女蛇被自己一言點破逃身而去，便笑了起來說著，隨之則像忘掉了此事一般，邁開腳步徑向昆侖神山奔去。

二三、怪生情愛

　　美女蛇鑽入水中之後當然不敢怠慢，她剛才只顧沉湎於情愛之中，這時卻早已被面前的現實驚醒。為此她怕神羿見她逃跑，會倏然放箭射向自己。她知道神羿之箭的厲害，害怕自己被其神箭射中就將沒有活命。

　　為此入水之後，她立即發揮自己的潛水之長，抑住心中對神羿的真情灼愛，和不該放神羿出水上岸的後悔心情，雖然不想離開神羿半步，卻也不得不倏地潛向遠處深水之中，以避開神羿之箭。

　　然而美女蛇雖然這樣在水中疾逃不止，但對神羿傾情真愛的她，這時卻也是能夠多看神羿一眼，而絕不少看一眼。為此她邊逃邊癡情地遙望著神羿的舉動，看見神羿並沒有射她而即轉身向西走去，方纔心中最終消去了對死的驚怕，停止了奔逃。卻隨著又擔心起了攔阻不住神羿，有違玉母娘娘聖命的驚怕又陡地襲上了心頭。

　　此怕襲上心頭美女蛇當然也不怠慢，隨著她便重又思謀起了攔阻神羿西上之策。思謀之中摯愛之心當然又占上風，使得她在後悔自己放走了神羿之餘，當然還是決計再施情纏之策。只有這樣，才能實現自己既攔住神羿西上，又得到心愛的神羿的雙重目的。

　　但是前次施愛攔阻失敗，怎樣才能再施情愛攔住神羿呢？美女蛇

為此一時不得具體實施方略，實在使她這時犯起難來。然而她心中雖然犯難卻也片刻不停思慮，因為她要達到的兩個目的，都直接關係到其未來生活的重要方面。為此她思啊想呀，實在是達到了焦思集慮的境地。

思慮之中，她隨著又見西去的神羿漸去漸遠，很快便行到了自己即將眼見不到之地。她當然不想少看心愛的神羿一眼，這時她看到神羿只顧西去不再施害於她，於是為看到神羿她便出水上岸，追隨神羿之後眼睛看著神羿，心中繼續思謀起了情攔神羿西去之策。

轉眼一日過去到了第二日上午，美女蛇追隨神羿之後向前正行，突見前方大山越走越深，地方越深越僻，而且樹木越加繁茂起來。焦思無法的美女蛇眼見此景，心中陡地亮了。

她想出了再次情攔神羿西去之法，即上次是自己施救於神羿，使得自己獲得機會播愛給了神羿。這一次她要反過來讓神羿施救於她，以再得時機使自己再次播愛於神羿。

至於怎樣讓神羿施救於她，美女蛇也想出了具體方略。即她搖身變成一位妙齡少女，前往前方深山僻處密林之中，紮一茅棚為居。待到神羿來到，遣來兩名小怪扮成惡人對她施惡。她高聲喊叫救命，神羿聞聽必然施救於她。

待到神羿救下她後，她就纏住他說自己父母雙雙被害，惡人又來施惡。自己無處可去，又一人不敢在此居住，纏住神羿陪伴自己留居下來，不讓神羿西上昆侖。隨後她再播情佈愛，與神羿結成恩愛之好。美女蛇想到這裏便不怠慢，立即一陣潛到神羿前方，依計行起事來。

神羿這時求藥心切，離開美女蛇糾纏奔走疾急，一路向西只顧徑往昆侖神山奔進。一日過去，他已是向西奔出百里之餘，再往前行便

見大山越走越深起來。大山深僻神羿也不卻步，只見他休歇一宵之後次日早早起身，又徑向前方大山深處行進起來。

轉眼繞山越澗向前又是行出數十裡之遙，已經到了半晌時分。神羿這時仍是求藥心切行進疾急，繞山正行突聞前方密林之中，驀地傳來一陣女子呼救之聲道：「救命啊！快救命呀！」

「在此深山野林之中，何來女子求救之聲？」神羿驟聞此聲心中陡地一詫，暗想道。但在他奇詫之中，那女子的喊叫之聲，卻越來越加疾急地傳進了他的耳中。嫉惡如仇的神羿聽到這裏心中雖疑，卻也抑制不住心中的氣惱，不由自主地急忙飛步向前疾行而去。

他向前一陣疾行，轉眼已是來到喊叫女子近處。神羿循聲急忙舉目看視，只見在密林深處一片空白地上，坐落著一座簡陋的茅屋，屋子的外牆上掛滿了飛禽走獸等一應獵物。一位妙齡少女正在茅屋前與兩個惡徒廝打，兩個惡徒兇殘地拖住少女。少女與惡徒廝打不過，驚恐萬分地喊出了救命之聲。

「惡徒住手！」神羿這時心中懷疑陡消，怒火陡騰萬丈腳下已是如飛般向前沖去，口中厲喝道，「神羿來也！」

「小子，你想來佔便宜嗎！老子對你小子說，」正在拽拉少女的惡徒見之先是一驚，隨著則雙雙迎鬥向了奔來的神羿，並且口中對著沖來的神羿吼叫道，「你小子冒充神羿也嚇不住老子，老子也不會讓你小子占上便宜！」

神羿心中氣惱也不搭言，奔上前來即出手與迎上前來的惡徒鬥在了一起。二個惡徒當然不是神羿的對手，接手之後交鬥不過三個回合，兩個惡徒已是抵擋不住，一陣如飛般疾逃而去。

神羿見之更惱，即拈弓搭箭「嗖」地向一奔逃惡徒射了過去。只見那箭「颯」地向前飛出一陣，一惡徒已是「啊呀」一聲驚叫，倒地

斃去了性命。神羿本欲再放箭射殺另一惡徒，但那惡徒也該僥倖，則在神羿將要搭箭之時倏然隱入密林之中，消失蹤影，保得了一條活命。

被神羿所救少女當然就是美女蛇所變，這時美女蛇所變少女眼見神羿打殺並趕跑了惡徒，立刻「撲通」跪倒在神羿腳下感恩萬般道：「恩人救得小女一命，小女從今沒齒不忘大神之恩。」

「小女快快請起，救人急難乃為做人當為分內之事，」神羿見之忙轉和氣道，「豈有言記之說。」

「不，恩人。常言知恩不報非君子，小女得遇恩神實乃天賜洪福，怎能不記恩神之恩，」然而，美女蛇所變少女則跪地堅決不起道，「以圖後日能報呢！故而小女請問恩神大名，恩神不告知小女，小女就長跪不起！」

「好吧，」神羿無奈，只有實言相告道，「吾則剛才已經說過，吾乃射日的神羿……」

「噢，原來真是這樣，怪道恩神剛才出手不凡。小女剛才還不相信恩神之言，」神羿剛言至此，跪地不起的美女蛇所變少女，便立刻演戲般神色陡變道，「豈料竟真是射日救民的大英雄來到了這裏！這樣，小女今日得睹英雄之面，實乃天賜機緣了！」

「我本是路過此地前往昆侖神山，不料至此恰遇少女身罹急難。」神羿則心中不疑繼續道，「少女請起，快快講說為何一人獨居在此深山野林之中，下步前往何處。」

「恩神呀！小女本為獵人之女，隨父母打獵居住在此。」美女蛇所變少女聽了神羿此言，立刻雙目垂下淚來道，「但不料剛才被恩神趕走的兩個惡徒，昨日心生歹意，為了施惡害死了小女的父母。故而落得小女今日獨身一個，孤居在此。」

「小女不可在此獨居。這裏不僅有惡人施惡，」神羿聞聽心甚同

情道，「還有虎豹狼熊出沒。小女快快出山去住，以防不測。」

「恩神，小女除此深山茅屋之外，別處無家也無親人，已是無處可去。」美女蛇所變少女聽了神羿此言，立即順勢向下糾纏神羿道，「恩神，你就看在小女身世這般苦難的份兒上，不嫌小女醜陋，收納下小女為妾吧！」

「這怎麼行，」神羿聞聽大驚道，「小女不可此言。」

「恩神，你收納下小女為妾之後，」美女蛇所變少女則不放過，繼續糾纏道，「小女就是變牛做馬，只要能夠追隨恩神，也是心甘情願呀！」

神羿聞聽少女此言，不禁心中陡地一詫生出了疑竇。他懷疑此女獨居在此深山，遇難之時又讓自己遇了個恰好，這時又是這般糾纏自己不放，是否別有它意。特別是他聯想到前日在雷澤神宮之中，美女蛇也是這般死死糾纏自己。這二女是否皆為王母娘娘所派，或者本為一女，受命糾纏使自己失去西上求藥之志？

「姑娘，你心中所想是斷然沒有指望的。我家有妻室，是斷然不會再行納妾的。」神羿想到這裏，即對少女拒絕道，「我的愛心除了嫦娥，是任憑誰個也奪走不了的。」

「恩神真是一個好神，小女一見即知恩神心好。」出乎神羿預料，那少女聞聽則不僅心不失望，相反卻立刻誇讚道，「但若是恩神不納小女為妾，小女實在別無歸宿呀！」

「姑娘，若你同意可以這樣。你在山外無親無故，」神羿聞聽又是思量一番道，「可以隨我出山，我為你安排好住處，脫此險地怎樣？」

美女蛇所變少女始料不及神羿口出此言，聽罷初始不禁愣怔在了那裏，但她很快便想出了對策，假惺惺道：「恩神之意雖好，但豈奈小女父母雙亡屍骨未寒，小女怎忍心就此離去呀！」

　　神羿聞聽其說也有道理，心中雖然懷疑但卻沒有真憑實據，也是不好斷定此女即為攔阻自己的美女蛇。無奈之中，他只有慨歎道：「如此小女不去，獨居在此就凶多吉少了。」

　　「恩神，你既然救了小女一命，就救我救到底吧。」少女聞聽神羿此言，竟又「撲通」跪倒在了神羿腳下糾纏道，「小女不去既是凶多吉少，你就不要離去，住下來陪伴小女吧。」

　　「不，這不可能。我有急事在身，」神羿見之即言道，「小女快別這樣，快快站起說話！」

　　「不，恩神不救小女，」少女則堅決不起道，「小女決不起身。」

　　「你不起身也不行啊，我有急事在身不能留居在此，」神羿這時頓然犯起難來道，「你又不願隨我出山，這怎麼辦呢？」

　　「恩神，你就留下來吧。」少女這時決絕道，「難道是小女醜陋那般，不值得恩神留居一段時光嗎？」

　　「你，」神羿聽到這裏，頓然大怒起來道，「你怎麼胡說！」

　　「恩神，是小女子愛上了你啊！你就感覺不出是小女捨不得你走？」少女眼見神羿生怒，急忙不待神羿說完，即把流情溢愛的雙眼向神羿一閃，開口甜蜜蜜地纏綿道，「小女子雖然衣著醜陋，卻是質潔膚潤的呀！恩神，你好好瞧我一眼吧！」

　　神羿聽了少女此言，雖然心無所動，但雙眼還是隨著機械地掃去了一眼。他看到，那跪在地上的少女，果真如其所言嬌美萬般。如實評價，她不僅比嫦娥嬌美十分，而且更比日前的美女蛇豔美無差。眼見至此，神羿也心中不禁大為奇異，脫口道：「美女蛇？」

　　神羿如此一言脫口實在緊要，他恰好點在了面前少女的痛處。因而只見她不敢怠慢，倏地便化作一條青蛇，「颯」地騰起一股煙霧，不敢飛昇上天害怕被神羿射殺，消失在了左邊密林之中不見了蹤影。

「果然是那怪物，又來攔我西去，但這等能耐能攔阻得住嗎！」神羿見之一笑說著，心中也不留意，遂邁步繼續向西徑奔昆侖神山而去。

美女蛇被神羿一語點破底細之後，當然不敢稍慢，她若稍息就將有生命不保之險啊！為此她急忙施法逃往密林之中，以保活命再施它法伺機攔阻神羿。美女蛇此後逃脫險境來到安全之地，她靜心思想神羿也是神異，不知他從何處看出了自己的破綻，識出了自己仍是美女蛇。

美女蛇就這樣沒有想到，神羿自從西上以來，沒有遇上過別個只遇上了她美女蛇一個糾纏於他，為此被他心中聯想之語嚇得逃遁而來。如果她聞聽神羿之言不怕不逃，神羿還真是無法脫身離去哩。

常言聰明反被聰明誤，當時心虛的美女蛇就這樣只顧心虛，聽言驚怕而逃一著走錯，錯過了難以再得的糾纏神羿之機。失去此機美女蛇心中後悔不已，因為她愛上了神羿，而這樣失去兩次施愛機會之後，她就再也難有第三次機會了。

同時，自己此後如果不能再施情愛纏住神羿西上，就必須施用武功攔擋了。但她若用武功攔擋，也就難以預料結果如何了。如果傷著了神羿或者傷著了自己，自己對神羿的一腔情愛就將全都化為泡影，自己也就要白白生活一世了。

後悔至此，美女蛇實在痛心不已。她痛心自己施愛無能，竟然兩次施愛均都未能纏勝神羿。痛心至此，她竟然懷疑起了自己是否漂亮，是否真的使男神感到甜蜜。如果真的漂亮真的甜蜜，自己怎麼兩次施愛都未能俘獲神羿之心！

她當然也更痛心此後再也施愛難成，為奉王母娘娘之命施愛攔阻神羿不成，必須施用武功攔阻神羿西去了。痛心至此，她禁不住仇恨

起了王母娘娘，她恨王母娘娘不該不讓神羿西去，也不該派遣自己前來攔阻神羿。

但是恨惱至此，她又覺得王母娘娘也有她應該感謝之處。即如果不是王母娘娘派遣她前來，她又豈能見到心愛的神羿之面。再者如果是別個施武攔阻神羿西上，天知道是何結局！為此她又感激起了王母娘娘，決計施愛糾纏不住神羿西上，便施武功立刻攔住神羿西上，又奪得神羿對自己之愛。

但是決計至此，她也深深地知道，實現這一雙重目標實在困難。然而困難她也要實現，因為這既是她身肩之任，也是她心中之愛所追求的。那麼，怎樣才能實現自己之計呢？她隨著又苦苦地思索起來。她想啊想呀，她看到依靠自己的那點神功，實在是對付神羿不成，實現自己的目標不得。

為此，她只有去想借助別個之力，來實現自己的目標。隨著她便想到了恰在近處居住的師姐美人魚，和姐夫狼犬獸。她知道，其師姐美人魚手使一雙追風青鋒寶劍，劍劍可奪別個性命。姐夫狼犬獸原本是天界玉皇大帝奇獸園中的怪獸，後來逃出了園籬，並盜得玉皇大帝一寶金鋼瓶下凡而來。

狼犬獸手使一對惡鐵殺手鐧，有萬夫不擋之勇。其所盜金鋼瓶則有吸拿神怪入內之能，神怪若被吸入其內，經過一日煉火燒煉，即可化為灰燼，實在厲害非常。

美女蛇思謀，若是有了師姐夫婦的幫助，再加上自己之力，她三個定可奪勝西上的神羿。既使其西上不得，又逼其施愛於自己。於是她決計立即前去講說於師姐，但能否說動師姐又使她擔心起來。

因為神羿神功名揚天凡二界，師姐不為自己而是為她，會夫婦出動幫助她嗎？再說，她也是為了完成身負王母娘娘之命啊！矜持的師

姐若是知道了這些，定然是不會前來幫助自己的。

思謀至此，美女蛇無奈只有心想起了說動師姐之法，因為舍此她也沒有它法了。心想之中，她想到自己前去不說身肩之任，只說自己對神羿之愛，而且訴說神羿欺辱了自己又不要自己之苦，以騙動師姐之心來為自己報仇。

同時她又想到，其姐夫狼犬獸每每見到自己，總是饞涎欲滴色迷欲醉，虧得師姐在旁方纔不敢下手。為此自己此說正好激怒於他，還可使他幫助自己說動師姐，一起前來對神羿施武逼愛。

想到這裏，美女蛇心覺把握在胸，遂立即騰雲駕霧，一陣飛身來到了美人魚夫婦居處。狼犬獸眼睛賊尖，美女蛇一進其宮門他便看了個清楚，口垂饞涎道：「哎喲，好你個小師妹也！你可來啦，再不來就把姐夫給想死了呀！」

「惡獸，真是個不正經的東西。」美人魚正坐在狼犬獸旁邊與其敘談，聞聽其言舉目一看，果真是美女蛇來到，便不迎師妹，反而斥罵起了狼犬獸道，「師妹剛進門口，你就這般胡言髒語！」

「師妹見過姐夫、姐姐。」美女蛇這時已經來到他們面前，開口道，「姐夫、姐姐不要一見師妹，就為之磨嘴。」

「師妹這次來了，就不要走了，」狼犬獸這時已是雙眼圓睜，用死魚般眼睛直直地盯上了美女蛇的面龐，饞涎欲滴道，「不要管你師姐吃醋。」

「不，小妹這就要走。」美女蛇則即言否定道。隨著，已是裝得兩行珠淚潸然湧出眼眶，向下滾落起來。

「小妹，出什麼事了？是有人欺負了你嗎，我與他沒完！」美女蛇的這一演技，果然懾奪了狼犬獸之心。只見牠眼見美女蛇此狀聞聽其言，立刻收斂淫邪之態氣惱地說著，焦急得連身子都站了起來。

「小妹莫哭，有什麼事兒只管講說。」美人魚也看見了這一切，隨著詢問道，「說出來了，我與你姐夫好去幫你。」

「姐夫也不是別個，」美女蛇這才故作委屈不盡道，「師妹我就照實講說了。」

「真是你們女兒家，說嘛。」狼犬獸這時則急得叫了起來道，「還囉嗦個啥！」

「姐姐與姐夫都知道，師妹一直沒有意中的物件。」美女蛇這時眼見狼犬獸情緒激動起來，知道說動牠夫婦幫助自己時機成熟，遂開口講說以激起其惱怒情緒道，「可是近日師妹找見了一個，但他卻不愛我，而且還欺負了我。你們說，師妹心中是啥滋味！」

「那小子真是不知好歹，還敢欺負師妹！我師妹美得鳥見不飛，花見凋謝，」狼犬獸的惱怒情緒，果真被美女蛇此言激了起來，只見牠立即開口吼叫起來道，「連姐夫我都輪不到手上，他小子還不要！師妹快說他是誰，姐夫我這就給師妹揪那小子去！」

狼犬獸的氣惱情緒，並非真的是為美女蛇氣惱，牠則求不得美女蛇終生終世找不到意中物件，好為自己有朝一日擁有。這時牠所以氣惱，是因為那小子竟然佔有了美女蛇之心，欺負到了自己頭上。牠要前去除去那小子，以解心頭嫉妒之仇。

「可是，」美女蛇只當狼犬獸真心幫助自己不知其此心，為此當即言說道，「他就是射日的神羿。」

「啊！」狼犬獸與美人魚陡聞此言，真個是全都驚得叫出聲來愣在了那裏。愣怔一陣美人魚方纔道：「好師妹，你也真會愛喲，你竟然愛上了這麼大一個英雄。可你知道嗎，他有嫦娥嬌妻呀！」

「我甘願叫他納我為妾，可他卻不答應。」美女蛇繼續道，「我心中就是愛他，這怎麼辦呢？」

「神羿他又怎麼著，她嫦娥又怎麼著，她比得了我美女蛇師妹嗎！」狼犬獸這時更是氣惱起來道，「當然常言老婆都是別個的好，我看師妹就比你這美人魚師姐漂亮十分！」

「嗯，你這惡狼！」美人魚聽到狼犬獸把話題轉到了自己頭上，當即大眼一瞪不滿意道，「怎麼把話說到了老娘頭上！」

「但他小子對於這送上門去的師妹還是不要，他有多深的豔福呀！」狼犬獸這時已是氣惱得恨不得立刻前去除掉神羿，口中道，「我狼犬獸輪都輪不上呢，這個不知好歹的神羿！他在哪裏，我這就找他替師妹出氣去！」

「夫君，神羿神功高強射技蓋世，」美人魚心中清醒立即提高醒道，「聞名天凡二界，你光說大話對付得了嗎？」

「神羿神功高強又怎麼著，我姐夫有惡鐵殺手鐧，師姐有追風青鋒劍，師妹我有奪命流星錘，」美女蛇這時就怕師姐說出這般話語，壞了她夫婦助其的好事，為此聞聽其說忙言激將道，「我們三個共同對付他一個，焉有不勝之理！再說，姐夫還有金鋼瓶，把他吸入瓶中他豈能活命得了！」

「師妹講說得好，我們就這麼辦！好好地教訓教訓他神羿，」美女蛇此言恰合狼犬獸之心，牠聞聽即又堅定道，「也讓他知道知道，天、凡二界不只有他一個稱得上英雄，還有我們。師妹，神羿現在哪裏？快領我們前去。」

「慢。神羿射技功蓋天凡二界，」然而，美人魚卻又即忙攔阻道，「如果我們到其近前其即射之，我們豈有逃得活命之理！」

「姐姐不必犯愁，」美女蛇早就想到了其師姐會提出這一疑問，並且想好了對付之招即言道，「這個不難防備。」

「不難？」美人魚放心不下道，「怎麼防備！」

「我們突然出現在神羿面前，」美女蛇道，「叫他有箭射出不得，不就成了嘛。」

「對，就這麼辦！看是他神羿英雄，」狼犬獸這時誅除情敵心切，聞聽美女蛇此言立刻就要出發前去，口中贊同道，「還是我英雄！走，一爭高下去。」

「姐夫且慢，」美人魚這次沒攔，美女蛇卻開口攔阻道，「聽師妹對你講說。」

「你們女兒家就是事多，」狼犬獸心中焦急道，「還有何言沒有說完？快說。」

「姐夫、姐姐，你們見到神羿可要手下留情呀！只是教訓教訓他，也就成了。」狼犬獸這時實在料想不到，美女蛇竟開口安排起了他來道，「你們知道，他可是師妹的心上人呀！最好能擒住他，逼迫他答應師妹之愛，師妹就萬謝師姐夫婦了！」

「就這呀！好啦好啦，快別說了。我們照做也就是了。」狼犬獸聞聽心中更惱道。因為牠恨不得立即前去就把神羿殺死，以除去這個情敵。

「妹妹想的甚好，但就看我們能否做得到了。依師姐看來，別說能逼他答應師妹之愛了，」美人魚這時則是真心幫助師妹道，「我們前去不被他所敗，能夠教訓他一番，為師妹出一出受辱之氣，也就到天上了。」

「師姐夫婦所言甚是，師妹多謝二位幫助大恩了！」美女蛇這時則為能夠說動師姐夫婦出動幫助自己，心中暗自高興萬分。為此這時她便不再細說，而待屆時伺機行事道。言畢，便即領狼犬獸夫婦駕起雲頭，一陣追攔神羿而來。

二四、羿得神藥

　　神羿在美女蛇逃遁去後，向西行進起來越行大山越深，道路越加險惡，茂林野草覆蓋越密。但其求取神藥飛昇天界之心火急，依舊向前越走越疾。剛剛半日過去已是行出數十裡之遙，來到了一個林覆草蔽的山坳之中。

　　「這等山間小路，實在行之不易呀！」小道在山坳中彎彎曲曲，神羿正行突見小道前方轉彎如同斷去，口中不禁慨歎道。隨著其口中話語音落，腳下已是踏上了轉彎之處。

　　「神羿小子，你斗膽包天竟敢施惡到了我家小妹頭上，」神羿來到轉彎處心中無防腳下正行，耳中卻突聞一聲厲喝道，「今日我叫你英雄不成爬著回去！」

　　神羿陡聞此言心中一詫，急舉目看視言者究竟是誰，卻見是美女蛇引領一男一女正待在彎道轉處。牠們一個個怒不可遏，各個手執利器，仿佛立即就要出手殺向自己的樣子。

　　「美女蛇，又是你呀！你何必這樣死死纏住我神羿不放？」神羿當然不會驚怕，而是一陣「嘿嘿」笑了起來道，「我有妻子，愛你不成。我有我的事情要做，你非要攔我做什麼呢？瞧你，這又請來了幫手。」

　　「小子，賺了別個的便宜還在這裏賣乖，我看你是活膩歪了！」

美女蛇聞聽神羿此言，唯恐他把事情說明，使來助自己的師姐夫婦退去。可她正欲開口，卻見狼犬獸聞聽神羿此言，氣惱得已是揮動手中惡鐵殺手鐧，兇殘地向神羿殺了過來道，「那好，今日今時，我狼犬獸就在這裏為你送終，看鐧！」

狼犬獸當然非殺神羿不可，牠心中酷愛著俊美絕倫的師妹美女蛇，恨不得立刻據為己有。為此牠決不容許別個染指絲毫，聞聽神羿講說美女蛇纏他之言頓惱萬分，立即殺向神羿而來。神羿這時則依舊不知美女蛇根底，當然也就更不知道狼犬獸的根底，只是猜測美女蛇這樣死攔自己，或為王母娘娘所派，卻也不得實據。

為此，他想到自己與美女蛇三個素昧平生無冤無仇，不知狼犬獸為何非要殺死自己不可，便暫不還手詢問道：「猛獸與我神羿素昧平生，無冤無仇，今日初睹顏面，何來非殺不可深仇？因而敬請猛獸暫且息怒，講說清楚。」

「小子休得再言，」對於神羿此言，心中氣惱的狼犬獸當著美人魚之面，當然不好作答，便怒氣不息惡鐧不停揮動吼叫道，「你的死期至矣！」

「常言話不說不明，木不鑿不透，」神羿又是急忙躲過狼犬獸來鐧道，「猛獸還是暫停手中之鐧，講說一番吧。」

「神羿英雄，把話說明也是容易。」美女蛇這時據有神羿心切，在旁忍不住了道，「那就是你要立刻答應收下我的愛情，納我為妾。」

「話已說明，」美人魚也想早了事端，這時聞聽插言道，「你應也不應？」

「你小子快說應也不應，我攤還攤不著呢，」狼犬獸聞聽妻子與師妹此言，更是心中怒火陡騰萬丈道，「你小子豔福恁深竟不去享！快說，不然我這就為你送終。」

「愛是發自內心之物，哪有用手中兇器逼出來的。」神羿這時當然仍是不應，又是「嘿嘿」笑了起來道，「愛若能夠被逼出來，我想它也一定不會甜蜜！」

「好你小子，真是不識好歹了。」美人魚與美女蛇聞聽，也頓然惱怒起來道。說著，便也即出手中利器向前殺了過來。

「你們這樣逼迫，絕對逼不出愛情。」神羿見之仍是不惱道，「除非把我殺了。」

「小子休得再言，快快束手就死，免得我等再費手腳。」狼犬獸早惱得恨不得一鐧打殺神羿，這時更是怒不可遏道。說著，已與美女蛇和美人魚三個一起，疾急地殺向了神羿。

美女蛇所想就近圍殺神羿之策，果然使神羿失去了使用其長射技的時機。神羿這時無奈，只有揮動雙刀迎住狼犬獸三個殺了起來。這實在是一場惡殺，狼犬獸非殺神羿不可鐧鐧使狠，神羿既要攔擋美人魚和美女蛇殺來利器，又需著力迎殺狼犬獸，殺得格外費力。

頓然間，只見狼犬獸三個把神羿團團圍在核心，你來我往，我去你來，走馬燈一般疾急地殺得神羿難有喘息之機。神羿雖被狼犬獸三個圍住當然也不示弱，他左來左擋右來右對，殺得遊刃有餘，狼犬獸三個難是對手。

但只是他四個惡殺不息，轉眼間已殺得山坳中陰風颯颯，塵頭大起，使得天上的日頭光焰也昏暗起來。惡鬥中美女蛇心懷制勝神羿，逼其施愛於自己之想，殺得格外疾急。美人魚則心懷幫助師妹之想，沒有別的心思，也亟想一招制勝神羿。狼犬獸則心懷除掉神羿情敵之想，非欲置神羿於死地。

神羿心中則不想與之交鬥，只想擺脫糾纏即上昆侖神山求取神藥。因而殺到末了，他見不下狠手難以擺脫狼犬獸三個糾纏，便氣惱

陡昇只有決計痛下狠手，以除去狼犬獸三個，好去昆侖神山求取神藥。

神羿想到這裏便不再只是招架攔擋，而即出狠手還殺向了狼犬獸三個。神羿一出狠手狼犬獸三個立即攔擋不住，牠們剛才還想神羿之功不過如此，擒住神羿有望。這時方知神羿之功高強，不出死力相鬥定難擒獲於他，便齊出死力與神羿搏殺起來。

這更是一場惡殺，一時間只見神羿之刀出如游龍東竄西騰，刀刀不離狼犬獸三個要害。狼犬獸三個則一把惡鐵殺手鐧使得風輪般旋轉，撒土不漏；一把追風青鋒劍使得上下翻飛，寒光四射；一把奪命流星錘使得波驚濤謞，險惡萬端。

他雙方拼死殺在一處，各施絕招狠招，招招皆欲置對方於死地，殺得難分難解險惡萬端。然而此戰雖惡，狼犬獸三個也皆使盡了渾身解數，但由於神羿畢竟神功高強，牠三個不是對手。剛剛惡戰片刻，牠三個不逃便有生命之險起來。

「我乃要去昆侖神山求取神藥，你等與我無仇無怨何必相搏。」為此他三個不敢怠慢，全都向後不約而同地奔逃起來。神羿見之也不追趕，「嘿嘿」一笑即又向西邁步而去道，「你們既已知道我的厲害，就快快離去莫尋身傷，我去也。」

狼犬獸敗逃之後正怕神羿放箭射殺他們三個，為此腳下邊逃手中已經取出了法寶金鋼瓶，欲在神羿放箭之時施用此瓶收殺神羿。這時聞聽神羿之言眼見神羿離去，本來不想再去施用此瓶收殺神羿，但卻聽美女蛇對牠喊叫起來道：「姐夫快幫小妹，切切不可讓他離去。他若離去，可叫小妹今後怎麼活呀！」

狼犬獸聞聽美女蛇此叫心中又惱，牠惱神羿不死，美女蛇愛其之心便不會死。牠要既叫神羿身死，又要叫美女蛇死去此心，以將其心轉到施愛自己身上。為此美女蛇之言剛落，牠便開口回應道：「好，

師妹儘管放心，他走不了！」

狼犬獸如此說著，手中已將瓶口傾向神羿，口中一陣咒語念出。正行的神羿抗拒不住，「颯」地便被瓶中巨大吸力吸入了瓶中。美女蛇見之大喜，對著瓶子喊叫道：「神羿，你應也不應？你應了我吧，應了我這就叫姐夫放你出來，保你一命不死。」

「神羿，你小子不是英雄嗎，今日我非叫你變成狗熊不可。」狼犬獸則「嘎嘎」獰笑道，「神怪入我寶瓶之內，我用煉火煉燒一日皆要化為灰燼，你小子也過不去一日了。」

「神羿，師妹長得那麼豔，口又那麼甜，你就答應了她之所求吧。」美人魚也幫腔講說道，「你只要答應一言，我們就放你出來。」

「你們三個究竟是什麼玩意兒？為什麼一而再、再而三地向我逼愛？」神羿這時在金鋼瓶中身覺燥熱難耐，耳聞狼犬獸三個在外這般言說逼迫自己，實在惱火昇騰萬丈道，「我懷疑你們為王母娘娘所派，硬的鬥我不過，軟的纏我不讓西去。」

「他都胡說些什麼呀，姐夫。」美女蛇在外聞聽神羿此言，害怕師姐夫婦知其身肩重任的底細不幫自己，便忙欲蓋彌彰道，「我看不煉他一煉，他是不會答應師妹之求的。」

「王母娘娘心懷不平，你們也隨她心懷不平，你們是一群惡孽。」神羿這時不待狼犬獸開煉，繼續怒叫道，「你們若不放我出去，就莫怪我神羿不客氣了。」

狼犬獸早想開煉殺死自己的情敵，無奈只怕自己開煉美女蛇師妹不應，反倒得罪了她，方纔等待至此沒有下手燒煉。因此，美女蛇剛才之言正合其之意，他聞聽之後即言道：「好，姐夫就煉他一煉，看他神羿應也不應。」

「姐夫，」美人魚也即幫言道，「你煉得叫他不應也得應！」

「神羿小子，」狼犬獸這時說完，手中已是點燃了煉火，一陣燒煉起了金鋼瓶。眼見熊熊的煉火燃起，瓶中的神羿要不了一個上午就會死去。狼犬獸於是高興得一陣「嘎嘎嘎」獰笑不止道，「今日就是你的死期了。」

「神羿，你就答應了師妹之求吧，」美人魚這時也是幫言道，「我知道師妹她是真心實意愛你的！」

「我的英雄，」美女蛇這時則急切地恬不知恥道，「你的心也太狠了呀！」

狼犬獸三惡在外各懷心思叫個不止，身在瓶中的神羿卻被煉火燒得實在酷熱難耐，再也耐受不住起來。特別是他聽到狼犬獸三惡在外聒噪不止，更是怒氣填膺。為此氣急之中他欲沖出瓶去殺此三惡，但卻一時沖出瓶去不得。無奈之中他便摒足渾身之力集於一肩，猛地往瓶壁上撞了起來。

神羿雖然英勇渾身是力，卻也終究撞不破玉皇大帝的這一法寶，硬是撞出瓶外不得。神羿身撞許久撞不出寶瓶心中更惱更急，這一急惱倒使他突然心中一明，想到自己身子撞不開此瓶，其箭則有穿石洞金之功。自己用箭射之，定可一舉破得此瓶出身瓶外。

想到這裏他又想一箭雙雕，即既破此瓶又射殺狼犬獸惡怪。於是他拈弓搭箭，聽准瓶外狼犬獸叫聲在處，瞄將準確「嗖」地一箭即射了過去。神羿之箭果然名不虛傳，只見隨著其箭射出，那箭撞得瓶壁「噹啷」一聲脆響，已是洞穿瓶壁向外飛去。隨著瓶壁破穿，金鋼瓶頓然消失了蹤影，把神羿拋在了外邊。

神羿這時隨著看到，其射出之箭穿出瓶壁之後不偏不斜，「噗」的一聲便穿入了正在只顧獰笑無防的狼犬獸腦門。狼犬獸頭中此箭「啊呀」一聲絕叫，已是身現原形死在了地上。美人魚與美女蛇正喜

之中頓然驚得花顏失色，先是一怔，隨著不敢怠慢，雙雙急騰雲頭逃避神羿而去。

神羿心中氣惱正無處發洩，加之又怕美女蛇再到前方纏攔自己，便隨著「嗖」一箭射了過去。神羿射出之箭快如疾電，只聽一前一後正逃的美女蛇師姐妹兩個，幾乎同時發出「啊呀」一聲絕叫，已是一箭洞穿二怪各現原形，身死摔落在了地上。

神羿見之也不前去看視，收起神箭便又邁開腳步，一路徑向昆侖神山求藥而來。神羿不僅求藥心切，而且心中思念嫦娥不已，因而他求不得即到昆侖神山尋到王母娘娘，求得神藥即返尚儀小村伴陪寬慰心愛的嫦娥。

為此他一路行走疾急，數十日過去沿途沒有再受阻攔，已是來到了昆侖神山近處。神羿在天界早已聞知凡間昆侖山是一座神山，山上既有玉皇大帝的下方帝都，又是王母娘娘經常游居之地。

山的周圍既有弱水環繞，以使凡人上山不得，又有火山護衛，攔阻凡人不能近前。神羿在天界時也曾下視過這座神山，看到它拔地而起聳立於西方地界，巍峨高峻，氣勢不凡。但他到了凡間之後，卻還沒有到過昆侖山前，與神山未曾謀面。

這時神羿既然來到了神山近處，即舉目看視神山容顏。他看到，聳立在其面前的昆侖神山果然如其在天界所見一般，巍巍高聳西天，高峻無比，氣勢非凡。山體共有九重，九重相疊就像城闕一般。

「巍巍昆侖，果然巍峨，名不虛傳！」神羿眼見至此，也禁不住口中由衷地讚歎道。讚歎完了神羿腳下行進更疾，因為他既已到了山前，便距離求得神藥之時更近，求得神藥之情更加迫切起來。

他想一口氣奔上巍巍昆侖，見到王母娘娘求得不死之藥，然後即返尚儀村中不使嫦娥懸念，並與嫦娥一起食下神藥共返天界。然而常

言看山跑死馬，神羿這時雖然到了神山近處，但他向前又是奔走過去了一個時辰，卻才剛剛奔到週邊攔阻凡人的火山跟前。

站在攔路的火山跟前，神羿眼見此山炎火昇騰，燃燒不熄。火紅的火光，把巍峨的神山照耀得更加壯觀。然而站在火山跟前，他無心欣賞這般山景，而是焦急萬般！他知道玉皇大帝對他心懷不平，王母娘娘當然也不會以公平待他，為此定是她派出美女蛇攔阻自己前來此山。

為此他本想突然奔到山上，猛然出現在王母娘娘面前，然後即向無備的王母娘娘求取神藥，如其不給就施威把藥逼到手中。可是這時火山擋路過去不得，耽誤下去被王母娘娘察知自己來到，她為了不見自己即返天界而去，自己就將求藥不成了！

於是他恨不得立刻插翅飛過火山，突現在王母娘娘面前。可他一時間又插翅不成，越不過去攔路的火山。越不過去火山神羿這時當然也要硬過，他焦急地試探著走向了火山近前。

神羿之身這時早已成為凡體，當然抵擋不住烈火的燒烤。因而他剛稍近前，便覺得火勢熾熱身受不住，又返了回來。神羿無奈返回心中更急，因為他在這裏多耽擱片刻時光，王母娘娘就多一分察知自己到來，返歸天界不見自己的可能。

情急之中，神羿便決計越不過去也要硬過，他要打過火山。他想到，火山定有火山山神掌管，自己打殺火山山神火山就會熄滅，使自己越過火山。想到這裏神羿便不怠慢，立即開口大喝道：「火山山神，快快前來見我神羿！」

然而，神羿這時想的還是如同他在天界身為巡天天官之時，到處一喊，各路神仙便會立即出來見他。可他忘記了自己這時已經變成了凡人，因而他雖然喊叫疾急，火山山神也是不來相見。

　　火山山神不來相見，神羿心中大為氣惱。因為不見火山山神就無法與其晤談，也就無法與之交手打過火山。氣惱之中他突然想起了自己的神箭，火山山神不來他就放箭射擊火山，射殺山神熄滅山火讓他越過火山。

　　想到這裏，神羿便立即拈弓搭箭，「嗖嗖嗖」一陣將箭射向了正燒的火山。神羿之箭洞石穿金，支支全都穿進了山體之中。末了一支剛剛穿進山體，便聽山體中發出「啊呀」一聲絕叫，火山之火便隨之熄滅下來。

　　神羿見之大喜，知道剛才那絕叫之聲即為山神中箭身死，方使得火山之火驟然熄滅下來。神羿於是急不怠慢，即起身飛步一陣跨過火山，來到了弱水岸邊。

　　眼見弱水又把道攔，神羿唯恐再耽擱時間王母娘娘離去，便也不再搭言而仍採用射殺火山山神之法，即又拈弓搭箭欲要射向弱水。以再射殺弱水水神乾涸弱水，使其向前奔上昆侖神山。

　　「英雄莫射，我送英雄渡此弱水！」就在神羿剛剛把箭搭在弓上，弦尚未及去拉，便聽弱水水神一陣驚叫道。原來，弱水水神已經看到火山山神由於不理神羿之言，結果被神羿射殺的結局。他害怕自己不理神羿，再遭火山山神一樣的下場。便眼見神羿要射，立即不顧王母娘娘攔阻之命，急忙喊叫著護送神羿飛渡弱水而來。

　　「好，這樣，我就饒汝一命不死。」神羿見之即忙道。說著，已是在弱水之神的護送下，一陣渡過了弱水。

　　神羿渡過弱水立即登山尋找王母娘娘，但見他一陣疾攀，便來到了坐落在山半腰間的懸圃花園門前，看到守門的英招大神正待在那裏。於是他即不怠慢道：「英招大神，王母娘娘可在園中？」

　　「噢，是你？」英招一驚道，「不在。」

「如果你敢假言一字，我便要了你的小命。」神羿不信英招大神
此答，唯恐自己受騙，便將弓弦一拉威逼道，「快說，娘娘不在園中，
身在何處？」

「英雄不要誤會，小神已知火山山神下場，絕對不敢言假！」英
招大神深知神羿神功高強，因而不敢怠慢急忙解釋道，「若問娘娘現
在何處，可能正在山頂帝宮休歇，英雄快去。」

「大神，你來得恰好。王母娘娘正在後宮中安睡，不然她早該
走了。」神羿聞聽也不怠慢，急又一陣登攀，來到了山頂玉皇大帝的
下方帝宮開明門前。守門的陸吾大神見是神羿來到，心懷惺惺相惜之
情，不待其開口，立即上前指引道，「我知道大神的氣惱，你就快快
前去尋見娘娘吧！」

陸吾大神的同情神羿之心，並沒有被神羿領會，他氣惱得看也沒
有看視陸吾大神一眼，便即入宮門向後宮尋去。神羿轉瞬來到後宮王
母娘娘休歇的宮殿門口，王母娘娘的兩位侍女玄女和素女兩個見之一
驚，急忙上前攔阻道：「大神不得擅入，娘娘正在休歇。」

「那我就待在門口，」神羿見之氣惱道「不然我怕娘娘避我去了！」

「瞧你說的，」玄女對之不解道，「娘娘怎會避你？」

「門口誰在大聲喧嘩？」就在這時，王母娘娘已經醒來，聽到了
門口喧嘩之聲詢問道。

「娘娘，」神羿聞聽立即進前道，「是小神神羿前來求見。」

王母娘娘聞聽心中一愣暗想到，自己派出了美女蛇前去攔阻於
他，又令沿途諸神死攔不放，他怎麼未被攔住，這麼快就到了昆侖神
山？使得自己躲也躲避不及了。

「噢，是神羿呀！你作為一名凡人，」這時王母娘娘心中雖是不
想面見神羿，無奈神羿已是身隨其言到了她的面前，她只有開口故作

驚詫道，「能夠攀上昆侖神山，見到娘娘實在不易，也太難為你了。」

「小神所以不避艱難歷險前來，皆為小神本為奔臨凡界扶助凡人而去。但不知為何扶助凡人之任完了，卻身遭不得返回天界的重處。」神羿則開門見山道，「不僅失去了騰雲駕霧返回天界之功，而且祈禱不得回應。故而小神只有冒死登臨神山，請求娘娘給於明示。」

「不，我可敬的英雄！不是玉皇大帝不讓你返回天界，也不是我們心懷不平，而是凡界多惡，正需要你這樣的英雄長期扶助。」王母娘娘所以不願見到神羿，便是怕他詢問這些。這時既然躲避不掉不言不行，聞聽此問便立即依照玉皇之意道，「因而玉皇大帝信任你，方纔把你永留凡界扶助凡人。英雄如能領會聖上此意，就會心平氣靜，安心留在凡界扶助凡人了。」

「娘娘說的實在好聽，但事實會是這樣嗎？根本不會。娘娘與聖上削去了我夫婦的神籍，留我們在凡界成了凡人，我們在凡界不過數十年就會死去，怎能長期救助凡人！」神羿當然不會相信王母娘娘此言，話不轉彎一針見血指出道，「而若身為天神，則可以長生不老，凡人需要扶助時則立刻可以臨凡，那才可以真正永遠扶助凡人。如今娘娘與聖上對待小神之法，實乃是讓小神即死之法呀。」

王母娘娘聽到神羿一言，揭穿了她與玉皇大帝的老底，心中當然惱怒至極，恨不得即置神羿於死地，但無奈神羿作為聲震天凡二界的英雄，就連她與玉皇大帝也動他不得。無奈只有抑氣施起威嚴道：「小神怎可如此言說，歪曲聖上善意！」

「事實就是這樣，陛下可以以不平待我神羿，」神羿見之也即當理不讓道，「難道還不讓我神羿說說嗎？」

「你說又能怎麼著？難道你射殺了我的甥兒甥女還不算完，」王母娘娘聞聽神羿竟然頂撞起她來，便更為氣惱道，「還敢來射殺我嗎？

我料你神羿還沒有長出來這麼大的膽子！」

「是的，正是因為我神羿遵從你們之命，為救凡人射殺了你們妄違天規的外孫與外孫女。可既是遵從你們之命，又是為了救助凡人，我神羿又有何錯？」神羿則繼續道，「可你們卻又出爾反爾，說我射殺了你們的外孫與外孫女，這樣出於私心以不平待我，削去了我夫婦的神籍，又美其名曰讓我夫婦永駐凡界扶助凡人，返回不了天界。」

「你——」王母娘娘這時更是氣惱得說不出了話來道，「你要怎樣？」

「我能怎樣，我們只有聽憑你們的宰割！為此我夫婦返回不了天界，數次祈禱於你們，你們絲毫不應。」神羿這時也是更加抑制不住心中的氣惱道，「你們讓我夫婦何去何從，該怎麼去做？我神羿無奈今日只有冒死前來，要你對我講說清楚。」

「我已對你講說清楚，」王母娘娘不待神羿說完，即又氣惱更甚地道，「你為何還要糾纏於我？」

「沒有那麼輕鬆！你們可以不平待我，我便也可以以武待你。」神羿這時已是不讓，說著真的做出了欲愛動武的樣子道，「你要對我說清，要讓我夫婦返回天界。」

「返回天界恢復神籍，那是玉皇大帝獨掌的權力，我說了也是無用。」王母娘娘知道神羿的屬害，見之心中也不由得真的怕了。她怕神羿真的動起手來，天將一時前來救助不得，自己就要真的難得無恙了。於是她心機一轉使計服軟道，「這樣吧，英雄可以暫且歸去，待我返回天界之後說於陛下，讓他恢復英雄的神籍，返回天界也就是了。」

「不。我知道你雖然不可恢復我夫婦的神籍，但我知道你手中握有不死之藥，吃了可以成神飛昇天界。」神羿當然不再相信王母娘娘

此言，立刻開口否定道，「你將神藥賜我也就成了，不然我將來又到哪裏再去尋你。」

「娘娘，你賜藥不賜！」王母娘娘心想不到神羿會來此招，一時被逼心急，頓然愣在了那裏。神羿見之說著，便又作出了欲要動武的樣子。

「娘娘，」玄女與素女兩個都知道神羿的厲害，害怕神羿真的發起飆來，天將一時救助不得傷了娘娘，這時在旁見之急言道，「你就賜給大神神藥吧。」

「英雄說得有理，娘娘怎能不賜給神藥！」王母娘娘也是城府很深，這時已經有了將計就計之招圓場道。說著，即動身取藥而去。

王母娘娘眼見不賜神羿神藥已是不行，賜藥雖然又實在心中不願。但無奈中她心思急轉，已經知道神羿未來的劫數當有夫婦分離之甚，賜給他一粒神藥當使他此苦更苦，而且神羿也飛回不了天界。為此她便立刻取出一粒神藥，賜給神羿道：「此藥英雄吃下一半，可以長生不老。全吃下去，即可飛回天界。」

「只此一粒，」神羿這時接過神藥，心不滿足道，「我夫婦兩個怎麼飛回天界？」

「此藥娘娘千年始煉一粒，這時只有一粒，因而不能多賜。」王母娘娘當然不會多給道，「你夫婦暫先服下長生不老，待到後日再回天界如何！」

「此藥若是有假，當心小神再來找你。」神羿這時雖知王母娘娘耍他卻也無奈，只是放心不下留言道，「到那時，小神就不是今日這個樣子對待娘娘了！」

「娘娘豈能欺詐於英雄！」王母娘娘忙言道，「娘娘在此恭候。」

神羿聞聽，這才禮也不施話也不回，轉身即下山返回尚儀村而去。

二五、嫦娥奔月

　　神羿下得昆侖神山一路疾奔，又是在途數十日方纔回到尚儀村中。神羿此去來回路行長久，去時嫦娥便放心不下，這時更早已對神羿此去久久不歸掛心萬分，又是日夕守望在村頭。因而這時在村頭見到神羿終於歸來，真個是如同隔世重逢心中高興萬分。忙問此去情形道：「羿哥此去昆侖神山，行程遠過萬里，路上跋山涉水幾多艱辛，可是有功而還嗎？」

　　「是呀，師父！師父此去，求取神藥可否有成？」神羿剛到村頭見到嫦娥，只顧高興尚未開口，對嫦娥之問正要回答，卻聞逢蒙在旁已是搶先開口道，「不僅師母掛心，徒兒也正掛心此事萬分呀！」

　　逢蒙見到神羿歸來，即想早一刻弄清神羿此去，是否求得神藥的根底。神羿此去既然未死，其是否求得神藥，便關係著下步神羿是否歸回天界，他逢蒙是否可以稱名凡界啊！

　　逢蒙開始殺害神羿不成，隨後又與其妻議定了說動神羿西去求藥之策，即為了借助王母娘娘之手，殺死自己殺害不死的神羿，或者使其求得神藥返歸天界。

　　逢蒙在神羿離去時心想，神羿此去求得了神藥也好，那樣他夫婦就可以返回天界，自己稱名凡界了。

如果神羿此去被王母娘娘殺害也好，那樣自己也同樣可以稱名於凡界了。為此他在神羿西上昆侖去後，便心像嫦娥一樣日夕掛念起了神羿的行蹤。不僅對嫦娥十分殷勤，而且日夕向嫦娥詢問神羿的消息。

逢蒙這樣作為當然另有打算，他殷勤於嫦娥是想在其夫婦飛回天界之後，在天界照應自己，使自己有朝一日也能飛昇天界。他當然也想到過神羿會被王母娘娘殺害，自己不必再殷勤於嫦娥。但他又怕神羿取藥歸來飛昇之後，他夫婦對其不利。

逢蒙的這些作為雖然使嫦娥心覺膩歪，但手中抓不住其劣跡，口中也不好講說什麼。為此這時聞聽其幫著自己言說，便忙隨之道：「是呀，逢蒙徒兒也是日夕掛念羿哥求取神藥之事。羿哥就快說吧。」

「瞧我見到親人只顧高興，」神羿這才講說道，「把求取神藥的事兒忘記說了。」

「師父，你取到神藥了？」關注神藥至極的逢蒙，這時聞聽神羿此言不明不白，又忙插言巧問道，「徒兒為你高興呀！」

「是呀，師父見到了王母娘娘，」神羿這才講說道，「求到神藥了。」

「這就好！這樣，」嫦娥也才高興道，「我夫婦就可以返回天界了。」

「師父，這太好了！」逢蒙也是頓然高興萬分道，「徒兒祝賀師父，這是師父師母的大喜事呀！」

「羿哥，那心懷不平的王母娘娘，」嫦娥隨著又問道，「怎麼會給咱神藥？」

「她豈會賜給我夫婦神藥，她正求不得我夫婦返回不了天界，早日死在凡間哩！為此，她在路上派出美女蛇攔我，被我殺了。」神羿聞聽嫦娥此問，頓生氣惱道，「用昆侖山週邊著的火山攔我，山神被我射死。到了山上，我又用箭逼著王母娘娘，她才在萬般無奈之下，給了我神藥。」

「師父真英雄也！若是徒兒，」逢蒙聞聽，又忙阿諛逢迎道，「是斷然求取不得神藥的。」

「羿哥做得對。俗言以眼還眼，以牙還牙。」嫦娥這時也是心生氣惱道，「玉皇夫婦這樣以不平待我，羿哥若不以武威施逼，那王母娘娘是斷然不會賜給神藥的。」

「好了，走吧。」神羿這時拉起嫦娥道，「咱們回家講說去。」

「瞧我，只顧說事，忘了羿哥跋涉之勞，也該餓了。」嫦娥聞聽也才心中一明道，「走，回家我為羿哥做飯去。」

嫦娥如此說著，他三個便一陣回到了家中，逢蒙打水，嫦娥做飯，對神羿溫存萬般。待到神羿飯食將畢，狡點的逢蒙又是心生邪想欲圖吃食神藥，跟隨神羿飛昇天界，便開口詢問道：「師父此去，求得的神藥多嗎？」

「不多。王母娘娘的神藥僅僅餘下一粒，這粒神藥一人服食一半可以長生不老，」神羿心無它想，立刻遺憾萬分道，「全部服食才可以飛昇天界。我與你師母共同服食，才只能共同長生不老，永居凡界。」

逢蒙聽到這裏，心頓然涼到了極點，半天沒有說出話來。神羿則把神藥從懷中取出，遞給嫦娥道：「小妹把神藥藏好。」

「這是不是那王母娘娘故意施惡於我夫婦，」嫦娥聽了神羿此言，手中一邊接過神藥，口中一邊道，「使我夫婦歸回天界不得？」

「我當時也曾這麼想過，因而又威逼於她。」神羿接著道，「但是她說此藥一千年始煉一粒，因而沒有多藥可賜，只有待到以後再說。」

「那麼這樣，羿哥就先期獨自把此藥服下，」嫦娥聞聽此言，即言講說道，「先期返回天界……」

「師母言之有理！師父先期返回天界，」逢蒙在旁心中正涼，聞聽嫦娥此言立刻心中一明，不待嫦娥說完狡言道，「可以再與玉皇大帝講說，以接師母返回天界。」

逢蒙所以這時這樣講說，是他剛才聞聽神羿言說神藥不多，那樣不僅自己分食不上，而且神羿與嫦娥食後也只能永居凡界，便頓然驚愕在了那裏。因為他既希望神羿此去被王母娘娘所殺，如今神羿未被王母娘娘殺死，而求得神藥返了回來，他便寄希望於神羿服下神藥飛回天界，自己可以稱名凡界。

然而他正在為神羿求得神藥將回天界心中高興，卻又突然聞聽神羿言說藥少，他夫婦共同返回天界不得。神羿此言頓如晴空霹靂，破滅了逢蒙之想，他當然立刻愣怔在了那裏。他正在為自己的希望破滅無奈，末了陡又聞聽嫦娥此言方纔心緒陡轉，立刻狡言勸說起了神羿。

「不，我夫婦既然誠摯相愛患難難分，便要有福同享，」神羿聽罷嫦娥與逢蒙之言，卻即不贊同否定道，「有罪同受。我神羿決不拋下小妹，獨食神藥先回天界！」

「羿哥對待小妹之誠，小妹當然盡知。但逢蒙徒兒之言，也有道理呀！羿哥，與其我夫婦同在凡界長生不老，」嫦娥聽了神羿此言，即又勸言道，「又怎如羿哥先回天界，與玉皇大帝講清天理，然後再接小妹返回天界！那樣，不是我夫婦都可以返回天界了嘛！」

「師父，師母說的有理。」逢蒙耳聞嫦娥說到這裏，忙又心懷邪惡勸言道，「那樣師父與師母就都可以返回天界，又何必這樣都在凡界久居？」

「不，不可如此。徒兒不知天界的不平，如果師父去了，玉帝老兒仍是心懷不平，既不讓師父來，」神羿則又即不贊同道，「又不讓你師母返回天界，我與你師母就將天地遙隔，終生再也不能相見，豈

不心中更苦！」

「不，羿哥。你是名震天凡二界的英雄，我嫦娥不過是天界的一介小女。」嫦娥聞聽到這裏，急又進行勸說，末了簡直是在用心向神羿乞求起來道，「你不要為我誤了自己的前程，我沒有那麼重的斤兩。羿哥，你就聽了我與逢蒙徒兒之言吧！」

「小妹，你此言荒謬至極哩！你我夫婦都是赤心相愛的，」神羿這時則更加堅定不移道，「哪有高低輕重之分。若如此言說，你豈不傷盡羿哥之心！」

「師父，你怎能為了愛情而失掉前程呀！」逢蒙這時目的沒有達到，便又心懷狡惡進一步勸言道。他本想向下講說，你怎能為了一個弱女子嫦娥，而失掉巡天天官的高位呢？但由於嫦娥在旁又是他的師母，話到嘴邊他又咽了回去。

「前程當然可貴，但是愛情卻是價值更高的。」神羿這時則立即教誨逢蒙道，「徒兒怎知我與你師母恩愛之誠啊！」

「羿哥，正因為你我摯心相愛，我才應該為了你獻出我的一切。」嫦娥聽到這裏，更是忍不住心中之痛道，「可是你這樣因為愛我，而受我牽累失去前程，你讓我怎麼去活呀！」

「小妹，你怎能這樣說呀！」神羿聞聽嫦娥言語這般動情，急忙道，「你讓我獨回天界離你而去，你這不也是活活讓我去死嗎！」

「羿哥，你要真是愛我，今日就聽了我言，」嫦娥仍是動情不止道，「食下神藥立刻返回天界去吧。不然，你就不是真心愛我了！」

「小妹，你真的捨得離開我嗎？我知道我離開你活命不成，」神羿不待嫦娥說完，又立刻打斷其言道，「也知道你離開我活命不成啊！可你今日，為什麼非要這樣苦苦逼我離去呢？」

嫦娥耳聞神羿此言心中雖苦，因為她也心中實如神羿所說，離開

神羿自己活命不成啊！但是她摯愛著神羿，名震天凡二界的英雄神羿因為自己牽累窩居凡界，她於心怎忍呀！因而她寧可強抑自己心中之疼，寧可自己孤苦死去，也決不忍心讓自己心愛的神羿窩居凡界啊！

「羿哥，你既然因為我的牽累，不願返回天界，」為此她心中雖不願意神羿離去，卻又口中強逼神羿離去，痛苦到了極點，說著立即起身飛步，猛地將頭撞上了身旁的屋壁道，「那麼我就去掉你的牽累，立刻為你死去算了。」

「羿哥，你快快放開我，讓我為你死去了吧！要不，你這樣讓我活著，就比死去了還難受千倍萬倍啊！」神羿見之，急起身上前，已是把撲向屋壁的嫦娥抱進了懷中。嫦娥這時躺在神羿懷中欲死不成，便開口大叫道，「羿哥，看在我愛你的份兒上，你就讓我去死吧！羿哥，我求求你了，你讓我死去，我還好受一點兒呀！」

「不，我不讓你死。我決不讓你去死，你死了我怎麼活啊！」神羿則把發瘋般的嫦娥緊緊抱在懷中，和風細雨地勸說道，「小妹，你怎能這樣落入世俗之想啊！你我之愛，乃曠世之愛，難道是尋常之愛可以比擬的嗎！小妹，你怎能去想去說天界好，非讓羿哥返回天界呢？天界的好惡難道你是不知道的嗎？你是經歷過的呀⋯⋯」

「羿哥，快別說了，」嫦娥聽到這裏心剛平靜，卻又害怕動搖了自己剛才下定的決心，即又吼叫起來道，「你還是讓我去死吧！」

「小妹，天界有哪兒好呢？你我相愛生活在凡界，怎能說不比在天界幸福萬分呢？更不要說我歸回天界就要失掉了你，」神羿則不讓嫦娥打斷自己之言，繼續道，「那樣我歸回天界還有什麼意思什麼活頭呢！小妹，就讓你我共同長壽在凡界，相親相愛相扶相幫，那是比什麼都蜜甜的呀，你想想吧！」

嫦娥這時哭了，開始低聲啜泣，繼而則大聲號啕起來。神羿理解

她，真愛她，說出了她要他說的心裡話啊！嫦娥哭著一言不發，只是把神羿緊緊地摟在了雙臂之中，唯恐神羿就要離去似的。

「小妹，不要再哭了。」神羿見之，繼續勸說道，「這樣我們也就可以實現我們的夙願，永遠不死，永在凡界扶助凡人了。」

「羿哥，我們的命為什麼這樣苦？」嫦娥這才止住哭聲道，「你的劫數何時才是盡頭啊！」

「小妹，不要講說那些了。羿哥知道小妹的心，小妹也知道羿哥的心，」神羿立即接言道，「就讓我們永在一起患難與共吧！命苦我們也甜，劫數不盡我們也就不怕了！」

「羿哥，」嫦娥耳聽神羿說到這裏，方纔平靜下來道，「你真好！」

「小妹，快起來，去把神藥存放起來。」神羿見到嫦娥漸轉平靜，隨之對其對之安慰道，「等將來我們選擇一個吉日，共同服食以求長生。」

「好吧，羿哥，我這就去。」嫦娥說著，便從神羿懷中慢慢站起，進入內室藏藥而去。就在這時，神羿看到逢蒙不辭而別，離開其屋向外走去。

逢蒙當然離去，他剛才心中泛起的一線希望，這時全破滅了呀！剛才他想與嫦娥一道，勸說神羿獨食神藥返回天界。那樣不論嫦娥今後能否再返天界，則都不影響他稱名於凡界。為此他心中又生起了本已破滅的希望，看到了自己不久就要稱名凡界的輝煌未來。

然而他與嫦娥一道賣力地勸啊說呀，無奈神羿摯愛嫦娥愛得那麼真誠，那麼不可搖撼，硬是使他與嫦娥沒能把神羿勸說得動。不僅這樣，嫦娥末了又反被神羿勸說了過去，答應了他夫婦以後共同服食神藥，以期永居凡界，破滅了他剛又生起的希望。

逢蒙的希望重又破滅當然又如陡遭雷擊，在嫦娥起身藏藥之時心

昏腦懵，連向神羿告別一聲也沒有想起，即不辭而別昏昏懵懵地返向家中而去。逢蒙不知道自己是怎樣回到家中的，進門時恰與其妻碰了個迎面。其妻見他頭昏腦懵氣色失常，心中詫異詢問道：「夫君，你這是怎麼了，中了邪魔嗎？」

「夫君，你這是怎麼了？」逢蒙對其妻之言聞若未聞，走進屋中則一屁股坐在了那裏。逢妻大驚，忙叫道，「是中了邪還是著了魔呀？」

逢蒙對其妻之言還是聞若未聞，木然地癱坐在那裏不發一言。他的希望徹底破滅，他遭到的打擊太沉重了呀！

「夫君，你這是怎麼了，」其妻見之心中更驚，急忙上前晃動起其肩頭道，「是受了誰的欺辱嗎？你說話呀！」

「完了，」木然的逢蒙這才被其妻晃醒，開口言非所問道，「一切全都完了。」

「什麼完了，怎麼完了，」其妻對其言大為不解，詢問道，「為什麼一切全都完了？」

「我完了，你完了，」逢蒙仍是沒頭沒腦接著道，「我們全都完了。」

「什麼我們全都完了？難道是你在神羿面前闖下了大禍，」其妻更是不解其言，大驚道，「他要追究於你不成嗎？你快講說清楚。」

「不，是我的主意完了，你的主意也完了，而且是徹底地完了。」逢蒙這才最終清醒過來道，「夫君我再也稱名於凡界不得了，都怪你這臭婆娘給我出了這個餿主意！」

「夫君何出此言，事情為何到此地步？」其妻聽到這裏，方纔驚定詢問道，「我的主意為何餿了？」

「你不出那個餿主意，神羿不去昆侖神山求取神藥，他就是凡人還會死去。即使他歸去天界不得，我終究還有稱名於凡界的一天。」逢蒙頓生氣惱道，「可是你出了個讓他西去昆侖求取神藥的餿主意，

他前去不僅未被王母娘娘殺死，反而把神藥取了回來。你說，你這主意怎麼不餿！」

「神羿取回來了神藥有什麼不好，他夫婦食下神藥不就可以一起歸回天界，你稱名於凡界了嘛！」其妻聽到這裏不知其中真情，心中不僅不涼反倒高興起來，反問道，「我這主意終助夫君實現了夙願，夫君怎麼講說我的主意餿了！」

「怎麼不餿，」逢蒙只顧氣惱，這才想起自己的話沒有說清道，「神羿此去只求回一粒神藥。」

其妻仍是不知真情，心中不解道：「一粒又怎麼著了？」

「此藥一人服食半粒可以長生不老，一人服食一粒方可飛昇天界。」逢蒙道，「你的主意不餿又怎麼著。」

「噢，夫君是說一人獨食一粒，方可飛昇天界。如今是藥少不夠神羿夫婦服食。」其妻驟聞此言心中仍是不明，思慮片刻方纔明白道。隨著她又心機一轉，話鋒一轉道，「這還不好辦嗎！你再去勸說神羿，讓他單獨服食神藥飛昇天界，然後再接嫦娥返回天界，你不就可以稱名於凡界了嘛！你真是個呆子，只知道回來作踐為妻。」

「就你詭詐，心想得刁，別個就心想不到。我對你說吧，我已勸說過了神羿，但他夫婦恩愛情深，」逢蒙聽到這裏，又生嗔怒道，「硬是不願單獨服食而要共同服食，以求雙雙長生不老永居凡界。你說你的這個主意有多餿，餿到了極點了！」

「那樣，我就真是好心辦了壞事了！」其妻聽了又是一怔道。隨著她又心思急轉，思謀起了對付之策。

「你說你出了這等餿到了極點的主意，我們怎樣才能挽回吧。挽回不得了呀！」逢蒙這時則垂喪至極道，「我也就只有從今往後，死去那份稱名凡界之心，你也就隨我死了那份風光之盼吧。」

「不，我要跟隨夫君更加風光，」其妻則對逢蒙此言聞若未聞，這時已是想出了新的主意詭詐道，「夫君也更可稱名天下哩！」

無奈的逢蒙聞聽其妻此言，又陷不解道：「何以此言？」

「但只是夫君稱名不是再在凡界，而是飛昇天界。我老娘也要跟隨夫君真的到天界風光去了，」其妻邪惡至極道，「但只是你小子記清，到時候你如果甩了老娘，老娘我雖然身在凡界，也是與你沒完的。」

逢蒙聽到這裏，邪惡的他當然也立刻領會了其妻話中之意。即要自己前去偷食此藥飛昇天界，從而稱名於天界，並把其妻接上天界。以使她跟隨自己去到天界，大展風光。

逢蒙心明至此當然心頭一亮，但他又知做到此事並非易事，因為他不知道嫦娥把那小小的一粒神藥藏在了何處？而且自己若是偷食了去，能夠射落天日的神羿豈會輕饒自己！因而他感到為難，也感到後怕，即言道：「婆娘，你先別高興，此事斷然輕鬆不得！」

「夫君，你就下了決心吧。常言道，不入虎穴焉得虎子，」其妻這時已被其對未來風光天界的憧憬陶醉，聞聽逢蒙此言立刻肯定道，「捨不了孩子打不了狼。為了夫君稱名天界，也為了老娘我風光天界，夫君你就破上了吧！」

「婆娘不要光想好事，也要往壞處想想，」逢蒙當然也為其妻為他們描畫的美妙前景著迷，但他畢竟深知其師神羿的厲害，對之心懼十分道，「我師父神羿的神功，實在厲害呀！」

「夫君害怕什麼！那神羿固然神功高強，但夫君怎麼忘了天界至尊的玉皇大帝心惱於他，」其妻仍是心勁不泄，繼續為逢蒙鼓勁道，「夫君只要到了天界即誣告其在凡界之惡，玉皇大帝定會立即據之重處於他，甚至將他處死的。」

「婆娘如此是說，到了那時，夫君就不僅身居天界，」逢蒙這時

343

接言道，「而且又可以稱名凡界了！」

「是的，夫君。」其妻立即接言道，「機不可失，時不再來呀！」

「婦人說的雖是，但如果稍有不慎，逢蒙仍是心存猶豫，擔心道，「這般動機被神羿發現，我就將有生命之險了。」

「夫君，你怎麼這般缺少本領，沒有長出膽子來呢！夫君，為了預祝你的成功，」其妻即又慫恿道，「我答應你到天界可以甩下老娘不管，再娶一個仙女為妾，這可行了吧！」

「你呀，」逢蒙也不知怎的，聞聽其妻此言終於答應下來道，「真是不惜血本！」

「為了夫君的前程，老娘身家性命都可以搭上，還憐惜什麼。」其妻又是慷慨道，「去吧，老娘在家等待著你的好消息傳來。」

「好，婦人待我這般誠心，我決不辜負婦人的一片誠意。婦人就在家中，靜待我的好消息吧。」逢蒙這時真的心想起了再娶仙女為妻，但其想到這裏心思雖動，表面和口中卻不敢流露說著，便像鼓滿風帆的航船一樣，又立即一陣風般離家，徑向尚儀村神羿家中奔來。

此後，逢蒙果然又施展阿諛逢迎之招，百般親近於神羿與嫦娥，以不使神羿夫婦對其生疑，並百般打探嫦娥藏放神藥之處。嫦娥對逢蒙心有戒備，因而逢蒙久探不得其底，使其欲要偷竊神藥而不得。

逢蒙偷竊神藥不得轉眼過去多日，無奈中狡黠的他只好等待有朝一日神羿離家遠走，自己借機向嫦娥索逼神藥。然而逢蒙等啊待呀，轉眼十餘日過去，神羿卻仍是一直沒有離家一步。

終於，逢蒙得手的時機到來了。這日神羿要去遠山中打獵，安排逢蒙引領眾師兄弟苦練神技。逢蒙聽了心中高興，便滿口答應下來，送走師父，即領眾師兄弟苦練起來。然而練到半途，他料想師父打獵已經去遠，便離開練功場徑奔神羿家中，向嫦娥索逼神藥而來。

　　嫦娥正在家中幫助玉兔搗藥，突見逢蒙來到便問道：「徒兒前來何事？」

　　「師母，」逢蒙這時索藥心切，便也不再遮掩，聞問即一步跨到嫦娥面前明言道，「徒兒想見識見識你藏的神藥。」

　　嫦娥陡聞逢蒙此言已是心中一驚，她早知逢蒙心存歹意，並多方設法向自己探詢神藥藏處。這時又趁神羿不在家時突來要看神藥，嫦娥知道此徒此舉定然心懷它想，便立刻推諉道：「徒兒，那神藥你是見過的，為何又要見識？」

　　「師母，徒兒雖是見過那粒神藥，但只看過一眼，」逢蒙則進一步向前逼問道，「早把那模樣忘得一乾二淨了。因而想再見見，開開眼界。」

　　「要見識當然可以，但為防發生意外，」嫦娥眼見逢蒙之勢咄咄逼人，更知其要生邪惡。她知道逢蒙施起惡來自己抗拒不了，別個又全都不在其家中。為防不測便一語堵死逢蒙之想，以把其驅出屋門道，「那藥已被你師父帶在身上，要看你要找他。」

　　「師母，徒兒是尊重你才不傷害你。」逢蒙聞聽嫦娥不露神藥之跡，而且擔心時間後拖神羿歸來，自己就不僅食藥不成，並且還會被師父所害，便不再怠慢而露出凶相，將手中弓箭向嫦娥一揮道，「如果師母硬是不讓徒兒見識神藥，那就責怪徒兒不得了。」

　　嫦娥眼見至此，已知逢蒙果如其料生出惡變。她怕神藥真的落入惡徒手中，又急神羿為何還不歸來。但一時間神羿不歸逢蒙相逼她也無奈，無奈中她只有假意應允道：「好吧，徒兒，師母給你取那神藥去。」

　　嫦娥口中說著，即動身進入了裡間。她想在裡間屋裡耽擱時間，以待神羿歸來。但不料逢蒙跟隨其後寸步不離，硬用弓箭逼著嫦娥取

出神藥。嫦娥無奈了，她怕自己不將神藥取出，惡徒下手殺死自己然後尋得神藥，那樣神藥就到了惡徒手中。

無奈之中，她心中一急，只有真的取出神藥，一伸手拋入了自己口中。但不料那粒神藥也是奇異，竟然一入嫦娥之口，便一軲轆滾過其咽喉進入了其腹中。隨著，她便覺得身子輕輕飄蕩起來。

逢蒙跟隨嫦娥之後突然看到嫦娥吞了神藥，心中一急便即忙伸手去拉嫦娥。但他一把沒有拉住，嫦娥已從視窗飛向屋外，隨後向空中飛去。那玉兔也是迅疾，就在嫦娥飛出視窗之時，一縱身跳到了嫦娥懷抱之中。

逢蒙眼見此景心中更急，忍不住立刻開弓「嗖嗖嗖」一連三箭，射向了已經飛向半空的嫦娥。逢蒙之箭早與神羿齊名，當然準確厲害非常，箭箭都射向了嫦娥之身。

然而嫦娥抱在懷中的玉兔，卻伸爪「啪啪啪」三聲把飛來之箭全部打落在了地上。逢蒙欲要再射之時，嫦娥已飛向高空漸漸失去了蹤影，使其射其不得了。

二六、吳剛求愛

　　嫦娥躲過逢蒙的射殺向空中越飛越高，欲要停頓下來卻不能自主，實在是即刻間心急萬般。她心中摯愛著神羿，神羿又為她的牽累羈留在了凡間，她怎能獨服神藥飛昇天界呀！

　　可如今神藥在她被逢蒙施威惡逼無奈之時，只想拋入嘴中造成自己服下的假像，以騙住施惡的逢蒙不再施惡，保得神藥待到神羿或者有人來到救下自己。等待神羿所言時刻到來，再共同服食以求長生。

　　但不料她剛把神藥拋入口中，那神藥便仿佛身有靈性一般，立刻軲轆轆滾進了其喉嚨，隨著便滾入了其腹中。不僅使得她保存神藥不能，而且立刻間身輕體飄冉冉飛昇天空而來。就要離開凡界離開神羿飛昇天界而去，嫦娥心中怎能不立刻間焦急萬般起來！

　　心急之中，嫦娥心中當然恨死了逢蒙惡徒。她實在想像不到，逢蒙竟然邪惡到了喪心病狂地向其夫婦橫下毒手的地步。惱恨之中，她更加深深地看到了人心的叵測，世道的難平！

　　逢蒙平時殷勤那般，神羿喜愛不棄，誰能想像得到他竟然心藏這般惡毒呢！虧得是自己服食神藥飛昇天界而來，不然她又豈能保得了性命！同時也多虧了玉兔相助，不然逢蒙的三支惡箭，豈不也要將其射殺！

　　凡人中逢蒙之流雖然不多，千人萬人之中有此一個，便已不能平安得了。然而在凡界千人萬人中，又豈止僅有逢蒙之流一個！為此，她對人世之艱心涼到了極點，也擔心到了極點。

　　在此心涼擔心之餘，嫦娥飛昇之中也對自己後悔莫及！她後悔自己當初極力勸說神羿收授高徒，以為神羿替身為凡人除害盡力。她想只要神羿授給凡人神技，凡人就可以代替神羿盡除邪惡。

　　但豈知果如神羿所說，逢蒙之類的凡人武功越高，害人越深！如果不是自己勸說神羿授給逢蒙神技，又豈有今日這等事情發生！這種事情發生在自己身上尚且這般嚴重，如果發生在普通凡人身上又豈能保得活命啊！

　　為此，她後悔自己當初勸說神羿收徒授功這一作為，不僅今日給自己，而且後日還會給凡人鑄成無法彌補的大錯！同時嫦娥還對自己後悔莫及的是，自己當初發現了逢蒙惡徒的點滴劣跡，雖然引起了心中的警覺，同時也講說給了神羿並要其採取對策。但後來神羿沒能放在心上，沒有引起其對惡徒的警覺，而且自己也隨著掉以輕心不再放在心上，結果釀成了今日的惡果，實在是錯在自己。自己本身沒有其他大的能耐，有的也不過僅僅是女人家的細心敏感之性，而這正是性格粗狂豪放對事粗心的神羿所不具備的。

　　因而自己正該揚這僅有之長，彌補神羿缺此之短，當好其參謀助其少生或不生失誤。但是自己沒有認真去做，結果釀出了今日的惡果。與此同時，心急的嫦娥還替神羿追悔十分！她替神羿追悔其只顧凝心授徒，而不去覺察徒兒之心，驗試徒兒之德，一味愛其聰敏長進，對自己殷勤，口能逢迎。結果其心其目全被逢蒙惡徒所迷，其對惡徒愛之愈深，惡徒對其卻無疑恨之越重。

　　如果他當初聽信自己之言，細察逢蒙惡跡，或者中途棄其為徒，

或者疏而遠之不再授其真功。其神功不達高點心中便不敢膨大作祟，也就不會有今日之事發生。

嫦娥當然也替神羿後悔其不聽自己之言，沒有對逢蒙生出戒心。要是他能聽信自己之言，對逢蒙那時即生警戒之心，又豈有今日之事的發生。但是嫦娥飛昇之中，心中雖然急悔也是無用，因為事情已經發生，她也無力挽回。

無法挽回之中，她又捨不得自己這樣離開心愛的神羿。同時她也能夠想像得到，神羿若是打獵回到家中，聞知自己獨食神藥飛昇天界而去，想到他再也見不到自己之面，定會為之發瘋不可。

再者自己食藥之情又無別個知道，邪惡的逢蒙如果再把罪過誣陷到自己身上，嫉惡如仇的神羿定會心中更疼萬般。想到這裏，嫦娥對自己飛昇天界之事挽回不了也要挽回，她決計立刻停止飛昇，墜回地面撲身神羿懷中。

為此她努力下墜身子，心想盡施渾身能夠下落之法，以使自己不再向天界飛昇，立刻墜身到下界。但她努力地向下墜啊墜呀，儘管施盡了渾身能夠做到的下墜解數，卻全都絲毫沒有功效。

下落不能嫦娥心中大急，但她急也無用，因為其身向上昇騰她不能自主。心急中她只有任憑其身冉冉飛昇，轉眼便飛昇到了雲飄霧渺的高空之中，腳下的凡界已是遙遙在望越來越加模糊不清。

心急中嫦娥焦思地上的神羿，便使盡眼力望向模糊的地面，以期尋見神羿的蹤影。然而神羿打獵去了深山，嫦娥既不知道他身在哪道谷中，也不知道他身在何道梁上，所以不僅這時即使剛剛飛離地面之時，她也沒能見到神羿的一點蹤影。

嫦娥凝目用力尋視神羿不見蹤影，其身子卻越飛越高，地上的景物也已是越來越加模糊難辨。她知道剛才自己尋不見神羿的蹤影，或

許是神羿進入了密林之中，自己看視不見。這時景物已是模糊難辨，更是難見神羿的蹤影。

嫦娥臨別不見神羿蹤影心中更疼，但她疼也無用。見不到神羿蹤影嫦娥這時也是無奈，因為隨著她越飛越高再尋神羿已是沒有可能。沒有可能再尋神羿，嫦娥無奈便只有不再尋視。而又在不能自主的飛昇之中，思緒洶湧翻騰起來。

但是這時她既不再氣惱逢蒙，也不再為自己後悔，更不再為神羿追悔，而思謀起了她與神羿這樣突然生離死別，根源究竟是在哪裏。她想到了她與神羿的命運，想到了神羿的劫數。

由此她看到了自己氣惱、後悔、焦急全都無用，因為這事情的出現不是他夫婦抗拒得了的，根源還在於對他夫婦不平的玉皇大帝和王母娘娘身上。一定是心中對神羿不公平的玉皇大帝和王母娘娘，因為神羿射殺了他們的外孫們，心懷氣惱不僅削去了他夫婦的神籍，而且還要讓他夫婦分離開來永受磨難下去，以泄他們心頭之恨，以報外孫們被殺之仇。

為此，開始他們欲要他夫婦永居凡界，不久就像凡人一樣默默死去，以除心頭之恨。後來神羿又硬是逼取回來了神藥，當時自己就懷疑王母娘娘不會僅僅有此一粒神藥，而是故意僅賜一粒內藏惡意。

現在看來王母娘娘的禍心已經顯現，她這樣去做，完全是為了造成她夫婦分離於天凡二界，只能相思不能相見的悲苦悲劇。想到這裏，嫦娥心中便不再僅僅是氣惱，而是充滿了要與玉皇夫婦抗爭，要脫出這齣悲劇的強烈心理。

於是，她不能自主越飛越高已是返回不了凡界，無奈中她想到自己絕對不能飛上天庭高處，雖然那裏熱鬧非凡幸福無限，又是天宮及眾大神的在處。因為她若是飛到了那裏，她就會距離凡界更遠，使得

自己與神羿相隔更遠。

同時王母娘娘既然賜藥施害於她夫婦，自己再若飛到王母娘娘身邊，怎能說她不更加肆虐地施害於自己。直至把自己置身於囹圄之中，使得自己陷入欲要遙望凡界神羿一眼而不得的境地。

為此她決計擇一距離凡界最近的居處落下腳來，既避開玉皇夫婦對自己再施坑害，同時保證自己隨時可以遙望凡界神羿的蹤影，儘量減少心中對神羿的相思之苦，並相機設法幫神羿脫身凡間飛回天界。

飛昇的嫦娥剛剛決計至此，恰見距離凡界最近的月亮，已經將要到了自己近處。只是它位處自己過處東方，自己不能恰好路過其上。眼見此景，嫦娥的心怦然動了。因為月亮距離凡界最近，恰是自己應該留居的最好去處。

她雖然聽說月亮之上清冷寂寥無神居住，但這恰好省得擾亂自己的思念神羿之心。同時其上據說還有一座偌大的廣寒神宮，又恰好可為自己提供理想的居處。

嫦娥剛剛想到這裏，其身已經飛到了皎潔冷寂銀月的水平線上。

嫦娥這時想到，自己先前對於下墜凡界自抑不住，那麼如果對於橫向飛行再不能自主，自己就將飛身月亮之上不能，駐身月亮之上的想法也要化為泡影了。為此她不敢怠慢，決計縱身向東一試，以飛落月亮之上而不再向上飛昇。

大概是因為嫦娥駐身月亮之上的想法，恰正契合王母娘娘的心思，以讓其獨自一個從此永居清冷的月亮之上廣寒宮中，身受思念神羿的萬般苦痛。為此只見她剛剛縱身一躍，其身體卻任其自己，徑向東方的皎月飛來。

月亮這時掛在半空之中，其上清光蕭蕭，冷氣森森，寂寂寥寥，了無聲息。只有坐落在月亮腹地的偌大廣寒宮門前的一棵大桂樹下，

有一位名叫吳剛的青年，正在不息地揮舞著手中的一把斧子，「咚咚咚」地一下接著一下砍向桂樹不止，發出一聲聲鈍悶的響動。

廣寒宮宮院偌大，三院九重，瓊樓玉宇坐落有序。宮門口門楣之上，書寫著「廣寒宮」三個大字。只是此宮雖然規模宏大氣勢非凡，但由於它坐落在清冷的月亮之上，又為了對應於廣寒宮之名，所以不見其上有金壁黃瓦之跡，雕樑畫棟之作。

有的只是磚灰色的牆瓦，以及清冷的與其牆瓦之色相對應的梁棟。因而眼見其色便知其名，心想其名便見其色，實堪謂一座又闊大又清冷至極的偌大宮院。嫦娥既要落腳月亮之上，又欲尋居廣寒宮中，便在一陣飛進靠近月亮之後，尋向廣寒宮院而來。

嫦娥向前飛進迅疾，須臾便飛到了廣寒宮門口，隨著便落腳到了廣寒宮門前。她剛一落腳，那正在大桂樹下砍伐不止的吳剛看見，便驚喜得立刻停住手中正揮的斧子，高興地開口詢問道：「仙女此來，是遊玩還是做甚？來此之神可真是千年萬年不遇一個呀！」

吳剛原是凡界的凡人，後因學仙有過，方被玉皇大帝貶謫在此清冷之地長年伐樹。他被貶至此伐樹已愈千載，但其面前所對這棵高達五百餘丈的巨大桂樹，他雖然長年砍伐不息卻也沒有伐倒。因為玉皇大帝為了懲罰於他，則令桂樹受創即合。因而吳剛砍下一斧，其傷立即癒合絲毫不受傷害，吳剛當然砍伐不倒。

吳剛受罰雖已在此伐樹千載，但他卻從未見到過有一神一仙經此過路，更不要說到此長住。為此他獨身一個長期居此清僻之地，使他本來一顆火熱的心就已清冷至極，可以說除了日日伐樹受罰之外，心中清冷得就如同死去了一般，不再生出任何思想情緒。

就在這時突見姣美的嫦娥來到，而且飛落到了他的面前，當然使他胸中那顆清冷得如同死去了一般的心，頓生熱情激蕩起來。他心

中當然陡地激情奔湧，因為他已千年冷居在此，不曾見到過一神一仙，這時就是見到一個男神哪怕其生相醜陋，也會點燃起其心中激蕩之火。更何況這時驟然來了一位異性，而且又是生相姣美萬般隻身獨個！

為此激動的他立刻站起身來，開口詢問完了，便愣站在那裏雙目凝視嫦娥，表情急切地等待嫦娥對他的詢問做出回答。嫦娥眼見吳剛也正想向其詢問月中情形，聞聽其問便即回答道：「小女此來不是遊玩，而是到此長住。請問青年，這廣寒宮中，住有何神何仙？」

吳剛聞聽此答，實在是驚喜過望。剛才他只是心想嫦娥來此遊玩一下，實在想像不到她會長住不走。這樣，這般姣美的嫦娥長住下來，就可以在此月亮之上與自己為伴了。於是他激蕩的心中便激情更加洶湧不息，立刻猜想或者是此女為逃避什麼而來，或者也正是為了奔向自己而來，正是自己命中註定的嬌妻！

「好，好，仙女到此長住好！這廣寒宮中沒有一神一仙居住，仙女正可居住在此。」為此激動的他即又生出了非分之想，開口道，「今後這偌大的月亮之上，就只有一個你和一個我，咱們兩個了！若說還有別個，那就是那只醜陋的蟾蜍了。」

「噢，這清冷的月亮之上，果如眾神傳言清冷至極！」然而吳剛雖然這樣言者有心，嫦娥卻是聽者無意，這時口中慨歎道，「那麼小女請問，青年為何在此？又居於何處？」

「我吳剛身無居處，白天每日伐樹身在樹下，夜晚便躺身樹下休歇。」吳剛這時巴不得嫦娥與其言說沒了，以加深雙方的情誼。因而耳聽此問，便即把自己的名姓、來此經歷及自己的處境，都完完本本地向嫦娥講說了一遍，末了道，「仙女身居宮中，正可與我遙相為伴。」

「那好，我就居此廣寒宮中，遙與青年為伴，以便有個照應。」

嫦娥心中仍是無意，因而仍未聽出吳剛的弦外之音，隨就轉身便要去向廣寒宮中道，「在此月亮之上，既然只有你我兩個，你我兩個再不相互照應，還有誰個來照應我們。」

「宮中空冷幽寂，不知其中究底。仙女即居宮中，走，我伴仙女入宮看看去。」吳剛這時見之，忙獻殷勤地說著，即起身走在嫦娥前面，殷勤萬般地率先為嫦娥打開了廣寒宮門。

廣寒宮雖為神地，但由於其坐落在清冷的月亮之上，且又長年宮門不開無神居住，因而吳剛把宮門剛一打開，嫦娥便覺一股清冷之氣倏然撲面而來，使她不禁身覺一悸。然而月亮距離凡界最近，其上又只有此宮可以居住，為了得見神羿，她還是毅然進入了宮中。

嫦娥在吳剛的陪伴下進入宮中一番巡視，便擇定距離宮門不遠的廣寒宮殿作為居地。吳剛見之心喜，便幫嫦娥一陣忙碌，把殿中收拾乾淨，為嫦娥安置好了住處，隨著便欲坐下與嫦娥敘談。

「小女謝過吳剛小哥，」嫦娥眼見居處安排已就，心中焦思神羿不已的她，則即對吳剛道，「走，快到宮外看看凡界去。」

「好，仙女身在天界天規森嚴，難見凡界之貌。」吳剛不知嫦娥是從凡界飛昇至此，也不知道她的身世一切，正在用心追求嫦娥的他耳聽此言，便立刻停住正要坐下的身子，殷勤逢迎道，「這裏雖然清冷，但卻隨意自由得很。走，我陪仙女一飽眼福去。」

嫦娥這時則心中只有神羿，對吳剛所言聞若未聞，已是一陣離殿出門來到了宮外大桂樹旁，凝眸遙望起了距離遙遠的茫茫凡界。吳剛不解其意，殷勤的他眼見嫦娥不言便也不再言說，隨著一陣出宮跟到了大桂樹下。

「仙女，你看，那藍色的是大海，那黃色的是陸地，」這時吳剛眼見嫦娥凝神望向了凡界，便在旁邊又立刻殷勤地為之指點道，

「那聳起在大地西部邊緣的是昆侖神山，那聳起在大地東部邊緣的是泰山……」

「別說了，我知道，」嫦娥心中焦盼望見神羿一眼，凝起的心思被不知真情的吳剛喋喋不休之言擾得一陣煩亂，遂不耐煩了道，「都知道。」

正言的吳剛聞聽嫦娥心不耐煩，方纔止住了未完之言，靜待嫦娥看視下去。他想嫦娥一會兒就會看完，自己再說也是不遲。為此他站在一旁不看凡界，只是眼睛一刻也不閒暇地凝望著眼前的嫦娥，焦待她快快看完凡界與自己講說加深情感，唯恐自己少看嫦娥一眼。

吳剛就這樣越等越急，因為嫦娥竟然看視凡界凝眸聚神沒完沒了。心急中吳剛也越看嫦娥心越焦急，因為嬌美的嫦娥早使得他心蕩神搖，心猿意馬奔騰難羈。開始他為了不使嫦娥煩惱苦苦地忍耐著，但隨著時間的推移，他終於再也抑制不住奔騰難羈的心猿意馬，不禁失聲道：「仙女，我……我……」

吳剛這時雖然已抑制不住心猿意馬，但理智還是使他話語唯喏，一時不敢直言說出心中之意。凝神遙望的嫦娥心思早已飛向凡界而去，因而對吳剛吞吐之言一時竟然聞若未聞，沒有反應沒有回答。吳剛見之終於再也抑制不住心中驅切之情理智頓失，隨著直言起來道：「仙女，我愛，我愛你呀！」

「什麼？」嫦娥這才仿佛聽到了吳剛之言，但仍是呆無反應，只是口中說出一語道，「那不可能！」

「仙女，我實在愛你愛得太深了！」激情難抑的吳剛聞聽嫦娥此言並不失望，也不懊悔自己的魯莽。而是以為嫦娥初聞自己此言不好意思，故意說「不可能」以作掩飾。其作呆愣之態，說不定正是心中之情難抑表面故作之像。為此他便更加激情難耐，放開膽子道，「這

裏只有你我，你也愛我吧！」

「好哇，」就在這時，不知那只醜陋的蟾蜍，從哪裏鑽了出來道，「由我作證！」

「全是胡說，」嫦娥這時仍是凝眸不移道，「沒有可能！」

「為什麼？」吳剛聞聽一愣道，「你真的不愛我嗎？」

「是的，」嫦娥堅定道，「因為我衷心地愛著我的神羿！」

吳剛不聞嫦娥此言還罷，耳聽此言真個是頓然心中大驚起來！他早已聞知英雄神羿射日的事蹟，並且也已知道了神羿的遭際，但他又不相信這仙女真的愛的就是那位神羿，便脫口驚問道：「仙女衷心愛的是哪位神羿？」

「還能有哪位，」嫦娥隨之道，「就是那位射日的大英雄神羿唄！」

「咕咕。」玉兔這時幫言道，像是在說「是的」。

「仙女這般去愛已是無用！」然而吳剛聽到這裏並不死心，腦袋突然轉過彎來道，「一是那神羿已被玉皇大帝削去神籍貶居凡間，二是他已娶有嬌妻名為嫦娥。」

「小哥說得全對。」嫦娥這時即言道，「小女正是嫦娥。」

「啊！這是真的嗎？聽說嫦娥也被削去了神籍，」吳剛不聽此言還罷，耳聽此言更是驚得愣在那裏，半天方言道，「隨神羿貶居在了凡界呀，你怎麼到了這裏？」

「是的。」嫦娥肯定道。隨著她便把其遭際及其飛居至此的經過和本意，從頭至尾對吳剛講說了一遍。

「仙女夫婦的遭際，實在太令吳剛我同情了。但只是依我看來，仙女這樣再去摯愛神羿也是徒勞。」吳剛聽到末了道，「不若仙女到什麼山唱什麼歌，與我在此結為夫妻共度時日的好。」

「不！一切都會好的，神羿是受冤枉的，他是英雄，他有辦法返

回天界前來尋我的。」嫦娥這時則仍是堅定不移道，「因而我等著他，小哥不要再言了。小哥若是照料於我，我夫婦後日定會不負小哥盛恩的。」

吳剛這時也又想到了欺負嫦娥不得，因為神羿連天上的日月都能射落下去，自己施惡於其妻神羿豈能容忍得了。他若看見一箭射來，自己豈有活命之理！再說，即便今日看視不見不射自己，將來有朝一日他若真的返回了天界，自己就更無活命之理了！

「小人多謝仙女寬容之恩，小人剛才之錯請仙女饒恕。」為此吳剛想到這裏不敢怠慢，急忙收回非分之想道，「日後仙女在此長住，小人定當恭效犬馬之勞！」

「若此，」醜陋的蟾蜍又即幫言道，「這就對了。」

「謝蟾蜍！」嫦娥聞聽說著，即又凝眸靜心遙望向了凡界道，「誰個身在難處，都需要別個幫扶。若此，小女也多謝小哥了！」

就在嫦娥與吳剛如此說完遙望凡界之時，跟隨嫦娥的玉兔蹲在桂樹之下，伴隨嫦娥遙望凡界尋視神羿之餘，突然看到一朵朵飄香的桂花，從樹上繽紛落了下來，撒在了自己身上眼前。

於是玉兔的心突然動了，它想到自己到了月球之上，凡界凡人的疾病自己不能舂藥去治了，但他們仍是急需自己救治的。自己不能去治，又該有多少凡人為之受苦喪命啊！

心想至此，牠決計在此桂樹之下，使用落下的桂花舂成神藥撒向凡間，以救治凡界的病人。為此牠立刻準備一番，便在大桂樹下日日舂起藥來。

天黑了，嫦娥尋望凡界更是無以尋見神羿了。白天她尋看凡界半日，地月間的距離雖近卻也還是十分遙遠，因而她只見凡界茫茫，高山聳立，江河行地，難以尋見任何個人，也便一直沒有尋見神羿身在

哪裏。天黑後她便更是尋視不見，無奈只有收回目光坐在大桂樹下，向吳剛傾吐心中對神羿的焦思。

他們談啊談呀，一直談敘一宵，玉兔則在旁通宵舂藥不止。其後嫦娥便日日遙望凡界，吳剛受罰伐樹，玉兔舂藥濟眾。夜晚嫦娥與玉兔入宮休歇身受清冷，吳剛仍在大桂樹下休歇疲累的身子。

如此一日日，一月月，一年年，周而復始。其後千年萬年過去，也不見有新的轉機。嫦娥不見神羿，神羿也沒有歸回天界。嫦娥就這樣伴著玉兔焦思神羿，吳剛則在大桂樹下受罰伐樹。醜陋的蟾蜍，也不知躲在了哪裏。

嫦娥奔居月宮的故事此後被人們傳成了美妙的神話，在人間世世代代膾炙人口傳頌不息。直到 1957 年 5 月 11 日，毛澤東還在其《蝶戀花‧答李淑一》的詩詞中，引用這則美妙的神話故事，抒發自己心中對逝去的亡妻楊開慧的真摯感念道——

> 我失驕楊君失柳，
> 楊柳輕颺直上重霄九。
> 問訊吳剛何所有，
> 吳剛捧出桂花酒。
> 寂寞嫦娥舒廣袖，
> 萬里長空且為忠魂舞。
> ……

二七、嫦娥惡名

嫦娥如此無奈奔上月宮之後，在其後的漫長歲月中，雖然受盡焦思神羿和清冷寂寞之苦，但其心中卻對神羿摯愛不移。然而在有些人的傳說和一些古籍記載中，卻對嫦娥奔月之事不這樣講說，而是與之相反地把其說寫成了一個負心女，一個受到了應得懲罰的惡者。

由此使得受害慘痛的真摯嫦娥雖然身受此害，卻又在凡界背負上了沉重的惡名，千百年來受到人們的唾罵和指責。誣陷嫦娥的傳說和古籍記載，大致是相同的。即嫦娥伴隨神羿來到凡界，神羿為救凡界萬民射墜多餘的日月之後，玉皇大帝心中不平削去他夫婦神籍，使得他夫婦歸回天界不得。

此後，嫦娥便日日抱怨神羿牽累得她返回天界不得，使得神羿心中日漸煩惱起來。他既煩惱玉皇大帝對自己的不公，又煩惱嫦娥日日埋怨自己。為此英勇的他立即西上昆侖神山，求取回來了使他夫婦雙雙服下可以長生不老，一個服下可以飛回天界的神藥。

神羿求得神藥之後高高興興地回到家中，先向嫦娥講說了此情，並將神藥交給嫦娥保管。以待日後擇一吉日，他夫婦共服神藥，雙雙長生不老永居凡界。作為天凡二界英雄的神羿，當時並不再想返回天界。因為他看到了天界的不平，凡界凡人需要自己救助。

　　為此只要服下神藥他夫婦能夠長生不老，避開凡人般身死前往地獄的遭遇，使得嫦娥不再抱怨於他，他也就心滿意足了。然而，這時嫦娥的心思卻仍是與神羿不相契投。先前她報怨神羿，是因為她覺得自己原是天神，如今返回天界不得，全是受到了神羿的牽累。

　　而她自己則與玉皇大帝無牽無挨，所以她仍應返回天界去做一位天神才是。為此先前她頻頻報怨神羿，與神羿經常鬧氣不止。方使得神羿心中煩惱，冒死西去昆侖神山取回了神藥。

　　這時她既見神羿取回了神藥，神羿又把神藥交給了她保存，她心中卻仍是不像神羿所想，長生不老永居凡界就成，而是仍如先前之想返回天界去作天神。

　　嫦娥心懷此想又有先前的動因，便隨著想到既然兩人服下神藥可以長生不老，一人服下可以昇天成神。那麼自己即使自私一點，多吃下神羿的一份神藥飛昇天界去了，使得神羿流落凡界不能長生不老，也不算虧負神羿。

　　為此她打定主意，決計不再等待神羿擇定什麼吉日，而要趁此神羿外出不在家中之時，偷偷服下所有神藥自己飛回天界。然而嫦娥決計至此，她心中畢竟也虛，害怕自己的作為不成反惹大禍，弄得無法收拾。

　　因而出於謹慎周全考慮，她來到著名巫師有黃的居處，讓其為她占卜吉凶。有黃聽罷嫦娥之求，當即取出玄龜蓍草為之占卜一番，末了道：「吉。翩翩歸妹，獨將西行。逢天晦芒。毋驚毋恐，後且大晶。」

　　嫦娥看著有黃虔誠的模樣聽著其口中之言，心中琢磨著有黃之言的意思，暗暗道——

　　「恭喜夫人大吉大利啊！

　　——有一個聰明伶俐的女娘，

她將單獨到遙遠的西方。

世道是這樣亂亂紛紛，

天象是這樣暗無光明。

去吧，不要恐懼也不要擔心，

命中註定往後要大大昌盛！」

琢磨至此嫦娥大喜，因為有黃的占卜完全為吉。於是她回到家中即不怠慢，眼見神羿不在便把神藥取出，一口吞服進了肚腹之中。她剛把神藥吞入腹中，便覺身子輕飄飄飛蕩起來。隨著雙腳已是離開地面，不由自主地飄飛出了窗口。

這時夜幕已經降臨，一輪皎潔的皓月掛在半空之中，顯得格外明亮。嫦娥在月光中向天空高處飛呀飛呀，開始她心中十分高興，只想到自己終於就要飛返天界重新為神了。但是隨後不久，她便害怕萬分起來。

她想到，如果她飛到天宮之上，定會被天界眾神恥笑，罵她是背叛丈夫神羿的負心妻子。而且神羿如果設法找到了天宮，她就更難對付了。想到這裏害怕之中，她便不敢返回天宮，而決計駐身清冷的月亮之上，以作躲避。

她知道月宮之中清冷寂寥，歷來沒有神仙居住，自己躲在那裏正好一避眾神之說，二避神羿找尋，無疑是最為穩妥之策。時日久後待到神羿死去，自己再去天界，就沒有天神非議自己了。

想到這裏嫦娥眼見月亮這時距離自己已近，她便立即調轉方向徑向月亮飛奔，一陣便飛奔到了月亮之上廣寒宮門前。但是她剛剛落下腳來氣還沒有喘定，便感到身子發生了奇異的變化。

即其脊樑骨開始迅疾往下收縮，肚子和腰身迅疾往外膨脹，嘴巴和眼睛也迅疾變闊變大，脖子和肩膀則迅疾擠攏在了一起。與此同

時，渾身的光潔皮膚，則迅疾長出了大大小小的疙瘩。

「救命！」嫦娥眼見至此心中大驚，急忙喊叫道。但在此月宮之中無神無仙居住，她雖然喊啞了嗓子，卻也不見有一位救其急難者來到。驚急中她喊叫不應欲要狂奔求援，但其也只能蹲在地上遲緩地跳躍，狂奔不成起來。

就這樣嫦娥這位超凡絕俗的美貌仙子，因了自私的一念之差，受到了應有的懲罰，變成了一隻最為醜陋可憎的癩蛤蟆。有黃巫師給她的「昌盛」預言，就是要她這樣「昌盛」，實則是騙說於她。

較古的嫦娥奔月傳說和記載就是這樣嚴酷無情，稍後的傳說和記載則寬容些許，沒有把嫦娥說得先是變成一隻癩蛤蟆。而只是說嫦娥偷服神藥飛到月宮之後，方知月宮之中清冷至極，完全出手她先前的預料。

因為月亮上除了一座清冷的廣寒宮之外，其他再也沒有別的去處。而廣寒宮院雖然偌大，其中卻沒有居住一神一仙。除了宮門前有一隻終年在那裏搗藥的玉兔和一棵大桂樹之外，其他就再也沒有什麼東西了。

直到若干年以後，才又來了一位學仙有過，被罰來到月宮前砍伐桂樹的吳剛。吳剛因為受罰來伐桂樹，所以那桂樹便專門與他鬧彆扭，其上創口隨砍隨合，硬是砍伐不倒。

嫦娥身處此境大為灰心失望，但她既然到了月宮卻因受到懲罰再也離去不得，為此只有暫且住下再說。可她此後越住越覺月中寂寞，便思念起了神羿的諸種好處，和自己與他在一起時的快樂，後悔起了自己不該這般自私。

不然，她與神羿一起服下神藥，雙雙永居凡界快樂地生活在一起，雖為凡人居住凡界，豈不勝過自己這樣清冷一個在此寂寞月宮之

中做天神百倍！然而嫦娥心雖後悔，甚想回到凡界向神羿檢討自己的過錯，請求神羿原諒其錯雙雙重歸舊好，過先前一樣的夫妻恩愛日子。但是上天作為對她背叛丈夫的懲罰，卻使她不僅去往天界別處不得，而且返回凡界也是不成。

由此，她便只有獨居月宮之中，與無窮的寂寞終日相伴，苦熬度過無聊的時日。因而直到唐代，詩人李商隱還在其《嫦娥》一詩中，憐憫嫦娥之苦，嘲諷嫦娥不忠道：「嫦娥應悔偷靈藥，碧海青天夜夜心。」

後來的傳說和古籍記載所以這樣違背真實，誣陷嫦娥使之惡名，細究起來當然仍是出於神羿之徒逢蒙的惡言。逢蒙為逞邪惡之想，欲搶神藥服下飛昇天界，逼得嫦娥無奈盡服神藥飛昇天界而去，逢蒙見之氣惱得連射三箭欲殺嫦娥不成之後，甚為擔心其惡未逞嫦娥飛昇天界而去，師父神羿打獵歸來察知此情自己末日來臨。

「師母飛歸天界去了！」為此逢蒙便不敢怠慢，為了製造假像掩蓋自己之惡，急忙開口喊叫道，「大家都快來看，師母飛歸天界去了！」

逢蒙喊叫之時唯恐眾人耳聽不見，他便使盡了嗓門，喊得其聲響徹四近。尚儀村眾人與正在練功場上的神羿眾徒聞聽逢蒙此喊，全都頓生奇異，立即邊循聲跑向逢蒙在處詢問究竟，邊舉目按照逢蒙所指望向了空中，看視嫦娥怎樣飛回天界。

然而嫦娥飄飛迅速，逢蒙喊叫時間遲後，再待到眾人聞喊舉目看向空中之時，已見嫦娥的身影昇上了高空。眾村人與神羿眾徒剛才聞聽逢蒙之喊已是奇異十分，因為他們全都知道嫦娥心地善良，待人誠懇，與神羿雙雙情深意篤，恩愛難泯。又知道神羿求藥回來之後，曾與嫦娥約定兩個擇日服食，共同長生不老永居凡界為民除害。

所以他們突聞逢蒙喊叫嫦娥飛上天界而去，開始都不相信。他

們想像不到嫦娥會獨服神藥拋棄神羿，他們堅信嫦娥絕對不會這樣去做。他們便更不相信嫦娥真如逢蒙所喊飛昇上了天界，但也詫異嫦娥如果真的飛昇天界而去，或許另有原因，便心中全都奇異起來。

「娘娘快快回來，你不能拋下我們走啊！」奇異中他們全都向著越飛越遠的嫦娥齊聲喊叫，以期喊回嫦娥道，「我們捨不得娘娘去呀！」

然而不知是這時嫦娥飛昇已高，沒能聽到還是怎的，儘管眾人在地面上喊叫連聲直到喊啞了嗓門，卻不僅不聞嫦娥應聲，而且眼見嫦娥已是飛昇得變成了一個小小的暗點，隨著倏地已是消逝了蹤影。

嫦娥蹤影消失眾人方纔停止喊叫，因為嫦娥已去他們再喊也是無用。停止了喊叫他們心中對嫦娥此去之因更為奇異，便齊圍向逢蒙詢問起了短長。

「我也不知道。剛才我來到師父家中，」逢蒙聞聽眾人問他嫦娥離去的原因，這是他迴避不得的一個問題因而早有準備，便立刻繪聲繪色地向眾人假言起來道，「看看師父打獵是否歸來，便看見師母正欲吞服神藥⋯⋯」

「師父回來了！」然而逢蒙剛剛講了個開頭，卻聽週邊一徒突然喊叫起來道。眾人聞聽此喊齊舉目向山路望去，果見神羿騎著駿馬威赫赫地一陣奔跑過來。但只是這時眾人誰也沒有上前去迎接他，因為他們全都在為嫦娥的倏然離去替師父心疼，便誰也無心言說無趣相迎，全都呆愣起來。

凱旋奪勝的神羿在遠處見此情景，心中已是一愣，不知往日見到自己總是高興起來的眾人，今日看見自己為何一反常態全都呆愣起來。隨著他來到近處看到眾人仍是對他不言一語，便更對眾人全都對他呆愣不言心中詫異起來。

「你們這是怎麼了？」詫異之中他也即不怠慢，立即開口詢問道，

「村中出了事情嗎？」

「你們這是怎麼了？有事快對我說呀，」然而眾人這時仍是呆愣不答，因為大家都知道，這事對於神羿太重大了。神羿這時焦急地大叫起來道，「難道連我也不相信了嗎！」

神羿的歸來早已把惡徒逢蒙之膽嚇破，剛才正在講說的他頓然止住講說，懵在了那裏。但是邪惡的他心中雖怕神羿知道是其行惡，趕走了嫦娥的根底，立即就要斷去他邪惡的性命，可他當然不願立即就死在神羿手中。

為此他要詭辯要反說，要使神羿相信嫦娥之惡自己之好，保得自己邪惡的性命不被神羿斷掉。於是驚慌之中他心思不敢停歇，當他聞聽神羿之言，便急忙率先開口道：「師父，徒兒請你坐下靜聽。」

「吞吐什麼，」神羿性格火急，值此心疑之時更是焦急不已道，「有事直言。」

「師父，事關重大，」逢蒙這時仍是思量不息道，「徒兒敬請師父不要急火，坐下靜聽。」

「噢，出了什麼大事？難道事關於我不成！好，我坐下，徒兒快對為師講說。」神羿這才心中更疑地說著，來到院中坐下身來，等待逢蒙對他講說。但他剛一坐下，便發現不見了嫦娥急言道，「逢蒙徒兒，快快叫你師母前來見我。」

「師父，」逢蒙這才借題開口道，「你在凡界再也見不到師母了。」

「啊！」神羿不聞此言還罷，陡聞此言立即驚得叫出聲來道，「此話怎講？」

「師父，」逢蒙這才告知道，「師母她剛剛飛昇天界去了！」

「剛才徒兒正在向眾人講說，徒兒剛剛來到師父家中，」從來遇事不驚的神羿耳聽逢蒙此言，頓然驚得愣在了那裏。逢蒙則即趁此

機假言道，「看望師父是否打獵歸來。腳一進門，恰見師母正欲吞服神藥……」

驚愕的神羿陡聞逢蒙此言，心中倏地清楚過來。他不相信嫦娥會獨服神藥，他想到了逢蒙昔日之惡，便氣得立即霍地站起身來，開口對逢蒙怒喝起來道：「惡徒休得再言，為師一切都清楚了！」

正言的逢蒙原已料到神羿會懷疑自己，但想不到事情會發生得這樣快疾，因而突置此景一時心中轉不過彎來，陡地愣在了那裏。神羿這時則氣惱萬般地口中說著，腳下已是一步逼到了逢蒙面前道：「惡徒，定然是你心生邪惡，逼得你師母無奈服食神藥去了！」

尚儀村眾人和神羿眾徒也都早已察知逢蒙之惡，同時又想到嫦娥心地善良與神羿夫婦關係篤厚。因而耳聞神羿此言，也全都覺得心中一明，開口怒斥起了逢蒙道：「逢蒙，還不快向師父如實交待！」

「師父，徒兒實在冤枉！」逢蒙剛才雖被神羿之舉驚呆，但邪惡的他自有邪惡的心機，只見他呆愣中心機急轉，已是想出了對付神羿之策，口中喊起了冤枉道：「師父即使立即殺了徒兒，徒兒也是冤枉的！」

「惡徒還喊冤枉！死到臨頭，你說你有何冤？」神羿這時則威逼不收道，「當著眾人之面快快講來，讓大家辨個清楚！」

「師父，徒兒實在冤枉，徒兒趕上了關鍵之時。」逢蒙繼續喊冤道，「徒兒如果那時不到師父家中，師母悄然離去徒兒不知，也就什麼事情都沒有徒兒一點了。」

「那麼，」神羿氣惱中也想弄清情況，這才抑住即殺逢蒙之想道，「你為什麼不勸說你師母？」

「徒兒看到師母正欲獨服神藥，便即勸說師母不可拋下師父。但師母卻一反常態說，徒兒啊，師母原本是天界的天神，只因受了你

師父的牽累方纔留身凡界，歸回天界不得。」逢蒙繼續騙說道，「你師父對我固然是好，但又有哪個男人或男神，對你師母這樣的嬌嬌女子，會不情深意篤！為此師母決計脫去你師父的牽累，心想多日還是獨服神藥歸回天界的好！」

神羿仍是不信喝問道：「惡徒怎麼勸說的？」

「徒兒忙說師母不可這樣行事，師母這般去了，師父就沒命了！因為徒兒深知師父之心，一步也離不開師母！然而師母聞聽卻說道，徒兒之言固然有理，」逢蒙立即接著道，「但師母為了飛回天界去做天神，也顧不得那麼許多了。再說，師母這樣去做雖然自私一點，卻也是對你師父牽累於我的懲罰。為此，師母去了。」

神羿急不可待又問道：「其後呢？」

「師母言說至此，就要吞服神藥。徒兒本想將神藥奪下攔住師母，但又豈敢出手。」逢蒙繼續假言道，「加之師母行動迅疾，把神藥向口中一拋已是服了下去，隨著已是身子飄然昇騰，飛出窗外徑向高空而去。」

「噢，」神羿這時奇異道：「竟有這般神異？」

「是的，徒兒心想師母去了就會害苦師父，但欲拉已是不能，因為師母倏然之間已是飛昇上了半空。」逢蒙這時肯定道，「徒兒一時無奈忽生急想，為了師父徒兒無法留住嬌美的師母，但為師父留下殘廢的師母，也比讓師母離去不見的好。」

神羿聞聽不解道：「此言怎講？」

「為此徒兒即不怠慢，急忙『嗖嗖嗖』一連三箭射向了天空。但不料徒兒三箭皆為跟隨娘娘的玉兔所攔，」逢蒙繼續詭詐道，「硬是沒能射住師母之身，結果使其越昇越高，徑直飛昇去向了天界！」

神羿聽到這裏仍是心中不信，抑住氣惱為了弄清情況，繼續詢問

道：「眾人何時知曉？」

「徒兒三箭射過之後攔不住師母心中焦急，又怕別個無人看見師母飛昇去了天界，徒兒一人言說師父更是不信，」逢蒙心懷驚怕道，「便急喊眾人齊來看視。隨後眾人皆見師母離去情形，師父可以查問。」

神羿雖然表面靜聽至此，心裡卻在靜聽之中翻騰不息，他想了很多很多。他知道嫦娥對自己的摯愛之深，因而他不相信她會獨服神藥離開自己而去。為此他便想到定是逢蒙惡徒施惡，欲搶神藥逼得嫦娥無奈服食神藥而去。逢蒙見之氣惱又為殺人滅口，即射嫦娥於空中，可無奈他射殺不死！

「惡徒休得騙說為師！定是你這惡徒為搶神藥逼走了你師母，」想到這裏又聽逢蒙惡徒講說完了，他便怒火陡騰道，「又怕我知道欲要殺人滅口箭射你師母！可是你沒能得逞，枉費了心機！」

逢蒙這時講說完了，正在驚怕中等待神羿作出判決，陡聞神羿此言揭穿了自己的老底，心中立刻更驚萬分，因為這是其死期到來了呀！然而邪惡的他當然至死也不會承認其所施邪惡，聽罷神羿之言急忙抑住驚怕，假作慷慨之態，口中鏗鏘道：「若如師父此說，就可立刻殺掉徒兒，但徒兒至死也是冤枉的。那樣徒兒死去，師父便再也難以弄清事情真相了。」

神羿剛才雖然心想至此言說出來，但他沒有證據也是不敢全信。特別是他想到先前的師妹甜妹，也是對自己摯愛殊深，但後來為了自身的利益竟也不顧心中之愛，誣陷並反證於自己，使自己險些受到殺身之害。

常言秋天的雲彩女人的心，女人的變化是最不可預料的。嫦娥受到自己牽累又怎能心中不會生變，真的做出如同逢蒙所言之事呢？為此他又懷疑起了自己所想，些微相信起了逢蒙的假言，一時拿不定了

主意。

「師父，你與師母對待徒兒恩同再造，徒兒哪會去生邪惡之想呀！」逢蒙這時看出了神羿的心思之變，趁其不言又即狡獪道，「再說，師父與師母身在凡界是徒兒的靠山，去了天界徒兒更會沾光不盡，徒兒怎能去做那等癡傻之事呢！」

「師父心中若是氣惱，殺了徒兒泄出這口惡氣，徒兒也絕無怨言。」神羿在逢蒙言此之時，仍是心想不止口中不言。逢蒙隨之又言道，「師父再造了徒兒，徒兒當為師父而死，又豈會吝惜自己的性命！」

「好了，」神羿這時無奈道，「不要再說了。」

然而逢蒙這時仍要講說，狡點的他要借此時機，把黑白顛倒過來。不然他實在承受不起，他道：「但只是師父見疑徒兒，徒兒實在承受不起，冤枉至深啊！師父您想，徒兒即使搶得神藥服食下去能夠飛昇天界，可師父連天上的日月都能射下，又豈能射不下來那等邪惡的徒兒。徒兒施此邪惡，又有何益？師父，您替徒兒想一想吧！」

心思難定的神羿聞聽逢蒙講到這裏，心思更加猶疑難定起來。他相信起了逢蒙言之有理，自己錯怪了逢蒙。惱怒起了無情無義的嫦娥，認定了她比先前的甜妹施騙手段更高，對他更加不誠。他看到了天界的不平、人間的欺詐，他憤怒失望悲涼到了極點。

於是他舉目望向了高天，他感到嫦娥正在天空中享樂，拋棄了他。他已被兩個女神拋棄了兩次，他要從此困居凡界獨受寂寞，他的心因而疼苦到了極點！心苦中他頓然又生氣惱，倏地喊叫起來道：「不，追上天界我也要把這負心的嫦娥追擒回來！她欺騙了我，我決不饒恕於她！」

「可是，」然而，神羿隨著卻又無奈起來道，「我再也飛昇天界不得了呀！」

　　逢蒙這時見到神羿此變心中頓喜萬分，因為他看到自己做了惡事，又逃脫了身死啊！為此他即趁此機又獻惡計道：「師父有法飛昇天界，師父可以再上昆侖求取神藥，追上師母共用天界之福呀！」

　　「對，徒兒說得對呀！」無奈的神羿聞聽逢蒙此言，心中陡地一明道，「為了弄清真相，我要再上昆侖去求神藥。」

　　「那麼師父就快出發吧，」逢蒙這時求不得神羿即去，於是開口催促道，「舍此也是別無它途了。」

　　「但是，惡徒也是休得僥倖！我暫且留你一命不死，」但是神羿對逢蒙也並非心疑盡釋，而是對他心疑不解嚴屬道，「待我弄清真相，再殺你也是不遲，你是逃脫不了的！」

　　「徒兒不敢違背師命，恭待師父處置，哪兒都不會去。」逢蒙心中雖怕，卻也不敢言它而仍為自己辯白道，「師父儘管放心前去，早日求得神藥飛昇天界，弄清真相洗雪徒兒身負無辜之冤。」

　　然而就在神羿剛才講完欲要離去之時，突然心中一明轉了個彎子，止住了欲去的腳步。只見他對逢蒙前言聞若未聞，心中想到嫦娥這樣去了也正是一樁好事。因為自己摯愛著嫦娥，卻又牽累得嫦娥留居在了凡界，使得自己也常常心中為不能使其返回天界去作天神而痛苦。因而自己先前西去昆侖，歷經磨難求取回來了神藥。自己求取神藥，也正是為了他與嫦娥雙雙返回天界。但無奈神藥不多，只夠一人服食之後飛昇天界。當時摯愛自己的嫦娥，就曾不顧自身勸說於他，要他獨服神藥先期飛回天界，然後再伺時機助其返回天界。

　　嫦娥前日心懷那般闊大，自己今日怎能心胸狹窄不及嫦娥呢！自己愛著嫦娥，使嫦娥好正是自己的心願。再說嫦娥飛昇天界之後，也是不會不顧自己的。為此想到這裏，神羿心中又頓然思緒萬千起來。

　　思緒萬千神羿心中便一派混亂，對下步行動難做定奪起來。為此

他為理清思緒，立即對眾人眾徒大叫道：「都走，都給我走開。我的頭腦快要炸了，讓我一個清靜地想想！」

　　村中眾人與其眾徒都理解神羿這時的心境，聽聞其言便都悄悄地離散而去，只留下神羿一個心痛地苦思起來。

二八、路遇知音

　　神羿獨自坐在院中想了很多很多。他既想到了逢蒙之言為假，也想到了逢蒙之言為真。既想到了嫦娥此去或為逼迫，也想到了嫦娥此去或者盡如逢蒙所言。同時他還想到了嫦娥此去，或許是出於一種別的美好願望。

　　他想到，嫦娥先前勸說自己獨服神藥飛回天界，去向玉皇大帝講明不平再接其返回天界。自己當時堅心不允，使得嫦娥陷於無奈。這次嫦娥飛昇而去，是否因其看到自己與其終生為伴，不願飛回天界實在委屈，心痛自己又怕自己知之攔阻，因而不告而去？其先回天界與玉帝老兒講說不平，爭取使自己早日返回天界？

　　想到這裏他覺得這有可能，因為這符合嫦娥的性格。如若不然，神羿深深地知道嫦娥若是不受逢蒙逼迫，是任憑怎樣也不會獨服神藥，拋下自己獨回天界的。因為她愛著自己，愛得是那樣刻骨銘心。她怎能捨得了自己，獨回天界而去呢！

　　逢蒙講說他沒有逼迫於她，她又怎能因為自私獨服神藥而去呢？那不可能，即使她那樣對逢蒙說了，也定然是為了讓逢蒙傳言給自己，以使自己心涼少去思念於她。

　　想到這裏神羿覺得有理，便暫且不再心想別的，也決計不再立刻

去追究逢蒙的真假。而先對天遙尋起了嫦娥在處，靜心等待嫦娥向玉帝老兒講說有成，前來迎接自己返回天界。

再說，嫦娥此去即使為逢蒙所逼，到達天宮之後她也會向玉帝老兒講明自己之冤，以求接回自己的！想到這裏，神羿心中便不由自主地生出了欣喜，因為這樣即便逢蒙之言為假，嫦娥此去為逢蒙施惡所迫，不久嫦娥迎接自己而來或者自己到了天界，見到嫦娥也會弄個水落石出的。

神羿欣喜中情緒隨著穩定下來，既不再氣惱追問於逢蒙，也不再詢問於眾人，只是日日思念嫦娥，夜夜盼見嫦娥，焦待嫦娥傳來消息。焦待中他心裡充滿了希望，趕走了憤怒和悲涼，只等好消息突然傳來。

然而此後只見神羿白天望天黑夜望天，焦急地等啊待呀，轉眼已是十數日過去，卻不僅不見天上嫦娥的一絲蹤影，而且也不聞有一點兒嫦娥的消息傳來。神羿在焦待中急了，這樣等待下去何時是個了期呀！加上突失嫦娥生出的無盡寂寞，也實在使他忍受不住起來。

為此神羿平靜的心中重又翻起了波瀾，充滿的希望漸漸消退了去，悲涼之情又悄然襲上了他的心頭。他看到了焦待的無望，看到了自己只往好處未往壞處去想，看來是再要見到嫦娥已是無望了！

眼見至此，焦待中的神羿便又思謀起來。他想嫦娥已經歸去十餘日，不露一絲蹤影兒不送一點兒消息，定然是其故意所為。她所以這樣去做，是她此去絕非如同自己所想，即或為心中憐惜自己飛昇天界去到給自己求個公道，或為逢蒙所迫，這時看來這兩者全都不是。若是其中的任何一種，她都不會這樣去做的。

因為去到天界，即使一時與玉皇大帝講說不成，也該給自己送來個消息呀！如今她沒有，因而其定然如同逢蒙所言，是其偷吃了神藥

拋下了自己，她則昇天享福而去。

她這樣去做飛回天界去了，便當然沒有顏面再見自己，她怕受到自己的懲罰。同時見到了自己，她也要愧疚得心中耐受不住。所以她不見自己，也不敢再見自己，不給點滴消息以隱去其蹤跡。神羿想到這裏認定有理，便立刻恢復了對嫦娥的憤怒和絕望，生出了對惡徒逢蒙的信任。

他惱怒天界玉皇大帝對他不公，如今又在凡界遇到了這樣欺騙於他，手段更高的嫦娥。為此他絕望自己從此失去了心愛的嫦娥，從此再也沒有了自己心中的嫦娥！嫦娥飛回天界去了，她變成了欺騙自己的好手。她便在自己心中雖然活著，卻猶如死了！

他悲哀自己的劫數不盡，命運不幸。不說玉皇大帝不平於他，就連自己的師妹甜妹、自己摯愛的妻子嫦娥，也竟然都一個個這樣不忠於他。他實在為自己命運的不幸，悲哀到了極點。

如此憤怒、絕望、悲哀心境交織之中，生性英勇的神羿一時間卻也沒有變得意氣消沉，情緒頹廢，相反卻使他更加豪氣陡騰要去抗爭。他要飛回天界，去向玉帝老兒爭得公平，去尋嫦娥懲罰於她，一句話，要去為天凡二界掃淨不平與欺騙惡行。

情緒高漲至此，他心中頓然激情澎湃萬千，又亟切地心想起了怎樣飛回天界的事情。他想起來了，逢蒙對他說過，他可以再去昆侖神山求取神藥，以服食飛回天界尋見嫦娥。但卻不是僅如逢蒙所說，是為澄清嫦娥服藥的真實。而是去向玉帝老兒爭取公平，去處罰嫦娥這位自私不忠的叛夫之妻。

想到這裏，他便不再坐在家中等待嫦娥的消息傳來，而立刻告別逢蒙眾徒與尚儀村人，一路西上昆侖再次求取神藥而來。惡徒逢蒙耳聽神羿告辭之言，當然心中喜驚參半，但他還是如同先前鼓勵神羿西

去昆侖。

他心中歡喜神羿去了，他便避開了時刻對他有身死威脅的死神。同時神羿此去或許也有斷命之險，若是那樣他就徹底脫開了死神的威脅，並使自己有了稱名凡界的時機。再說，他心中也正為自己向嫦娥搶掠神藥不成，使得自己失去了飛昇天界的時機而氣惱。如果這次神羿再去取來了神藥，自己巧妙取食便又有了飛昇天界之機了！

當然他也心驚，他驚怕神羿此去若能成功，真的服食神藥去了天界，就會向嫦娥弄清事情的真相，那樣自己的死期也同樣就要到來了。為此他心中對神羿此去，雖有一面脫開死神之喜，卻又有另一面迎來新的死神之怕，他又驚怕到了極點。

「師父之想甚好，只有這樣師父才能飛昇天界爭得公平，見到師母弄清真相。」心懷喜驚參半之情，逢蒙從眼前計還是鼓勵神羿西上昆侖道，「因而徒兒祝師父一路順風，馬到功成！」

惡徒逢蒙就這樣一邊與其眾師兄弟口中說著，歡送神羿西去。另一邊卻又心中求不得神羿此去，沒有返回之日。尚儀村眾人既知道神羿這時的心境又知道他的性格，他決定的事情是攔阻不住的，便也只有齊聲勸他西去，並盼他早日功成返回村中。

神羿離別眾人剛行之初，心中當然也曾陡然一陣冷靜，想到了自己此去昆侖定然不會成功。王母娘娘對他像玉帝老兒一樣不平，在上次其求取神藥時已經看得清清楚楚。上次自己求藥不成最終施武相逼，方纔僅僅求到一粒神藥，王母娘娘也已把再無神藥之語說絕。

這次自己又去，王母娘娘豈會再給神藥，說不定還會給自己個避而不見。如果那樣，自己就會更是去之無功。想到這裏，神羿心中也是陡然生冷。但隨著他卻心中又是一明，想到了上次王母娘娘只賜給他一粒神藥，而且只夠一人服食飛昇天界，二人服食長生不老，很像

是故意那樣作為。

若真那樣，嫦娥這次服食神藥而去，就是王母娘娘那個老惡婆被逼雖然賜藥，卻又有意施害於他夫婦了。不然，她為何賜藥劑量這樣湊巧呢！神羿這樣想到王母娘娘之惡，涼了的心便又頓然惱怒起來。

他惱怒王母娘娘，不僅像玉帝老兒一樣對自己不平，而且更過玉帝老兒十分地故意設計陷害於他夫婦。如果不是這樣，她是完全可以賜給自己兩粒種藥，使他夫婦一起返回天界的。

可是她不，她僅賜給自己一粒，這不是眼睜睜地讓他夫婦活活分離於天凡二界又是什麼！正是因為這樣，嫦娥服食神藥飛昇去了，卻把自己留在了凡界。害得他一雙恩愛夫婦天地遙隔，不得相見起來。

過去神羿雖聞眾神講說玉皇大帝公正慈藹，王母娘娘表面藏笑內裡自私狠毒，他對之聞而一笑都不相信，這次他完全相信了。因為王母娘娘把其自私狠毒使到了他夫婦頭上，害苦了他夫婦兩個，他感受殊深。

為此他要西去，他要再去見那王母娘娘，不僅要求神藥，而且要逼她說清其所施狠毒，以泄心頭之憤，以解心頭之怒。神羿於是向西奔走疾急起來，他要以最快的速度迅雷不及掩耳之勢，突然趕到昆侖神山出現在王母娘娘面前，讓她避開自己不得。

不然自己行進遲緩，王母娘娘察知躲避開去，自己就此去難以有功了。於是他向前奔啊奔呀，他白天奔，夜晚奔。轉眼疾奔數十餘日過去，已是來到巍巍昆侖神山近處，看見了昆侖神山的容顏。

昆侖神山相貌依如先前，巍聳高天，雲遮霧纏，面目時隱時現。眼見神山神羿心中更喜，他數十日來的艱辛奔波之果，就要結在眼前了。為此他奔走向前更疾，轉眼已奔到了昔日繞山的火山跟前。

昔日這裏烈焰騰騰形成火障，纏繞神山四周使得任憑誰個也難以

去到神山。如今，由於上次神羿怒而放箭射殺了山神熄滅了烈焰，山上焰火已無。神羿未費周折便一陣越過昔日火山，來到了攔路的弱水之前。

弱水悠悠，水面幽藍，橫亙在神羿面前，攔住了前攀神山的去路。神羿知道弱水無法可渡，又想到自己如果不迅疾渡過弱水，給王母娘娘空出了察知自己到來的時間，自己就將失去見到王母娘娘的時機。

「弱水水神快來渡我！」為此他即不怠慢，站在弱水岸邊對水大叫道，「不然，火山山神的下場前車可鑒。」

弱水水神聞喊見是神羿來到水邊，心中實在對之為難驚怕萬般。他知道神羿此來仍為求取神藥去見王母娘娘，但是上次自己鑒於火山山神攔阻被其用箭射殺的前轍，未敢攔阻神羿放其上了神山。

結果，王母娘娘後被神羿所逼心中大惱，神羿走後重責了他一百天杖，硬是把他打得皮開肉綻。而且嚴令他從那往後不經批准，不准一人一獸一神一仙渡過弱水，攀上神山。

王母娘娘有命弱水水神不敢更改，但他又知道神羿的厲害。如果自己硬是攔阻，神羿發起怒來，拈弓搭箭射向自己，自己也就要如同火山山神命喪箭下，毀去千萬年修行之功了。但他驚怕之中也是無奈，只有深做躲藏以不被神羿發現，避免被神羿箭射身死。

「弱水惡神，你膽敢攔阻於我，就怪不得我不射殺於你了！」弱水水神深藏不見，神羿喊無應聲，他既怕耽擱時間王母娘娘察知避去，又怕自己高喊驚動了王母娘娘。為此他不敢怠慢，立即拈弓搭箭「嗖」地射向了弱水道。神羿箭隨聲飛，一箭已是射進了弱水之中。

弱水水神驚怕中突見神羿放箭射來，當然更是心驚萬分。唯恐那箭飛向了自己，為此瞪大眼睛看視著。開始弱水水神尚存僥倖心理，

認為自己藏匿甚深神羿看視不見，此箭不會飛向自己。

　　但是旋即，瞪大眼睛的他卻見到那箭不偏不斜，竟然神使鬼差般地徑直向他飛來，眨眼已是到了其面前。弱水水神見之驚得一詫，那箭已是「嗖」的一聲射進了其心窩之中，射得他「啊呀」一聲絕叫，已是斷去了性命。

　　「我叫你攔！誰敢攔我神羿，今日就叫誰身被箭穿！」隨著弱水水神中箭身死，悠悠弱水便倏然乾涸了去。神羿見之，一陣「哈哈」大笑道。說著，腳下已是邁開大步，轉瞬跨過乾涸的弱水水底陸地，向昆侖神山攀去。

　　神羿此後果然無神敢攔，一陣便攀到了半山腰間的懸圃花園門前。神羿見到園門，又是開口大叫道：「英招大神，王母娘娘現在哪裏？可在園中？」

　　守園的英招大神當然已經看到了神羿來到，而且也已經知道他剛才射殺了弱水水神，急要奔上山去尋見王母娘娘再求神藥。英招大神當然想放神羿上山而去，助他再見王母娘娘求藥有成，因為他心中甚為同情神羿的不幸遭遇。

　　但無奈他也因為上次放過神羿，受到了王母娘娘的重責，並身負王母娘娘不得再放一神一人上山之命。所以他心雖同情也想再幫神羿，卻又不敢開口上前。神羿這時只顧心急見到王母娘娘，喊叫數聲不聞英招大神回應，心中已惱其與弱水水神一樣欲要攔阻自己。便不再喊叫等待，而立刻又拈弓搭箭，「嗖」地射向了懸圃園門。

　　英招大神心中同情神羿，便對之既無驚懼也無防備之心。因而神羿之箭「嗖」地飛了過來，無防的他便隨著「啊呀」一聲絕叫，已是中箭身死在了山上。神羿一箭射去，聞聽英招大神身死，便隨著即又向山巔登攀而去。

「大神，王母娘娘此刻可在宮中？」神羿此後一陣登攀來到山巔開明門前，便開口詢問守門的陸吾大神道，「快快領我見她！」

陸吾大神也是正義之神，心中甚為同情神羿，求不得幫他即達目的求得神藥。但無奈王母娘娘數月以來實在未來神山，這時不在宮中，便對神羿如實道：「娘娘不在宮中，暫請大神退去改時再來。」

「小子，你要攔我上山！」然而這時神羿只顧焦急，不知陸吾誠心待他，氣急中仍是以為陸吾大神也是攔阻自己，是王母娘娘的心肝肺腑。為此聞聽其言，勃然大怒道，「小子要知道，我神羿可不是好惹的！」

「大神暫且息怒！」陸吾心地誠懇，仍是沒有想到惱怒的神羿，已經把他看成是王母娘娘的走狗。而依如先前誠懇道，「小神真乃實言，望大神寬恕！」

「放屁！你小子只顧心向不平不申冤屈，有了你等之流天凡二界豈有公平之日！」神羿聞聽更是惱得火騰萬丈，但由於陸吾在其眼前其箭射其不開，便即出械殺了過去道，「好，為除天凡二界不平，我神羿今日就先除掉你這小子。」

「大神住手，小神所言皆為事實，」陸吾心中同情神羿，見之只躲不還道，「切莫動手傷了和氣。」

「我與你和氣什麼，沒有什麼可和氣的。來吧，我神羿反正也已活得膩歪了，今日有你無我有我無你，咱們刀把子上見和氣吧！」神羿這時氣惱地說著，已是一刀緊過一刀地戳向了陸吾。只見他真個是左一刀「驚鴻展翅」，右一刀「游龍戲水」。轉眼間已殺得陸吾躲避不掉，不還不行起來。

「神羿兄弟，兄長無奈只有還手了。還望小弟長手下留情，」陸吾大神眼見自己只躲不還已經無奈，但仍是心中不惱開口道，「莫要

傷了和氣。兄長實在同情小弟，言之皆為真實。」

「惡神休得花言巧語，騙說於我也救不了你的性命，看刀！」神羿已是一陣與陸吾交手不成，心中為此更惱陸吾這樣攔阻自己，給王母娘娘贏得避開自己之機。於是他聞聽陸吾此言，當即怒斥道。隨著，又出手更疾地殺向了陸吾，頓然與出於無奈出手迎來的陸吾，惡殺在了一處。

這是一場惡殺，驟然間只見神羿之刀疾若游龍，刀刀不離陸吾要害。陸吾神功高強，把手中一杆長槍使得上下翻飛迅疾如風，槍槍指向神羿險處。轉眼他倆鬥得你來我往我往你來，已是十餘回合過去不分上下。直殺得巍峨的開明門前，殺氣騰騰，戰雲密佈，險惡萬端。

他倆這樣殺得不分上下，神羿脫身不得，於是他心想自己數十日奔波，看來此番就要壞在攔他的陸吾手上，便越殺越惱，越惱越殺。於是又戰十餘回合過去神羿突然一個絕招使出，陸吾大神招架不住險些身受刀戳。為保活命急轉身開步，逃向宮中而去。

神羿見之怒氣難消，因為他這番糾葛，奪去了其突然出現在王母娘娘面前之機，使得其此番可能取藥難成。為此他便不能寬恕，即又拈弓搭箭「嗖」的一箭，射向了正逃的陸吾。陸吾只顧奔逃防備不及，隨著神羿之箭射到，已是「啊呀」一聲絕叫喪去了性命。

神羿射殺了陸吾大神，隨著急忙入宮，徑直奔向上次尋見王母娘娘之殿。然而他奔到那裏尋找一遍，卻沒有見到王母娘娘的點滴蹤影。不見王母娘娘蹤影神羿心中陡地一涼，但隨著他想到這座帝宮，由五座城池十二座殿樓組成，宮院偌大，王母娘娘或許躲向了別處。便隨著心中又生希望，即向別宮另殿尋找起來。

然而神羿此後尋啊找呀，他仔細尋遍了帝宮之中的諸宮列殿，沒有遺漏一宮一殿，卻仍是沒有見到王母娘娘的蹤影。尋找至此神羿心

中真的失望了，他這樣找尋不見王母娘娘，則說明王母娘娘躲避自己去了，自己此來白跑了一遭。

失望之中他陡生氣惱，氣惱王母娘娘上次賜藥坑騙於他，使他夫妻天地兩隔，自己寂寞心苦萬般。為此他更惱陸吾攔阻於他，使得王母娘娘借機離去，自己前來而難得寸功。於是他返到陸吾大神屍體之前，惱怒萬般地拔出雙刀，一陣如雨點般砍向了陸吾大神的屍體。

「老王婆，我叫你逃，叫你避開我！今日我毀你下方帝宮，叫你永遠來住不成。」可歎陸吾大神就這樣被神羿誤會，既為神羿所殺，又被他碎屍萬段。神羿揮刀一陣砍碎陸吾的屍體之後，心中由於未見王母娘娘怒氣仍是不解，遂仰起頭來高聲大叫起來道，「若是你正躲在宮中，就燒熟了你，吃你的肉。還叫你心懷不平，與玉帝老兒一道苦害我夫婦！」

神羿如此口中叫著，隨著真的尋來火種，一宮宮一殿殿縱火焚燒起了昆侖帝宮。只見他隨後縱火一陣，玉皇大帝的巍峨昆侖帝宮便燃起了熊熊烈焰，劈劈啪啪燃燒起來。昆侖帝宮宮殿眾多，坐落在昆侖山頂。因而一時燃燒不盡，直燒得火光沖天。白天過後入了黑夜，一直燒紅了茫茫夜空。

神羿點燃帝宮之後，則也沒有立即離去，他要察看王母娘娘是否躲在宮中。他想自己尋找不見王母娘娘，如此縱火一燒如果她躲在宮中，就必將現身逃往別處。然而神羿等啊待呀，雖然其眼睛一眨不眨地凝視著整個火場，不放過哪怕一點一滴的有異響動。

可他一直等待了三天三夜，直到帝宮中的五城十二殿全都化成了灰燼，也沒有見到王母娘娘的點滴蹤影。眼見守候在此見到王母娘娘已是無望，氣惱至極的神羿便心中更惱。

因為見不到王母娘娘，他便求取神藥無望，從此就難去天界講說

不平，找見負心的嫦娥了。自己也只有在不久的幾十年之後，像凡人一樣身死去下地獄，忍受地獄中的痛苦折磨。

想到自己最終要從一位名震天凡二界的英雄，墜入凡間地獄去受磨難，神羿心中當然更是氣惱至極，見不到王母娘娘仍是吼叫不止道：「老王婆，你若再不出來見我神羿，我不僅燒毀你的下方帝宮，還要燒毀整座昆侖蕩平神山！你聽見了嗎？」

王母娘娘不在山上當然不會聽到，也不會應聲。神羿喊叫數遍不見應聲心中更惱，隨著便真的在山上到處縱火，一陣即把巍巍昆侖神山全都點燃起來。他要燒毀此山，燒來王母娘娘。

但他點燃神山之後又是等啊待呀，神山在偌大的凡界之上雖然形若一支火炬燃燒不息，一天兩天三天數天過去，末了燃盡了山上的樹木園林飛禽走獸。直到燒黑了山上的土石，卻仍是不見王母娘娘的身影出現。

神羿至此終於失望至極也絕望到了極點，無奈他只有發瘋般地離開昆侖，心痛萬般地昏昏然向東奔行而來。神羿這次焚燒昆侖神山為出胸中惡氣，卻使昆侖之上和周圍的所有神跡至此毀絕淨盡。使得我們今日再也見識不到昔日神山之上的點滴神跡，這實在令人遺憾至極。

而且當時由於燒得山上寸草不生，便使得山上至今仍是到處佈滿著黑褐色的裸露山石。神羿離開昆侖此後一路東行，沿途真是越行心中越苦。數十日之後，這日上午來到洛水岸邊，眼見秋日裡寬闊的洛水水面倍加清幽可人。

水面上水鳥翱翔，河水中游魚騰躍。一群美妙的仙女正在水邊嬉戲，有的擷取靈芝，有的拾取鳥羽，有的撿取水蚌。個個翩然行進，倏忽往還，歡樂之至。

心苦的神羿雖置此境，心裡卻也不會變得美好起來，當然也更不

會歡樂起來。其心境仍如先前一樣敗壞至極，未被置身境地山光水色之美，和別個的歡樂情緒感染點滴。為此他依舊向前奔行，對面前的美妙景致歡樂仙女，看也沒有看視一眼。

然而就在他向前正行之際，一幕使他動情的場景卻陡然映入了眼簾，止住了他正行的腳步。他看到，在歡樂的眾仙女中，有一位最為嬌美的仙女，正悄然獨個離開歡樂的仙女之群，來到水邊岸石旁邊，凝心佇立靜觀起了面前的亭亭孤松和燦豔秋菊。

其體態像驚飛的鴻雁一般輕盈，又若乘雲上昇的游龍般夭矯。遠遠望去光耀得好像太陽昇起在佈滿朝霞的天空，近近看去又像是白蓮花綻開在水面上一樣美麗。她身材肥瘦適中長短合度，肩膀像用刀削成。腰肢像束著光滑的絹子，秀長的脖頸呈露出白膩的肌膚。不需要脂粉妝飾，便已自然美麗無匹。

烏黑而高聳的雲鬢，細長而彎曲的雙眉。紅馥馥的嘴唇閃著鮮豔，白燦燦的牙齒耀著光彩。明亮的眼睛顧盼生姿，臉頰上還生有兩個令人銷魂的小酒窩兒……

但是神羿並不因為此女豔美若此而動情，則是他眼見其形象雖然豔美這般，神情卻與之不相協調地黯淡十分。她的微笑是那般淒涼，就好像是在夜靜月明的空中，擦著明月掠過的一縷灰色浮雲。

此女為什麼這般憂傷，這般落落寡歡與眾不同？心境與自己一樣！神羿突然覺得自己的心與之通了，她或許是心中有著與自己一樣的痛楚。為此他停下了正行的腳步，欲要上前問個究竟。

二九、河伯興兵

　　神羿不知眼前的美女非為別個，正是昔日淹死在黃河之上的人祖伏羲爺之女宓妃。我在這套叢書第三卷《伏羲大傳》中曾經寫到，當時邪惡的朱雀為了與司春大神句芒和伏羲之子咸鳥爭奪宓妃為妻，心中暗設惡計，施用冰凍河水邪術，先是把句芒與咸鳥引到了冰封的黃河之上，然後化冰使他二人落入水中，隨著又冰封河面把他二人封在冰下活活淹死。

　　句芒與咸鳥被朱雀施惡淹死河中，覆於冰下之後，高興的朱雀便欲搶宓妃為妻。但無奈宓妃心中酷愛著司春大神句芒，便沿著黃河踏著封河之冰，向東苦苦尋找起了身在冰下的句芒。

　　不久，她找到了被覆於冰下句芒的屍體，被水沖著向東流去。她便跑在冰上，向東疾急地追撞起了句芒的屍體。朱雀既然欲奪宓妃為妻，這時便緊隨宓妃之後，向東追撞過來。

　　然而就在這時，正鬥雷神的伏羲聞聽雷神言說，宓妃與句芒兩個都被朱雀封在了冰下。伏羲聞聽大驚，即將法寶煙鍋取出插入河邊吹起氣來。伏羲兩口氣向河水中吹出，河冰驟化，恰把正在冰上追撞的宓妃與朱雀兩個，全都陷入了河水之中。

　　宓妃落入河水立即身死，欲奪其為妻的未死朱雀找其不見。因為

宓妃身死之後，則被一直跟隨在水中的河伯馮夷搶掠了去。河伯馮夷既名馮夷，又叫冰夷。原本是一個普通凡人，後來人們傳說他因渡河溺死而成為水神。

但也有人更具體地說，他是華陰潼鄉堤首人。因服八石之藥而成水仙，做了河伯。還有人說他由於長年服食水仙，而成為河伯。河伯馮夷是一位風流瀟灑的漂亮男子，他長著白皙的面孔，頎長的身軀。

他以本來面目出現的時候，身子下半段有一條魚的尾巴，如同生長在北海中的陵魚。他以水神河伯面目出現的時候，則會化為白龍一類的神物。河伯馮夷生活放蕩不羈，他每年都要娶一位凡間漂亮姑娘做其新娘，以陪伴他玩耍作樂。

他經常乘坐一輛用荷葉做篷的水車，駕著龍螭一類的動物，在眾多姑娘的伴陪下在九河中遨遊。我國古代大詩人屈老大夫，就曾在其著名詩篇《九歌·河伯》中，這樣生動地描述過河伯的風流瀟灑生活——

……魚鱗的屋頂啊龍紋的廳堂，
紫貝的門樓啊珍珠的殿房，
河神的家啊住在水鄉。

他乘著白黿啊後跟著文魚，
和女郎們啊河州同遊共歡娛，
潺湲的流水啊向下賓士……

河伯馮夷的生活既然過得這般風流瀟灑，他便是一個見到漂亮女人就挪不動腳步，而且見一個愛一個的風流花神，因而鬧出過數不盡

的風流韻事。宓妃淹死之時，就恰值他乘坐水車，在眾姑娘的伴陪下遊玩黃河之期。

馮夷坐在車上，正在懷中摟抱著心愛的姑娘盡情遊玩，突見河水驟然生凍冰封住了他乘坐的水車。他雖然身為河伯，但是突遇這般反常情景，他心中也是大為驚詫。

因為他作為河伯，司掌著河中的一切。這時天氣正值春暖花開之日，自己沒有下令，融融的河水怎麼突然變冷，又倏然凍成了嚴冰？連自己乘坐的水車也被封住了呢！

奇詫之中馮夷正要弄清緣由，卻突然又見河冰驟開，但隨著又倏然間封實了河面。馮夷見此驟變心中更奇之餘，立即想到懷有這般驟然冰封化解黃河之能者，定為大神決非普通凡人。同時此神這樣驟然冰封化解黃河之水，定然不是遊戲而是派有用場。

為此他不敢怠慢，急忙巡視四方尋找此神，以迎見此神問其要做何事，看看是否需要自己前去說明。然而馮夷此後找啊尋呀，找尋了多時卻是不見有身懷異能的大神出現。

馮夷不見如此大神出現心中更覺奇異，就在這時他突覺眼前一亮，看到從西方上游封覆黃河的冰上，急匆匆跑來了一位姣美妙齡女子。那女子漂亮之至，馮夷覺得他雖然先前日日在女兒堆中度過，卻還從來沒有見到過這樣漂亮之女。

因而其心魄頓然全被此女懾奪了過去，使得他立刻忘掉了身邊簇擁的眾多少女，棄下她們徑直迎見那女子而去。風流的馮夷所以此去，是他決計要獲得此女，以飽豔福。

此女當然不是別個，正是在冰上奔跑著向東追撞被朱雀封在冰下句芒屍體的宓妃。宓妃心愛的句芒的屍體在冰下向東隨水漂走，宓妃心疼至極追趕不止。但是河冰甚厚河水湍急，她奔走雖疾卻也追趕不

上，而且追趕上了也撈不出來。

宓妃撈不出來卻還是緊追句芒的屍身不放，為此她忘掉了身邊的一切，心中只有心愛的句芒。馮夷為了得到宓妃這時向前迎去，剛迎不遠卻見宓妃身後緊跟著朱雀。看到朱雀馮夷不知深淺，為了少惹麻煩他立刻身入水中，緊緊地在水中潛隨宓妃不放。

潛隨之中，馮夷越看奔走在冰面上宓妃的絕美容顏，越加猴急難耐，垂涎欲滴。宓妃實在長得太美了，我國後來的大詩人屈老大夫，曾經這樣在其著名詩篇《離騷》中，以最高的禮讚歌頌宓妃之美道——

我叫雲師豐隆駕上他的雲車，
去尋找宓妃這曠古的美人；
解下我的佩帶表達我對她的愛慕，
我請伏羲的賢臣蹇修來做我的媒人，
可是她的芳心忐忑，主意沒有拿定，
忽然拒絕了我的懇請。
晚上她回到西方的窮石，
昆侖山腳下的弱水在那裏發源；
早上她在洧盤河邊洗她美麗的長髮，
燦爛的朝陽喚醒了沉睡的崦嵫山。
驕傲的女郎啊隱遁在山林，
空懷著絕世的豔姿飄然不群；
唉，她未免太無情又無禮了吧，
我只得離開她到別處再去追尋。

正因為宓妃生相這般嬌美曠古，所以馮夷緊追不放，越追越急。

然而馮夷追趕得雖急，但由於冰上的朱雀也緊隨其後追趕不放，冰下水中又漂走著句芒的屍體。追趕中他也無法詢清根底，一時也是不敢下手。

終於，馮夷得手的時機到來了，這大概是馮夷的豔福所致。即馮夷正追之中，突然感到置身的河水驟然變熱，隨著封河的堅冰驟然開釋。隨著便見正在冰上奔跑的宓妃，倏地落身在了水中，幾口水一嗆便立刻斷去了性命。在這同時，句芒的屍體則突然化為一道雲煙，徑向天界而去。

馮夷眼見得手的時機來到，他當然不會錯過這一良機。他看到那緊隨宓妃之後的朱雀也落入了水中，這時也正在猴急萬般地尋找著落水的宓妃。他看出來了，這個醜陋的傢伙不知天高地厚，竟然猴急萬般地愛上了宓妃這曠古的美人。他能夠緊追宓妃，天知道他身懷何能？

如果他身有異能又率先把宓妃搶到了手中，獲得宓妃的好事就沒有他馮夷的了。為此他即不怠慢，迅疾游到宓妃屍體旁邊，一伸手便把死去的宓妃抱在懷中，隱入了其在水底的河伯府中。使得在水中猴急尋找宓妃的朱雀找啊尋呀，此後再也見不到宓妃的蹤影。

馮夷既把淹死的宓妃抱入了府中，隨著便把其放在床上，精心進行護理營救。他不讓別個動手，哪怕是最細心的侍女，他也怕其心不夠細伺候不周，傷害了這位曠古的絕美佳人。於是他侍候啊營救啊，經過數日護理，宓妃終於慢慢睜開了眼睛蘇醒過來。

醒來的宓妃眼見自己躺在水府之中，身旁依偎著一位風流瀟灑的男子，不禁心中大異詢問道：「這是何地？我這是身在哪裏？你是誰個？快放我走！」

「姑娘莫急，這裏非為別處，乃是小神河伯我馮夷的府邸。」馮

夷眼見宓妃醒來心中大喜，又聞宓妃此言心中更喜三分。為此他急忙對之道，「姑娘之前落水身死，是小神把姑娘救了回來，施救使你復生了過來。」

「噢！若依此說，」宓妃聞聽道，「小女就要多謝河伯了。」

「那倒不必。但是姑娘如今已經不再身為凡人，而超凡入化成為洛水女神了。」馮夷這時繼續道，「因而姑娘莫急，從此就住在我這府邸之中，與我共用水神之樂吧。」

「不，我不做水神。我不住在你這府邸之中，」宓妃不聞馮夷此言還罷，耳聞此言頓然更急否定道，「我要去找我的句芒哥哥。我愛著他，他也愛著我！你快放我走。」

馮夷聽了宓妃此言，不禁心中陡然一懍。酸楚起了這一曠古美神，竟然心中不愛自己而愛著別個，實在使他遺憾萬分。但隨著他便想到自己也不必遺憾，因為自己畢竟剛剛認識於她，不認識怎麼會愛呢！於是他驚奇地詢問道：「姑娘，你找的句芒是誰？不是人祖伏羲的大臣，司春大神句芒吧？」

「正是。」馮夷知道句芒，但他不相信面前的姑娘找的就是那位句芒。宓妃這時急言肯定道，「不找那個句芒還找誰個。」

「姑娘，你是誰？」馮夷被宓妃如此一語說得心中更為驚詫，即忙以作詢問道，「怎麼愛上了他？」

「我乃人祖伏羲的親生女兒宓妃，」宓妃即答道，「當然愛上他了。」

「怪道姑娘生相嬌若天仙，原來姑娘就是宓妃啊！」馮夷聽聞心中頓然大喜過望道，「小神過去只聞其名未謀其面，今日得見真乃名不虛傳也！」

「河伯大神，快讓我走，讓我去尋句芒。」宓妃聞聽馮夷絲毫沒有讓她離去之意，便又催促道，「要麼，就尋找不到了！」

「不，」馮夷即又攔阻道，「你去不得。」

宓妃心中一詫，唯恐馮夷不放她離去道：「怎麼就去不得？」

「姑娘莫急。一是你先前被水淹死，」馮夷一笑道，「此刻剛剛蘇醒過來，身子正弱。」

「不，我身子不弱。河伯大神既然救了我宓妃，」宓妃也立刻否定並懇求道，「就救神相救到底，讓我立刻前去尋找句芒吧。宓妃多謝救命恩神了！」

「不是我河伯不讓宓妃姑娘前去，」馮夷聽了則繼續講說道，「而是姑娘前去也是無功的。」

「怎會無功？」宓妃不解，立刻反問道。

「姑娘難道不知，」馮夷於是實言道，「句芒已經死了嗎？」

「這個我當然知道，但他是被封在冰下死的，」宓妃也是不驚道，「因而他可能不是真死，這時正需要我去營救！」

馮夷仍是否定道：「不……」

「我一定要去！」宓妃聞聽馮夷又是不讓自己前去，遂開口打斷其言道，「找不見活著的句芒，也要找見句芒的屍首！」

「不是我不讓姑娘前去，」馮夷又言否定道，「而是姑娘去了，也尋找不見句芒的屍體了。」

宓妃聞聽驚詫道：「為什麼？」

「姑娘落水的時候，」馮夷即又實言道，「句芒的屍體便已化作一道雲煙，徑飛九天去了。」

「啊！」宓妃聽了更驚道，「這不會是真的！」

馮夷肯定道：「此則小神親眼所見。」

「不，你騙我，你不讓我去！我對你說，」宓妃這時從驚愣中陡然清醒過來，激動難抑表白道，「你雖然救了我，但你不讓我找見句

芒，我這就死在你的面前！」

「姑娘不信，那麼好吧，」馮夷這時無奈道，「我這就帶你去找句芒。」

「這樣，小女就多謝恩神了。咱們快走吧，」宓妃這才高興道，「除了句芒，我爹伏羲也會因為見不到我，該急瘋了呀！」

「是呀，你已昏迷數日，我們快走。」馮夷說著，便起身引領宓妃出離河伯府邸，一路尋找句芒與伏羲而去。

然而宓妃來到黃河岸邊，在馮夷的伴陪下尋啊找呀，轉眼尋找數十日過去，沿河尋找了百十餘裡，卻不僅沒有尋見句芒的屍體，也當然沒有找見伏羲。句芒飛昇天界成神去了，伏羲正在追殺雷神。他二人都不在黃河岸邊，宓妃豈能尋找得見。

宓妃尋找不見句芒和伏羲心中傷疼，遂決計自己去死。但她隨後設法死了幾死，都被馮夷攔住死去不成。最後只有在馮夷的硬勸強迫下，重新返回到了馮夷的府邸。

宓妃重入河伯府邸心中仍是思念句芒與父親不息，終日茶飯無味，日夜啜泣不止。馮夷則對其極力規勸，百般細心照料，體貼恩愛更加入微。

因為宓妃實在是太美，美得連其憂愁啼哭時，也令馮夷心搖意蕩不止。因此，馮夷除了欲得宓妃的肉體還要奪得其心，所以他不下狠手而只用真情實愛感動宓妃之心，以使宓妃成為自己的嬌嬌愛妻。

風流瀟灑的馮夷玩遍了眾多的女人，深諳對付不同女人的不同方略。為此他對宓妃對症下藥，不久便獲得了成功。開始他感動了宓妃之心，隨後便把宓妃的一顆熱心懾奪了過來。

宓妃所以成了他愛情的俘虜，是因為她在痛苦中想到，句芒已是去了天界，自己雖愛也是再見不到，父親已去也是不知下落。自己一

個柔弱女子，突然變得孤獨伶仃無依無靠起來。

而馮夷不僅救了自己，其又生相姣好，對自己也篤誠殷勤，自己也不應違了其一片熱心啊！馮夷與宓妃就這樣結成了夫妻，雖然宓妃心中充滿了傷痛，但她還是真愛馮夷，欲要與其廝守終生。

可是時日一久，嘗遍了女人滋味的馮夷便食厭了宓妃的美色，對之厭倦移心於了新的女人。宓妃被冷落，也可以說被馮夷遺棄了。與此同時，宓妃在此期間也察知了馮夷的風流韻事，更使得她傷心萬分，也氣惱萬分。

她傷心氣惱馮夷跟自己演戲，褻瀆了自己的一腔真情。為此她心中更苦，但因為她已成了馮夷之妻，走脫不成只有受此萬般痛苦。宓妃心中痛苦便日日鬱鬱寡歡，雙眉緊鎖臉佈愁容，沒有一絲兒歡樂。

她想念對她摯愛的句芒，她惱恨多情的馮夷，她恨自己的命運這樣多舛！一個女兒家，得不到自己真愛之人，自己無奈對之獻情者又辜負了自己的真情，其心中該是多麼痛苦呀！宓妃正是這樣，心中痛苦到了極點。

為此馮夷不陪她出來遊玩，她只有帶領眾侍女們出來尋歡，以聊度無聊的痛苦時日。但在遊玩之時，她心中痛苦深重，又無論怎樣也尋不出歡樂來。為此她便常常是在眾侍女尋歡之時，她在一旁發呆苦思。

這日心苦的宓妃又引領眾侍女出來賞秋，眾侍女歡樂時她又心苦難抑，更加思念心愛的句芒，惱恨濫情的馮夷。為此她俏眉緊蹙不知不覺離開眾女之群，來到岸邊觀賞起了山崖上的孤松和秋菊。

孤松傲霜，屹立岩間，蒼翠欲滴，高潔偉岸。秋菊燦豔，迎霜怒放，獨立寒秋，無花可比。心苦的宓妃對之越看越加敬羨，越加靜觀凝心不轉眼眸。但她也越看心中越苦，臉上的表情越加黯淡憂傷，與

遊玩得歡樂之至的眾侍女們大相迴異。

　　恰在這時神羿西去昆侖求藥未成，返回尚儀村來碰巧走到這裏。心苦的他對歡樂的眾仙女視若未見，卻一眼看到了鬱鬱寡歡的宓妃。驟然心覺與之相通，轉彎走上前來欲問宓妃根底。

　　神羿身為名震天凡二界的英雄，生相舉動與一般凡人大不相同。他不僅身材高大偉岸，氣宇非凡，而且腳步「咚咚」震響甚遠。因而他剛剛向正在凝心看視孤松秋菊的宓妃走來，宓妃緊凝的心便已被神羿的「咚咚」腳步聲震動，使她移目看向了正朝她走來的神羿。

　　宓妃移目剛剛看向神羿一眼，其心魄便立刻被神羿懾奪了過去。她不僅敬羨神羿不凡的英雄氣宇，而且也看到了神羿身上流溢的情調黯淡，恰與自己心緒一般。為此她像神羿一樣，一睹神羿之面便仿佛其心已是與之溝通，求不得與其立刻相聚長敘，以吐心中之苦，以解心中之怨。

　　「姑娘心有何愁，」就在這時，神羿已是快步來到宓妃面前，開口詢問道，「在此獨自落落寡歡？」

　　「說來話長，」宓妃耳聽神羿如此一語，頓覺心結開釋，禁不住即言道，「講說不完。」

　　「那樣更好，」神羿聞聽又言道，「可以慢慢敘談。」

　　有情人啊，就這樣不需要常相廝磨，一見即生情火二心坦誠相見，各覺終得知音心結不需相瞞。為此宓妃聽了神羿此言，又問道：「英雄此從何處來，去往何處，為何愁堆滿臉？」

　　「心有萬般鬱結一語難盡，」神羿也是心不隱瞞道，「也像姑娘一樣需要長言。」

　　宓妃這時已是動情得忘掉了一切，即忘掉了自己的處境，忘掉了自己是出來遊玩，也忘掉了正在其旁跟隨自己而來遊玩尋歡的眾侍

女，而即對神羿講說道：「好。英雄如果不棄，請往僻處敘談。」

神羿當然正是求之不得，隨之便與宓妃一道離岸登崖，一陣奔進了河岸遠處的密林之中。林中幽靜，樹木蔽天。神羿倆仿佛到了一個幽僻的世界，覺得這裏沒有了天也沒有地，沒有了神也沒有了人，只有他一男一女兩個在此共歡。

為此他們談啊談呀，談宓妃之苦，談神羿之愁。談到了天黑，談到了天明，又談到了天黑。他兩個只顧這般傾心敘談，頭腦中完全沒有了時間概念，在不知不覺中已是談說過去了數天。

有情者呀，就這樣談說不盡，雖然昔日不識今初謀面。他們不僅不為相互陌生隔離，相反都深悔謀面太晚。因而通過敘談他們的心結解了，心緒通了。沒有了憂愁只剩下了歡樂，沒有了戒備只剩下了溝通，沒有了心苦只剩下了激情。

為此一個是曠世英雄，一個是曠古美女，處此境地他倆便沒有了男女界線。只剩下了如膠似膝般恩愛在一起，縱情放鬆恩愛無邊……

宓妃倆知音相遇樂而忘歸，早使得隨同宓妃出來遊玩的眾侍女焦急起來。那時她們只顧在河邊遊玩，不知道什麼時候娘娘悄然隱去。眼見到了天黑該要返回河伯府邸了，她們仍是不見娘娘方纏心中大急，到處尋找四處喊叫起來。然而宓妃這時與神羿隱去遙遠，她們豈能尋喊得見。

眾侍女尋喊不到宓妃心中大驚，十分害怕丟了娘娘她們性命不保。但是尋喊不到娘娘天又已黑，她們又知娘娘與河伯的關係緊張，同時深知娘娘對她們心誠意篤，便全為娘娘考慮決計暫且不事聲張，先期返回府邸以隱去娘娘未歸之跡。反正河伯對娘娘疏之甚遠，她們不言河伯不去娘娘房中，他也不會知道娘娘未歸。

她們所以這樣行事，也都是因為她們皆知宓妃心中之苦，宓妃

獨自離去做點什麼，若能使她開心豈不更好！宓妃平時對她們好到那樣，她們當然應該為宓妃擔當。為此她們甘願共冒風險，悄然返回宮中不言宓妃未歸，全都焦急地等待著宓妃快快回來。

然而宓妃當夜未回，次日仍然未回，第二日夜裡仍是未回。眾侍女等到第三日仍不見宓妃回來，終於不敢再去繼續擔當心中害怕了。因為如果她們真的丟失了娘娘，娘娘有個三長兩短，河伯豈能還讓她們活呀！

同時她們也真擔心宓妃出了事情，遭遇不測。為此她們不敢再待，齊去找到河伯馮夷，把宓妃前日出去一直未歸之事作了稟報。馮夷聞稟勃然大怒，因為他只許自己任意風流，決不允許自己的女人去做點滴風流之事。

而且他也清楚地知道宓妃對自己疏遠於她，心懷怨恨。所以她這樣去而不歸或許有了外遇，那是他馮夷最氣惱也是最不願意聽到的事情。雖然他早已不把宓妃放在心上，但他對於自己玩過的女人，是絕不允許再去接觸別個男性的。

為此他在立即重責眾侍女之余，便令麾下豬龍婆和團魚魔兩個心腹，前去探尋宓妃的消息，以火速前來稟報。雖然馮夷心知宓妃的作為，也不相信宓妃去做外遇之事，但他還是深做戒備，以防自己戴上了綠帽子。

豬龍婆與團魚魔聞令，即向受責眾侍女問清她們那日遊玩去處，遂上岸尋找宓妃而去。牠們分為兩路，豬龍婆從東向南尋找，團魚魔從西向南探尋。牠們探啊尋呀，轉眼尋找兩日過去，終於先後在遙遠的樹林之中，尋見了正在與神羿縱情歡娛的宓妃。

豬龍婆與團魚魔皆為惡怪，因而在他們分別見到此景之時，也都豔羨不已激情難抑，而且求不得看個沒完以飽眼福。但無奈牠們重命

在身不敢多怠，雙雙急先後返報馮夷而來。

　　氣惱的馮夷初聞豬龍婆稟報尚且不信，末了仍是半信半疑。而後待到團魚魔返來，稟報了與豬龍婆相同的消息時，馮夷才不得不信勃然大怒，立刻率兵征討而來。只見他在豬龍婆與團魚魔的引領下，徑往神羿與宓妃所在密林處擒拿姦婦宓妃，打殺姦夫神羿行來。

三十、神羿喪命

　　馮夷前有豬龍婆和團魚魔引路，引領眾兵向前行出不過半日，便已來到了神羿與寵妃隱身密林近處。馮夷即令眾兵暫停前進，他則在豬龍婆的引領下隻身向前看視究竟。

　　馮夷當然也要臉面，他怕眾兵隨他一齊趕到神羿與宓妃在處，如果宓妃正在與神羿歡娛，豈不就將使他丟盡面皮，無顏在眾兵面前站立。再說，他也怕驚跑了寵妃兩個，欲要看清真相再做定奪。

　　馮夷在豬龍婆的引領下一陣急行，須臾便來到了寵妃與神羿在處近旁。豬龍婆前時到過此地，即向馮夷指點道：「大神，你看，他們仍在那裏盡情做愛。」

　　馮夷即向豬龍婆指處看去，只見前方樹木蔥蘢，遮蔽嚴密，不見有宓妃兩個身影，急問道：「惡婆，他們在哪兒？我怎麼眼看不到？」

　　「大神，往那裏瞧。」豬龍婆於是湊到馮夷耳邊，悄然用手指著前方對之道，「小聲點，輕點，別驚動了他們。」

　　馮夷於是順著豬龍婆的手指方向看去，方纔透過樹縫草隙看到，宓妃果真躺倒在一個陌生的男人懷中，盡情地歡笑著正在與之歡娛。馮夷不見此景還罷，眼見此景頓然火騰萬丈，立即拔劍在手就要前去，狠狠道：「下賤女神，我這就去殺了她！」

「慢，大神。大神這樣前去，」豬龍婆見之，急忙攔阻道，「殺死了娘娘，驚跑了那個男人，豈不便宜了他！」

「那怎麼辦？」馮夷氣得白臉抽縮不止道，「快說！」

「大神悄點聲，快息雷霆之怒。不然，就會驚逃了他們。大神，以小神之見，」豬龍婆忙言道，「大神可以即令眾兵圍而襲之，擒住娘娘，殺掉那個男人，方可萬無一失。」

「嗯，是個萬全之策。快，你即回去，與團魚魔各領一軍，你東牠西，向南包剿。」馮夷這才點頭道，「如你之說，先把他們圍住，再上前擒之。常言擒賊擒王，捉姦捉雙。這一回，我叫他們插翅也逃脫不掉！」

「是！」豬龍婆聞令不敢怠慢，即應一聲便返身與團魚魔領兵包剿而去。豬龍婆走後，馮夷隻身一個留在宓妃與神羿近處。他看著宓妃躺在神羿懷中那個歡快盡情的甜蜜樣子，實在理解不了宓妃這是遇到了何來男人，竟然盡興至此。而在先前她見到自己，則總是那樣心慘情苦，笑容難綻。

他覺得是宓妃變了，而沒有看到是自己之變，造成了宓妃的如此之變。他一時想像不出都是一個男的和一個女的，為什麼宓妃見到自己就怎麼也高興不起來，而與這個男的在一起竟會高興這般。

馮夷雖然是一個情場老手，玩遍了妖嬈之女，但對女人從來沒有真情的他，便怎樣也理解不了有情者之甜。為此他越是理解不了又見到宓妃與神羿之甜，心中便越生氣惱，越生嫉妒。恨不得立刻上前打殺那個盡享宓妃之情的陌生男人，搶回宓妃與之歡娛。

然而，馮夷雖惱至此卻也沒有立即上前，他忍抑了下來。他與那個男的勢不甘休，他不能讓他跑了，他要擒住他，以千刀萬剮報雪掠得其妻之恨。馮夷就這樣眼睛看著心中想著，氣惱著嫉妒著，轉眼已

是過去片刻時光。

「何來歹徒，竟敢在此戲我娘娘！」正在他心抑氣惱抑制不住，恨不得立刻上前遏止宓妃與神羿正行的好事之時，突聞對面豬龍婆與團魚魔齊聲喝叫起來道。隨著他們這陣喝叫聲響起，馮夷看到其眾兵已經團團圍住了宓妃兩個。

「快快將此姦夫淫婦拿下，帶回水府。」馮夷眼見此景，立即上前怒喝道。馮夷一聲令下，其圍住神羿兩個的眾兵，便一起奮力向前撲向了他們。

神羿兩個正在做愛，雙雙甜蜜得忘記了天地一切，忘了時間的流逝，只顧盡興而不知道過去了幾多時日。正在他們甜蜜至極之時，突聞喊聲雙雙不禁驟然一驚。隨著他們方纔從極度甜蜜中回到了現實之境，立刻雙雙脫開身子一陣愣怔，接著便思謀起了對付之策。

宓妃陡回現實之後頓感羞愧至極，特別是她看到正在自己與神羿做愛之時，陡被馮夷眾兵團團包圍起來，更覺得丟盡了臉面無法在眾兵面前站立。雖然她與神羿互相傾心恩愛至極，但她畢竟身為馮夷之妻，馮夷又是其救命恩神。而她與神羿之愛，則無疑是偷漢之舉，所以她覺得愧對馮夷。

然而隨著她又轉念清醒地想到，這不是她宓妃對不起馮夷，而是馮夷對不起她的結果。因為是馮夷硬把恩愛他的嫦娥，推向了神羿的懷抱之中。如果馮夷不去見一個愛一個遺棄自己，整日如同當初恩愛自己不盡，又豈有自己心苦與神羿一拍即合之事的發生。因而她覺得自己做的是對的，是他馮夷自己應得的報應。

再說，自己與神羿恩愛至極，乃是出於真心誠意。真誠之愛哪有羞恥之說，即使在大庭廣眾面前，二男女真誠做愛又有什麼可非之處。夫妻之間隱蔽做愛，不是天地神人個個皆知的公開秘密嘛！自己

當然無意去公開這秘密，但馮夷硬要自己公開了這秘密，這罪過又豈在自己！

「英雄，此乃馮夷領兵而來，他要擒拿我們。」為此為了自己心中真誠之愛，她顧不得了虛情假意於她的馮夷，去掉了羞恥之想，而決心與神羿奔出此地道，「你帶我走，你是英雄，我死也要與你死在一起！」

神羿呆愣中當然不把馮夷眾兵放在眼裡，但他正在甜蜜至極之時，突被馮夷眾兵驚起也是一愣，正不知此是何來之兵，與他和宓妃有何關係，自己怎樣保護宓妃使她不受傷害。

「小妹莫怕，有我神羿在，誰也動不了小妹一根毫毛！」為此這時神羿耳聽宓妃此言，立刻開口安慰道。隨著，便一手攜起宓妃向南走去，一手持刀欲殺攔路軍兵。

「快，給我一起圍上前去！」馮夷見之大惱，忙令眾兵道，「抓住這對姦夫淫婦，別讓他們跑了。」

其眾兵聞令，忙一聲喊喝圍殺向了正行的神羿兩個。神羿見之大惱，即揮刀護住宓妃一陣大殺起來。馮夷軍兵當然不是神羿的對手，一陣便被殺死無數。

「豬龍婆、團魚魔，」馮夷見之更惱道，「快快前去擒拿姦夫！」

豬龍婆與團魚魔聞令，立刻一起圍殺向了神羿。豬龍婆與團魚魔倒是還有一些神功，一時間殺得神羿還需認真抵擋起來。神羿一去抵擋便護不住了宓妃，馮夷在旁見之即趁機上前，倏然出手拉住宓妃便走。宓妃被馮夷拉住掙脫不得，便邊隨馮夷奔向水府方向，邊口中急叫起來道：「羿哥救我，羿哥救我！」

神羿聞喊眼見宓妃被馮夷搶去心中大惱，為救宓妃遂使出神功，猛殺攔住自己的豬龍婆和團魚魔。神羿一陣拼殺，已殺得豬龍婆兩個

抵擋不住，豬龍婆一個破綻露出，即被神羿趁機「嚓」一聲斬殺在了地上。

團魚魔通過交戰也已知道神羿的厲害，這時又見豬龍婆被殺更知自己抵擋不住，便一邊自己不敢再戰，一邊急對馮夷大叫道：「大神快撤，惡徒厲害！」

馮夷這時已從宓妃的喊叫聲中，聽出自己碰上了神羿。心中正驚自己無福，碰上了這位名蓋天凡二界的英雄。又見豬龍婆已被神羿殺死，團魚魔喊叫自己奔逃保命。他便不敢再怠，急攜宓妃向北奔逃更疾！

他當然奔逃疾急，他除了知道神羿神功了得，還知道其神箭更是厲害萬分！自己如不疾逃若是神羿空出手來，為奪宓妃定會射殺自己。為此他奔逃疾急，顧不得了身後眾兵。

馮夷攜著宓妃拼命向前奔逃不止，宓妃便喊叫神羿救她不息。神羿這時隨後只顧緊追不捨，一時間卻忘記了放箭去射。馮夷實在奔逃迅疾，使得神羿一直追到了洛河岸邊，馮夷已到水面仍是未能追趕得上。

這時，心驚的馮夷眼見神羿追趕已近，更是害怕他放箭射殺自己，便使出法術倏地化作一條白龍，在水面上掀起軒然大波以遮自己蹤跡，攔擋神羿前追。神羿追到岸邊眼見追趕不上馮夷，又見馮夷已到水面就要隱身，若其隱身把宓妃帶入水府，就將斷去自己再見宓妃之望。

為此他即不怠慢，看見馮夷倏地化作一條白龍在水面掀起了大波，以為馮夷是要隱身水中，方想起放箭射殺馮夷，拈弓搭箭「嗖」地射向了馮夷所化白龍。馮夷看見神羿之箭射來急忙躲避，但無奈神羿之箭飛來疾急躲避不過，那箭「嗖」地便射中了馮夷的左眼。

虧得馮夷躲避疾急，神羿之箭方纔僅僅射中其左眼，沒能把他射死。馮夷左眼中箭疼得「啊呀」大叫一聲，不敢再急急縱身潛入了水府之中。神羿眼見馮夷攜帶宓妃潛入了水府，自己入水追擊馮夷不得，站在岸邊又怕向水中射箭誤傷了宓妃，便只有向著水中大聲喊叫宓妃不止，一連喊叫數日。

馮夷回到水府左眼中箭疼痛難忍，拔出利箭之後氣惱宓妃更亟。他怒斥宓妃勾引來了神羿，使得自己不僅丟了夫人傷了大將，還搭上了自己的左眼。為此他氣惱得一邊令兵幽禁起了宓妃，一邊立刻飛上天界上告神羿而去。

他知道神羿厲害自己不是對手，唯恐自己不放宓妃，神羿踏平水府殺害自己。為此他要上稟玉皇大帝，讓玉皇大帝替他報仇雪恨，除掉神羿。馮夷上達天庭欲出水府，但他心想神羿思念宓妃，這時定會仍在岸邊不會離去。馮夷為此不敢徑出水面，害怕碰上了神羿自去找死，而繞到隱蔽之處，方纔敢於奔出了水面。

「好吧，你小子就在這裏等死吧。不要離去，離去了還需尋找。」出了水面他用剩餘的右眼向神羿在處看去，果見焦待宓妃的神羿正如其料，這時仍在岸邊焦待高喊宓妃。馮夷如此既惱且喜地說著，即騰起雲頭，一陣飛到了天宮靈霄寶殿，跪伏在了玉皇大帝面前。

馮夷跪下之後，為了說動玉皇大帝為其報仇，便立即捂住被射傷的左眼啼哭不止起來。玉皇大帝見之詢問道：「你的左眼怎麼了？怎麼傷的？」

「是給神羿那小子射傷的。要不是小神逃跑得快，命也沒有了。」馮夷這才邊哭邊說道，「陛下，神羿那小子欺我太甚了，陛下替小神報仇雪恨吧。他對陛下心藏微辭，決不會恭順呀！」

玉皇大帝不用馮夷講說，心中也早已知道了神羿與馮夷的這場糾

葛。他雖然以不平之心對待神羿，但對馮夷這個品行不端的河伯，也
並無什麼好感。因而聽罷馮夷之言，立刻故意反問道：「神羿為何射
瞎了你的左眼？」

「我……我那時變作一條白龍，」馮夷不願講說宓妃與神羿之事，
張揚自己之醜，因而半天方纔吞吞吐吐道，「從水面正要潛身回府……」

「你既然不願講說真情，就不用多說了。你是河伯，為什麼不安
住在府邸之中，而去變作一條龍？」玉皇大帝耳聽馮夷不言真情，心
中即不耐煩地打斷道，「龍既然是水族動物，神羿射傷了你又有什麼
罪過！你去吧，從此往後要好自為之。」

「別說了，」馮夷見之急欲再言，玉皇大帝則不耐煩地把手向外
一甩道，「去吧，快去。」

馮夷無奈，只有敗興地辭別玉皇大帝，返回府邸而來。馮夷碰了
釘子回到府邸，欲借玉皇之手除掉神羿報仇不成，自己又無力誅殺神
羿報雪冤仇，便把氣惱全部潑到了宓妃身上。他對宓妃除了著令兵丁
嚴加看守，以防其逃遁他去之外，並且日日設法虐待折磨於她，以發
洩其心中對神羿之恨。

這樣以來，宓妃心中雖念神羿，求不得立刻再赴神羿懷抱之中，
但由於她身受監禁脫身不得，卻也再沒有能夠前去。神羿為此在岸邊
喊叫數日不見宓妃，此後又是焦待數日仍是不見宓妃前來，心中便全
被失望佔據。他知道，宓妃不出來再見自己，是她身被幽禁再也出來
不成的緣故。

為此他在這裏再待下去，也是等待不到的。再說，宓妃畢竟是河
伯之妻，自己在此明目張膽地等待馮夷的妻子來見自己，而且自己又
射瞎了馮夷的左眼，自己與宓妃的感情無論多麼深厚，多麼篤誠，也
都是有辱於自己的英名、自己的品德和形象的。為此他不再等待，離

開河岸徑向尚儀小村返來。

行進途中，他當然思念宓妃沒有盡時。這不僅僅是因為宓妃對他太甜，給了他太多的幸福，而更多的則是雙方互為知音心思相通，給了他更多的勇氣和鼓舞。當時在他心灰意冷欲死不活之際，是宓妃突然出現在他的面前，給了他活的希望，生的勇氣，掃除了寂寞，帶來了歡樂。

可是現在她又去了，她去了便就又帶走了神羿活的希望，生的勇氣。送來了寂寞，掃去了歡樂。重又陷入寂寞欲死不活之境，神羿行進途中當然又是思緒萬千。他想到自己英雄一世，正義一生，不知道命運為什麼卻這樣的淒苦，劫數為什麼這樣永無盡時。

別說玉皇大帝夫婦對自己的不平了，就連普通的女神，為什麼也要這樣傷害自己呢？甜妹去了，嫦娥去了，如今宓妃又去了。她們都那般美好，給了他那麼多的溫情和幸福，可是末了她們又都拋下自己去了。來時那般甜，去時那般苦，實在是比手拿利刃殺害自己更痛十分！

過去他不知道軟刀子相殺的厲害，現在他知道了，而且是親身體驗得到的。那比利刃更加鋒利萬分的軟刀子，殺你雖然不像利刃一刀見血，但卻使你欲死不成，欲活難能。

甜妹是一把軟刀子，殺傷了他的心靈。嫦娥是一把軟刀子，殺去了他活的希望。宓妃更是一把軟刀子，殺得他必死不成啊！軟刀子，軟刀子，自己一條錚錚硬漢，為什麼偏偏碰上軟刀子，而且是這麼多把軟刀子呀！

想到這裏，神羿當然想到了他所以會碰上這麼多把軟刀子，仍是玉皇大帝與王母娘娘以不平待他的結果。可是自己是正義的，是為凡人的，其所做的一切事情無論大小，全都不是為了自己而是為了弱者

善者的。自己匡扶正義除惡扶善有什麼不對，又有什麼不好，竟然遭到這般下場，使得自己活也活不好，死也死不成呢！

玉皇大帝與王母娘娘他們身居高位，養尊處優，又為什麼不為自己撐腰，而要以不平對待自己！削去自己的神籍，使得自己返回天界不得不說，怎能再用小人的手法使出這麼多把軟刀子，殺得自己死活難成呢？這手法多麼殘忍又多麼殘酷，實在不該出自玉皇大帝夫婦之手呀！

想到這裏，神羿心中更是氣惱萬分，決計任憑玉帝老兒施法妄殺自己，自己就是不死，活不好活得苦也不死，要與之抗爭到底，以爭輸贏。他不相信正義的自己厄運沒有竟時，不平的玉皇大帝永居高位不受懲罰。他要等待下去，等待自己的厄運終了之日，等待玉帝老兒身受懲罰之時。

神羿懷著這樣的心境此後在途數日，便回到了尚儀村中。其逢蒙眾徒與尚儀村人聞聽神羿歸來，又全都圍了上來詢短問長，心苦的神羿聞問即向眾人講說了一切。其眾徒與眾村人聞聽神羿講說，也頓然全都憤怒到了極點，抗議起了玉皇大帝夫婦兩個對神羿的不平。

神羿此後就這樣又在尚儀村中住了下來，但由於身受的打擊太大磨難太多，英雄的他也仿佛變了模樣，性格遠不是先前那個樣子了。這並不是他不再關心他人之事，以扶正祛邪為先，這些他依如先前。而是其性格變得暴躁難抑起來，動不動就大發雷霆之怒，責罰其無辜徒子。其徒子和眾村人也變得不僅心中同情於他，而且也禁不住怕起他來。

逢蒙眼見神羿此去未死又返了回來，當然是對神羿之事最為關心之人。他希望神羿返了回來取來了神藥，不久便可以飛昇天界而去。但當他眼見神羿此去無功空手返了回來，又脾氣變得這般暴躁之時，

便重又生出了即殺神羿之心。

因為他害怕自己不先出手殺死神羿，神羿有朝一日發起怒來必殺自己。同時再留神羿不殺對自己也是無用，他求不來神藥自己吃食不成也飛昇不去天界，那樣他長期住在凡界，自己便不能在凡界稱名。為此他決計立刻動手，伺機殺死神羿。

惡徒逢蒙決計至此，便立即準備了一根結實的桃木大棍，日夕拿在手中，只待神羿無備之時突出殺手。逢蒙此後等啊待呀，急待多日仍是不得萬無一失的下手時機。

終於，這日神羿心緒敗壞至極，頭腦昏昏然然，對一切全都無心無意起來。逢蒙眼見時機來到，便緊隨神羿之後瞅準時機，突從背後一棍砸向了神羿頭部。

昏然的神羿頭腦突受打擊猛然驚醒，但那鮮紅的血液和著雪白的腦漿已經流了出來。

然而神羿畢竟英雄蓋世，就在這時他還是凝聚起其最後的精力，「嗖」地向身後的逢蒙甩出了一支袖箭。那箭不偏不斜，「噗」地正中逢蒙腦門。逢蒙疼得「啊呀」一聲驚叫，已是先於神羿斃去了其醜惡的性命，得到了他應該得到的下場。顱破血流的神羿見之，這才臉上露出憤恨之情頹然倒在了地上！

神羿就這樣死在了自己的愛徒手中，他死得實在既悲慘又不幸。他的其他徒子與尚儀村人眼見逢蒙打死了神羿，平時又都道聽途說逢蒙邪惡，而且其妻子則比逢蒙更加邪惡三分。

為此他們眼見逢蒙雖然得到了應得的下場，卻也心中氣惱萬分欲為神羿報仇。為此他們便立即去到逢蒙家中，抓來其妻把她與死去的逢蒙捆在一起，點天燈燒死在了神羿屍體之前。

人們就這樣為神羿報雪了被殺的冤仇，同時也都知道神羿一生遭

遇悲慘，為凡人建功卓著，為此為了紀念神羿的功勳，他們把死後的神羿奉成了宗布大神。宗布，有人說或者就是「醋」，原是古代的兩種祭禮。「禜」，祭祀的是水災和旱災的神靈；「醋」，祭祀的是給人或牲畜帶來災害的神靈。兩種祭禮都是祈除災害的祭禮。

神羿生前為凡人除害，所以人們在舉行這兩種祭禮的時候，便都把神羿當成了祭祀的對象。後來人們崇敬思念神羿，又乾脆把他供奉在了家中，使他成了凡人祭祀敬重的具有誅邪除怪之能的宗布大神。

眾人的眼睛是最亮的，為眾人建功的人，人們不會忘記他，永遠紀念他。他死了，還是永遠世世代代活在人們的心中。神羿就是一個這樣的人，因而我們完全可以借用大詩人屈原《九歌·國殤》中的「身既死兮神以靈，魂魄毅兮為鬼雄」，作為對身遭不幸的神羿，一生英雄業績的由衷悼頌！

一稿於 1994 年 2 月 24 日—5 月 2 日
二稿於 1994 年 5 月 3 日—5 月 22 日
修訂於 2015 年 9 月

參考資料集萃

一、帝俊

帝嚳名夋。

——《史記‧五帝本紀》索隱

帝俊賜羿彤弓素矰，以扶下國。

——《山海經‧海內經》

二、羲和與常羲

東南海之外，甘水之間，有羲和之國。有女子名曰羲和，方日浴於甘淵。羲和者，帝俊之妻，生十日。

——《山海經‧大荒南經》

空桑之蒼蒼，八極之既張，乃有夫羲和，是主日月，職出入以為晦明。

瞻彼上天，一明一晦，有夫羲和之子，出於暘谷。

——《山海經‧大荒南經》

日出於暘谷，浴於咸池，拂於扶桑，是謂晨明；登於扶桑，爰始將行，是謂朏明。

——《淮南子‧天文篇》

下有湯谷。湯谷上有扶桑，十日所浴。在黑齒北，居水中，有大木。九日居下枝，一日居上枝。

——《山海經‧海外東經》

大荒之中，有山，名曰孽搖頵羝。上有扶木，柱三百里，其葉如芥。有谷，曰溫源谷。湯谷上有扶木。一日方至，一日方出，皆載於烏。

——《山海經‧大荒東經》

《禹貢》、《山海經》言日有十。在海外東方有湯谷，上有扶桑，十日浴沐水中。有大木，九日居下枝，一日居上枝。

——《論衡‧說日篇》

有女子方浴日。帝俊之妻常羲生月十有二，此始浴之。

——《山海經‧大荒西經》

三、羿

　　三峻山，一名靈山，一名麟山，在（屯留）縣西北三十五裡。三峰高峻，為縣偉觀。相傳羿射九日之所。

——《古今圖書集成・職方典》

　　羿，古之善射者也，調和其弓矢而堅守之。其操弓也，審其高下，有必中之道，故能多發而多中。

——《管子・形勢解》

　　堯時十日並出，草木焦枯。堯命羿仰射十日，中其九。烏皆死，墮羽翼。

——《藝文類聚》卷一引《淮南子》

　　日中有三足烏。

——《論衡・說日篇》

　　堯時十日並出。堯使羿射，落沃焦。沃焦，海水泄處也。

——《錦繡萬花谷》引

　　羿死於桃棓。（高誘注：棓，大杖，以桃木為之，以擊殺羿）

——《淮南子・詮言篇》

四、嫦娥

羿請不死之藥於西王母，姮娥竊以奔月，悵然有喪，無以續之。

——《淮南子·覽冥篇》

羿請不死之藥於西王母，羿妻姮娥竊以奔月，託身於月，是為蟾蜍，而為月精。

——《初學記》卷一引

日者，陽精之宗，積而成烏，像烏，而有豐趾，陽之類，其數倚。月者，陰精之宗，積而成獸，像兔蛤焉，陰之類，其數偶。其後有馮焉者。羿請不死之藥於西王母，姮娥竊之以奔月，將往，枚筮之於有黃。有黃占之，曰：「吉。翩翩歸妹，獨將西行，逢天晦芒，毋驚毋恐，後且大昌。」

——《全後漢文》卷五五

月中何有，白兔搗藥，興福降祉。

——《藝文類聚》卷一

採藥神藥山端，白兔搗成蛤蟆丸，奉上陛下一玉柈。

——《太平御覽》卷九○七

舊言月中有桂，有蟾蜍，故異書言月桂高五百丈，下有一人常斫之，樹創隨合。人姓吳名剛，西河人，學仙有過，謫令伐樹。

——《酉陽雜俎·天咫》

411

五、逢蒙

逢蒙學射於羿，盡羿之道，思天下惟羿為愈己，於是殺羿。

——《孟子·離婁下》

百發之中，必有羿逢蒙之巧。

——《淮南子·說林篇》

設五寸之的，引十步之遠，非羿，逢蒙不能必全者。

——《韓非子·外儲說左上》

六、河伯

馮夷，華陰潼鄉堤首人也。服八石，得水仙，是為河伯。一云以八月庚子浴於河而溺死，一云渡河死。

——《莊子·大宗師》釋文

昔者馮夷、大丙之御也，乘雲車，入雲蜺，遊微霧，騖恍忽，歷遠彌高以極往；經霜雪而無跡，照日光而無景，扶搖拸抱羊角而上；經紀山川，踏騰昆侖，排閶闔，淪天門。

——《淮南子·原道篇》

帝降夷羿，革孽夏民，胡躲夫河伯，而妻彼雒嬪（王逸注：雒嬪，水神，謂宓妃也。傳曰：河伯化為白龍游於水旁，羿見射之，眇其左

目。河伯上訴天帝,曰:「為我殺羿!」天帝曰:「爾故得見射?」河伯曰:「我時化為白龍出遊。」天帝曰:「使汝深守神靈,羿何從得犯汝?今為蟲獸,當為人所射,固其宜也。羿何罪歟?」深一作保,羿又夢與雒水神宓妃交接也。)

——《楚辭·天問》

七、諸怪

堯之時,十日並出,焦禾稼,殺草木,而民無所食。猰、鑿齒、九嬰、大風、封豕、修蛇皆為民害。堯乃使羿誅鑿齒於疇華之野,殺九嬰於凶水之上,繳大風於青丘之澤,上射十日而下殺猰?斷修蛇於洞庭,擒封豕於桑林,萬民皆喜,置堯以為天子。

——《淮南子·本經篇》

有巴遂山,澠水出焉。又有朱卷之國,有黑蛇,青首,食象。

——《山海經·海內經》

巴蛇食象,三歲而出其骨。

——《山海經·海內南經》

象骨山。《山海經》云:「巴蛇吞象」,暴其骨於此。山旁湖謂之象骨港。

——《說郛》六二

昌明文庫・悅讀歷史　A0604013

神羿大傳

作　　者　李亞東
版權策劃　李換芹

發 行 人　林慶彰
總 經 理　梁錦興
總 編 輯　張晏瑞
編 輯 所　萬卷樓圖書（股）公司
排　　版　小漁
封面設計　小漁
印　　刷　百通科技（股）公司

出　　版　昌明文化有限公司
　　　　　桃園市龜山區中原街 32 號
電　　話　(02)23216565
發　　行　萬卷樓圖書（股）公司
　　　　　臺北市羅斯福路二段 41 號 6 樓之 3
電　　話　(02)23216565
傳　　真　(02)23218698
電　　郵　SERVICE@WANJUAN.COM.TW
大陸經銷
廈門外圖臺灣書店有限公司
電郵 JKB188@188.COM

ISBN 978-986-496-573-1（平裝）
2020 年 4 月初版一刷
定價：新臺幣 600 元

如何購買本書：
1. 劃撥購書，請透過以下帳號
　　帳號：15624015
　　戶名：萬卷樓圖書股份有限公司
2. 轉帳購書，請透過以下帳戶
　　合作金庫銀行古亭分行
　　戶名：萬卷樓圖書股份有限公司
　　帳號：0877717092596
3. 網路購書，請透過萬卷樓網站
　　網址 WWW.WANJUAN.COM.TW
　　大量購書，請直接聯繫，將有專人
　　為您服務。(02)23216565 分機 610

如有缺頁、破損或裝訂錯誤，請寄回
更換

版權所有・翻印必究
Copyright©2020 by WanJuanLou Books
CO., Ltd.All Right Reserved
Printed in Taiwan

國家圖書館出版品預行編目資料

神羿大傳/李亞東著.－－初版.－－桃
園市：昌明文化出版；臺北市：萬卷
樓發行,2020.04
面；　公分
ISBN 978-986-496-573-1（平裝）
1. 中國神話

282　　　　　　　　　　109004527

本著作物經廈門墨客知識產權代理有限公司代理，由河南人民出版社有限責任公司授權萬卷樓圖書股份有限公
司（臺灣）出版、發行中文繁體字版版權。